金陵家政学译丛
赵 媛 朱运致 主编

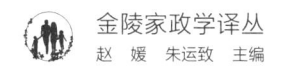

变迁中的家庭（第17版）

Arlene S. Skolnick
[美] 阿琳·斯科尔尼克 编

Jerome H. Skolnick
[美] 杰罗姆·斯科尔尼克

沈继荣 译

Family in Transition (17th Edition)

南京师范大学出版社

图书在版编目（CIP）数据

转型中的家庭（第17版）/（美）阿琳·斯科尔尼克，（美）杰罗姆·斯科尔尼克编；沈继荣译. -- 南京：南京师范大学出版社，2024.12
（金陵家政学译丛/赵媛，朱运致主编）
书名原文：Family in Transition
ISBN 978-7-5651-6092-9

Ⅰ.①转… Ⅱ.①阿…②杰…③沈… Ⅲ.①家庭生活－研究 Ⅳ.① TS976.3

中国国家版本馆 CIP 数据核字（2024）第 023555 号

Authorized translation from the English language edition, entitled Family in Transition 17e, ISBN 978-0-205-21597-3 by Arlene S. Skolnick / Jerome H. Skolnick, published by Pearson Education, Inc, Copyright © 2014, by Pearson Education, Inc.

All rights reserved. No part of this book may be reproduced or transmitted in any form or by any means, electronic or mechanical, including photocopying, recording or by any information storage retrieval system, without permission from Pearson Education, Inc.

CHINESE SIMPLIFIED language edition published by NANJING NORMAL UNIVERSITY PRESS, LTD. CO Copyright © 2024.

本书简体中文版由 Pearson Education（培生教育出版集团）授权南京师范大学出版社在中华人民共和国境内（不包括香港、澳门特别行政区及台湾地区）独家出版发行。未经出版者书面许可，不得以任何方式抄袭、复制或节录本书中的任何部分。
本书封面贴有Pearson Education（培生教育出版集团）激光防伪标签。无标签者不得销售。
著作权合同登记号 图字 10-2022-308 号

丛 书 名	金陵家政学译丛
丛书主编	赵　媛　朱运致
书　　名	转型中的家庭（第17版）
编　　者	[美]阿琳·斯科尔尼克（Arlene S. Skolnick）
	[美]杰罗姆·斯科尔尼克（Jerome H. Skolnick）
译　　者	沈继荣
策　　划	徐　蕾　王雅琼
责任编辑	刘双双
装帧设计	有品堂_刘俊
出版发行	南京师范大学出版社
地　　址	江苏省南京市玄武区后宰门西村 9 号（邮编：210016）
电　　话	（025）83598919（总编办）　83598412（营销部）
	83373872（邮购部）
网　　址	http://press.njnu.edu.cn
电子信箱	nspzbb@njnu.edu.cn
排　　版	南京私书坊文化传播有限公司
印　　刷	镇江文苑制版印刷有限责任公司
开　　本	787mm × 1092mm　1/16
印　　张	26
字　　数	424 千
版　　次	2024 年 12 月第 1 版
印　　次	2024 年 12 月第 1 次印刷
书　　号	ISBN 978-7-5651-6092-9
定　　价	89.00 元

出版人　张　鹏

南京师大版图书若有印装问题请与销售商调换
版权所有　侵犯必究

"金陵家政学译丛"编委会

主　编
赵　媛　朱运致

副主编
熊筱燕　薛传会　边　霞

编　委
沈继荣　柏　憎　黄　颖　周宇芬

编译单位
南京师范大学金陵女子学院
南京师范大学江苏家政发展研究院
江苏省家政学会

总序

家政,是一个既熟悉又陌生的名词。

熟悉,是因为它是千家万户的日常,一家老小,三餐四季,一辈子守望幸福的付出都浓缩在这两个字里。人们为了家人平安健康、孩子茁壮成长、夫妻相知相伴、家庭和谐幸福所做出的一切计划、选择、决定、努力和坚守,就是家政。

陌生,是因为很少有人知道"家政"也是一门学科,即使知道,也常常将它与家政服务职业技能培训相混淆。其实,现代家政学是一门大学问,它聚焦不断变幻的社会文化背景中家庭的需求和挑战,并试图通过教育、社会服务和政策制度的调整和迭代来创造有利于家庭幸福的最佳环境。

家政学,这个与每个人的幸福息息相关的学科理应受到广泛关注与重视,它的内涵、价值和最新的研究成果需要得到推广和认同。在这个背景下,有着家政教育传统的南京师范大学金陵女子学院与南京师范大学出版社联合推出"金陵家政学译丛",把家政学领域最有影响力的研究著述引进学术圈,以期拓宽家政研究的学术视野,丰富家政学科发展的思想资源。

2021年7月,南京师范大学的家政学学科团队、由金陵女子学院英语专业教师组成的译者团队和南京师范大学出版社的编辑团队组成了译丛项目工作组,从世哲、美国培生、施普林格等国际知名出版集团遴选优质图书，分辑推出系列译著，介绍国际家政学研究的新理念、新视角与新进展。遴选的主要原则是：①近年出版的反映学术前沿成果的书籍；② 国内比较稀缺的主题或视角；③ 受到学术同行高度评价的著作；④对国内家政学目前的教学和研究有实际指导意义的著作。

工作组最终挑选 6 本图书作为译丛首辑推出的译著，主题围绕家庭与家庭生活方式的可持续发展，从家庭结构、家庭生活管理、家庭教育等多个维度展现家庭在当下社会变迁中所面临的机遇与挑战，以及家政学在帮助人们构建可持续的美好生活方面所扮演的角色。这 6 本书包括《转型中的家庭》（第 17 版）、《生活经营学：构建可持续发展的社会》、《家庭生活教育原则与方法》（第 3 版）、《家庭资源管理》（第 4 版）、《进化视角下的儿童发展与教育》和《媒体、可持续与日常生活》。

这套译丛整体上呈现了以下特点：①动态视角和未来导向，突出了家庭结构、个体发展、家庭生活状态的动态变化和未来走势，有前瞻性。②生态视角和系统导向，揭示了影响家庭生活的个人的、人际的、社会的、文化的、技术的层层因素，尤其是前所未有的新技术、新媒体带来的冲击。③全球视角和多元文化导向，理解不同文化中的家庭发展的共性与差异，借鉴促进家庭发展、个人幸福和社会进步的理念与方法。

家政学是一门跨专业的综合学科，社会学、心理学、教育学、管理学、人类学、沟通学、传媒学等都与之有密切的实质性联系。本译丛选择了不同学科视角的著作，也是希望吸引相关专业的研究者、教育者和学生，期待他们从这些著述中看到自己的专业与家政学的关联，从跨学科碰撞中找到灵感，加入家政学学科建设的队伍，实现家政学研究、教育与实践的创新和突破。

  本译丛的出版从书目遴选、章节筛选、版权谈判、三审三校到最后的发行，都离不开出版社的支持。出版社的总编辑与各分册责任编辑和金女院的译者团队多次开会讨论、切磋，为保证译著的质量和按时出版发行付出了很多努力。在此感谢南京师范大学出版社的总编辑徐蕾，责任编辑刘双双、阙思语、王嘉、熊媛媛、王雅琼、李思思及项目团队的其他成员。感谢南京师范大学金女院外语系的沈继荣、黄颖、朱运致、周宇芬、柏愔老师，在2022年那个酷热的暑假埋头伏案，完成译稿。特别感谢南京师范大学金女院的领导赵媛、薛传会和熊筱燕老师，是他们的鼎力支持让本译丛得以顺利出版。

原版序

本版《转型中的家庭》增加了最近重要的研究成果,帮助学生了解家庭生活的当前趋势。对本科生来说,本版兼具学术性和可读性。

本版新内容

● 阿琳·斯科尔尼克(Arlene Skolnick)考察了中产阶层家庭在当今"高风险、高压力""赢家通吃"的背景中不稳定的经济生活。中产阶层生活水平的成本上升速度高于中产阶层的收入,而工作和福利的保障却在下降。

● 凯瑟琳·艾丁、蒂莫西·纳尔逊、乔安娜·里德(Kathryn Edin, Timothy Nelson, and Joanna Reed)报告说,低收入城镇父亲与为人之父的"打包交易"模式不再匹配。在"打包交易"模式中,男性与孩子的关系在很大程度上取决于他与母亲的关系。今天,这些男性试图参与到孩子的生活中,即使与母亲没有浪漫的联系。

● 琼·威廉姆斯(Joan Williams)解释说,虽然媒体聚焦职业女性"选择退出"高压职业,但低收入员工通常则避免因"孩子生病而被解雇"。

● 黛米·库尔兹(Demie Kurz)考察了针对家庭暴力的辩论:它应该被视为家庭问题还是对女性的暴力的问题?

致谢

我们要感谢所有在本版以及以前的版本中为我们提供建议的人。特别感谢纽约城市大学BMCC校区社会学副教授里法特·塞勒姆（Rifat Salem）对修订前一版的建议。此外，非常感谢审稿人：奥尔巴尼大学的艾丽卡·亨特（Erica Hunter）；西弗吉尼亚大学的安托瓦内特·利文斯顿（Antoinette Livingston）；东北大学的泰瑞莎·梅椰思（Teresa Mayors）；北得克萨斯州大学的阿曼达·莫斯克（Amanda Moske）；费城社区学院的丹尼斯·麦克拉斯（Dennis McGrath）；西佛罗里达大学的罗莎琳德·费希尔（Rosalind Fisher）。

阿琳·斯科尔尼克

杰罗姆·斯科尔尼克

目 录

总序 … 001
原版序 … 004
致谢 … 005
前言 … 001

第一部分　不断变化的家庭

第一章　过去和现在的家庭　020
　■阅读 1　家庭的理论意义　020
　■阅读 2　家庭和个人生活的全球变革　035
第二章　公开辩论和私人生活　042
　■阅读 3　"妈咪之战"：矛盾、意识形态和母性的文化冲突　042
　■阅读 4　家庭的衰退：保守派、自由派和女权主义观点　065

第二部分　性与性别

第三章　性别角色的改变　097
　■阅读 5　注定平等　097
　■阅读 6　回归"B计划"：性别革命中孩子们面临着未知领域　107
第四章　婚姻基础与发展趋势　125
　■阅读 7　21世纪初的美国婚姻　125

■ 阅读 8　婚姻的基础：婚姻生活的成败　　151
第五章　离婚与再婚　　162
■ 阅读 9　学术中的离婚与媒体中的离婚　　162
■ 阅读 10　现代美国重组家庭：问题和可能性　　175

第三部分　父母与孩子

第六章　为人父母　　203
■ 阅读 11　新家庭：作为新先驱的现代伴侣　　203
■ 阅读 12　爸爸，宝贝；妈妈，或许：低收入城镇父亲与家庭生活的"打包交易"　　228
第七章　成长岁月　　251
■ 阅读 13　超越多愁善感：社会和文化建构的美国童年　　251
■ 阅读 14　离散发展：美国社会阶层的若隐若现之手　　267

第四部分　社会中的家庭

第八章　家庭与工作　　295
■ 阅读 15　"选择退出"的修辞与现实　　295
■ 阅读 16　孩子生病：不被解雇　　306
第九章　家庭与经济　　325
■ 阅读 17　断层线上的家庭　　325
■ 阅读 18　不安全时代的中产家庭　　348
第十章　家庭与挑战　　355
■ 阅读 19　21世纪的家庭和老年护理　　355
■ 阅读 20　女性受暴还是家庭暴力？当前辩论和未来走向　　382

原版出处　　399
译后记　　403

前言

本书旨在帮助读者了解 21 世纪初的美国家庭生活，重点关注家庭与社会之间的复杂联系。与大多数学生的预期相反，"家庭"这一主题学习起来并非易事，其中一个难点是，几乎每个人都在家庭中长大，可以说对其非常了解，因此很容易基于自己的经历对其进行概括。

另外一个难点是，家庭这一主题很容易引发强烈的情感反应。首先，家庭关系本身就具有深厚的情感因素。其次，家庭问题与浓厚的道德和宗教信仰交织在一起。在过去的几十年里，"家庭价值观"已经成为美国政治的中心战场。自 20 世纪 80 年代以来，围绕堕胎、性教育、单亲家庭、同性恋权利等问题的争论，更是一直未曾停止。

还有一个难点是，与过去的家庭相比，目前的家庭状况总是被描绘成"正在衰退"。问题是，大多数人对"美好旧时光"中的家庭印象往往过于理想化。在真正经历过家庭生活的人看来，没有哪个时代的家庭生活堪比黄金时代，其中就包括 20 世纪 50 年代，而现在很多美国人将其尊为美国家庭生活的巅峰时期。

最后一个难点是，我们很难从传播媒介所提供的统计数据中了解到真实的家庭状况。皮尤研究中心（Pew Research Center）发布的一份报告称，2010 年，已婚夫妻家庭仅占美国家庭的51%。18至24岁的年轻人中，只有9%的人选择了结婚，而在1960年，这一比例接近50%。这些头条新闻似乎暗示着婚姻关系正走在日益被淘汰的路上。但事实上，人口普查局（the Census Bureau）的数据显示，预计90%的美国人最终会结婚。再如，在2003年父亲节前，人口普查局发布了一份题为"父母双亲是常态"的通告。该通告称，根据该局最新的调查，大约70%的孩子与他们的父母一起生活。然而，在此两个月前，一家颇有声望的社会科学研究组织发布了一份报告，其标题有二："越来越多的美国人选择不结婚"和"传统家庭仅占美国家庭的7%"。

上述头条新闻和统计数据虽然只是几个例子，但足以说明一个问题，即媒体对家庭的系列报道委实令人困惑。在大多数情况下，不同媒体会讲述不同版本的"事实"或骇人听闻的事件，以表明家庭的衰退如何令人担忧。但每隔一段时间，就会传出传统家庭卷土重来的消息。难怪一位作家将家庭比作"伟大的知识分子罗夏的墨迹"（Featherstone, 1979）。

几乎所有人都认为家庭在过去的几十年里发生了巨大的变化，但他们在"这些变化意味着什么"上却没有达成共识。大多数女性，包括孩子的母亲，现在都外出工作。同时，离婚率急剧上升（尽管自1979年以来已趋于平稳），28%的儿童生活在单亲家庭，而曾经被贬称为"苟居"或"姘居"的同居，现在则已司空见惯。另外，双重性别标准——要求新娘而非新郎拥有童贞的规范——已经在很大程度上从美国的主流文化中销声匿迹了。现代社会中既存在单亲母亲或单亲父亲的家庭，也存在祖父母抚养孙辈的家庭。

家庭生活的所有这些转变都是正在进行的全球革命的一部分。所有工业化国家以及很多新兴国家，都经历了类似的变化。然而，在其他任何一个西方国家，家庭变化都不像美国那样具有创伤性和分裂性。例如，双职工家庭是美国最常见的家庭模式；在外出工作的母亲中，孩子在18岁以下的占比75%，孩子尚年幼的占比则超过60%。尽管如此，母亲是否应该工作仍然是一个备受争议的问题。

家庭问题一直是我们政治选举的核心。公开讨论家庭问题的典型模式呈现两极分化的态势，即非此即彼的辩论。单身母亲是不是造成社会问题的主要原因，如贫困、犯罪、吸毒、学业失败？因为离婚伤及孩子的彼时及未来，政府就应该加大离婚的难度吗？事实上，这些争论既没有描述家庭学者的种种观点，也不切合任何研究证据。其后果是，人们很难就家庭面临的争论点和问题展开实质性的讨论。例如，对于离婚，正确的问题应该是："在什么情况下离婚对孩子有害或有益？""父母如何才能减少离婚对孩子造成的伤害？"（Amato，1994）。然而，在大多数针对离婚的公开辩论中，从来没有提出过这些问题，公众也从来没有听到过他们应该听到的有用信息。

关于家庭的流行话语还存在另外一个问题，即这些话语夸大了实际发生的变化。例如，考虑到前面的陈述，即只有7%的美国家庭符合传统的家庭模式。该类数据经常被保守派人士引用，以证明家庭这种机构正面临消失的危险，政府必须出手恢复婚姻和双亲家庭。那些处在政治光谱另一端的人，则拥抱所谓的传统家庭衰退说，并欢迎据称可以取代传统家庭的新家庭形式。

但是，真的只有7%的美国家庭是传统家庭吗？正如俗话所说，这完全取决于你如何定义"传统"。如果你只计算子女在18岁以下且只有丈夫外出工作的家庭，那么上述陈述是正确的。但如果妻子也有工作，就像大多数已婚女性现在所做的那样，那么这类家庭就不能算是"传统"家庭。那些还没有孩子的新婚夫妇也是如此。最小的孩子已经年满18岁的那些夫妻也不再被视为"传统"家庭。

尽管目前离婚率仍然居高不下（实际上自1979年以来有所下降），但美国人并没有放弃婚姻制度。在工业化国家中，美国的结婚率最高。大约90%的美国人都会在人生的某个阶段迈入婚姻的殿堂。同时，几乎所有想要孩子或有孩子的人都选择了结婚。此外，多项调查表明，家庭仍是大多数美国人生活的核心。家庭纽带派生了他们最深层次的满足感和意义，也滋生出他们最大的担忧（Mellman, Lazarus and Rivlin，1990）。总之，美国的家庭是一种复杂的混合体，既有延续也有变化，既有满足也有麻烦。

如此，过去30年的转变并不意味着家庭生活的终结，但也带来了一些新的挑战。例如，虽然现在大多数家庭依赖妻子和母亲的收入，但其他社会机构还没有跟上现实的步伐。例如，大多数学校与家长的工作时间脱节——在下午3点放学，并且仍然保留着曾经允许孩子们在家庭农场工作的漫长暑假。大多数工作，尤其是高薪工作，都是基于男性模式，也就是说，打工人必须全职或长时间工作而不受干扰。如果他们请假照顾生病的孩子，就可能被解雇。

在蓝领和白领工作中，男女之间的收入差距依然存在。同时，外出工作的妻子和母亲仍然承担着大部分的家务劳动。自2008年金融危机和大衰退以来，数以百万计的家庭仍然面临着失业、减薪、子女教育储蓄或退休储蓄所带来的经济损失。

了解不断变化的家庭

在家庭成为公众焦虑和政治辩论对象的同一年，针对家庭的新研究如洪流般涌现。对家庭研究感兴趣的研究涵盖一系列学科——历史、人口学、经济学、法学和心理学。可以说，我们现在获得的关于过去和现在家庭的信息，比以往任何时候都要多。

这类研究的主要成果是揭穿关于家庭生活的神话，不管是过去的还是现在的。尽管如此，这些神话仍然存在，并助长了围绕家庭变革而进行的文化战争。

普遍性的神话

在某些方面，任何地方的家庭都具有相似性。然而，家庭在很多方面都有所不同，包括家庭成员的定义、情感环境、生活安排、意识形态、社会和亲属网络以及经济和其他功能。尽管人类学家试图提出一个统一的、跨越时空的家庭定义，但他们通常会得出一个结论，即这样做徒劳无功（Geertz，1965；Stephens，1963）。

例如，虽然婚姻普遍存在于不同的文化之中，但婚姻的定义和生活安排却不尽相同。尽管很多文化都有婚礼、一夫一妻制、天长地久等概念，但有些文化却缺乏其中的一个或多个。在某些文化中，大多数人在没有合法婚姻的情况下生育子女，而且通常没有生活在一起。在其他社会中，丈夫、妻子和孩子并不生活在同一个屋檐下。

在美国社会中存在对家庭具有普遍性的假设。不管是研究还是治疗，通常会界定什么才是正常的、自然的，认为偏离核心家庭的模式是病态的、反常的或不道德的。这些观点以一种微妙的方式影响着我们的思维。正如苏珊娜·凯勒（Keller，1971）所言，"家庭具有普遍性这种谬论，引导我们寻求并因此找到一种单一模式，让我们对多种合法家庭安排的历史先例视而不见，从而极大地误导了行为学的学生"。

家庭和谐的神话

"幸福的家庭都是相似的；不幸的家庭各不相同。"列夫·托尔斯泰的这句名言很好地说明了将家庭划分为两种相反类型的普遍趋势——幸福或不幸福、好或坏、正常或异常。20世纪50年代的情景系列喜剧——《奥兹和哈丽特》《交给海狸》等——仍然被视为家庭应有的"理想"模式。

但是，无论是当时还是现在，很少有家庭能够被截然划归为一种类型。即使是最相爱的家庭关系也不可避免地包含消极情绪。而将亲密关系与不太亲密的家庭关系区分开来的，正是这种正反情绪的并存。事实上，根据我们多年来对纳尔逊一家的观察，真正的奥兹和哈丽特并没有奥兹和哈丽特家庭模式。

直到最近，家庭生活的阴暗面才开始进入公众的视野。例如，直到20世纪60年代，虐待儿童才被"发现"为一个社会问题。近年来，家庭学者一直在研究家庭暴力，如虐待儿童或配偶，以更好地了解家庭生活所面临的普遍压力。在处理家庭斗殴时，警察的伤亡人数比处理其他任何情况时都要多。此外，在凶手和被害人之间的关系中，家庭关系最为常见。对家庭暴力的研究表明，它比人们想象的更为普遍，且不能轻易地归因于精神疾病，也并不局限于下层社会。家庭暴力似乎是心理紧张和外部压力的产物，可以影响所有社会层面的所有家庭。

对家庭互动的研究也颠覆了传统家庭的幸福、和谐之说。大约30年前，研究人员和治疗师开始将精神分裂症患者及其家人聚在一起，观察他们彼此之间的行为方式。奇怪的是，研究人员以前从未将整个家庭群体作为研究对象。起初，家庭互动被解释为病原：父母虽用语言表达爱意，但表现出非语言的敌意；不同家庭成员之间结成联盟；家庭成员之间持有秘密；挑选出一个家庭成员作为家庭困境的替罪羊。然而，随着研究范围越来越广，研究人员发现，这种模式存在于很多家庭之中，而不仅仅是在那些有精神分裂症孩子的家庭。相关研究虽然没有发现精神分裂症产生的原因，但表明，正常的、普通的家庭往往看起来功能失调，或者用其中一项研究的话来说，这些家庭可能是"难以进行互动的环境"。

父母决定论的神话

孩子成长的家庭环境会对他们的一生产生深远的影响。但越来越多的研究表明，早期家庭经历的影响，并不是人们有时认为的那样强大到不可逆转。不幸的童年并不会注定一个人的不幸成年。快乐的童年也不能保证同样幸福的未来（Emde and Harmon，1984；Macfarlane，1964；Rubin，1966）。

任何父母都知道养育孩子并不像捏黏土或在白板上写字一样。相反，这是一个父母和孩子之间相互影响的双向过程。孩子是带着自己的气质和其他特征来到这个世界的。他们从很小的时候就开始成为积极的感知者和思考者，父母和孩子并不是生活在与世隔绝的真空中的，他们也会受到周围世界和周围人的影响——亲属、家庭的朋友、社区、其他孩子、学校以及媒体。

父母决定论的传统观点受到了极端对立观点的挑战。心理学家朱迪思·里奇·哈里斯（Judith Rich Harris）断言，父母对孩子的发展影响甚微。哈里斯在她1998年出版的《养育的假设：为什么孩子会变成这样》一书中指出，决定孩子如何发展的是遗传和同龄人群体，而不是父母的养育。就像很多关于家庭的争论一样，这两种极端都把复杂的现实过于简单化了。

稳定过去的神话

正如我们所看到的，对家庭目前衰退状态的哀叹，意味着对早期家庭更稳定、更和谐状态的怀念。事实上，历史学家并没有明确所谓的家庭黄金时代。他们也没有发现任何时间或空间的家庭在许多方面与标准模式没有任何差异。事实上，他们发现，对婚前性行为、私生子和代际冲突的最佳研究，是将其视作家庭生活本身的一部分，而不是作为单独的偏差类别。

近年来最令人震惊的发现是，整个欧洲历史上普遍存在着遗弃儿童和杀婴现象。现在看来，在所有缺乏可靠避孕措施的社会（包括欧洲）中，杀婴似乎是控制人口的一种主要手段。同时，很多家庭对婚生子女也采取了这种做法（Hrdy，1999）。

对新生儿的深爱似乎需要两个条件，而不是一种简单的本能：婴儿必须有不错的生存机会；父母必须感到婴儿没有与他们和他们的年长的孩子竞争生存的机会。但在很多世纪的欧洲历史中，都缺乏这两个条件。

关于家庭的另一个神话是，直到最近种种社会结构才开始分崩离析，而此前一直是静态的、不变的形式。在现实中，家庭总是在不断地变化。当周围的世界发生变化时，家庭也必然发生相应的改变。在全社会经历重大变革的时期，家庭的变化可能特别迅速且具有移位性。

我们现在所处的时代，在很多方面都类似于美国历史上两个较早的家庭危机和转型时期（Skolnick，1991）。第一次发生在19世纪初期，彼时的工业时代将工作转移出家庭（Ryan，1981）。在更古老的模式中，大多数人生活在农场。父亲不仅是一家之主，也是家族企业的老板。母亲、孩子和雇工在他的监督下干活。

然而，当工作转移出去后，父亲、成年的子女也外出打工，留下母亲和年幼的孩子。这种移位不仅给个人带来压力，而且派生了一个文化混乱的时代。最终，一种新的家庭模式应运而生，这种模式不仅反映了工作与家庭的新型分离，而且还美化了这种分离。

这种家庭现在被理想化为"温馨之家"，一个情感和精神的庇护所，远离外面冷酷的世界。我们文化中很多关于家庭和性别的基本观念都是在这个时候形成的。大多数人认为的父亲主外、母亲主内的"传统"家庭模式，实际上是现代家庭的第一个版本。

历史学家将19世纪的这种家庭模式称为"维多利亚模式"，因为这种模式在维多利亚女王统治期间，是英国等西欧国家以及美国的主流模式。它以理想化的形式反映了19世纪的中产阶层家庭。维多利亚时代的模式成为主流文化对家庭的定义，但很少有家庭能够在所有细节上都达到这种理想的状态。例如，工薪阶层、黑人和少数民族家庭的生存离不开妻子、母亲和女儿的经济贡献。

即使是对于中产阶层家庭，维多利亚时代的理想也规约了一种几乎不可能实现的完美标准（Demos, 1986）。

最终，社会变革赶超了维多利亚模式。从19世纪80年代左右开始，另一个快速的经济、社会和文化变革时期开始动摇维多利亚家庭模式，尤其是性别安排。几代"新女性"挑战了维多利亚时代的女性气质观。她们受过教育，追求事业，参与政治——包括她们自己的事业——并创造了第一波女权主义。这种"发酵"最终导致了妇女选举权运动的胜利——紧随其后的是20世纪20年代，即时髦女郎和炽热青年的爵士时代——这是20世纪的第一次，也可能是主要的性别革命。

另一场文化危机接踵而至，直到出现了一种新的文化蓝图——婚姻和家庭的伴侣模式。这种新模式是维多利亚模式更轻松的现代版本，在该模式下，陪伴和性亲密被定义为婚姻的核心。

这段高度简短的家庭和文化变迁史，是我们理解20世纪与21世纪之交时家庭动荡的必要背景。与早期一样，经济和社会的重大变化破坏了现有的家庭生活模式以及维持这种模式的日常形式和做法。

20世纪下半叶，我们经历了三重变革：第一，向后工业服务和信息经济迈进；第二，死亡率和生育率的下降带来了生命历程的改变；第三，教育水平的提高带来了心理转变。尽管这些变化对每个人都有着深远的影响，但女性一直是这些变革的先驱。在过去的30年里，大多数女性的生活和期望，无论是在家庭内部还是外部，都与自己母亲的生活和期望大相径庭。今天男性的生活也不同于他们的父辈，虽然变化程度要小了很多。

三重变革

后工业化家庭

服务和信息经济带来了大量的工作。不同于工厂的工作，这些新工作看起来更适合女性。然而，正如杰西·伯纳德（Bernard, 1982）曾经观察到的那样，家庭主妇外出打工挣钱的转变，给每一个家庭都带来了动荡。男女角色之间的鲜明对比，体现着"挣钱养家—打理家务"的家庭模式，而女性角色的转变不仅模糊了性别角色，而且减少了女性在经济上对男性的依赖，从而让女性更容易摆脱不幸福的婚姻。

除了让女性走出家门，工作性质的转变和快速变化的全球化经济也扰乱了各个阶层的个人和家庭的生活。曾经让蓝领工人拥有住房并养家糊口的高薪工业工作已经消失。在20世纪五六十年代，曾经为"组织人员"及其家人提供稳定保障的工作，已经因裁员、外包、不稳定的经济、企业收购和快速的技术变革而变得摇摇欲坠。

新的经济不确定性也使得向成年期的过渡越来越成问题。在战后年代，特别是在美国，年轻人通常大步迈进成年期。他们高中毕业后就找份工作，早早结婚，离开原生家庭，很快就生孩子。今天，很少有人能够在十几岁或二十出头的时候结婚生子。在需要大学学位才能维持生计的经济社会中，早婚会妨碍男性和女性接受教育的机会。那些没有上过大学的人很难找到可以养家糊口的工作。特别是在美国的内陆城市，越来越多的年轻人看不到自己在普通工作中的前途。在中产阶层家庭中，机会结构的日益萎缩也增加了子女和父母对向下流动的担忧。由于新的经济和社会现实，在青春期和成年期之间出现了一个新的人生阶段。在当今的后工业社会中，对大多数年轻人来说，想在与前几代人相同的年龄段，实现经济和情感的独立几乎是不可能的。

人生的这个新阶段如此之新，以至于还没有一个公认的名字。有人称之为"发育受阻期"，也有人称之为"青春成年期"或"成年初现期"。很多人认为，今天的年轻一代只是一群懒汉——他们不愿意长大、找工作或组建自己的家庭。但事实是，当今的经济比以往任何时候都需要更多的学校教育，而能够养家糊口的工作比以往任何时候都更少、更不持久。这些困难并非始于大衰退，但自从2008年金融危机以来，年轻人的经济前景就变得愈发糟糕。

生命历程革命

改变生命历程的不仅仅是新经济的兴起，生与死的基本事实在20世纪也发生了巨大的变化。1900年，人均寿命为47岁，婴儿死亡率最高，青年和中年人也经常死于传染病。在19世纪和20世纪之交前，只有40%的女性经历了正常生命历程的所有阶段：成长、结婚、生子、与配偶一起生活到50岁（Uhlenberg，1980）。

死亡率的下降对女性的生活产生了深远的影响。今天的女性寿命更长,孩子更少。当婴儿和儿童死亡率下降时,女性不再需要生育多个孩子来确保两三个孩子能活到成年。养育完孩子后的三四十年时光中,普通女性可以不用承担生育责任。

当代婚姻中最重要的变化之一是婚姻的潜在长度和生育时间。我们目前的高离婚率可能是这种转变的副产品。从统计数据来看,到20世纪70年代,夫妻平均只花生命中18%的时间来抚养年幼的孩子,而一个世纪前这一比例为54%(Bane,1976)。因此,婚姻不再被定义为抚养一群孩子的父母之间的结合,而更多地被定义为两个人之间的私人关系。

心理革命

第三个主要的转变是一系列心理文化的变化,这些变化可以被描述为心理贵族化(Skolnick,1991)。也就是说,曾经只有上层人士才享有的文化优势——尤其是教育——已经延伸到社会经济层次较低的人群。心理贵族化还包括更多的闲暇时间、旅行、信息接触、生活水平的普遍提高等。尽管工业化世界的贫困、失业、经济不安全等问题仍然存在,但生活在纯粹温饱水平上的人口比过去要少得多。

在整个西方社会,教育水平的提高和相关变化,都与个人和政治态度的一系列复杂转变有关。其中之一是对生活采取一种更具心理学特征的态度——更多的内省,对温暖、亲密的家庭关系和其他关系的渴望(Veroff, Douvan, and Kulka,1981)。也有证据表明,男性和女性都越来越倾向于更友好的婚姻理想和更民主的家庭。更广泛地说,这些态度上的变化被描述为向"后唯物主义价值观"的转变,强调自我表达、宽容、平等和对生活质量的关注(Inglehart,1990)。

我们这个时代的多重社会变革不仅带来了收益,也带来了成本:家庭关系变得更加脆弱,情感更为丰富;长寿给我们带来了很多问题,但也带来了生命延长的礼物。尽管变革给女性带来了更多机会,但持续存在的性别不平等意味着女性承担了这些收益的大部分成本。我们不能让时钟回到过去的家庭模式。

尽管最近几十年发生了剧变,但家庭的情感和文化意义依然存在。家庭仍然是大多数人生活的中心,正如众多调查所表明的那样,家庭具有珍贵的价值。

尽管婚姻关系变得更加脆弱，但亲子关系——尤其是母子关系——仍然是贯穿整个生命历程的核心依恋（Rossi and Rossi，1990）。然而，家庭既可能"留在这里"，也可能被困难困扰。

一段时间以来，大多数欧洲国家已经认识到，政府必须在为家庭提供一系列支持方面发挥作用，例如医疗保健、儿童津贴和住房补贴。为在职父母提供托儿服务、育儿假和更短的工作日，并为老年人提供服务。

正如我们前面提到的，每个国家对这些变化的反应都受到其自身政治和文化传统的影响。美国仍然深陷一场关于家庭的文化战争之中。很多社会评论家和政治领袖都承诺要扭转最近的趋势，恢复"传统"家庭。相比之下，包括加拿大和其他英语国家在内的其他西方国家，则设法补救经济和社会转型带来的问题，以应对家庭变化。在很大程度上，这些国家避开了近几十年来一直困扰美国的贫困问题和其他社会弊病。

展望未来

21世纪初期的世界与20世纪初期甚至中期的世界大不相同，但我们的公共和私人政策并没有跟上家庭生活新现实的步伐。具有讽刺意味的是，尽管发生了所有这些变化，尽管所有人都在谈论"家庭的衰退"，但家庭纽带却比以往任何时候都更加重要。

家庭远没有像一些社会理论家所说的那样"功能失调"，而是在其成员的健康和福祉、子女的教育和生活机会等方面发挥着至关重要的作用。尽管如此，家庭并不是我们的政治辞藻所假定的那种独立、自给自足的社会基石，相反，它们处于一个完整的社会经济和文化环境中：从互联网到快餐，再到快速变化的全球经济。其中很少有稳定的工作，大多数工作不能满足中产阶层的生活需求，绝大多数母亲不得不外出工作。

尽管如此，我们还是没有理由怀念早些时候的黄金时代。目前家庭内外的麻烦是真实存在的，但我们永远不要忘记，我们面临的很多最为棘手的问题都源于现代化带来的好处，且很少有人愿意放弃这些好处——例如，更长寿、更健康的生活，能够选择生几个孩子以及何时生孩子。

如果大多数人在50岁之前就去世了，就不存在需要照顾大量老年人口的问题。青春期也不再是人生的艰难阶段：孩子们工作所需的教育不再是富人的特权，一个人在社会中的地位是由选择而不是遗传决定的。

简而言之，家庭生活与特定时代和地区的社会、经济和文化环境息息相关。我们不再是 20 世纪 50 年代的农民、清教徒甚或郊区居民，我们都是开拓者，面对一个前几代人难以想象的世界，我们必须努力寻找新的应对方法。

关于家庭一词的说明

一些家庭学者建议我们放弃单数特指的家庭（the family）一词，而代之以复数泛指的家庭（families）或家庭生活（family life）。他们认为，单数家庭一词的问题在于它让人想起奥兹和哈里特那种老套的家庭形象——父母双亲和两三个未成年子女。但在我们看来，其他术语并不总是有效。我们在自己作品中使用家庭一词的方式与我们使用经济（the economy）一词的方式大致相同——一套制度安排，通过它在社会中执行特定任务。经济关涉商品和服务的生产、分配和消费，而家庭负责生育、照顾、支持孩子和成年人。

参考文献

Amato, P. R. 1994. Life Span Adjustment of Children to their Parents' Divorce. The Future of Children 4, no. 1 (Spring).

Bane, M. J. 1976. Here to Stay. New York: Basic Books.

Bernard, J. 1982. The Future of Marriage. New York: Antam.

Demos, J. 1986. Past, Present, and Personal. New York: Oxford University Press.

Emde, R. N., and R. J. Harmon (eds). 1984. Continuities and Discontinuities in Development. New York: Plenum Press.

Featherstone, J. 1979. Family Matters. Harvard Educational Review 49, no. 1.

Geertz, G. 1965. The Impact of the Concept of Culture on the Concept of Man. In New Views of the Nature of Man, edited by J. R. Platt. Chicago: University of Chicago Press.

Harris, J. R. 1998. The Nurture Assumption: Why Children Turn Out the Way They Do. New York: Free Press.

Hrdy, S. B. 1999. Mother Nature. New York: Pantheon Books.

Inglehart, R. 1990. Culture Shift. Princeton, NJ: Princeton University Press.

Keller, S. 1971. Does the Family Have a Future? Journal of Comparative Studies, Spring.

Macfarlane, J. W. 1964. Perspectives on Personality Consistency and Change from the

Guidance Study. Vita Humana 7.

Mellman, A., E. Lazarus, and A. Rivlin. 1990. Family Time, Family Values. In Rebuilding the Nest, edited by D. Blankenhorn, S. Bayme, and J. Elshtain. Milwaukee, WI: Family Service America.

Rossi, A. S., and P. H. Rossi. 1990. Of Human Bonding: Parent–Child Relations across the Life Course. Hawthorne, NY: Aldine de Gruyter.

Rubin, L. 1996. The Transcendent Child. New York: Basic Books.

Ryan, M. 1981. The Cradle of the Middle Class. New York: Cambridge University Press.

Skolnick, A. 1991. Embattled Paradise: The American Family in An Age of Uncertainty. New York: Basic Books.

Stephens, W. N. 1963. The Family in Cross-Cultural Perspective. New York: World.

Uhlenberg, P. 1980. Death and the Family. Journal of Family History 5, no. 3.

Veroff, J., E. Douvan, and R. A. Kulka. 1981. The Inner American: A Self-Portrait from 1957 to 1976. New York: Basic Books.

第一部分

不断变化的家庭

在过去的40年中，家庭一直是新闻媒体报道的对象。很多时候，媒体提供了源源不断的家庭故事和统计数据，似乎记录了我们过去所了解的婚姻和家庭的衰退与瓦解。保守派则谴责家庭的变化，将其归咎于"价值观"的丧失。他们警告称，婚姻和家庭模式的最近变化威胁着美国社会的生存。

甚至在过去40年发生巨大变化之前，社会学家已经就如何界定家庭争论了很多年。现在，如何界定家庭已经成为一个热门的政治问题。母亲和孩子是一个家庭吗？同居情侣是一个家庭吗？有孩子的同居夫妇是一个家庭吗？没有孩子的夫妻是一个家庭吗？祖母抚养孙辈是一个家庭吗？

事实上，尽管存在诸多变化和多样性，但大多数美国人仍然会在人生的某个阶段结婚生子。然而，正如威廉·古德（William Good）在其经典文章《家庭的理论意义》中所言，我们不应该将"家庭"视为生活在同一屋檐下的特殊群体。相反，古德将家庭定义为一种特殊的人际关系。在他看来，在所有已知的社会中及很多社会条件下，人们都会形成类似家庭的社会模式——"家庭式组合"。

这个"家庭式组合"里有什么？一个基本元素是连续性——期望这种关系能够随着时间的推移得以延续。这种连续性使得分享金钱和物品并为对方提供帮助成为可能，因为他们知道对方会在将来进行回报。此外，熟悉感是家庭的一个优势；家庭成员之间彼此了解，并清楚对方的好恶，例如每个人喜欢什么样的咖啡或茶。家庭式组合中最重要的元素之一是家庭在某种程度上就像一个互助社会。它可以帮助个人满足多种需求，也可以成为生病或遇到其他麻烦时的一份保险单。最后，家庭成员之间会产生情感纽带，这种纽带比与家外人士的更强烈，但也更矛盾。

但家庭关系并非产生于与世隔绝的真空中，而是深受家庭外部世界的影响——从近邻到政府政策，再到战争、灾难和经济萧条等，或者他们所生活的历史时期的其他方面。

本部分有几篇文章可以解释这些纽带。例如，安东尼·吉登斯（Anthony Giddens）认为，我们正经历着一场巨大的历史转型，即一波技术和经济的现代化浪潮正对个人的生活产生深远的影响。吉登斯将这一波大规模变革称为"全球化"，其他人则将其称作从工业社会向后工业社会的转变。吉登斯认为，这种全球化带来的后果是，在性、婚姻、家庭以及人们如何看待自己和他人的关系方面，均发生了"全球性变革"。

此外，吉登斯认为，民主社会的理想与新兴家庭关系的理想之间存在很多相似之处。例如，美好的婚姻关系逐渐被视为平等成员之间的关系。吉登斯认识到，家庭生活中的很多变化都令人担忧，但我们不可能回到以前的家庭模式。

我们大多数人也不会真的想踏上时光机器回到过去。早期家庭的那些怀旧形象通常忽略了20世纪之前盛行的高死亡率。死亡可能发生在任何年龄段，且对家庭的稳定构成持续性威胁。事实上，没有一个历史学家曾明确某个时代是我们遗憾失去的家庭幸福黄金时代。

尽管如此，人们仍然对美国的家庭状况表示担忧。这种担忧通常与家庭生活的现实或困扰很多家庭的严重问题无关，如经济困难或缺乏医疗保健。事实上，在过去的30年中，经济学家和其他人一直在警告持续加剧的收入不均问题。然而，这个问题直到最近才引起媒体和政客的重视，主要原因在于"占领运动"（Occupy Movement）[1]的喧闹示威，以及他们针对"1∶99"现象所提出的口号。

在美国，一个持续存在的担忧是女性在后工业社会中的地位不稳定。莎伦·海斯（Sharon Hays）认为，随着越来越多的女性加入有偿劳务大军中，她们发现自己深陷一个尚未解决的文化矛盾之网中，而且这一矛盾多年来一直在持续加深。她说，当代女性不可能做到"恰到好处"。全职妈妈和职业女性都对母亲

---

[1] 即2011年9月17日的占领华尔街运动，直指99%的老百姓与1%的富豪之间贫富分化加剧的现象。该运动如今已逐渐成为席卷全美的群众性社会运动。——译者注

这一角色有着强烈的责任感。待在家里的女性不再因为被自己和他人定义为"纯粹的家庭主妇"而感到自在和满足。而且，职业女性通常对远离孩子的时光感到焦虑。同时让她们焦虑的还有平衡母亲职责与工作需求之间的复杂性。

困扰母亲身份的文化矛盾可以被视为更大的家庭"文化战争"的一部分。但造成家庭战争的原因远不止上述两个方面。珍妮特·吉勒（Janet Giele）详细描绘了关于家庭的三个立场：保守派、自由派和女权主义。在她看来，女权主义观点最有希望制定兼顾保守派和自由派观点的公共政策，因为这种观点既欣赏"家庭的前现代本质"，即家庭成员之间不可避免地相互依存，又拥抱快速变化的现代经济。

第一章　过去和现在的家庭

阅读 1　家庭的理论意义

威廉·古德

几个世纪前，有思想的人就已经观察到家庭正在瓦解。在过去的几十年里，这种想法越来越普遍。很多分析人士的报告中都提到，家庭不再执行曾经托付给它的任务，如生产、教育和保护。从这些报告和其他数据来看，我们可能会得出一个结论：家庭正在走向灭亡。

但几乎所有活到平均寿命的人都进入了婚姻状态。大多数人最终都会生儿育女，他们的后代以后也会这样做。在越来越多的离婚人士中，很多人满怀希望或将信将疑地选择再婚。在西方国家，人们结婚的比例比一个世纪前还要高。事实上，现在普通人在婚姻生活中度过的总时长比历史上任何时候都要高。在所有已知的社会中，几乎每个人都生活在家庭权利和义务交织的网络中。人们在童年时期社会化的过程中就内化了这些规则。也就是说，人们觉得家庭模式是正确的，也是可取的。

目前，人类从家庭中收获的悲喜似乎还和以往一样多，而且似乎一如既往地热衷于参与家庭生活。在全球大多数地方，传统的家庭可能受到了动摇，但这种家庭的寿命很可能比现有的任何国家都要长。当然，家庭似乎不像军队、教会或国家那样强大，但它似乎最能抗拒征服，人们为重塑家庭也会做出最大的努力。任何特定的家庭都可能显得脆弱或不稳定，但作为一个整体，家庭系统是坚韧且有弹性的。

家庭：多面观

纵观历史，几乎对每个人来说，家庭关系都具有强烈的情感意义。哲学家和社会分析人士指出，任何社会都是由家庭联结而成的结构。旅行人士和人类学家经常通过概述家庭关系来描述某个社会的特点。

很多文化中最早的道德和伦理著作都强调家庭的重要性。这些著作中的评论经常表达的一种观点是：如果人们不履行家庭义务，社会就会失去力量。孔子认为，如果每个人都像家庭成员一样"正确地"行事，幸福和繁荣就会盛行于世。这主要意味着任何人都应该遵守孝道。也就是说，君臣之间的正确关系，就像父亲与子女之间的关系。《旧约》同样强调家庭在文化中的重要性。《出埃及记》《申命记》《传道书》《诗篇》《箴言》均主张遵守家庭规则的重要性。印度最早的法典文献《梨俱吠陀》大约可以追溯到公元前2000年后半叶。另外，大约可以追溯到基督教起始时段的《摩奴法典》也非常重视家庭。诗歌、戏剧、小说和短篇小说通常把家庭关系作为人类激情的主要焦点，它们的思想和主题往往源于家庭冲突。即使在伟大的战争史诗中，也有关注家庭关系问题的副主题。[1]

社会分析人士和哲学家不时提出可用于创建社会的计划（被称为乌托邦），其中就有关于新家庭角色（个体成员的权利和义务）的提案，以解决传统的社会问题。柏拉图的《理想国》就是这样一种尝试。柏拉图也可能是敦促创建社会的第一人。在他设想的社会中，所有成员，无论男女，都享有平等的机会去最大限度地发挥自己的才能，同时，所有成员只能凭功绩在社会中获得一席之地。由于所有社会中的家庭模式都阻止了完全基于个人价值的选择，因此在柏拉图的乌托邦中，父母与子女之间的纽带不会发挥任何作用，因为这种纽带背景将被抹去。在每年某个结婚典礼的同一时间，举行受孕批准仪式；不合时令出生的孩子（以及那些天生有缺陷的孩子）将被淘汰。所有孩子一出生就被带离父母身边，交由专门指定的人进行抚养。

---

[1] 关于这种联系，参阅：Nicholas Tavuchis and William J. Goode (eds.), *The Family through Literature* (Oxford University Press, 1973).

实验性或乌托邦社区，如奥奈达、震教徒、摩门教徒和现代公社，通常坚称家庭关系的改变是实现其目标的必要条件。自1789年法国大革命以来，每一次根本性的政治动荡都会给家庭关系带来深刻的变化。自第二次世界大战以来，大多数国家都制定了新宪法。在所有这些国家中，特别是所有发展中国家，这些新法律可能远比这些国家的公众舆论先进得多。它们的目标是创造新的家庭模式——更符合领导人的平等观和正义观，通常与传统的家庭模式背道而驰。在过去2 500年中广泛进行的评论、分析和政治行动都表明，在整个历史进程中，我们至少已经隐隐地意识到家庭模式作为人类社会核心要素的重要性。

家庭在社会中的核心地位

在大多数部落社会中，亲属关系构成了整个社会结构的主要部分。相比之下，家庭只是现代工业社会结构的一小部分。尽管如此，家庭仍然是其中的一个核心要素。如果将个人与其他社会机构（如教会、国家或经济）结合起来考虑，情况更是如此。事实上，如果没有家庭这种看似原始的社会机构的贡献，拥有复杂的先进技术和训练有素的官僚机构的现代社会将会走向崩溃。阶级制度，包括对教育和机会的限制、社会流动率的高低以及出生时的初始社会定位，都是建立在家庭的基础之上的。

最重要的是，儿童首先在家庭中接受社会化，以服务于社会的需求，而不仅仅是其自身的需要。一个社会只有在其需求得到满足的情况下才能生存下去，这些需求包括商品的生产和分配、保护老幼病残孕、遵守法律等等。只有当个人有动力去满足这些需求时，社会才会继续运转，而这种动力的基础是由家庭奠定的。家庭成员也参与非正式的社会控制过程。早期的社会化使我们大多数人希望顺从，但无论是儿童还是成年人，每天都受到偏离的诱惑。正式的社会控制机构（如警察）所能做的仅仅是迫使极端的越轨者顺从。我们需要的是一股社会压力，无论个人做得好坏，都会向其提供反馈，从而支持一种内部控制和正式机构的控制。无论有效与否，这个任务通常由家庭来承担。

因此，家庭是由个体组成的，但它也是一个社会单位，是更大的社会网络的一部分。家庭不是孤立的、自我封闭的社会系统；而其他的社会机构，如军队、教会或学校系统，不断发现它们不是在与个人打交道，而是在与家庭成员打交道。即使在最工业化和城市化的社会中，人们有时也会认为他们过着无根和匿名的生活，但大多数人仍然会与其他的家庭成员保持持续的互动。拥有较高社会地位的男性和女性通常会发现，即使在成年后，他们仍然会回应父母的批评，仍然会被兄弟姐妹的蔑视所激怒或伤害。为新任高管提供大量机会的公司经常会发现，他们的提议由于高管家庭成员的反对而被拒绝。

如此，正是通过家庭，社会才能获得个人的贡献。反过来，只有得到更大社会的支持，家庭才能继续存在。如果这两个一大一小的社会系统相互提供生存所必需的条件，那么它们在很多重要方面一定是相互关联的。因此，家庭成员之间的关系以及家庭与社会之间的关系，将是本文的两个重要主题。

对家庭的先入之见

了解家庭的任务存在很多困难，最大的障碍之一首先在于我们自身。我们很可能对家庭抱有强烈的情感，又或者，我们自己深陷某种家庭关系中，因此对其进行客观分析并非易事。当我们阅读其他类别或其他社会类型的家庭行为时，我们可能会觉得它们很奇怪或不合适。我们倾向于争论种种家庭行为的对与错，而不是对其进行分析。其次，虽然观察到很多人的一些家庭行为，但我们对其他家庭内部发生的事情往往知之甚少。这不仅意味着我们观察样本的范围非常狭窄，而且意味着，对于所有的概括，无论是我们自己总结的还是阅读得来的，我们通常可以找到一些特定的经历来反驳或匹配它。因为觉得"已经知道了"，所以我们可能不再有动力去寻找更多的数据来验证这些概括。

然而，很多所谓众所周知的家庭观实际上并没有充分的依据，其他一些家庭观也只能算是有一定的正确性。如果要理解这些观念，就必须对其进行更精确的研究。其中一个观念是"孩子是维系家庭的纽带"。尽管有很多研究尝试对其予以肯定，但这种概括似乎不是十分有力。更正确的一个观念似乎是离婚和没有子女之间存在一定程度的联系，但造成这种情况的主要原因是以下两种类型的人不太可能生育孩子：一是没有很好地适应婚姻生活的人，二是由于某些原因而很容易离婚的人。

还有一种方法可以检验家庭社会学的研究发现是否显而易见，那就是展示发现，并回答一个问题：既然"每个人一直以来都知道"，那还值得去费心研究吗？考察下列案例，并假设研究人员已经加以证实，那是否还值得进一步研究？或者我们真的已经了解这组案例吗？

1. 由于现代工业社会打破了传统的家庭制度，因此，在多代人之后，西方国家的结婚年龄大大提高了（在农民中较低）。
2. 鉴于大家庭在中国和印度的重要性，家庭的平均规模一直很大，几代人住在同一个屋檐下。
3. 在一夫多妻制社会中，大多数男人都有几个妻子，因此生育率高于一夫一妻制社会。

尽管在很多人看来，这些说法听起来很有道理，而且有令人印象深刻的论据予以支持，但它们实际上都是错误的。数百年来，西方国家农民的结婚年龄一直相对较高（25—27岁），虽然随着时间的推移，这一年龄段会有所上升或下降，但似乎并不存在任何特定方向的重要趋势。就大家庭而言，对中国和印度家庭的每一项调查都表明，即使在几代人以前，家庭规模也相对较小（根据地区和时期的不同，从4人到6人不等）。只有在特殊的历史条件下，才会普遍存在大家庭。至于一夫多妻制，事实是除特殊情况外，几乎所有社会的男性只有一个妻子，而一夫多妻制婚姻（一个男子娶几个妻子）的生育率低于一夫一妻制。因此，参照刚刚引用的这些错误发现，我们应该看到，所谓的"共识"实际上需要加以检验，同时，它们也是错误的。

当然，在另一方面，也有很多关于家庭如何运转的流行观念是正确的。然而，我们不能先入为主地假定它们的正确性。相反，我们必须检验我们的观察，并自行研究以了解这些数据的拟合程度，从而提升我们对自己或其他社会中家庭进程动态的了解程度。如果重视获取事实的种种问题，我们就不应该忽视任何科学的核心真理：除非相关的研究以富有成效的假设或社会行为的广义概念为指导，否则大量的数据可能完全没有意义。我们寻求的是有组织的事实，一种命题结构。其中，理论和事实相互阐明。如果不寻求实际的观察，我们就是在进行盲目的推测。如果在没有理论指导的情况下寻求事实，我们的搜索就是随机的，结果往往与任何事情都没有关联。因此，要了解家庭，就需要像其他任何科学所做出的努力一样进行仔细的调查。

家庭为何具有理论意义

家庭这个社会结构一直被视为理所当然，因此我们不会经常停下来思考增加其理论趣味性的一些特征。事实上，我们只要稍加考虑家庭的某些特性，就会明白家庭这种社会单位为什么值得探讨。

家庭是除宗教之外唯一在所有社会中正式发展起来的社会结构：一个负责种种社会行为和活动的特定社会机构。有些人会争辩说，由于没有正式组织的立法或司法机构，因此在没有文字或技术欠发达的部落或社会中不存在法律制度。当然，即使没有明确标记的机构正式控制社会中的这些领域，也可以从具体行为中抽象出行动的法律、经济或政治动态。然而，无论是在高技术水平的社会中，还是在低技术水平的社会中，亲属关系及其责任都是正式和非正式关注的对象。

家庭义务是一种社会责任，与每个人的直接角色相关，这一点几乎没有例外。几乎每个人都有其原生家庭，并组建了自己的家庭。每个人都与其他很多人沾亲带故。相比之下，很多人可能会逃避他人认为理所当然的宗教责任，或逃避军事或政治负担。此外，很多家庭角色的责任通常不能委派给他人，但在与工作冲突的情况下，则可以把专门的义务委派给他人。

参与家庭活动还有一个更有趣的特点，那就是尽管没有正式的惩罚手段来支持其他很多义务，但几乎每个人都参与其中。例如，我们必须从事经济或生产活动，否则就会挨饿。我们必须参军、纳税、出庭，否则将面临经济处罚和强制执行。这种惩罚通常不适用于那些不想结婚或拒绝与父亲或兄弟交谈的人。然而，与间接或直接奖惩交织在一起的社会压力无处不在，以至于几乎每个人都顺应或声称顺应家庭需求。

虽然家庭通常被认为是一个表达态度或情感的社会单位，但它是一个更大社会结构的工具性机构，其他所有的体系和机构都依赖于它的贡献。例如，在家庭中学到的角色行为，往往会成为社会其他部分所需行为的模式或原型。在家庭内部，社会化过程的内容是更大社会的文化传统。就生产和分配而言，家庭本身也是经济单位。就社会控制而言，家庭成员比外人更容易看到个人的总体行为范围，也更容易看到个人如何分配时间和精力。他们还可以评估个人如何分配时间和金钱，以及履行各种职责的情况。因此，家庭成为个人压力的来源，这种压力迫使其做出调整——努力工作少玩耍，或少去教堂多学习。在所有这些方面，家庭在一定程度上是更大社会的工具或代理人。如果它不能充分发挥作用，就可能无法有效实现更大社会的目标。

理论上更有趣的也许是"家庭的各种任务都可以相互分离"，但事实上，在几乎所有已知的家庭体系中并不存在分离一说。家庭可以对更大社会做出贡献，如生育后代、维持家庭成员的身体健康、儿童的社会安置、社会化和社会控制。

让我们考虑这些活动如何分离。例如，母亲可以把孩子送到附近的食堂吃饭，当然，一些疲惫不堪的母亲确实会让孩子去当地的小吃店购买午餐。那些生了孩子的人不需要自己承担让孩子社会化的责任。他们可能会将孩子送到专家那里，而且随着孩子年龄的增长，专家在这项任务上确实承担了更多的责任。正如一些优生学家所建议的那样，父母可能会因其生育品质而被选中，但这些品质可能不包括培训孩子的伟大天赋。社会定位的完成可以通过随机抽签、智商测试、定期的体能和智力测试，或通过民意调查。可以将孩子安置到不同的社会地位，而无须考虑他们的父母、那些使孩子社会化或养育孩子的人以及其他可能监督孩子日常行为的人。

不时有人提出进行这种分离的建议，世界各地也曾有人犹豫不决地将其付诸实施。但是，关于这种分离，我们可以得出三个结论：① 在所有已知的社会中，理想的情况（需要注意某些条件）是家庭被赋予所有这些职能。② 当一个或多个家庭任务被颠覆性或乌托邦社会委托给另一个机构时，只有在意识形态的强烈支持下，通常还需要施加政治压力，才能做出改变。③ 这些分离实验的另一个特点是他们均逐渐回归到更传统的家庭类型。在以色列和俄罗斯集体农场减轻父母育儿负担的试验中，都曾推崇完全群体生活的理想。丈夫和妻子之间只有个人和情感的联系：离婚很容易。孩子们会定期见到他们的父母，但在工作时间，他们会向托儿所工作人员和母亲的代理人寻求关爱和指导。每个人都应向合作单位贡献其最佳技能，而无须考虑家庭关系或性别状况（很少或没有"女性"或"男性"任务）。尝试这种理想的方式尚且适度，但人们的行为却逐渐偏离了这种理想。另一个大规模尝试这种模式的国家是中国。但中国的人民公社最后也放弃了他们的远大抱负，而步上了以色列和俄罗斯集体农场的后尘。

如上，创建新型家庭的尝试出现了偏离，而导致这些偏离的因素多样，其中有两个压力最为重要且密切相关。首先是柏拉图也曾注意到的压力，即对在西方惯常的（欧洲和以欧洲为基础的）家庭系统中发展自己态度和行为的个人来说，即使他们认为这是正确的方式，也不太容易适应集体的"家庭"。其次是当家庭发生剧变时，它与更大社会之间的各种关系可能也会发生变化。新压力的出现，要求社会中的个人做出新的调整。规划者可能必须发展一些不同的机构或不同的蓝图来转变家庭。

"共产主义"和"资本主义"在政治和经济上存在争论，上述评论与资本主义无关。它们只是描述了一个历史事实：尽管已经进行了各种试验，尝试分离家庭的主要职能，但没有一种是从先前存在的家庭制度演变而来的。此外，几个重要的现代尝试，包括20世纪60、70年代在美国创建的较小的公社，大多呈现出一种共同的模式，一种远离乌托邦蓝图的运动：分离不同的家庭活动，并将每一种活动分配给不同的社会单位。

有些活动（如用餐）可能比其他活动更容易分离出去；某些家庭体系（如母系系统）可能比其他家庭体系更容易进行这种分离。一方面，我们必须从现在可用的数据开始。即使是经过谨慎的解读，这些数据也表明家庭是一个相当稳定的制度。另一方面，我们还需要分析这个特定的制度是什么。我们将在下一节中讨论这个问题。

定义家庭：或多或少的问题

成千上万的出版物已经提供了若干家庭研究的成果，据此，人们可能会认为，对于家庭这个社会单位是什么，大家一定达成了共识。事实上，社会学家和人类学家几十年来一直就如何定义家庭争论不休。为任何研究对象创建一个清晰、正式的定义，有时实际上比研究该对象更加困难。如果我们使用一个具体的定义，并断言"家庭是由父亲、母亲和孩子组成的社会单位"，那么只有大约 35% 的美国家庭可以被归类为家庭。大部分关于家庭的研究将不得不排除大多数家庭单位。此外,在某些社会中,存在"一妻多夫"或者"一夫多妻"现象。上述定义也将排除此类单位。在某些社会中,存在"丈夫"是女性的"家庭";在某些情况下,某些"丈夫"不与他们的"妻子"住在一起。在美国,数以百万计的家庭至少有一个孩子,但只有父亲或者母亲。在一些公社中,每个成年男性都与成年女性结婚。也就是说,有很多种社会单位看起来像一个家庭,但几乎不符合我们的任何具体定义。

我们可以声称大多数成年人最终都会经历这样一个家庭生活阶段,以在一定程度上避开此类批评。也就是说,在美国,几乎所有的男性和女性都会在人生中的某个时间段结婚,他们中的大多数人最终都会有孩子。然而,如果我们只关注一种家庭,那么对家庭的分析就会少得多。在日常语言的使用中,人们最有可能会同意由父亲、母亲和孩子组成的社会单位是一个真正的家庭。但如果缺失了一个或多个社会角色,人们的分歧也会越来越多。在另一个极端,很少有人会同意一个人也算是一个家庭。如果一个家庭由一个寡妇和她的几个孩子组成,那么很多人会认为这是一个家庭。大多数人都会同意,如果夫妻有孩子,他们就是一个家庭,即使孩子住在别的地方。然而,很多人不愿意把没有孩子的夫妇归类为一个家庭,特别是这对夫妇打算永远不要孩子的话。同时,很少有人会愿意接受同性恋夫妇是一个家庭。

我们可以从这种普通的语言使用中学到什么?第一,家庭并不单一,不能由一个简洁的语言公式加以捕捉。第二,很多社会单位可以被认为"或多或少"是个家庭,因为它们或多或少类似于传统类型的家庭。第三,这种分级的相似性在很大程度上可以追溯到在传统单位中发现的不同类型的角色关系。毫无疑问,下面的清单并不全面,但包括了这些关系的大部分内容。① 至少两个成年异性同居。① ② 他们从事某种劳动分工;也就是说,他们执行的任务并不完全相同。③ 他们从事多种类型的经济和社会交换;也就是说,他们为彼此做事。④ 他们共享很多东西,如食物、性、住所、物品和社会活动。⑤ 成年人与子女有亲子关系,因为子女需要孝敬父母;父母对他们的孩子有一定的权威,双方互相分

---

① 美国和一些欧洲国家在舆论和法律上均在一步步推进同性婚姻。

享，同时也承担一些保护、合作和养育的义务。⑥子女之间存在兄弟姐妹关系，同样有一系列相互分享、保护和帮助的义务。当所有这些条件都存在时，很少有人会否认该单位是一个家庭。当我们考虑人口缺失更多的家庭时，更多的人会怀疑它是否真的是一个家庭。所以，如果两个成年人住在一起，但互不相干，很少有人会同意这是一个家庭。如果他们不住在一起，那么认为这对夫妇是一个家庭的人会更少。

个体之间建立了各种各样的社会关系，但其他人很有可能或不太可能将他们视为一个家庭，这取决于这些持续的社会关系在多大程度上表现出上述角色模式。我们理解家庭最重要的一点是，在所有已知的社会中，在广泛的社会条件下，似乎出现了一些家庭式的生活安排，带有这些特征的部分或全部。在革命、征服或流行疾病的混乱状态下，这些安排可能出现在监狱中（以同性伴侣为单位）；甚至在政治上试图降低家庭重要性时，反而迫使人们以更集体的方式生活。也就是说，即使缺少某些传统元素，人们也会创造和重新创造某些形式的家庭社会模式。

这就带来了一些不可避免的问题：为什么会发生这种情况？为什么人们会继续建立家庭式的关系，即使他们并不认为这是理想的社会安排？为什么这种社会模式如此普遍而不是其他的一些模式？当然，这并不是要证明婚姻家庭的普遍性。在个体之间存在很多其他类型的关系。尽管如此，在面对很多其他的诱惑、机会以及反压时，一些近似的家庭关系确实会相继发生。除非我们愿意断言人类是非理性的动物，否则我们必然会得出一个结论，即这些关系一定有其优势。问题是，这些优势是什么？

"家庭式组合"的优势

我们假设最根本的优势在于劳动分工以及由此产生的夫妻之间以及亲子之间的社会交换。这种交换不仅包括经济产品，还包括帮助、养育、保护和关爱。人们常常会忘记，现代家庭在很大程度上是一个经济单位，即使它不再是一个农业单位。人们实际上是在为彼此生产商品和服务。他们在一个地方购买物品，然后运送到家里。他们把食材烹饪为饭菜。他们从事清洁、修剪草坪、修理、运输、咨询等一系列服务——如果家庭中的某些成员不做的话，就必须用金钱来支付这些服务。

所有类型的家庭也享有一些小的经济规模。当家庭中有两个或两个以上的成员时，每个人几乎都可以像为一个人服务一样，轻松地进行各种活动；为三四个人准备一顿饭菜，几乎和为一个人准备一顿类似的饭菜一样容易。如此，家庭中每个人的膳食花费就会降低。从建造山间小屋到创造某种生活方式，家庭成员之间的合作可以实现个人无法实现的目标。所有成员的合力将比一个人实现目标要容易得多。

我们所知道的家庭的所有历史形式，包括集体婚姻，都很有吸引力，因为它们提供了连续性。因此，无论成员们一起生产什么，他们都希望以后能够一起享受。连续性有几个含义：一是家庭成员不必承担不断寻找新伴侣的成本，也不必因为他人可能"更擅长"各种家庭任务，而承担不断寻找新成员的成本。二是相较于和家庭之外的人进行交换，丈夫、妻子和孩子之间的交换享有更长的社会信用。这意味着一个人可以一次性给家庭中的其他人提供更多，因为他或她知道，从长远来看这不会是一种损失——对方将有足够长的时间在未来的某个时候进行回报，或者会在稍后提供帮助。

以家庭为单位的生活方式提供了任何非正式群体[①]的几个优势。例如，它展示了一条非常简短的沟通线路；每个人都近在咫尺，成员无须通过中介进行交流。因此在需要时，他们可以快速给出回应。简短的沟通线路使合作变得更加容易。每个人都有很多独特的需求和愿望。在日常与外人的互动中，我们不需要充分适应，因为他们可能是一个"麻烦"；反过来，其他人可能也不会适应我们自己的特质。然而，在家庭模式的社会互动中，人们了解彼此的特殊需求。这种了解可以而且确实使一起生活在某种程度上更具吸引力，因为适应这些需求可能不是一个很大的负担，但确实会给对方带来乐趣。其中包括茶或咖啡的浓度、进餐时谈话的时间、睡眠和工作时间表、噪声程度等。当然，有了这些了解，如果我们愿意的话，让对方痛苦也更容易。

[①] 关于官僚机构和非正式群体的比较，参阅：Eugene Litwak, "Technical Innovation and Theoretical Functions of Primary Groups and Bureaucratic Structures," American Journal of Sociology, 1968(73), 468–481。

家务劳动通常不需要很多的专业知识，因此大多数家庭成员最终都可以学会做家务。因为他们确实可以学会，所以成员们可以互相受益而不必走出家庭。同样，这使得以家庭为单位的生活方式比其他方式更具吸引力。此外，对于很多这样的任务，并没有外部专家（在世界历史的大部分时间里，并没有专家能够负责育儿、在小割伤或擦伤时给予照料、低声安慰以回应某些悲痛等）。也就是说，在家庭环境中，家人做的事很可能至少和外人一样好，而且通常更好。

没有其他社会制度能够提供如此广泛的互补性，共享性和紧密联系、相互交织的优势。最接近的例外可能是少数社会中一些赋予性的、常规性的友谊，但即使是这些友谊也不能提供在家庭式互动中所能找到的交换范围。

我们着重探讨了家庭成员在这种安排下生活所获得的优势。然而，当我们调查数百个社会中各种各样的家庭模式时，我们惊讶地发现，这种社会单位得到了外界——更大社会中成员——的鼎力支持。

家庭式组合得到规则、价值观、法律和广泛的社会压力结构的支持。更具体地说，社会中的其他成员认为这种单位是必要的，他们关心人们如何履行在家庭中的义务。他们惩罚那些不符合理想行为的家庭成员，表彰那些符合理想行为的家庭成员。这些介入不是简单的异想天开，也不是一种压迫。事实上，社会中的其他成员确实与家庭如何完成其各种任务有利害关系。更广泛地说，人们普遍认为，单个家庭开展的一些活动，可以满足整个社会的集体需求。简而言之，与独居相比，家庭成员平均享受更多，并从家庭式安排中获得了更多的舒适、愉悦或优势，这是家庭多样性的特征；社会中的其他成员认为，这种安排在某种程度上有助于社会的生存。社会成员通常认为，对于大多数其他人来说，组建家庭、抚育子女、繁衍下一代、互相支持和帮助很重要——无论某个特定家庭的某些成员是否真的觉得，他们从生活在家庭式的安排中获得了真正的好处。例如，几个世纪以来，人们一直反对合法离婚，不管他们自己的婚姻是否幸福，也很少考虑他人的婚姻幸福与否。

这种关于"家庭式社会组合"包含什么的观点解释了几种广泛观察到的社会行为。一个是人们在一种新生活哲学观的指导下，尝试各种不同的安排。之所以这样做，是因为他们的需求没有在社会中既定的传统家庭安排模式中得到充分满足。既然人们与这种家庭式安排有利害关系，我们也可以预期，当一些个人或团体试图改变或尝试既定制度时，社会上其他的各种成员都会反对，甚至可能会为此迫害他们。我们也可以看到，即使在一个高离婚率的社会中，数百万人对他们的婚姻和离婚感到不满或受到伤害，但他们仍然会回归婚姻安排。也就是说，在考察了各种替代方案之后，家庭式社会组合看起来仍然为个人提供了一系列更广泛的优势，而外部社会也支持这一举措。而且，如前所述，即使存在强大的政治压力，需要创建新的社会单位，这些社会单位对单个家庭的支持也远远不够，就像在俄罗斯和以色列的集体农场一样，我们可以预期，人们会继续回归某种家庭式的安排。

家庭研究的社会学方法

　　家庭作为一个社会子系统所表现出的不寻常特征，要求对用于研究它的分析方法给予一定的重视。首先，理想和现实都不能排除在我们的关注范围之外。例如，因为现在结婚的美国夫妇中约有40%最终会离婚，我们就假设这些人不会珍惜与一个人维持婚姻关系的理想，那就太天真了。当代的评估表明，大约一半的已婚男性在某个时候有过婚外性行为，但民意调查显示，即使在这个宽容的时代，绝大多数的美国男性和女性也认同婚姻忠诚的理想。在更个人的层面上，每一位读到这段话的读者都曾在某个时候撒过谎，但大多数人仍然坚信说真话的理想。

　　社会学家之所以要明确家庭系统的理想，部分是因为它们是行为的粗略指南。我们知道，人们更愿意让他们的子女至少与同一个阶层的人结婚，据此，我们可以预期，他们在可能的情况下会尝试控制孩子的择偶问题。我们还可以具体说明他们或多或少成功实现该目标的一些条件。我们也知道，当违背这种理想时，如果可能的话，人们很可能会隐瞒这种"违背"。如果不可能，人们会试图为"违背"寻找借口。同时，如果被其他人发现了，他们可能会感到尴尬。

　　家庭社会学不可以仅仅局限于当代城市或郊区的美国生活。任何实质性的效度或范围的结论都必须包括来自其他社会的数据，无论这些数据是过去的还是现在的，工业社会的还是非工业社会的，亚洲的还是欧洲的。历史数据，如伯里克利时期的雅典或罗马帝国，并没有经常得到运用，主要原因是，迄今为止尚未对他们的家庭系统给予社会学的充分描述。[①]另外，过去20年出现了很多关于过去5个世纪中欧洲各个城市家庭系统的研究。

对过去习俗和信仰的研究，有助于我们更好地了解社会行为的可能范围，引导我们否认或至少具体说明一个发现：如果仅仅局限于现代美国生活（如几十年来离婚率的上升），该发现可能是正确的。使用过去或现在部落社会的数据，有助于我们检验有关家庭体系的结论，而这些在西方社会中根本找不到，如母系制或一夫多妻制。或者，一种看似简单的关系在其他社会中可能采取了不同的形式。例如，在美国，大多数人的初婚都是建立在爱情的基础之上的（无论他们还基于其他什么原因），没人会愿意承认他们和自己不爱的人结了婚。相比之下，尽管其他社会中的人也会坠入爱河，但爱情在婚姻体系中扮演的角色可能或大或小……

几乎任何现象都可以从广泛的角度加以研究。我们可能会研究家庭行为的经济层面，我们也可以聚焦家庭模式中的生物学因素。对任何具体对象进行全面的分析几乎是不可能的。一切事物都可以从很多角度进行分析，每个角度都会产生一些不同但仍然有限的图景。所有事物都是无限复杂的。每一门科学都将其视角聚焦于它认为重要的过程范围。每一种方法都有自己的正当理由。在这里，我们主要从社会学的角度对家庭进行考察。

社会学方法侧重于将家庭视为一种社会制度，并将家庭互动的特殊性和独特性视为社会性的。例如，家庭系统表现出的合法性和权威性特征，根本不属于生物学范畴。我们可以观察到的家庭价值观和规约行为，或者家庭地位（如父亲或女儿）的权利和义务，并不属于心理学范畴，而是社会学的理论方法所特有的。在解释中国和日本社会结构中家庭的特殊地位方面，人格理论并不是非常有用的，尽管它有助于我们理解个人对这些权利和义务所做出的情感反应。如果我们仅局限于社会学方法的使用，我们会错过一些关于具体家庭互动的重要信息。但当我们停留在一个理论水平上时，可能的收获是在一定程度上实现更大的系统化和严谨性。

---

① 然而，基思·霍普金斯（Keith Hopkins）发表了几篇关于罗马家庭的专题研究。参阅他的《征服者与奴隶》(*Conquerors and Slaves*, Cambridge University Press, 1978)。

然而，在最低限度上，当研究人员从社会学的理论层面转向心理学的理论层面时，其至少应该意识到这一点。如果调查转向生物学或心理学因素对家庭的影响，则应结合其社会意义进行审查。例如，异族通婚似乎没有什么生物学意义，但对实际参与这种通婚的人却有很大的社会影响。研究家庭的社会学家虽然不太可能是精神疾病心理动力学方面的专家，但他们感兴趣的是，精神疾病对特定家庭或家庭类型的社会关系造成什么影响，不同的家庭类型又如何据此进行调整。

阅读 2　家庭和个人生活的全球变革

安东尼·吉登斯

在当今社会发生的所有变化中，最重要的是发生在我们个人生活中的变化——性、情感生活、婚姻和家庭。在我们如何看待自己及如何与他人建立纽带和联系方面，正在发生一场全球性的变革。这场变革在不同地区和文化中的发展并不均衡，且阻力重重。

就像这个失控世界的其他方面一样，我们不知道优势和焦虑的比例最终会是多少。在某些方面，这些转变最为困难，也最令人不安。在大部分时间里，我们大多数人都可以避开更大的问题。然而，我们无法选择退出直抵我们情感生活核心的变化旋涡。

世界上很少有国家没有就性别平等、性行为的监管和家庭的未来进行过激烈的讨论。那些没有进行公开争论的地方，主要是受到威权政府或原教旨主义团体的镇压。在很多情况下，这些争论是全国性或地方性的——社会和政治的反应也是如此。政客和压力团体认为，只要修订家庭政策，只要离婚变得更难或更容易，我们就会很容易找到解决问题的办法。

但这些影响个人和情感领域的变化，远远超出了任何特定国家的边界，即使是像美国这样的国家。我们几乎在所有地方都会发现同样的问题，只是程度和文化背景不同而已。

例如，1980 年，中国通过了非常自由的婚姻法。婚姻是劳动合同，在"男女双方自愿离婚的时候，准予离婚"。

即使一方反对，当婚姻中"彼此之间的感情"消失时，也可以准许离婚。只需要等待两周，之后再支付一定费用，从此就相互独立。与西方国家相比，中国的离婚率仍然较低，但正在迅速上升，亚洲其他发展中国家的情况也是如此。在中国的城市中，离婚和同居现象均越来越频繁。

但几十年前，在广袤的中国农村，情况并非如此。在那里，婚姻和家庭要传统得多——婚姻是两个家庭之间的安排，由父母而不是由当事人决定。

曾经在中国甘肃省进行的一项研究发现，60% 的婚姻仍然由父母包办。中国有句俗话就说明了这一点："见次面，点个头，然后结婚。"中国的现代化进程中出现了一个转折,部分在城市中离婚的人都是以中国传统的方式结婚的。

在中国,很多人都在谈论保护家庭。在很多西方国家,此类争论甚至更为激烈。家庭不仅是传统与现代交锋的场所,也是这种交锋的隐喻。就业已消失的传统机构而言,相较于任何其他机构,人们对家庭避风港的怀旧之情可能更多。政治家和社会活动家经常会诊断家庭生活破裂的原因,并呼吁回归传统家庭。

现在,"传统家庭"已成为一个包罗万象的类别。在不同的社会和文化中,存在很多不同类型的家庭和亲属制度。例如,中国的家庭形式总是有别于西方。包办婚姻在大多数欧洲国家从未像在中国或印度那样普遍。然而,在非现代文化中,不管是过去还是现代,世界各地的家庭确实多多少少具有一些共同的特征。

传统的家庭首先是一个经济单位。农业生产往往涉及整个家族,而在士绅贵族之间,财产的传承构成了婚姻的主要基础。在中世纪的欧洲,婚姻并不是建立在两情相悦的基础之上的。同时,也很少有人认为婚姻应该是发展爱情的温床。正如法国历史学家乔治·杜比(Georges Duby)所言,中世纪的婚姻并不需要"率性、激情或幻想"。

男女不平等是传统家庭的固有特征。在我看来,任何人都不会夸大这一点的重要性。在中世纪欧洲,女性是其丈夫或父亲的财产,即法律定义的动产。

在传统家庭中,不仅女性缺乏权利,儿童也一样。从历史上看,将儿童权利纳入法律的想法相对较晚。在前现代时期,就像在今天的传统文化中一样,生儿育女不是为了孩子自身,也不是为了满足孩子的父母。几乎可以说,儿童并未被视为个体。

这并不是说父母不爱自己的孩子,而是相较于对孩子自身的关心,他们更关心孩子对共同经济任务所做的贡献。此外,儿童的死亡率也骇人听闻。在殖民地时期的美国,近四分之一的婴儿在出生后一年内死亡,近一半的儿童活不到10岁。

在传统的家庭中,除了某些宫廷或精英群体,主导性行为的一直都是繁衍后代。这一点既符合传统,也顺乎自然。由于缺乏有效的避孕措施,对大多数女性来说,性行为不可避免地与生育密切相关。在很多传统文化中,包括20世纪之前的西欧,女性一生中可能会怀孕10次或更多。

影响性行为的是女性美德观念。性别双重标准通常被认为是维多利亚时期的产物。事实上，在这样或那样的版本中，这种双重标准几乎是所有非现代社会的核心，包含了对女性性行为的二元论观点，即女人在贞洁和放荡之间的泾渭分明。

在很多文化中，性滥交被视为男性阳刚之气的正面特征。在过去甚至在现在，詹姆斯·邦德因性爱和体格英雄主义而备受推崇。相比之下，具有性冒险精神的女性往往让人无法接受，尽管某些知名人物的情妇引起了很大的社会影响。

对同性恋的态度也受到传统和自然的综合影响。人类学调查表明，更多的文化会容忍或公开认可而不是禁止同性恋。那些对同性恋持敌对态度的社会通常会谴责他们严重违背自然。相较于大多数地方，西方的态度更为极端。近半个世纪前，同性恋仍被广泛视为一种变态行为，并被写入精神病学手册。在当今社会中，对同性恋的敌意仍然普遍存在，对女性的二元论观点也同样如此——无论男女。但在过去的几十年里，西方性生活的主要元素发生了根本性的变化。原则上，性行为与繁衍后代完全分离。发现、塑造、改变性行为，在历史上还是第一次。在过去，性行为被严格定义为与婚姻和合法性相关，但现在与它们几乎毫无关联。

在西方国家，大多数捍卫者所称的传统家庭，实际上是20世纪50年代家庭发展的一个后期过渡阶段。在那个时代，外出工作的女性比例仍然相对较低，不带耻辱感的离婚仍然很难，尤其是对女性而言；同时，男女在事实上和法律上都比以前更加平等。家庭不再是一个经济实体，把浪漫爱情作为婚姻基础的观念已经取代了把婚姻视为经济契约的观念。

此后，家庭就发生了巨大的变化，其中细节因社会而异，但在几乎所有的工业化世界中，都出现了相同的趋势。现在只有少数人生活在被称为20世纪50年代标准模式的家庭中——父母与他们的婚生子女生活在一起，母亲是全职主妇，父亲负责挣钱养家。在一些国家，超过三分之一的人口是非婚生子女，而独居人口的比例也急剧上升，而且可能会上升得更快。

在大多数社会中，如在美国，婚姻仍然广受欢迎——毋庸置疑，美国是一个高离婚率、高结婚率的国家。在斯堪的纳维亚半岛，很多生活在一起的人，包括有孩子的人，仍然没有踏入婚姻的殿堂。此外，在美国和欧洲，年龄在18岁到35岁之间的女性中，多达四分之一人表示不打算要孩子——她们似乎是认真的。

当然,在所有国家,传统的家庭形式仍然存在。很多美国人,尤其是新移民,仍然按照传统的价值观生活。然而,大多数家庭生活都因同居情侣现象的兴起而发生了改变。婚姻和家庭已经成为我在此前讲座中所说的"空壳机构"(shell institutions)。虽然在很多人心中,婚姻仍然等同于家庭,但它们的本质已经发生了变化。

在传统家庭中,已婚夫妻只是家庭系统的一部分,而且往往不是主要部分。在日常社交生活中,与孩子和其他亲属的纽带通常同等重要,甚至更为重要。如今,配偶双方,无论是已婚还是未婚,都是家庭的核心。随着家庭经济功能的弱化,配偶双方开始成为家庭生活的中心,而爱情,或者说爱情加上性吸引,已成为婚姻关系的基础。

配偶关系一旦形成,就会书写自己独特的历史和传记。这种家庭是基于情感交流或亲密关系形成的单元。亲密的概念……听起来很古老,但实际上很新鲜。在过去,婚姻从来都不是建立在情感交流的亲密基础之上的。毫无疑问,这种交流对美满的婚姻至关重要,却不是它的基础。对配偶来说,情况确实如此。交流首先是建立纽带的手段,其次才是纽带得以延续的主要理由。

我们应该认识到这是一个多么重大的转变。与"婚姻和家庭"相比,"结合"和"分手"才能更准确地描述现在的个人生活领域。对我们来说,比"你结婚了吗?"更重要的问题是"你们的关系怎么样?"。

令人惊讶的是,关系这一概念也是最近才出现的。大约在30年前,还没有人谈论"关系"。他们根本不需要用亲密和承诺来说话。那时的婚姻是一种承诺,奉子成婚(shotgun marriages)就是明证。虽然从统计数据上来看,婚姻仍然是一种正常的状态,但对大多数人来说,它的意义已经多多少少发生了变化。婚姻意味着一对夫妇处于稳定的关系中,并且完全有可能促进这种稳定关系,因为他们公开宣布了承诺。然而,婚姻不再是定义夫妇关系的主要基础。

在所有这一切中,孩子的地位不仅非常有趣,而且有些矛盾。过去几代人以来,我们对孩子及保护孩子的态度发生了根本性的改变。我们如此珍视孩子,一方面是因为他们变得非常稀少,另一方面是因为是否要孩子的决定与前几代人大不相同。在传统家庭中,孩子是一种经济利益。相反,在当今的西方国家,孩子给父母带来了沉重的经济负担。与过去相比,要孩子更像是一个独特、具体的决定，一个由心理和情感需求引导的决定。我们担心离婚对孩子造成的影响，担心很多单亲家庭的存在，其背后实际上是我们对如何照顾和保护孩子抱有更高的期望。

情感交流以及随之而来的亲密关系，在三个方面取代了过去将人们的私人生活联系在一起的传统纽带——性与爱情关系、亲子关系、友谊。

我想用我所说的一个概念——"纯粹关系"——来分析这些关系。这种纯粹关系基于情感交流，而这种交流带来的回报是延续纯粹关系的主要基础。它不是指纯粹的性关系，也不是指现实中存在的任何东西。我所说的是一个抽象的概念，可以帮助我们理解世界上正在发生的变化。上述三个方面——性关系、亲子关系和友谊——都趋向于这种模式。换句话说，情感交流或亲密关系对这三种关系都至关重要。

纯粹的关系与更传统的社会关系有着截然不同的驱动力。这取决于积极信任的过程——向对方敞开心扉。自我表露是亲密关系的基本条件。

这种纯粹的关系也是一种隐性民主。最初从事亲密关系研究时，我阅读了大量关于该主题的治疗和自助文献。让我震惊的是，有些事情并没有得到广泛的关注或评论。如果看看治疗师如何看待一段良好的关系——在上述三个方面中的任何一个方面，我们会惊讶地发现它与公共民主有着多么直接的相似之处。

当然，良好的关系是一种理想——大多数普通关系甚至无法与其相提并论。这并不是说，我们与爱人、孩子或朋友的关系通常不会混乱、冲突。但是，公共民主的原则也是理想，且通常与现实相距甚远。

良好的关系是一种平等的关系，每一方都有平等的权利和义务。在这种关系中，每个人都尊重对方，并希望对方得到最好的东西。纯粹的关系建立在沟通的基础之上，如此，理解对方的观点是必不可少的。

交谈或对话是建立关系的基础。如果人们之间并不总是藏着掖着，关系就会良性运转——相互信任是必需的。信任是需要努力的，不能只是想当然。

最后，良好的关系中没有强权、胁迫或暴力。这些品质中的每一种都符合民主政治的价值观。

在民主国家，所有人原则上都是平等的，权利和责任的平等意味着相互尊重。公开对话是民主的核心特征。在民主制度中，专制权力或传统根深蒂固的权力让位于对问题的公开讨论,即对话的公共空间。没有信任,任何民主都无法运行。如果民主让位于威权主义或暴力,就会遭到破坏。

当我们将这些原则——作为理想,我要再次强调——应用于人际关系时,我们谈论的就是一些非常重要的事情——我将其称作日常生活中可能出现的情感民主。在我看来,情感民主在改善我们的生活质量方面,与公共民主同等重要。

这一点不仅在亲子关系中非常重要,在其他领域中也是如此。它们在实质上不能也不应该平等。父母对孩子必须具有权威,这对每个人都有好处。然而,他们应该假定原则上的平等。在民主家庭中,父母的权威应该建立在一份隐性的契约之上。父母实际上是在对孩子说:"如果你是成年人,了解我所知道的事情,你就会明白我让你做的事情是对的。"

不管是过去还是现在,传统家庭中的孩子都应该被看到而不是被听到。很多父母,也许对他们孩子的叛逆感到绝望,因此非常希望恢复这条规则。但没有任何回头路可走,也不应该走回头路。在情感民主中,孩子们可以而且应该能够做出回应。

情感民主并不意味着缺乏纪律或权威。它只是试图将纪律或权威置于不同的基础之上。

当民主开始取代专制政府和武力统治时,公共领域也发生了类似的事情。和公共民主一样,民主家庭必须建立在稳定而开放的公民社会中。如果我可以创造一个表达的话,那就是:"它需要一个村庄。"

情感民主不会在异性和同性关系之间划分出原则的界限。同性恋人士,实际上是发现新的人际关系世界并探索其可能性的"先驱"。他们不得不这么做,因为"出柜"后,同性恋人士无法获得传统婚姻的常规支持。在一个基本充满敌意的环境中,他们不得不成为创新者。

讨论情感民主的培养,并不意味着弱化家庭责任或家庭公共政策。毕竟,民主意味着接受法律规定的义务和权利。保护儿童必须成为立法和公共政策的主要特征。无论做出什么样的生活安排,父母在法律上都有义务抚养他们的孩子直到成年。婚姻不再是一种经济制度,但作为一种仪式承诺,它可以帮助稳定原本脆弱的关系。

关于这一切,有很多需要解答的问题——太多了,无法在一个简短的文章中予以解答。我重点关注的是影响西方国家家庭的趋势。在那些基本保持完整传统家庭形式的地区，情况又是如何？我们在西方社会中观察到的具体变化会越来越全球化吗？

我认为它们会的——事实上也是如此。这不是现存的传统家庭形式是否会改变的问题，而是何时以及如何改变的问题。我还想斗胆更进一步。我所描述的新兴情感民主处于世界主义和原教旨主义之间斗争的前线，我在前面就讲过这一点。性别平等和女性的性自由与传统家庭理想格格不入，因此为原教旨主义团体所憎恶。事实上，反对性别平等和女性的性自由是全世界宗教原教旨主义的定义性特征之一。

不管是在西方国家，还是在其他地方，家庭状况都有很多值得担忧的事情。认为每一种家庭形式都一样好，就像认为传统家庭的衰退是一场灾难一样是错误的。

我将推翻政治和原教旨主义权利的论点。在世界很多地方，比起传统家庭的衰退，其持续存在才更令人担忧。促进贫困国家民主和经济发展的最重要力量是什么？是女性的平等和教育。必须做出什么改变才能使这些成为可能？最需要的是改变传统家庭理想。

总而言之，我需要强调的是，性别平等不仅仅是民主的核心原则，它也与幸福感和成就感息息相关。

家庭中发生的很多变化都是有问题的、困难的。但美国和欧洲的调查显示，很少有人愿意回到传统的男性和女性角色，更不用说回到法律定义的不平等了。

在试图认为传统家庭可能最好的时候，我就会回忆起我姑妈所说的话。她的婚姻一定是世界上较长的婚姻之一。她很早就结婚，和丈夫一起生活了60多年。姑妈曾经对我吐露心声，她一直对她丈夫很不满意。在她那个年代，没有人能够逃脱。

第二章　公开辩论和私人生活

阅读 3　"妈咪之战"：矛盾、意识形态和母性的文化冲突

莎伦·海斯

我曾说过，所有的母亲最终都会认同"密集母职"的意识形态。与此同时，所有的母亲都生活在一个育儿普遍贬值、重利、重效率、重"出头"的社会中。如果你是一位母亲，相信你会知道这两种逻辑都在你的日常生活中运行。

事实上，相关故事甚至更为复杂。超过一半的美国母亲通常是常态化地直接进入职场；其余的人则在家里度过大部分时间，可以说在某种程度上远离了这个世界。如此，人们可能会认为，有工作的母亲更致力于通过竞争实现个人利益最大化的意识形态，而全职母亲更致力于"密集母职"的意识形态。然而，事实证明，情况并不完全如此。

现代母亲面临着社会建构的两种关于好母亲的文化形象。然而，这两种形象都不包括冷酷、精于算计的女商人形象——这个头衔是为没有孩子的职业女性设置的。如果你是一位好母亲，你就必须是一位认真的母亲。其中唯一的"选择"是，你是否增加了一个职业女性的角色。如此，选项有二。一是"传统母亲"的肖像。她们在家带孩子，把全部的精力奉献给谋取家人的福祉。这类母亲会兴致勃勃地研究着最新一期的《家庭圈》，在每个房间都摆上鲜花，等着丈夫回家吃饭。她们在打扫、做饭、缝纫、购物、洗衣服或安慰伴侣之外，就专注于照顾孩子，确保他们的正常成长。二是成功的"超级妈妈"形象。这类母亲可以一手推着婴儿车，一手拎着公文包，轻松兼顾家庭和工作事务。她们的头发打理得体，长筒袜完全没有勾丝，衣服套装也是新熨烫的，家里一尘不染。

她们的孩子完美无瑕，彬彬有礼，但不被动，精神旺盛，且高度自尊。①

尽管传统母亲和超级妈妈通常都被社会普遍接受，但她们的共存代表了一种关于母亲应该如何表现的严重文化矛盾。这种矛盾反映在对这两类女性如何失败的普遍指控中。例如，我们可以注意福利母亲②麦加如何描述这两种选择及其负载的文化批评：

> 我家人的成长方式是这样的：你嫁给一个男人，他是一家之主，是供养者，而你是妻子，是家里的提供者。但现在不同了：待在家里的人被归类为"懒人"，不"喜欢"工作。
>
> 我在电视上看到过很多关于职场母亲和非职场母亲的事情。那些待在家里的人会攻击职场母亲，因为后者就像坏妈妈一样，抛下孩子出去上班。另一方面，不工作的母亲则被批评懒惰。但她们其实并不懒惰。这是20世纪90年代的生活方式，很多人都是这样。对于有孩子的母亲来说，这个世界的要求很高。

无论是麦加在电视上看到的画面，还是这两种形象用意识形态的刀剑相互攻击的画面，都并不少见。

正是这种文化矛盾和在这些道路之间的所谓选择，构成了达恩顿（Darnton，1990）所说的"妈咪之战"的基础。③有人认为，无论是全职妈妈还是职场妈妈，都会感到愤怒并具有防御性；双方都不尊重对方。两者都用现存的文化指控来

---

① 在我看来，传统母亲和超级妈妈的流行文化形象往往是专业阶层的女性肖像；工薪阶层和贫困女性的生活方式实际上被忽视了。霍赫希尔德（Hochschild，1989）对超级妈妈形象的描述非常到位：我们的社会将这种形象张贴在广告牌上，并覆盖于流行杂志的整版广告中："她大步向前，一手拎着公文包，一手抱着微笑的孩子，看起来就是一位职场母亲。无论是字面上还是比喻上，她都在前进。如果是长头发，就会甩在身后；如果是短头发，就会从脸侧面向后拢，表明流动性和进步。她绝不害羞或被动。她自信、活跃、'解放了'。她身穿一套剪裁考究的深色西装，但带有丝绸蝴蝶结或色彩鲜艳的装饰，表明'我私底下其实很有女人味'。她在没有牺牲女性气质的情况下，在男人的世界里取得了成功，而这一切都是她自己打拼出来的。这种形象暗示着，凭借某种个人奇迹，她成功地将150年来被工业化严重割裂的东西结合起来——孩子和工作、装饰和西装、女性文化和男性文化。"
② 有孩子但无丈夫供养而接受社会福利救济的妇女。
③ 女性决定不生孩子或成为全职母亲或职场母亲是基于社会结构环境。凯瑟琳·格尔森（Kathleen Gerson）的《艰难的选择：女性如何决定工作、职业和母性》（*Hard Choices: How Women Decide about Work, Career, and Motherhood*）关注的正是这个问题。

谴责对立团体。根据这种描述，职场妈妈经常将全职妈妈描述为懒惰和无聊，而全职妈妈则经常指责职场妈妈自私自利，忽视了自己的孩子。

然而，我的采访表明，这种对"妈咪之战"的描述不仅夸张而且肤浅。事实上，与我交谈过的大多数母亲都表示尊重彼此在选择外出工作还是留在家里照顾孩子的需要或权利。而且，正如我所说的那样，她们在如何恰当地抚养孩子方面都有着一系列类似的担忧。这些母亲并没有正式加入这场战争。然而，"妈咪之战"的巧言令色一直存在于美国的主流文化中，因此吸引了她们的注意力。出于各种重要原因，这种文化不愿意明确地接受这两种对母亲的看法，就像它仍然不愿意全心全意地接受没有孩子的职业女性一样。[①] 因此，一方面是懒惰和无聊的指控，另一方面是自私和财迷的指控，供特定母亲和其他人在需要时使用。

这对育龄女性来说是一个必输的局面。如果一个女人自愿不生孩子，有人会说她冷酷、无情、没有成就感。如果她是一个在事业上太过打拼的母亲，有人会指责她忽视了孩子。如果她工作不够努力，有人肯定会将其置于"妈咪轨道"上，声称照顾孩子影响了她的工作效率，因此永久拖慢了她的职业发展（Schwartz，1989）。如果她和孩子们待在家里，有人会说她没有生产力、没用。换句话说，女人永远不可能完全正确地做事。

总之，这些文化形象把所有的女性都描绘成不合格的，与此同时，它们也导致很多母亲在日常生活中总是感到自己存在不足。全职妈妈本该是幸福的、充实的，但如果经常听到说她没头脑、无聊，她会怎么样呢？职场妈妈应该能够同时兼顾她的两个角色而不失节奏，但是如果被告知她必须在两个方向上都全力以赴，她又如何能像别人期待的那样完成任何一项工作？在这种情况下，难怪很多职场妈妈会因自己无法充分完成这两个角色任务而心感愧疚。与此同时，很多全职妈妈则会感到孤立无援，与更广阔的世界脱节。

鉴于这种情况，全职妈妈和职场妈妈最终都会花费大量时间，试图弄清自己目前的位置。例如，职场妈妈可能会争辩说，让母亲成为有偿劳动力有很多充分的理由；全职妈妈可能会争辩说，待在家里陪伴孩子也有很多充分的理由。我们最好不要将这些论点理解为（纯粹）合理或（绝对）真理，而应将其理解为社会

---

① 有关这场战争的种种讨论，请参见伯格、伯格（Berger & Berger, 1983），格尔森（Gerson, 1985），金斯伯格（Ginsburg, 1989），亨特（Hunter, 1991；1994），克拉奇（Klatch, 1987）和卢克（Luker, 1984）的研究。

必要的"意识形态工作"。一方面，人们倾向于将其观点置于社会背景之中；另一方面，人们在日常生活中会实际感受到来自社会背景的压力。如此，借助"意识形态工作"这一概念，伯格（Berger, 1981）描述了所有人在试图处理两者之间关系时，使用了既存意识形态的方式。换句话说，人们从自己所掌握的文化逻辑中进行选择，以便在他们所相信的和实际所做的之间建立某种对应关系。[1] 对于母亲来说，就像其他人一样，意识形态工作只是保持头脑清醒的一种手段。

正如我将要说明的那样，母亲的意识形态工作既不简单，也非直截了当。首先，如上所述，这两个群体都面临着恰当育儿的两种相互矛盾的文化形象。因此，她们的意识形态工作包括对这两幅肖像的认可和回应。这种二元性显而易见，全职妈妈用来肯定自己位置的逻辑，与职场妈妈用来表达自己矛盾处境的逻辑是一致的。同时，职场妈妈用来肯定自己位置的逻辑，与全职妈妈用来表达自身矛盾的逻辑也是一致的。换句话说，镜像是她们的策略，但这种策略并不完整。显然，这两个群体都有其矛盾之处。因此，尽管这两种有关妈妈的文化形象有助于妈妈们了解自己的位置，但同时也让她们在某种程度上感到不足，从而削弱了她们的力量。正是在应对这些不足感觉的过程中，她们各自的意识形态策略发生了有趣的转变。这两个群体并没有像人们预期的那样走上不同的道路。相反，她们试图通过回归"密集母职"的意识形态逻辑，以应对她们的不足感。

邋里邋遢的家庭主妇和外向世界的推力

一些职场妈妈说，她们出去打工挣钱是因为她们需要收入。[2] 但绝大多数

---

[1] 人们借助意识形态工作来解释她们的社会环境，这一事实并不意味着人们的观点仅仅源于其社会地位。个人的观点很可能是他或她走到这个位置的首要原因。正如伯格所指出的那样，观点与环境之间存在着一种辩证关系。无论是个人的观点还是位置，都不是完全"自由的"、个人的选择问题。两者都是社会所塑造的。

[2] 在我的样本中，有一半的从业女性只是兼职。在全国范围内，1992 年的已婚职场妈妈中约有 33% 从事兼职工作；其余 67% 从事全职工作，即每周工作 35 小时或以上（Hayghe and Bianche, 1994）。很多全职妈妈从事各种临时或隐性的领薪工作，如为他人照顾孩子。同时，随着时间的推移，所有妈妈会进入或退出劳动力市场。基于这几点，我们可以明显看出，职场妈妈和全职妈妈的位置之间，实际上存在着一个连续体，而不是一个巨大的鸿沟。尽管如此，在我的样本中，妈妈们系统地将自己定义为职场妈妈或全职妈妈，并且关注的是两者之间的鸿沟而不是连续体。她们在本文中的观点表明了这一点。

妈妈也表示，她们只是想外出工作。首先，整天待在家里是个问题："自打我开始工作，我就知道我需要工作。因为如果只待在家里，我就会变成一个邋里邋遢的超级隐士。"变成一个"邋里邋遢的超级隐士"与被禁锢在家里的感觉有关。很多女性都曾有过这样的经历，并且不想重复：

> 在宝宝 10 个月大之前，我待在家里连续 3 天都不会出门。你知道，我所在的环境让我不想梳妆打扮，也不在乎有没有洗澡。那种感觉就像：为啥要梳妆打扮？为啥要洗澡？我反正哪儿也不会去。

不梳妆打扮和不去任何地方，也与没有机会和其他成年人互动的问题相关：

> 我记得当时在想："我甚至不会脱下浴袍。我必须待在家里母乳喂养，我唯一听到的一个成年人的声音来自《早安美国》——而且他甚至不是在现场直播！"那只是几个月的时间。我甚至不知道几年后会是什么样子。我认为这会非常困难。

对很多职场妈妈来说，与成年人互动意味着从孩子的世界中解脱出来，并有机会发挥自己的聪明才智：

> 当我刚开始找工作时，我觉得我需要另一份收入。但当我开始工作时，那种感觉就像：这太棒了！我不再满脑子都是《芝麻街》[①]了。我只是喜欢和人交谈。这很好玩，也是一种休息。这很艰难，但我很享受；这是逃离和孩子捆绑在一起的休闲时光。

如果你不从孩子身边逃离，如果你不走出家门，如果你不与成年人互动，如果你没有机会在《芝麻街》之外使用你的大脑，你最终可能完全没有动力去做很多事情。很多妈妈都暗示了这一观点：

> 如果我整天被困在家里，我确实整天被困在家里，因为我在等待日托。在家待了 4 个月，我快疯了，无法忍受。不是说我不想和她共度时光，而

[①] 美国的一档幼儿教育节目。——译者注

是因为只是坐在这里，她会哭上一整天，而我什么也做不了。一天下来，我筋疲力尽，感觉糟透了。

当然，只是花时间满足孩子的需求是很累人的。但是，在所有这些观点中，有一种不太根深蒂固的感觉，即走出家门并使用自己的大脑，满足了成为更广阔世界的一部分并被它认可的渴望。一位妈妈明确指出了这一点：

> 当你在外工作时你是在做一些事情。你在用不同的方式思考，而不是只想着搞清楚如何与你的孩子度过一天。外出工作只是一种不同方式的挑战。我内心的一部分想要得到他人的认可。我想这也许就是工作的好处，它能给你一种认同感，而当你待在家里时你感觉不到。

那么，大多数职场妈妈会说，如果只是待在家里，她们会被逼疯，会感到厌烦，孩子们的要求会让她们抓狂，她们将没有机会发挥自己的聪明才智或与其他成年人互动，她们会觉得自己无处可去，会丧失更广阔世界中的身份感。而且，对此类母亲来说，所有这些观点都是相互关联的：

> 嗯，我认为在外工作是积极的，因为我很高兴能够学以致用，不落后，并发挥自己的聪明才智。随着年龄的增长，孩子们会做他们想做的事情，会和他们的朋友或其他人出去玩，我不想一辈子都与孩子们捆绑在一起。就是这样。只是一些对外界的兴趣，这样我就不会困扰于我的地板有多么闪亮。（她大笑起来）只是想走出去受点刺激。天呐，我不希望被人误会，但我认为我会有点厌烦。我想到的另一件事是，我有点需要逃离，当你待在家里时，一切都恒定不变。当没有家人在你身边时，会困难得多，因为你得不到休息。

简而言之，外部世界对职场妈妈有着强烈的吸引力。她们听到全世界都在指责全职妈妈没有头脑、没有生产力、除了孩子之外缺乏身份认同，而她们自身的体验至少部分说明这些指责是真实的。

全职妈妈还担心，当孩子们在耳边尖叫并拉扯她们的袖子时，外界会认为她们懒惰、无聊、整天看电视。有时，这也是她们对自己的感觉。换句话说，正是这一形象让职场妈妈明白她们应该出去工作的原因,也解释了全职妈妈对待在家里的矛盾心理。

一些全职妈妈似乎对自己的位置感到绝对安全,但大多数人并非如此。① 很多人确信,她们会在某个时候找一份有报酬的工作。同时,几乎所有全职妈妈都因为外界不重视她们所做的事情,而感到不舒服。在这些情况下,她们对待在家里的矛盾心理都再现了全职妈妈的担忧。例如,一些待在家里的女性同样担心自己会变得邋遢:"我没那么重。我好像超重27磅。以我的处境,这听起来很虚荣。就有点类似于我不习惯一直待在家里。我24小时都待在家里,生活已经失去了平衡。"一些全职妈妈觉得她们好像被禁锢在家里。例如,下面这位母亲似乎厌倦了满足孩子们的要求,觉得她正在失去自我:

> 一直待在家里是一件很难受的事。压力很大,因为总是待在家里。我认为有一份工作可以减轻一些压力,让生活变得更加愉快,也会让我一直想回家。我的外出活动有限。我去杂货店买东西时会很兴奋。我挑的都是他们吃的和他们喜欢的,或者是他们应该吃的。而我,我只是在那里。我在那里是为了他们。我觉得我在这里也是为他们。

这些全职妈妈,就像我样本中超过三分之一的全职妈妈一样,计划着一旦找到一份工作,能够提供足够的报酬(经济上以及精神上)来支付送孩子去日托的费用,就会出去工作。其他的大多数妈妈都待在家里,陪伴孩子们度过她们所认为的性格形成期。下面这位妈妈就是如此,同时也呼应了很多职场妈妈的愿望,即希望有一天能有机会与成年人在一起,促进自己的成长:

> 好吧,我们可以做得更多,我们会有更多的钱,但这真的不是我要回去工作的最大原因。我也想为自己做点什么。我想回去攻读硕士(学位)

---

① 在我采访过的全职妈妈中,超过三分之一的人计划在未来5年内进入有偿劳动力市场,三分之一的人不确定她们是否会这样做,不到三分之一的人确定自己还会在家里至少待上5年。相较于这些数据,20位职场妈妈中有18位计划继续外出工作,只有2个人希望在某个时候能够回归家庭陪伴孩子。在我的样本中,18位全职妈妈中有2位想无限期地待在家里。其中一位是这样解释的:"我不想去上班。我享受待在家里。我很享受。我不介意有人叫我家庭主妇或持家人。这不会困扰我。我不是女权主义者。我没有必要在外面。就我赚的钱而言,这不值得。"当然,她的结论颇有道理。但低收入工作并不是妈妈们想待在家里的唯一原因。我们还应该认识到,即使工作报酬不高,很多女性也想外出工作。

或别的什么。我需要成长，也需要和成年人在一起。我不知道什么时候，但我想，在接下来的两年中我会回去工作。性格形成期——他们的性格会一直发展到 5 岁左右，到那时就差不多定型了。所以我认为在此期间在他们身边是非常重要的。

一位妈妈明确表示，她几乎等不到孩子们度过他们的性格形成期：

> 与成年人交谈至少比整天围着孩子们转更有成就感。我现在的生活全是他们。这一想法有时令人沮丧，因为我想："我在哪里？我想要回到自己的生活。"……我的意思是，他们完全是自私的。就像一个冰淇淋，他们只是狼吞虎咽地吃下去，然后说："现在让我吃肉桂卷吧。"
>
> ……（但是）我有了他们，我希望他们成为好人。所以我现在把自己奉献给了他们。以后我要找回自己的生活。他们不会总是这些"小海绵"。我不想要任何缺陷——好吧，没人能弥补所有的漏洞——但我想让自己舒服，我做了我能做的一切。我能做的至少是对他们做到最好。

她似乎在说，妈妈就像孩子们狼吞虎咽的糖果——然后她们会要求更多。

因此，很多全职妈妈整天都在为满足孩子的需求而感到精疲力竭，正如职场妈妈担心的那样。很多全职妈妈也经历了自我的丧失。她们觉得自己正在失去身份，部分原因是她们知道外面的世界并不认可自己待在家里抚育孩子的价值。下面这位女士计划一直待在家里，直到她最小的孩子年满 3 岁，她解释说：

> 你经历了一段感觉失去理智的时期。唉，你没有以前那么聪明，没有以前那么敏锐，也没有以前那么受人尊敬。而这些东西真的很难让人接受。我与其他愿意和孩子待在家里的母亲讨论过这些事情，我们成立了一个互助小组，在那儿，我们说："天呐，那些人根本不知道他们在说些什么。"我们这个小组为彼此提供支持，如果你决定待在家里，就必须这么相互打气，因为有这么多人逼着你出去上班，他们或者会问："你为什么不工作？"你在某种程度上比不上其他人，因为你待在家里；你在做什么并不重要。我们这个社会有很多这样的人。

另一位决心长期待在家里陪伴孩子的妈妈提供了一个具体例子，说明社会中微妙和不那么微妙地推动妈妈成为有偿劳动力的方式，也说明了妈妈们感受到的诸如此类的不适感：

> 事实上，有人对我说（我猜是某所学校的校长）："你是做什么的？你有工作吗？"我觉得很有趣的是，他问我时，我觉得很不自在。在我们的社会中，我所做的究竟是什么？我猜他们只是认为，如果你是一个全职妈妈，那就没有任何意义。我不知道，我只是不这么认为。但这有点好笑，担心在晚宴上你要如何解释你做了什么。

当然，这不仅仅是妈妈们担心能否给学校校长和出席鸡尾酒会的人们留下好印象。下面这位母亲担心，对其他没有孩子的女性来说，自己是否"有趣"：

> 既然我不工作了，我发现自己与其他没有孩子的女性没有太多的共同点。我们聊得不多，因为我没什么可聊的。这种感觉有点像：我觉得自己不再是一个有趣的人。

简而言之，这个世界所呈现的和妈妈们所体验的是懒惰、无脑、沉闷的家庭主妇形象——没有一个妈妈愿意被归类为那种形象。

时间紧张的职业女性和内向家庭拉力

全职妈妈使用多种策略来支持自己的立场，并努力改变自己在人们心目中邋遢家庭主妇的形象。很多致力于待在家里陪伴孩子的妈妈通常会加入正式或非正式的互助团体，从而为她们提供了与其他全职妈妈互动的机会。另外一些人如果负担得起交通和儿童看护的费用，则会参与各种户外活动——例如，去教堂、寺庙或社区团体做志愿者，或定期参加休闲活动和锻炼。如此，她们有机会与其他成年人交流，并体验自己成为更广阔社会世界一部分的感觉（尽管在这个世界中，孩子通常占据中心地位）。

但是，全职妈妈应对这种矛盾心理的主要方式是通过意识形态工作。就像职场妈妈一样，她们会就自己所做的事，列举出所有充分理由。在这种情况下，这种清单包括：确认她们对做一个好妈妈的承诺，强调将孩子的需求置于自身需求之上的重要性，并讲述妈妈外出打工时家庭（尤其是孩子）会遇到的问题。

很多全职妈妈争辩说，孩子们需要指导，在他们放学回家前，应该将饼干放在厨房柜台上冷却：

> 孩子们才是受苦的人。他们需要指导和其他各种东西。由于父母二人都外出工作，有时他们放学回家时，甚至没有一个人在家。我想做让我感动的事。我想在家，我想他们放学回家时炉子上有饼干。现在我们总是一起吃饭。这里更有温馨的氛围，更有家的氛围。

如果一个人整天在别处工作，就很难提供这种温馨的氛围。这些妈妈告诉我，在晚上提供一些所谓的优质时间并不足以替代这种氛围。下面这位妈妈在回答"如果外出工作会有什么感受"时，详细阐述了这一点：

> 哦，罪恶感到了极点。我知道我吃完晚饭后是什么样子，我状态不佳。我的孩子也一样。如果我陪伴他们的时间就只有这些，那就不是"优质时间"了。我认为所谓的优质时间纯属胡扯。

优质时间即使质量很高，也无法弥补孩子与妈妈相处时间的不足。这种观点的提出，通常与有偿看护人的安排相关。大多数妈妈，无论是否有工作，都关心日托的质量，但全职妈妈经常会用这种担忧来解释她们为何留在家里。例如，下面这位妈妈争辩说，被送到一系列日托机构的孩子根本得不到他们需要的爱：

> 如果我要生孩子，我就想亲自抚养他们。我对此感觉非常强烈。真的很强烈。我希望更多的人这样做。就我个人而言，我认为母亲陪伴孩子的作用被严重低估了。我真的这么认为。从0到3岁，就像他们整个的自我形象。然而，职场妈妈会说："嗯，好吧，我现在有一个看护人。""哦，那个保姆不行。"所以当孩子们三岁时，可能已经有四五个人对他们说"我会永远爱你"后就消失了。我认为这对孩子们来说真的很难。①

---

① 这对妈妈们来说也很难。例如，"（我的朋友）有一份全职工作，她把女儿送到日托中心。她的女儿好像只是黏着看护人，而不愿意亲近她。这就是她的生活。她辞去了工作"。

第一部分　不断变化的家庭　　051

有人告诉我，由于有偿看护人缺乏那种深沉而持久的爱，他们永远不会像妈妈那样致力于照顾孩子们的需求：

> 我认为任何其他人能够给孩子的，绝对比不上母亲能够给自己孩子的。我认为，母亲在某种程度上愿意忍受艰难的日子、哭泣的日子、暴躁的日子、抱怨的日子，大多数母亲能够忍受的只是比看护人多一点点。我认为，母亲想要给孩子比陪伴更多的东西，比如爱、支持、价值观等等。看护人不会有同样的感觉。

全职妈妈隐含的意思是，孩子们缺乏指导、爱、支持等等所有这些问题，都与妈妈把自己的利益置于孩子利益之上的问题有关。正如下面这位妈妈所做的那样，一些全职妈妈会明确指出，职场妈妈把物质和权力利益置于孩子的福祉之上：

> 人们对权力太感兴趣，她们就是对发生在自己孩子身上的事情不感兴趣。你知道，"好吧，送他们去日托机构吧"。我感到很悲哀。如果你对金钱、事业或其他任何事情如此感兴趣，那为什么要生孩子？为什么要把他们牵扯进来？

把自己的利益置于孩子之上，不仅在某种程度上是不道德的，而且会让孩子产生真正的问题。下面这位妈妈，呼应了我们此前听过的很多关于"坏妈妈"的故事，她这样说自己的姐姐：

> 我姐姐有一份全职工作——她是一名律师。她的孩子们最令人讨厌、最爱发牢骚。我受不了。孩子们只是严重依赖她。她认为她对孩子们做得还行，因为孩子们就读于昂贵的私立学校，上昂贵的音乐课，穿昂贵的衣服，有昂贵的玩具和汽车，住昂贵的房子。我不知道。时间会证明一切。但我认为孩子们一定会有一些不安全感。让我不解的是，她根本不考虑这些问题。我的意思是，她是一名律师。基本上就像："嗯，我喜欢孩子们，但我真的不想整天和孩子们在一起，我可不想无奈做那份工作。"

这些确实是严重的指控。

正是这些担忧导致职场妈妈不满足于自己的位置并感到矛盾。她们中的很多人有时会想，如果待在家里陪孩子，她们的生活或孩子的生活是否真的会更好。最重要的是，她们中的很多人感到内疚并想知道："我做得对吗？""我能做的都做了吗？"我们被告知，这些母亲拥有一切。然而，当"一切"包括两组相互矛盾的要求时，就不可能拥有一切。如果要开始更深入地了解这些超级妈妈为何并不总是感觉自己那么超级，下面两个例子可能会有所帮助。

安吉拉是一位工薪阶层母亲，她原本希望在儿子成长的岁月里留在家里陪他。但9个月后，她发现自己感到厌烦、孤独，并渴望与其他成年人互动。因此，她出去找了一份收银员的全职工作。她首先表达了她的担忧，即她没有遵循她在《育儿》杂志上读到的持家建议，并担心自己可能做得不对：

> 我买了《育儿》杂志，也看了。我做我觉得舒服和我能做的事情。我不是很有创意。虽然他们那里有很多的烹饪点子，但除了整天待在家里的妈妈，谁还有时间去做呢？其中的大部分内容，都是为有五六个小时陪孩子做这些事情的妈妈们准备的。我没有时间做这些。
>
> 所以在那个时候，我把儿子交给日托机构。我知道那里的工作人员正在和他一起做这些事情，教他一些东西。就是一些我不会做的事情。这让我感觉很糟糕。然后我想："我应该这样做""我做得对吗？"我知道我非常非常爱他。

虽然她很爱自己的儿子，并相信这可能是"最重要的事情"，但她也为自己可能没有足够的时间陪伴儿子而感到内疚，仅仅是因为她太累了：

> 有时我觉得自己没有花足够的时间和他在一起，这是我最大的担忧。当我和他在一起时，有时我没有真的和他"在一起"。即使我和他在一起，有时我也希望他走开，因为我忙碌了一整天，已经筋疲力尽了。而且我觉得有时我会早早地送他上床，因为那天我就是不想再和他玩耍了。我真的很内疚，因为我没有花足够的时间和他在一起。当我有机会和他共度时光时，我却不想和他共度时光，因为太累了，我只想自己一个人。

即使安吉拉喜欢且不想放弃她的领薪工作，但保质保量陪伴孩子的理想问题，就像她在应用《育儿》杂志的创意烹饪和育儿理念所面临的挑战一样，一直困扰着她，让她感到既不称职还很内疚。

琳达是一位高知阶层母亲，有一份高薪且富有挑战性的工作，这给她带来很大的满足感。她花了几个月的时间为她的儿子寻找合适的幼儿园，现在照顾她儿子的地方，和她具有相同的价值观，她很放心。尽管如此，她还是会担心并想知道，如果她做出不同的选择，生活是否会变得更好：

> 我有个朋友。她是一个非常好的妈妈。她看起来很有耐心，我从来没有听到她提高过嗓门。她也没有出去工作。她选择待在家里陪伴她的孩子，这是我钦佩的另一件事。我想我也有点羡慕。我们似乎从来没有时间可以尽情地玩。我认为这才是真正困扰我的地方，我觉得我没有时间坐下来，以一种放松的方式和他一起玩。我可以做到，但随后我会想："好吧，我可以陪他玩五分钟。"所以这一直在我的脑海里。时间，时间，时间。所以我想这才是最大的问题。

> 就像你的这些问题——"他每天在学前班待几个小时？你每天花几个小时主要负责照顾孩子？"——就会让我想："哦，我的天呐！"我的意思是她们比我看着他成长的时间更多。她们陪伴他的时间比我更多。这让我在某种程度上感到内疚，也让我在某种程度上感到悲伤。我可以看着他滑倒，看着他在我面前慢慢长大。也许这就是所谓的优质时间。我花的时间不多，也不知道和他在一起的时间是否优质。

> 但是如果我只是待在家里，我可能会输，我不知道自己是否想说身份意识，但我想自己会失去职业身份。我很担心这一点。我有个朋友待在家里，她在生孩子之前有一份事业，但我忘记了是什么事业。她的那个部分，我现在都记不得了。

一方面，琳达羡慕并钦佩全职妈妈，担心自己没有足够的时间陪伴儿子，或者没有足够的时间去玩。她也为此感到不安，因为日托机构的工作人员每天花在她儿子身上的时间比她所能花的时间多。另一方面，琳达又担心如果真的待在家里，会失去作为专业人士和更广阔社会成员的身份。"时间，时间，时间。"永远没有足够的时间来完成所有的事情——或者至少"正确地"完成所有的事情。

时间问题是职场妈妈对工作家庭两班倒的矛盾心理的主要来源。当然，试图兼顾两者非常困难，也很有压力。下面这位妈妈认为时间压力让她觉得自己总是走得太快，对此，大多数职场妈妈都深有同感：

> 当我和姐姐（她没有工作）聚在一起时，我就明白了……她和孩子们相处得很好，也很从容。当我和她在一起时，我会意识到，有时为了完成任务，我的压力有多大。
>
> 当购物时，我留意到自己走得有多快。她很放松，我有点羡慕。

购物时行动过快的问题，与抚养孩子时行动过快的问题有关。很多职场妈妈羡慕那些能够以更轻松的节奏做这些事情的人。

对少数职场妈妈（我的样本中有两位）来说，时间方面的质量和数量问题，超过了工作带来的回报，她们打算在负担得起的情况下尽快离职。下面这位女性就是一个例子：

> 我认为有母亲待在家里的家庭也许更有凝聚力，因为女人往往类似于一个缓冲或调解人。她让家人团结在一起。但如果外出工作，她有时就没有机会再把大家团结起来了。她会和丈夫一样累，我不知道，也许孩子们不一定觉得他们被抛弃了，但是，好吧，我相信他们会接受的，尤其是如果那是他们唯一看到过的生活。但我的女儿已经看到了变化，即使我只是在休产假的时候。我看到了她的变化，她似乎很享受，并且比我工作时更喜欢我们这个家庭。所以她现在一直对我说："妈妈，我想你。"

当这位母亲听到女儿说"我想你"时，她有一种强烈的想待在家里的冲动。当她谈到一个家庭需要母亲将其成员团结在一起时，她指的是一个理想化的家庭形象，而这种形象，就像时间方面的质量和数量一样，在很多母亲的脑海中占据着重要位置。

下面这位职场妈妈也希望能够留在家里陪伴孩子，希望自己能够像 20 世纪 50 年代电视里的妈妈一样，每天下午烤烤饼干。但她知道，出于经济原因，她必须继续工作：

是的。我当然想成为唐娜·里德,也可以是海狸·克利弗的母亲简·怀亚特,或者其他任何穿着围裙、梳着漂亮发型、住着漂亮房子的女人。是的。但实际上,走出电视并充分正视现实才是我必须做的事情。因为我不得不外出工作。

但是,正如我所说的,职场妈妈不仅觉得她们出于经济原因需要工作,而且还想工作,就像安吉拉和琳达一样。尽管如此,她们在公司、家庭之间两班倒会影响孩子的担忧,与那些希望可以待在家里的职场妈妈的担忧一致,同时也再现了那些真正待在家里的全职妈妈的担忧。例如,下面这位妈妈喜欢她的工作并且不想放弃,但她的确会感到内疚,内疚她是否剥夺了孩子们需要的爱和激励,特别是在她的收入不足以证明她外出工作花费的时间足够合理的情况下:

老实说,我没挣多少钱,所以这本身就会带来一丝内疚感。因为我知道,即使没有必要,但我还是外出工作,所以有一些内疚。如果孩子们每天回到空荡荡的家里,他们就得不到智力上的刺激,(并且)他们也得不到母亲能够给予孩子的爱和照顾。所以我认为,从长远来看,他们失去了很多爱和关怀。

下面这位妈妈不想让人觉得她把孩子放在第二位,但她感觉要维持超级妈妈的形象,很有压力:

在想做的事情之间,我真的感到左右为难。就像一个令人痛苦的决定。比如,什么更重要?当然,你的孩子很重要,但是你要知道,对外出工作的女性来说,有太多的外部压力。你在杂志或电视上看到的每一个广告都是这样的:一名职业女性提着公文包回家,孩子们穿戴干净整洁。这是一个巨大的谎言。我不知道谁可以像那样生活。

如果不外出工作,你就不能成为一个有成就的女人,这会给你带来很大的压力。但是,这真的是一个艰难的选择。

这种被痛苦的决定所撕裂的感觉经常出现:

我经常在应该在工作中做什么和花更多时间陪伴孩子之间左右为难。

如果可以的话，我想花更多的时间和他们在一起。有时候我觉得我不去工作而做个妈妈会很好，然后我就会想："好吗？"

我认为这很难。因为我的确需要和孩子接触。我一整天都在工作，所以不能早上见他，晚上哄他睡觉。这是一个真正的问题。我需要给孩子一些指导。不能把这个任务交给学校或教堂。我必须在场。所以，在某些方面，我真的很痛苦。

对这位妈妈来说，最重要的问题是指导。早上看孩子、晚上哄孩子睡觉是不够的。

当然，这个问题与把孩子交给一个全天有偿看护人的问题相关。与任何其他妈妈一样，职场妈妈同样不喜欢把孩子留在日托机构时听到孩子的哭声。正如我们所看到的，她们同样担心，如果大部分时间都和有偿看护人待在一起，孩子将得不到足够的爱、养育、正确价值观、适当教育和正确管教。除了这些顾虑，职场妈妈还认为，如果孩子们整天和有偿看护人待在一起，感觉就像其他人在做她孩子的母亲。下面这位女士（她待在家里直到儿子两岁）对此给予了详细说明：

我认为孩子们每周在日托机构待上 40 个小时真的很可悲。因为照顾孩子的基本上就是日托人员。她们差不多就是妈妈了。她们在抚养你的孩子，这真的很可悲，这就像另一个人收养了你的孩子。糟糕的是，我们不得不这样做。我只是觉得，这基本上是一种犯罪。真希望我们不必这么做。我希望每个人都可以待在家里陪伴孩子，并且找到一些出口……

我认为有一份事业真的很重要，但有了孩子后，你应抽出时间陪伴孩子。因为你不能后退，而时间确实会和他们一起飞逝。我听到人们说："我的日托老师说，谁谁谁今天学会走路或者学会用勺子什么的。"我的意思是，听到你没能亲眼见证，真是太令人伤心了。

因此，将孩子连续数小时交给有偿看护人是一个潜在的问题，不仅因为"其他妈妈"可能不是一个好妈妈，还因为真正的妈妈错过了陪伴孩子的快乐，错过了见证他或她成长的机会。对于很多职场妈妈来说，这是一个令人心碎的问题。

全职妈妈用来肯定她们留在家中的论据，再次被职场妈妈用来表达她们对离开孩子的矛盾心理。我想再次强调，尽管这些女性的推理是基于她们的经历，但也源于一个被广泛使用的关于母亲正确行为的文化修辞。

有偿工作和"密集母职"意识形态的奇妙巧合

因此，职场妈妈和全职妈妈都各自做了自己的意识形态的工作，分别列举了她们应该工作赚钱和应该待在家里的理由。然而，这两个群体也继续经历并表达了对她们当前立场的一些矛盾心理，以及向两个方向推拉的感觉。人们会认为，她们应对自身矛盾心理的方法很简单，即回到各自选择的充分理由清单。全职妈妈就是这样做的：当有人推动她们进入职场时，她们的回应是自己的孩子需要她们待在家里。但是，正如我将要说明的那样，职场妈妈不会使用这种镜像策略。当有人推动她们回归家庭时，这些女性中的绝大多数并未辩解说孩子令人头疼，而工作更加令人愉快。相反，她们的回应是列出一份新的清单，力陈即使在外工作她们也是好妈妈的所有理由。也就是说，旨在解决不同类型妈妈矛盾心理的意识形态工作，往往指向了相同的"密集母职"方向。

为了应对这种矛盾心理，大多数职场妈妈会辩解说，她们外出工作最终会对自己的孩子有益。她们从很多方面对这一点加以说明。例如，一位妈妈认为，她所做出的榜样可能有助于孩子学会职业道德。一位妈妈说，由于工作日程带来的"外部限制"，作为一位母亲的她因此"更有条理，更有效率"[1]。然而，另一位母亲则表示，她在第二个孩子身上花费的时间和精力，堪比她在事业上

---

[1] 同样的观点也出现在大众媒体的文章中，如《母亲的经营》(The Managerial Mother)（Schneider，1987）。自我开始采访以来，我认识的很多中产阶层职场妈妈（几乎都是学者）都提出了相同的观点：作为母亲，她们"更有条理、更有效率、更有成效"，因为工作训练她们发展了这些技能，就像她们的工作、家庭两班倒迫使她们始终有条理、高效一样。事实上，这些母亲中的很多人争辩说，作为职场妈妈所学会的专业精神，解释了她们的精细育儿逻辑。但这种解释的问题在于，正如我所表明的那样，强烈母性的意识形态并不局限于中产阶层职场妈妈。其他很多女性争辩说，正是育儿本身教会了作为母亲和职工的她们更有条理、更有效率。但我的一位朋友说得也有些道理。虽然精细育儿有着更广泛的社会基础，但在某些方面，中产阶层母亲和职业女性在养育子女方面更为精细之说同样很有道理：这些职业女性既是中产阶层又是高知，再辅之以有条理的培训和对分配任务的专注。但这只能解释程度上的差异，并没有解释"密集母职"意识形态的更广泛的社会基础。

花费的时间和精力，因而疏忽了对第一个孩子的照顾：

> 我认为我的工作唯一的负面影响是，当我压力过大时，作为一个母亲，我做得不够好。但工作只是让我压力过大的事情之一。事实上，工作给我带来的压力可能比其他事情要小。我想我确实因为自己外出工作而感到内疚，它占用了我陪伴大女儿的时间。但让我震惊的是，第二个孩子比工作占用了我更多陪伴另一个孩子的时间，这一点是可以接受的。我不应该为此感到内疚。但在某些方面，这（指着她抱着的婴儿）比我的工作更让我远离她。因为这是经常发生的。

然而，在更多情况下，职场妈妈有一套更标准的解释，说明为什么她们外出工作实际上对自己的孩子最好。首先，正如雷切尔觉得她的收入可以支付女儿的玩具、衣服、郊游和教育那样，也正如杰奎琳所说的那样，"我有几个星期没有足够的时间陪伴他们，他们会受苦，但这也是我工资最高的几个星期"。很多母亲指出，她们的工作为孩子的幸福提供了必要的经济来源：

> 我不存钱怎么能送她上大学？我工作赚的钱还能给她买玩具、衣服等她需要的东西。我从来不会说："我的预算有限，我不能给你买这双鞋。"我想给她最好的。

一些妈妈表达了一种担忧——如果没有工作赚钱，万一丈夫去世或与她们离婚，家庭会怎么样？下面这位女士是这样表达的：

> 我爸爸是个消防员，所以我们还是有点害怕，如果他出了什么事，我们该怎么办？我总是希望我的母亲有一些可以依靠的东西。我认为，这与我为什么在孩子们长大后继续工作有很大的关系。我一直觉得需要坚持一些东西。

职场妈妈还提出，安排有偿看护人有助于促进儿童的发展。至于其他人的孩子，这些安排可以暂时让他们从糟糕的家庭环境中解脱出来。对于自己的孩子，母亲们强调，好的日托机构能够为孩子们提供与成年人互动的机会，让他们有机会获得"新体验"并参加"不同的活动"，"鼓励他们的独立性"，让他们有机会与其他孩子一起玩——这一点非常重要，尤其是现在的社区不再像过去一样能够提供一种社区生活：

> 他们确实说，现在的学前班孩子有点越来越"神经质"，但在我看来，我女儿不会过上更好的生活。事实上，我认为，如果我收入很低，只能待在家里或陪她在公园里玩，那她的生活会糟糕一千倍。学前班对她们真的很有好处。学前班也许是一个不错的场所。她们在那里可以和孩子们一起玩有趣的游戏，而且有机会多次和同一批孩子一起玩。这对她们来说真的很好。20世纪50年代，每个人都待在家里，整个街区都有孩子可以一起玩。现在不是这样了。社区在一周内空无一人。

几位母亲告诉我，当一天中离开孩子一段时间时，她们与孩子共度的优质时间似乎会有所增加。听听这些妈妈的意见：

> 当我和孩子在一起时间太长时，我往往会失去耐心，并开始冲他们大喊大叫。但如果我们俩都出去了，当我们回到家时，我们会很高兴见到彼此。
>
> 如果允许女性每周工作10到15个小时，她们就会更感激自己的孩子，并且会有更多的时间陪伴他们，而不是总是责骂他们。
>
> 我觉得我甚至更没有耐心（当我和孩子们待在家里的时候），因为就会觉得"这就是全部吗？"……而当我下班回家时，我会很高兴见到他。人们说，当他们工作时，他们是更好的父母，因为他们会度过更多的优质时间。这些陈词滥调对我来说，恰好是对的。
>
> 现在，当我下班回家时（尽管我希望能早点下班），我觉得自己是一个更好的妈妈。很棒！当我下班回家时，我会享受和孩子们在一起。就像我在工作时，我觉得自己很能干。我是一个人！

离开孩子的休息时间，可以提升你的能力感，从而让你陪伴孩子的时间更有成效，这与职场妈妈通常试图解决其矛盾心理的最终方式密切相关。她们解释说，孩子的幸福取决于她们作为母亲的幸福。人们一遍又一遍地听到："快乐的妈妈造就快乐的孩子""如果我的工作让我快乐，那么我想我可以成为一个更好的妈妈""为了让孩子们开心，我必须让自己开心"。下面这位妈妈是

这样解释的:

> 在某些方面,工作是好的。它有积极的一面,因为我得到了休息。我的意思是,现在我所做的(兼职工作)是完美的。我去上班。我有自己的时间。当我想去洗手间时,我就去。我回到家,很高兴再次见到我的孩子。对妈妈好的、让妈妈开心的,对孩子也是好的。

在所有这些关于为什么她们外出工作实际上对孩子有益的解释中,这些母亲想要明确表示的是,她们仍然把孩子视为自己的首要利益。她们说,自己绝对不会更看重物质上的成功或权力。她们也没有将自己的利益置于孩子的利益之上。她们希望孩子们得到他们需要的一切。她们认为,孩子们需要经济保障、健康发展所需的物质财富、离开母亲的时间、更多与母亲在一起的优质时间,以及为他们所做的事情感到开心的母亲。在所有这些观点中,职场妈妈清楚地认识到"密集母职"的意识形态,并且,她们致力于满足这一要求。

为突出这一点的重要性,我想提醒读者,职场妈妈使用的育儿方法,与全职妈妈一样,也以孩子为中心、有专家指导、有情感投入、高强度劳动且花费昂贵;她们同样认为孩子是神圣的,她们可能同样认为自己对孩子现在和未来的福祉负有主要责任。这些人也同样是母亲,她们投入了大量的时间和精力来安排合适的有偿看护人。然而,尽管竭尽全力去满足孩子们的需求,但她们仍然对外出工作表现出一些矛盾心理。她们解决这种矛盾心理的方法仍然是回归到"密集母职"的逻辑,并提醒观察者们,她们最感兴趣的最终还是对孩子最好的东西。这一点非常惊人。

持续的矛盾

所有这些意识形态工作都体现了当今美国母亲所经历的外推内拉力量。一个女人可以是一个全职妈妈,并声称遵循传统,但在更广阔的公共市场世界中,她不得不付出被视为局外人的代价。或者,一个女人可以成为一个职场员工,参与到那个更广阔的世界中,但她必须为此付出不可能实现的工作、家庭两班倒的代价。在这两种情况下,女性都被要求坚守"密集母职"的逻辑。这些矛盾的压力再现了在社会中运行的矛盾逻辑，而这种逻辑是几乎所有的母亲都经历过的。母亲用来应对这些矛盾逻辑的复杂策略，凸显了当代母亲在情感、认知和身体上受到的伤害。

正如我所说的那样，这些策略还突出了更多的东西。母亲们解释她们留在家里或决定外出工作的方式，就像她们感受到反向的推力和拉力。两种决定均导致了双方的矛盾心理，然而，这两种类型的母亲试图解决这些选择所带来的矛盾心理的方式，却是同向的。正如我所说的那样，全职妈妈重申她们致力于做一个好母亲，而职场妈妈则坚持认为，外出工作并没有妨碍她们成为好母亲。例如，职场妈妈并没有声称抚养孩子是一项相对没有意义的任务，也没有声称个人利益是她们的主要目标，她们认为，孩子在托儿所培养的效率更高。换句话说，如果你是一位母亲，虽然职场逻辑和育儿逻辑都在你的生活中运行，但主张"密集母职"的逻辑更为强烈。

这种现象特别奇怪。两种类型的母亲都无法搞清什么是对的，什么是错的。这一事实似乎表明，很有理由放弃"密集母职"的逻辑，尤其是因为两类母亲都认识到，在更广阔的世界中，外出工作比母亲身份更能赋予她们社会地位。然而，新鲜出炉的饼干和"交给海狸吧"的形象，似乎比家庭主妇的"寂寂无名问题"（Friedan，1963）更常困扰着母亲，也远比拥有大办公室、大批员工和高福利的公司经理形象更频繁地困扰母亲。虽然这些母亲不想被定义为"纯粹的"家庭主妇，并且希望获得外界的认可，但大多数母亲还是希望孩子放学回家的时候自己在场。母亲们当然会努力平衡自己的欲望和恰当抚养孩子的要求，但在育儿的世界里，对她们来说，把自己的需求置于孩子的需求之上是社会所不能接受的（口头上，如果不是实际上）。一个好母亲永远不会为了自己的便利，就把孩子们放在一边。把物质财富或权力置于孩子福祉之上是严格禁止的。很明显，尽管社会贬低母育，称颂财富和权力，但这两种母亲均把这些价值观视为是最基本的。

因此，对"妈咪之战"的描述显然过头了。尽管这些群体用来解释其选择家庭或外出工作的意识形态策略，包含了对"另一方"的含蓄批评，但双方几乎总是合理的。同时，这两个群体有时会讨论她们对另一方的羡慕或钦佩。更重要的是，如前所示，这两个群体最终还是拥有相同的信念和相同的关注点。

在我的样本中，超过一半的女性明确表示，选择待在家里还是外出工作，取决于女性个人、她的兴趣、愿望和环境。其他人认为家庭比工作更重要，因为孩子比事业或追求经济利益更重要。在我的样本中，认为家庭和孩子比工作更重要、更有价值的职场妈妈，实际上是全职妈妈的两倍。[①]至少从意识形态上来说，母亲离开家的时间越长，家庭和孩子对她来说就变得越重要。

母亲之间存在着显著的差异——从个体差异到更系统的阶层、种族和职业差异。但在目前的情况下，最重要的是，尽管存在差异，但女性仍然共同认可"密集母职"的意识形态。在这一点上，与母亲有关的文化矛盾依然存在。

在这方面，职场妈妈的情况尤为重要，因为可以说，正是这些母亲从母性的重新定义中获益最多，从而减轻了她们在第二轮班次中的负担。然而，正如我们所见，这并不是她们所做的。事实上，正如格尔森（Gerson，1985）指出的那样，职场妈妈确实可以通过多种方式，重新定义母亲的身份，并减轻自己的负担——例如，把孩子送到托儿所，陪伴孩子的时间比全职妈妈更少，合法化她们的有偿劳动，并诉诸各种实用策略以减少育儿的精力和时间。[②]但是，正如我所说的那样，这并不意味着这些母亲已经放弃了"密集母职"的意识形态。相反，这意味着，无论是否真的这样做，她们都觉得应该花大量时间寻找合适的有偿看护人，集中精力提供优质时间，以努力弥补陪伴时间的不足，同时坚持"密集母职"的意识形态核心宗旨。这也意味着，很多人会感到时间紧迫，有点内疚，且对自己的立场有些矛盾。这些压力和补偿策略带来的焦虑，实际上应该被视为一种措施，一种"密集母职"意识

[①] 我的样本范围太小，因此无法对此做出任何明确的评论，但数据如下：在我的研究中，有一半的职场妈妈表示，对女性来说，孩子和家庭比工作更重要，而只有四分之一的全职妈妈以这种方式进行回应（其余的则提供了"视情况而定"的回应）。而且有趣的是，高知和高薪母亲最有可能认为家庭和孩子比事业更重要、更有价值；近四分之三的母亲以这种方式进行了回应。

[②] 虽然使用日托机构和看护人可能会弱化母性的文化冲突，但应该认识到，从历史上看，母亲很少独自承担抚养孩子的工作：农村家庭通常会有住家人员的帮助，并依靠稍大的孩子照顾年幼的孩子；城市的工薪阶层女性也依赖稍大的孩子以及朋友和邻居；很多上流社会的女性依赖仆人、保姆和育婴女佣。虽然在20世纪50年代和60年代的一段时间，确实有家庭在抚养孩子方面基本没有能力，也不太可能获得帮助，但在现代社会，专门的孕产妇护理，在很大程度上很可能只是过去互助的替代品。此外，我们要注意到，现代社会对这项任务的期望比以前高了很多。因此，母亲必须消耗大量的时间和精力，寻找合适的日托机构。伴随使用日托机构而来的是，人们对母亲的期望也在增加，并希望她们能够弥补孩子托人照顾的时间。

第一部分　不断变化的家庭

形态的持久力量。

为了进一步强化这种矛盾感，我需要重复最后一点。我们有理由期待，中产阶层母亲能够带头转变人们"密集母职"的观念模式。首先，中产阶层女性历来都是转变育儿观念的先锋。其次，尽管很多贫穷和工薪阶层的女性世世代代承担着工作挣钱和家务劳动的双重负担，但从历史上看，中产阶层的母亲们几乎没有兼顾工作和家庭的实践经验，因此可能急于避免这样做。最后，有人可能会争辩说，与其他任何群体相比，从关于合理育儿的观念重构中获益更多的是中产阶层职业母亲——不仅因为她们的高薪意味着更多钱财，还因为与地位不那么高的职业女性相比，"密集母职"可能会以一种更具破坏性的方式干扰她们的职业轨迹。但是，正如我所表明的那样，在某些方面，中产阶层女性是最积极的承担抚养孩子任务的群体。

当几点综合在一起时——越来越多的女性外出工作、母亲工作挣钱和全职照顾家庭之间的文化矛盾、中产阶层抚育子女的精细度以及关于合理抚育孩子的文化模式的苛刻特征——我们就会明显看出，与母亲有关的文化冲突不仅没有得到解决，反而进一步加深。育儿观念的历史表明，合理市场的逻辑越强，其在精细育儿逻辑中的意识形态对立也就越强。当代母亲的话语表明，这一趋势在女性的日常生活中持续存在。

参考文献

Berger, Bennett. 1981. Survival of a Counterculture. Berkeley: University of California Press.

Berger, Brigitte, and Peter Berger. 1983. The War over the Family: Capturing the Middle Ground. Garden City: Anchor.

Darnton, Nina. 1990. "Mommy vs. Mommy." Newsweek, June 4. Friedan.

Friedan, Betty. 1963. The Feminine Mystique. New York: Dell.

Gerson, Kathleen. 1985. Hard Choices: How Women Decide about Work, Career, and Motherhood. Berkeley: University of California Press.

Schwartz, Felice. 1989. "Management Women and the New Facts of Life." Harvard Business Review, 67 (1).

阅读 4　家庭的衰退：保守派、自由派和女权主义观点

珍妮特·吉勒

20世纪90年代，美国家庭和儿童的状况开始成为一个新的紧迫话题。每个人都意识到家庭已经发生了变化。离婚率急剧上升。更多的女性进入劳动力市场。有证据表明，青少年自杀率上升，青少年生育率增长，吸毒成瘾令人不安，暴力行为使儿童处于危险之中。

保守派认为，这些问题可以归因为文化的宽容和不断提升的国家福利，而这种文化和福利制度削弱了自力更生的能力，降低了社区标准。他们将家庭视为一个看护机构，并试图改变婚姻和为人父母的文化，以恢复家庭的力量。自由派聚焦体力工作的消失，认为这种情况不仅导致受教育程度较低的男性失业，削弱了他们在家庭中的地位，而且导致中产阶层工作时间延长，使稳定的双亲家庭更加难以为继。自由派认为，在家庭外部的就业和学校的公共世界中，需要进行结构性变革。

女权主义的愿景综合考虑了家庭场所中成员相互依存的现实和工作场所中的个人主义。她们希望保护多样化的家庭形式，在实现自由和平等的同时，培养下一代。

自私和道德沦丧：保守派的解释

新家庭的倡导者将注意力集中在双亲家庭的破裂上，认为离婚、未婚生育和父亲的缺席，导致孩子们面临着更大的学业失败、失业和反社会行为风险。在他们看来，补救措施是恢复宗教信仰和对家庭的承诺，同时削减对未婚母亲和以母亲为户主的家庭福利支出。

```
                                              父亲缺席
                              家庭破裂         学业失败
文化和道德的衰弱 ──→ 离婚    ──→  贫困
                              家庭衰退         犯罪
                                              吸毒
```

图 4-1　保守派模式

文化和道德的衰弱

对很多保守派人士来说，现代宗教活动的世俗化和宗教信仰的衰落，破坏了很多规范，如婚前禁欲、婚后禁止通奸或离婚。这种对非法婚姻或离婚的制裁显得狭隘并带有偏见。此外，保守派认为，日间电视节目和墨菲·布朗[①]这种臭名昭著的例子，进一步模糊了人们简单的是非观。芭芭拉·达福·怀特黑德在《大西洋月刊》上发表的一篇题为《丹·奎尔是对的》争议性的文章，就是这种论点的一个例子。[②]

不断变化的婚姻法也削弱了人们对传统的坚守。在美国和欧洲，对等待期、种族差异和不同程度的血缘关系的限制正在逐渐消失。[③]对于这种变化，玛丽·安·格伦登的解读可谓谨慎且相对。在她看来，这是一个跌宕起伏的跨世纪进程。其他学者则将其视为一种从地位到契约的运动。换言之，从关注特定个体特征，到忽视个体特征而依赖市场。[④]由此产生的转变削弱了家庭的独特能力，即作为私人自由的堡垒，以对抗公共官僚的平衡效应和非人性化。

双亲家庭的侵蚀

对保守派来说，家庭衰退最明显的原因之一是政府的福利支出，这种支出导致无父家庭成为一个可行的选择。在《失地》一文中，查尔斯·默里指出，政府资助的福利项目实际上导致了婚姻的破裂，青少年非法生育的上升就是一个证据。[⑤]

[①] 墨菲·布朗（Murphy Brown），一位有多个私生子的单身母亲。——译者注
[②] Barbara Dafoe Whitehead, "Dan Quayle Was Right," *Atlantic Monthly* (April 1993): 47; Barbara Dafoe Whitehead, "Story of Marriage," in *Promises to Keep: Decline and Renewal of Marriage in America,* edited by D. Popenoe, J. B. Elshtain, and D. Blankenhorn. 该文延续了文化多样性价值受到侵蚀的主题。
[③] Mary Ann Glendon, "Marriage and the State: The Withering Away of Marriage," *Virginia Law Review* 62 (May 1976): 663–729.
[④] Milton Regan and Carl Schneider, in *Promises to Keep: Decline and Renewal of Marriage in America,* edited by D. Popenoe, J. B. Elshtain, and D. Blankenhorn.
[⑤] Charles A. Murray, *Losing Ground: American Social Policy: 1950–1980* (New York: Basic Books, 1984). 批评者指出，尽管过去几十年福利支出的规模有所下降，但非婚生育的增长仍在持续，因此对非婚生育率上升的反激励理论提出了质疑。

此外，离婚率上升和对以母亲为户主的家庭的统计数据，似乎也充分表明双亲家庭正处于困境之中。以已婚夫妻为户主的家庭比例为例，从1950年的77%下降到1980年的61%和1993年的55%。① 不断上升的同居率、离婚率和未婚生育都助长了这一趋势。单亲家庭的增长也很显著，从1950年仅占所有家庭的12%，增加到1980年的27%。这一趋势的推动因素有二：一是富裕程度的提高，二是第二次世界大战后住房供应的扩大，导致了居住安排的翻倍。②

然而，对立法者来说，单亲家庭的增长最令人担忧，因为它们与儿童贫困有着密切的联系。1988年，50%的儿童生活在单亲家庭中，而1950年这一比例为20%。贫困儿童的父母处境也发生了相应的变化。在1959年的所有贫困儿童中，73%有双亲，20%只有母亲。到1988年，只有35%的贫困儿童与父母双亲生活在一起，57%的贫困儿童仅与母亲生活在一起。离婚率和婚外生育率的上升推动了这些增长。从1940年至1990年，已婚女性的离婚率从8.8‰上升到21‰。未婚生育率从1960年的5%激增至1990年的26%。③

在解释这些变化时，保守派强调两点：一是个人和文化对婚姻承诺的崩溃，二是对离婚和未婚生育的耻辱感丧失。在他们看来，这两种趋势的源头在于当今社会更强调短期的满足和成年人的个人欲望，而不是考虑对儿童有益的东西。一个年轻的女人把孩子带到这个世界，却不去考虑谁来抚养的问题。丈夫与妻子离婚并组建另一个家庭，可能还会有其他的孩子，却对前一个家庭的孩子置之不理，且不一定认为自己有义务陪伴他们成长或为他们提供经济支持。

---

① U.S. Bureau of the Census. *Statistical Abstract of the United States: 1994*, 114th ed. (Washington, DC: 1994), 59.
② Suzanne M. Bianchi and Daphne Spain, *American Women in Transition* (New York: Russell Sage Foundation, 1986), 88.
③ Donald J. Hernandez, *America's Children: Resources from Family, Government, and the Economy* (New York: Russell Sage Foundation, 1993), 284, 70. Janet Zollinger Giele, "Woman's Role Change and Adaptation: 1920–1990," in *Women's Lives through Time: Educated American Women of the Twentieth Century*, ed. K. Hulbert and D. Schuster (San Francisco: Jossey-Bass. 1993), 40.

对儿童的负面影响

在文化保守派人士看来，双亲家庭的衰退与儿童健康和社会问题的增多之间有着密切的联系。父母在孩子身上的投入减少了——尤其是监督和陪伴的时间。1986 年，父母每周照顾孩子的时间比 1960 年减少了约 10 个小时，这主要是因为更多的已婚女性外出工作（从 1940 年的 24% 上升到 1983 年的 52%），同时，更多幼儿（6 岁以下）的母亲外出工作（从 1940 年的 12% 上升到 1983 年的 50%）。到 20 世纪 80 年代后期，在 1 岁以下儿童的母亲中，有超过一半的人至少一年中有一段时间外出工作。[1] 与此同时，越来越多的父亲因为遗弃、离婚或婚姻失败而离开家庭。1980 年，15% 的白人儿童、50% 的黑人儿童和 27% 的西班牙裔儿童在生活中没有父亲在场。今天，36% 的孩子与亲生父亲分开生活，而 1960 年这一比例仅为 17%。[2]

孩子放学后如果没有父母监督，禁止他们长时间看电视，或阻止他们去危险的社区游玩，更多的孩子会半途而废，成为毒品、肥胖、暴力、自杀或学业失败的受害者。在 20 世纪 60 年代和 70 年代，15 至 19 岁青少年的自杀率增加了一倍多。[3] 11 岁以下的肥胖儿童比例从 18% 上升到 27%。美国高考（Scholastic Aptitude Test, SAT）的平均成绩下降，25% 的高中生未能毕业。[4] 1995 年，美国家庭委员会[5] 报告说："最近的调查发现，到青少年阶段时，来自破碎家

---

[1] Victor Fuchs, "Are Americans Underinvesting in Children?" in *Rebuilding the Nest,* ed. David Blankenhorn, Stephen Bayme, and Jean Bethke Elshtain (Milwaukee: Family Service America, 1990), 66. Bianchi and Spain, *American Women in Transition,* 141, 201, 226. Janet Zollinger Giele, "Gender and Sex Roles," in *Handbook of Sociology,* ed. N. J. Smelser (Beverly Hills, CA: Sage Publications, 1988), 300.

[2] Hernandez, *America's Children,* 130. Council on Families in America, *Marriage in America* (New York: Institute for American Values. 1995), 7.

[3] Suzanne M. Bianchi and Daphne Spain, *American Women in Transition* (New York: Russell Sage Foundation, 1986), 88.

[4] Fuchs, "Are Americans Underinvesting in Children?". 然而，有些人会说，考试人数下降的部分原因是参加考试的人群更大、更多样化。

[5] Council on Families in America, *Marriage in America,* Nicholas Zill and Charlotte A. Schoenborn, "Developmental, Learning and Emotional Problems: Health of Our Nation's Children, United States, 1988." *Advance Data,* National Center for Health Statistics, Publication #120, November 1990.Sara McLanahan and Gary Sandefur, *Growing Up with a Single Parent* (Cambridge, MA: Harvard University Press, 1994).

庭孩子的行为和心理问题，比来自完整家庭的孩子，多2到3倍。"父亲的缺席被认为是导致年轻男性暴力事件增多的原因。大卫·布兰肯霍恩（David Blankenhorn）等人认为，缺乏积极和富有成效的男性榜样，会导致孩子不确定自己的男性身份，进而导致年轻男性使用暴力和攻击性来证明这种男性身份。他们认为，每个孩子都应该有一个父亲，"在一个良好的社会中，男人证明自己的男子气概不是通过杀人、让很多女人怀孕或积累巨额财富，而是通过成为忠诚的父亲和有爱心的丈夫"①。

心理学家大卫·埃尔金德在《被揠苗助长的孩子》一书中表示，父母的工作和时间限制，已将孩子的成长时间表推迟到更小的年龄。因此，人们期望年幼的孩子可以照顾自己，并期望他们超龄表现，而这种水准实际上剥夺了孩子的童年时光，其结果是孩子的沮丧、气馁、失去学习和成长的乐趣。②

婚姻的再造

保守派分析认为，解决家庭价值观崩溃的办法是重振和重构婚姻。我们应该改变文化，进一步提升婚姻和育儿的优先级。法律应该支持婚姻制度，鼓励父亲和母亲承担其为人父母的责任。政府应该削减那些支持替代家庭形式的福利项目。

重振婚姻的文化方法是提高那些与工作、物质消费或休闲相关的家庭活动的总体优先级。婚姻被视为公民社会的基本组成部分，它有助于整合自愿活动和相互支持的构造，而这种构造是所有民主社会的基础。③一些倡导者毫不留情地评判了非双亲模式的家庭。根据1995年《新闻周刊》中一篇题为《耻辱的回归》的文章，大卫·布兰肯霍恩认为，"对未婚生育和离婚的强烈耻辱感，比任何减税政策或任何政府新计划，都更能最大限度地改善儿童的生活环境"。但他也补充说，最终目标是"走出对十几岁母亲的污名化，发展到当我们最小

---

① Edward Gilbreath, "Manhood's Great Awakening," *Christianity Today* (February 6, 1995).
② David Elkind, *The Hurried Child: Growing Up Too Fast Too Soon* (Reading, MA: Addison-Wesley, 1981).
③ Jean Bethke Elshtain, *Democracy on Trial* (New York: Basic Books, 1995).

化父亲的重要性或导致家庭破裂时，能够接受所有人发出的可怕信息"①。

重振婚姻和家庭的另一种方式是某种形式的"承诺"。预防少女怀孕的项目是对婚前贞操理想的肯定。一个由职业篮球运动员创立的"节欲运动"（Athletence for Abstinence）组织，提倡年轻人应该"把性留给婚姻"。自1993年春季开始以来，美国一项由浸信会领导的、名为"等待真爱"的全国性项目，已经召集了数十万青少年宣誓婚前禁欲。2000多个学区开设了以禁欲为基础、名为"性尊重"的性教育课程。那些对孩子的性行为感到绝望的父母，至少看到了一些可以用来抵制童年持续性化的社会方法。②

新的父职运动鼓励父亲们承诺花更多的时间陪伴孩子。美国国家父职倡议组织认为，男性为人之父的功能，不应该简单地重复女性作为母亲的角色，而应该具有那些可能是父亲所独有的基本品质——承担风险、控制情绪和决断的能力。此外，父亲还承担着一个历史悠久的角色，即供养并教育孩子。③

全职母亲们同样成立了互助小组，以让自己安心——没有工作、全职在家照顾孩子也是一个体面的选择。但这种选择通常为双职工夫妇和职业女性所轻视或不耻。1994年《巴伦周刊》的一篇文章称，20多岁的年轻一代（"X一代"）正在摒弃双薪家庭模式，并尽量减少消费，以便于年轻的母亲待在家里。尽管劳工部的统计数据并没有显示出这种趋势，而只是报告称女性就业上升趋势趋于平缓，但各种民意调查数据的确表明，美国人更愿意少花时间工作，多花时间陪伴家人。④"居家母亲"（约1.5万名成员）、"母亲的家庭商业网络"（约6000名成员）等组织，正尽力打造一场巨变，以扭转外出工作相对于居家无偿看护的优先地位。⑤

在保守派看来，政府削减开支是巩固婚姻和恢复家庭价值观的主要策略之

---

① Jonathan Alter and Pat Wingert, "The Return of Shame," *Newsweek* (February 6, 1995): 25.
② Tom McNichol, "The New Sex Vow: 'I won't' until 'I do'," *USA Weekend,* March 25–27, 1994, 4 ff.
　Lee Smith. "The New Wave of Illegitimacy," *Fortune* (April 18, 1994): 81 ff.
③ Susan Chira, "War over Role of American Fathers," *New York Times* (June 19, 1994): 22.
④ Juliet Schor, "Consumerism and the Decline of Family and Community: Preliminary Statistics from a Survey on Time, Money, and Values." Harvard Divinity School, Seminar on Families and Family Policy, April 4, 1995.
⑤ Karen S. Peterson, "In Balancing Act, Scale Tips toward Family," *USA Today,* (January 25, 1995).

一。用劳伦斯·米德的话来说，我们是在"向彼得征税来支付宝拉"[1]。根据《华尔街日报》的一篇社论，有些人在没有任何明显支持手段的情况下，就将孩子带到世界。此类人"放弃个人责任"是系列问题产生的根源，如单亲家庭孩子的教育、健康和情感问题，更高的事故率和死亡率，以及不断上升的犯罪率。[2]

为解决此类问题，美国国会提出了一项新方案——削减"生下孩子无力抚养因而违反社会公序良俗"的年轻男女的福利。[3] 社会学家布里吉特·伯杰指出，在儿童和女性福利增加的同时，联邦儿童福利项目也在激增——计划生育、产前和产后护理、儿童营养、虐待儿童的预防和治理、儿童健康和指导、日托、启蒙、未成年子女家庭援助计划（Aid to Families with Dependent Children, AFDC）、医疗补助和食品券。解决办法是下放联邦政府的权力，恢复社区和教堂等中介社区机构的功能，以扭转依赖福利的衰弱文化。变革的机制将是向各州提供整笔拨款，以从根本上改变福利文化。[4] 美国传统基金会（American Heritage Foundation）的罗伯特·雷克托解释称，各州将把这些资金用于各种各样的替代项目，以减少非法生育，并照顾非婚生儿童，例如推动收养、为未婚母亲及其孩子建立严密监督的集体之家，以及怀孕预防计划（堕胎除外）。[5]

然而，政府项目只是推动文化变革的一种方式。美国家庭委员会寄希望于基层社会运动，去改变宗教和公民领袖、雇主、公共服务专业人士、法院、媒体和娱乐业的心智。该委员会阐明了四个理想：永久婚姻、婚内生育、每个孩子都有父亲以及限制父母的总工作时长（每周60小时），以便有足够的时间与家人在一起。[6] 这些理想旨在让其他类型的家庭生活，看起来不再有吸引力且愈加困难，以最终重振双亲家庭的文化理想。

---

[1] Lawrence Mead, "Taxing Peter to Pay Paula," *Wall Street Journal,* (November 2, 1994).
[2] Tom G. Palmer, "English Lessons: Britain Rethinks the Welfare State," *Wall Street Journal,* (November 2, 1994).
[3] Robert Pear, "G.O.P. Affirms Plan to Stop Money for Unwed Mothers," *New York Times,* (January 21, 1995), 9.
[4] Brigitte Berger. "Block Grants: Changing the Welfare Culture from the Ground Up," *Dialogue* (Boston: Pioneer Institute for Public Policy Research), no. 3, March, 1995.
[5] Robert Rector, "Welfare," *Issues'94: The Candidate's Briefing Book* (Washington, DC: American Heritage Foundation, 1994), chap. 13.
[6] Council on Families in America, *Marriage in America,* 13–16.

经济重组：对家庭变化的自由主义分析

自由派人士一致认为，美国的社会健康及儿童状况存在着严重的问题。但他们指出，经济和结构变化对家庭提出了新的要求，却没有提供相应的社会支持。随着技术的快速变革，现有的职业风雨飘摇，经济也愈发专业化。生育期缩短，寿命延长，生育年龄推迟，其结果是越来越多的女性进入劳动力市场。就城市工作场所而言，家庭失去了经济功能；就学校而言，家庭失去了社会化功能。剩下的就是夫妻之间的亲密关系，这种关系不受传统男女经济分工的缓冲，对情感满足的要求更高，因此在要求得不到满足时往往更容易崩溃。

不断变化的经济结构 → 不断变化的家庭和性别角色 → 对贫困儿童与有成效儿童的不同影响

图 4-2　自由主义模式

据此，与其说当前的家庭危机源于文化上的变化，不如说源于结构上的变化——经济上的变化、核心家庭的缩减以及父母在家时间的减少。市场力量派生了一种新的伦理，其中，个人更具灵活性和自主性。更多的双职工家庭和单亲家庭拓宽了家庭形式的多样性。更多的单亲家庭和职场妈妈减少了养育子女的时间。因与丈夫分居和离婚而失去收入，大量女性及其孩子陷入贫困，医疗保健不足，教育条件低下，且无法为未来的经济需要进行储蓄。大多数自由派人士支持的解决方案是建立一个由政府资助的安全网，以促进女性就业，消除贫困，并帮助女性和儿童获得经济上的安全保障。

劳动力市场的最新变化

自由派将家庭的巨变归因于货币经济的入侵，而不是文化和道德的衰弱。在资本主义社会，个人行为紧跟市场的步伐。亚当·斯密（Adam Smith）的"无形之手"综合考察了买家和卖家的因素，认为双方通过在市场上交换资源，从而实现满意度的最大化。现在的工作由雇主提供，而不是像前工业化时代那样由家族企业或家庭农场提供。用罗伯特·贝拉的话来说，现金经济"入侵"了家庭和社区成员之间分散的个人信任关系，并将其转化为具体的非个人交易。在农业经济中，丈夫、妻子、父母和孩子通过互惠互利捆绑在一起。但现代社会侵蚀了这种组织的社会资本、个人之间的信任以及提高生产力和养育子女的相互义务。[①]

市场侵蚀社区的另外一种方式是鼓励货物和服务的最大流动性。南方更廉价的劳动力、更低的燃油价格和更深度的税收减免，首先吸引了纺织厂，然后是制鞋业，后来又吸引了始于北方的汽车装配厂。最终，很多此类工作迁移出这个国家。制造业工作岗位的流失，对没有受过大学教育的年轻人的就业以及他们养家糊口的能力产生了巨大的影响。20世纪70年代，68%的男性高中毕业后就有全职的全年工作，而在20世纪80年代，这一比例仅为51%。很多新工作都是服务行业，如文书工作、销售或其他传统上与女性相关的职业。其结果是，在女性就业机会增加的同时，受教育程度较低的男性工人的就业形势不断恶化。不足为奇的是，更多中等收入的男性和女性合力构建起一个双薪家庭。[②]

家庭模式的改变

虽然农业经济决定了父母双亲和几个孩子组成的家庭是最有效的工作群体，但市场经济派生了更广泛的家庭形式。19世纪的边疆女性，即使嫁给了一个酗酒、暴力或挥霍的丈夫，也几乎别无选择。在现代经济中，女性接受的教育，可能足以让她找到一份文书工作，在一间小公寓里养活她和孩子。同时，她的家庭也可以使用当地的公立学校资源和其他公共设施。[③]

尽管现代经济对家庭关系产生了腐蚀性影响，但它同时也是一种解放力量。女性可以逃离男权统治；年轻人可以自己去寻求财富而不是等待长辈的遗产。

---

① Robert Bellah, "Invasion of the Money World," in *Rebuilding the Nest,* ed. David Blankenhorn, Steven Bayme, and Jean Bethke Elshtain (Milwaukee: Family Service America, 1990), 227–236. James Coleman, *Foundations of Social Theory* (Cambridge, MA: Harvard University Press, 1990).
② Sylvia Nasar, "More Men in Prime of Life Spend Less Time Working," *New York Times,* (December 1, 1994), A1.
③ John Scanzoni, *Power Politics in the American Marriage* (Englewood Cliffs, NJ: Prentice-Hall, 1972). Ruth A. Wallace and Alison Wolf, *Contemporary Sociological Theory* (Englewood Cliffs, NJ: Prentice-Hall, 1991), 176.

一个世纪前，这个过程与文化转变是一致的。弗雷德·温斯坦和杰拉尔德·普拉特将这种文化转变称为"对自由的渴望"[1]。女性的地位有了显著提高，她们获得了接受高等教育的权利、进入专业领域的权利和选举权。[2] 同样，儿童也从有时残忍和剥削性的劳动中解放出来，成为父母审慎投资和消费的对象。[3] 老年人拥有保健和看护所需的养老金，他们在经济上独立于成年子女。所有这些发展都可以被理解为一种"家庭模式的世界革命"。该术语的创始人威廉·J. 古德指出，这场革命解放了以前受压迫的群体，并给她们带来了平等。[4]

然而，鉴于家庭模式变化对儿童造成的影响，目前对其评价大多是负面的。父母对家庭之外工作投入的增加意味着留给孩子的时间更少。自由派人士认为，父母分居、离婚或婚外生子的主要原因是经济结构，而不是他们道德水准的降低或更加自私。年轻女性未婚生子的情况有两种：一是可能与之结婚的年轻男性几乎没有经济前景，二是女性自身对教育或就业不抱希望。[5] 如此，家庭的变化始于工作。在保守派人士看来，福利制度对单亲母亲的支持，导致了双亲家庭模式的没落。政府现行计划的拥护者对保守派的这一主张提出质疑。威廉·朱利叶斯·威尔逊认为，未婚生育比例上升的部分原因在于"适婚男性"的稀缺，例如，对芝加哥市中心的准男性养家糊口者来说，市场上缺乏体力劳动的工作。[6]

众所周知，在 20 世纪 50 年代和 60 年代，待在家里而不工作的机会成本如此之高，以至于越来越多的女性开始放弃家庭主妇一职，转而外出工作挣

---

[1] Fred Weinstein and Gerald M. Platt, *The Wish to Be Free: Society, Psyche, and Value Change* (Berkeley, CA: University of California Press, 1969).

[2] Kingsley Davis, "Wives and Work: A Theory of the Sex-Role Revolution and Its Consequences," in *Feminism, Children, and the New Families,* ed. S. M. Dornbusch and M. H. Strober (New York: Guilford Press. 1988), 67–86. Janet Zollinger Giele, *Two Paths to Women's Equality: Temperance, Suffrage, and the Origins of American Feminism* (New York: Twayne Publishers, Macmillan, 1995).

[3] Vivianna A. Zelizer, *Pricing the Priceless Child: The Changing Social Value of Children* (New York: Basic Books, 1985).

[4] William J. Goode, *World Revolution in Family Patterns* (New York: The Free Press, 1963).

[5] Constance Willard Williams, *Black Teenage Mothers: Pregnancy and Child Rearing from Their Perspective* (Lexington, MA: Lexington Books, 1990).

[6] William Julius Wilson, *The Truly Disadvantaged: The Inner City, the Underclass, and Public Policy* (Chicago: University of Chicago Press, 1987).

钱。^①在 20 世纪 90 年代，一些社会学家进一步指出，理查德·A. 伊斯特林的预言从未发生，即女性在 20 世纪 80 年代会回归家庭之说。相反，女性继续留在职场，其原因主要有二：一是围绕女性平等这一问题，发生了不可逆转的规范性变化；二是女性需要挣钱，以为子女昂贵的大学教育提供资金。^②此外，经济全球化和公司裁员带来了就业的不安全感，据此，经济学家和社会学家开始质疑加里·贝克尔（Gary Becker）的论点，即家庭中收入较低的一方（通常是女性）往往会成为全职打理家事的人，而收入较高的一方则成为家庭的主要经济支柱。来自德国和美国关于女性多重角色趋势的数据表明，对未来的不确定性，使得女性在自己职业生涯中的投资比以往任何时候都更加强劲。她们深知，如果脱离社会的时间过长，一旦家庭的经济支柱失业转而需要她们去渡过难关时，她们往往会很难重新进入职场。^③

对儿童的影响

政治哲学家艾瑞斯·杨认为，自由经济模式中的理想家庭拥有足够的收入来养活父母和孩子，同时"培养孩子的情商和智商，以利于他们日后的工作高薪、稳固，足以保障退休后的生活"^④。受供养家庭没有自给自足的收入，而是必须依靠朋友、亲属、慈善机构或国家来做出抚养孩子和成为好公民的贡献。

---

① Jacob Mincer, "Labor-Force Participation of Married Women: A Study of Labor Supply," in *Aspects of Labor Economics, Report of the National Bureau of Economic Research* (Princeton, NJ: Universities-National Bureau Committee of Economic Research, 1962). Glen G. Cain, *Married Women in the Labor Force: An Economic Analysis* (Chicago: University of Chicago Press, 1966).

② Richard A. Easterlin, *Birth and Fortune: The Impact of Numbers on Personal Welfare* (New York: Basic Books, 1980). Valerie K. Oppenheimer, "Structural Sources of Economic Pressure for Wives to Work—Analytic Framework," *Journal of Family History* 4, no. 2 (1979). Valerie K. Oppenheimer, *Work and the Family: A Study in Social Demography* (New York: Academic Press, 1982).

③ Janet Z. Giele and Rainer Pischner, "The Emergence of Multiple Role Patterns among Women: A Comparison of Germany and the United States," *Vierteljahrshefte zur Wirtschaftsforschung* (Applied Economics Quarterly) (Heft 1–2, 1994). Alice S. Rossi, "The Future in the Making," *American Journal of Orthopsychiatry* 63, no. 2 (1993). Notburga Ott, *Intrafamily Bargaining and Household Decisions* (Berlin: Springer-Verlag, 1992).

④ Iris Young, "Mothers, Citizenship and Independence: A Critique of Pure Family Values," *Ethics* 105, no. 3 (1995). 艾瑞斯·杨批评了威廉·盖尔斯敦的自由主义立场：William Galston, *Liberal Purposes* (New York: Cambridge University Press, 1991).

自由派人士正逐渐形成一种新的共识，即当前的经济结构导致了对孩子投资的两种不足：物质贫困，这是穷人的特征；"时间"贫困，这是中产阶层的特征。这导致了孩子日后对他人的依赖。

30年前，丹尼尔·帕特里克·莫伊尼汉（Daniel Patrick Moynihan）指出，男性的物质贫困和失业给婚姻带来了压力，有时甚至会导致男性直接甩手离开。他的孩子在学校的表现也不太好。[1] 在对20世纪80年代失去农场的艾奥瓦州家庭的研究中，兰德·康格发现，经济困难不仅会给婚姻带来压力，还会导致苛刻的育儿方式，并对孩子产生不良影响。[2] 因此，贫穷似乎不仅仅是家庭分离、离婚和无效育儿实践的结果，而且可能是易怒、争吵和暴力的原因，并最终导致婚姻破裂。对儿童的物质投资不足不仅体现在穷人身上，也体现在美国社会整体上儿童和成人人均收入比率的变化上。没有子女的家庭比例在20世纪翻了一番（从30%增加到65%），因此，儿童的人均收入从1870年占成人收入的71%，下降到1930年的63%和1983年的51%。[3]

过去，"时间"贫困问题基本与母亲的就业相关。很多研究都探讨了一个问题——如果年幼孩子的母亲是全职家庭主妇，而不是在外工作，他们的表现是否会更好？但相关研究并未给出明确的答案。[4] 最近，父母每周工作的时间比1970年多了21小时，同时，单亲家庭的数量也明显增加。在这种情况下，孩子缺乏父母的陪伴这一问题愈发严重。1965年，孩子平均每周有大约30个小时可以与父母互动，但在20世纪80年代仅为17小时。[5] 此外，父母在晚年

---

[1] Lee Rainwater and William L. Yancey, *The Moynihan Report and the Politics of Controversy* (Cambridge, MA: MIT Press, 1967).

[2] Glen H. Elder, Jr., *Children of the Great Depression* (Chicago: University of Chicago Press, 1974). Rand D. Conger, Xiao-Jia Ge, and Frederick O. Lorenz, "Economic Stress and Marital Relations," in *Families in Troubled Times: Adapting to Change in Rural America,* ed. R. D. Conger and G. H. Elder, Jr. (New York: Aldine de Gruyter, 1994).

[3] Coleman, *Foundations of Social Theory.*

[4] Elizabeth G. Menaghan and Toby L. Parcel, "Employed Mothers and Children's Home Environments," *Journal of Marriage and the Family* 53, no. 2 (1991).
Lois Hoffman, "The Effects on Children of Maternal and Paternal Employment," in *Families and Work,* ed. Naomi Gerstel and Harriet Engel Gross (Philadelphia: Temple University Press, 1987).

[5] Juliet Schor, *The Overworked American: The Unexpected Decline of Leisure* (New York: Basic Books, 1991).
Robert Haveman and Barbara Wolfe, *Succeeding Generations: On the Effects of Investments in Children* (New York: Russell Sage Foundation, 1994).

较少依赖子女的照顾,子女也愈发感到没有义务照顾年迈的双亲。随着熟练的手工艺、贸易和家庭农场的消失,孩子们的成长不再能够轻易或廉价地与父母做的事情结合起来。因此,成年人不再热心投资孩子的未来。其结果是,如果群体归属和相互义务的社会资本最低(其形式是邻里关系、双亲家庭或父母对子女高等教育的兴趣),孩子高中辍学的可能性要高出20%。[1]

这并不是说父母更喜欢他们现在的忙碌状态:工作时间过长,与家人在一起的时间太少。经济学家朱丽叶·肖尔在调查报告称,在她的受访者中,至少有三分之二的人希望有更多的时间陪伴家人,而不是更高的薪水。如果减薪意味着有更多的时间与家人在一起,那她们愿意接受。但对很多人来说,这种选择实际上并不可行。因此,父母似乎选择在孩子身上花更多的钱,以替代花更多的时间陪伴他们。[2]

修复安全网

自由派人士认为,市场经济具有充分的政府监管,因此可以确保正义和机会的均等。据此,他们主张采取措施,以消除极度贫困,并确保下一代的健康生育。[3]然而,让他们尤为担心的是查尔斯·默里(Charles Murray)的观察——自1970年以来,政府福利项目的增长与儿童贫困程度的上升有关。然而,向有子女的贫困家庭提供的资助虽然不算慷慨,却可以让成年人因有子女而得到援助。[4]社会由此面临着一种两难境地:一方面需要政府提供更多的补贴,以解决物质贫困问题;另一方面需要育儿假和工作时间政策,以解决时间贫困问题。事实证明,美国正试图兼顾两者。

解决物质贫困的措施有助于刺激各种培训和就业机会。1988年《家庭援助法案》规定,将有子女的母亲从福利名册上移除,转而给她们提供职业培训,并要求她们进入劳动力市场。这种行动会让抚养子女的经济责任对等其为人母

---

[1] Coleman, *Foundations of Social Theory*.
[2] Juliet Schor, "Consumerism and Decline of Family."
[3] Iris Young, "Mothers, Citizenship and Independence."
[4] Coleman, *Foundations of Social Theory*.

亲的位置。经济学家大卫·埃尔伍德（David Ellwood）在《贫困援助》一书中提出了一套完整的综合援助计划，包括医疗保险、就业培训、为"穷忙族"提供所得税抵免、为无监护权的父母提供子女抚养援助以及工作等等。[①]另一种相反的策略是，对由国家承担抚养经济责任的儿童来说，巩固对他们的职权。具体做法有二：一是鼓励成立集体家庭，二是收养那些父母因经济原因而无法承担抚养责任的儿童。[②]

解决时间贫困的手段在1993年《家庭和医疗休假法案》等立法举措中显而易见。政府已经认识到父母有更多时间陪伴孩子的价值，例如，该法案鼓励雇主提供育儿假或其他形式的弹性工作时间，但这种变化的受益者主要是中产阶层家庭，他们能够负担得起无薪育儿假。[③]另一种策略是改革税收法，以阻止婚姻的破裂。一对有两个孩子的夫妇，父亲年收入1.6万美元，母亲年收入0.9万美元，目前的税收法并没有特别考虑他们的联合纳税申报。但是，如果两个人独自申报，每人负责抚养一个孩子，母亲不仅会获得约0.5万美元的所得税抵免，而且会获得额外的0.2万美元的食品券。[④]修改税收法以消除那些容易导致夫妻关系破裂的措施，建立与非婚生子女的亲子关系，强化子女抚养的执法以恢复父亲提供抚养子女的经济资助，这些都是国家努力强化亲属关系的典范。

相互依存：女权主义的工作观和育儿观

女权主义的观点与保守派和自由派的观点存在共同之处：尊重作为制度的家庭（保守派同样尊重）和欣赏家庭的现代性（自由派同样推崇）。此外，女权主义的观点还致力于解决女性传统上的从属地位问题，探讨如何通过"关系"

[①] Sherry Wexler, "To Work and To Mother: A Comparison of the Family Support Act and the Family and Medical Leave Act" (Ph.D. dissertation draft, Brandeis University, 1995). David T. Ellwood, *Poor Support: Poverty in the American Family* (New York: Basic Books, 1988).

[②] Coleman, *Foundations of Social Theory*. 以理性选择理论闻名于社会学的科尔曼，在1990年提出了这些理论可能性，比1994年的《美国共和契约》早了整整四年。

[③] Wexler, "To Work and To Mother."

[④] Robert Lerman, "Marketplace," *National Public Radio*, April 18, 1995.

和"个人主义"策略来改善这种地位,维持家庭生活和健康育儿。[1] 与此同时,女权主义对保守派和自由派的解决方案持怀疑态度。传统人士往往会主张那些受剥削和报酬低下的女性去照顾家庭,以便于男性从事公共领域的活动。自由派对市场上独立个体行为者的关注,有时会带有一种"男性"偏见。个体行为者并没有意识到,他所谓的"独立"之所以成为可能,只是因为他实际上依赖于各种各样的关系。换言之,他之所以能够在稳定的社会秩序中发展教育并开展生活,正是得益于种种关系。[2]

女权主义者阐述育儿的价值以及女性自主的理想,据此批判性地审视现代资本主义对家庭造成的影响,并提出更重视生活质量和人际关系的替代政策。她们对家庭力量的评判不是根据家庭形式(是否有双亲),而是根据家庭的功能(是否促进人类的满足和发展)以及男女双方是否都能既照顾家庭,又能发挥生产力。她们把孩子面临的困难归结于双亲家庭的缺失,而不是单亲母亲的低薪、儿童保育的不足以及住房和邻里的不宜。

社区、家庭和工作 → 成年人压力大、 → 儿童缺乏父母的
之间缺乏合作　　　 家庭负担重　　　 充分照顾和关注

图 4-3　女权主义模式

相应地,女权主义者致力于改革,以建立并维护志愿团体、邻里和社区的社会资本,因为在她们看来,一个健康的公民社会往往会促进家庭和个人的福祉,并推动经济的繁荣和国家的民主。她们也认识到,灵活性在整个生命周期中能够发挥更大的作用:男性和女性都能参与育儿工作,并鼓励双方都接受教育并就业。

社区的消失

从女权主义的角度来看,家庭价值观已然成为一个问题,因为个人主义侵蚀了我们民族文化中的集体责任感。美国的体制和社会政策并没有充分表现出对所有公民的关注。对其他国家的家庭结构、少女怀孕、贫困和儿童结局的比

---

[1] Karen Offen, "Defining Feminism: A Comparative Historical Approach," *Signs* 14, no. 1 (1988).
[2] Young, "Mothers, Citizenship and Independence."

较研究表明，在慷慨支持所有家庭和儿童的国家中，其健康水平和通识教育水平都高于美国，暴力和儿童偏差行为水平也低于美国。①

自由主义思想和对自由市场的关注使人们认识到，只有在自给自足、不需要公共救济时，他们才能做出最大的贡献。但女权主义理论家艾瑞斯·杨指出，对健康民主社会至关重要的很多活动（如文化生产、看护、政治组织和慈善活动）在私人市场永远不会盈利。然而，很多福利和社会保障的领取人，如家庭主妇、单身母亲和退休人员，正在从事重要的志愿工作，如照顾儿童和帮助社区中的其他人。因此，一个人贡献的社会价值，不仅在于获得允许经济独立的薪水，而且在于对社会做出的贡献。这种对其他受供养者的照顾和对国家的关心，应该被视为高贵的品质而不是低人一等，因此配得上社会的支持和补贴。②

事实上，已婚女性的劳动参与率从1970年的41%上升到1990年的58%，这可能与她们退出家庭和社区的无薪工作有关。③从家庭教师协会到保龄球联盟，志愿者会员在1969年至1993年间，下降了25%以上。现在很多人担心的是，阿历克西·德·托克维尔（Alexis de Tocqueville）所说的民主所必需的基础正遭到围困。④为了扭转这一趋势，社会观察家们建议，有必要保证家庭和休闲时间，显然，家庭和休闲时间正在被有偿就业的浪潮所吞噬。现在需要的是重新调整优先次序，且高度重视男性和女性无偿的家庭和社区工作。

国家政策也应该重新调整其方向，以便在社会经济层面，给儿童，特别是贫困儿童，提供普遍的支持与帮助。与经济合作与发展组织（the Organization for Economic Cooperation and Development, OECD）的其他成员国相比，美国男性的平均工资名列前茅，但为儿童提供的可支配收入却接近最低水平。1992年，挪威、法国或荷兰的儿童每月约可获得700美元。相比之下，美国单身无业母

---

① Robert N. Bellah et al., *Habits of the Heart* (Berkeley, CA: University of California Press, 1985). Gosta Esping-Andersen, *The Three Worlds of Welfare Capitalism* (Princeton, NJ: Princeton University Press, 1990). Susan Pedersen, *Family, Dependence, and the Origins of the Welfare State: Britain and France, 1914–1945* (New York: Cambridge University Press, 1993).
② Young, "Mothers, Citizenship and Independence."
③ Giele, "Woman's Role Change and Adaptation".
④ Elshtain, *Democracy on Trial*. Robert N. Bellah et al., *The Good Society* (New York: Knopf, 1991). Robert D. Putnam, "Bowling Alone: America's Declining Social Capital," *Journal of Democracy* 4, no. 1 (1995).

亲的子女每月只能获得不足 200 美元的补贴。① 这种差异可以用美国收入分配的严重不均来加以解释，收入最高的五分之一，也就是"幸运五分之一"，占据国民收入的 47%，而收入最低的五分之一，仅占据 3.6%。② 这种严重的不均反过来又可以用个人主义意识形态来加以解释。这种意识形态主张不成比例的收入是合理的：少数人因创新和生产力强而收入丰厚，穷人则因惰性或能力低而收入微薄。就业机会的缺乏以及很多应急服务行业的低薪，只会使情况更加恶化。

对这种将更高的生产力归因于更高收入和更成功的主角，而忽视配角的努力和贡献的解释，女权主义者持怀疑态度。她们认为，很多女性的处境，是造成这种情况的无形帮手。无独有偶，一些社会科学家同样提出，"社会资本"对社会健康至关重要。③ 尽管我们要求公司充当大家庭、邻里支助团体和国民保健服务机构，但它们并不能独自负责维护社区网络。

家庭模式的多样化

关心强化民间社会的人士迅速将家庭不断变化的性质视为一个关键的组成部分。女权主义者担心，那些扭转离婚和单亲家庭上升趋势的努力，看似明智，实际上是让双亲家庭获得特权，却损害了女性的利益。相反，她们建议从更广泛的意义上理解家庭价值观，即重视家庭提供情感和物质支持的独特能力，而不是简单地暗示双亲家庭模式的优势。

---

① Heather McCallum, "Mind the Gap" (paper presented to the Family and Children's Policy Center colloquium, Waltham, MA, Brandeis University, March 23, 1995). 对于单身母亲就业的孩子来说，这个数字明显要高得多，在美国，每个母亲大约要花 700 美元。但这个数字在其他 11 个国家超过 1000 美元，只有希腊和葡萄牙比美国低。参阅：Planned Parenthood Advertisement, "Let's Get Serious About Ending Teen Childbearing," *New York Times*, April 4, 1995, A25。
② Ruth Walker, "Secretary Reich and the Disintegrating Middle Class," *Christian Science Monitor*, (November 2, 1994): 19.
③ 了解"社会资本"，参阅：Coleman, *Foundations of Social Theory*; Elshtain, *Democracy on Trial*; Putnam, "*Bowling Alone*"。了解"情感资本"，参阅：Arlie Russell Hochschild, *The Managed Heart: The Commercialization of Human Feeling* (Berkeley, CA: University of California Press, 1983)。了解"文化资本"，参阅皮埃尔·布迪厄和尤尔根·哈贝马斯（Pierre Bourdieu and Jurgen Habermas）的著作。

社会学家朱迪思·史黛西和政治哲学家艾瑞斯·杨直率地指出了保守派、自由派和女权主义者之间关于双亲家庭问题的争议。① 在两位学者看来,要求所有女性留在婚姻围墙中,既是对胁迫和从属发出的邀请,也是对作为民主基础的自由和自决原则的侵犯。此外,正如克里斯托弗·詹克斯和凯瑟琳·艾丁在研究数百个福利家庭后总结的那样,当前的福利改革言论——除非能够抚养孩子,否则任何夫妻都不应该生孩子——并没有考虑到生活中的不确定性,即选择结婚或有足够收入的人并不会永远如此。在全球范围内双亲家庭模式走向没落的情况下(大约四分之一至三分之一的家庭由女性掌舵),婚姻不应被视为解决儿童贫困问题的良方。未结婚或未就业的母亲,也不应被视为不完整的公民(1989年,在25至34岁的公民中,只有1600万名男性赚了1.2万美元以上,与之相对的是,2000万名女性有一个孩子或想要孩子)。② 相反,国家家庭政策首先需要考虑的是,尊重女性的自主权和自决权,包括生育子女的权利。母亲正在帮助全社会繁衍下一代,在这种责任中,她们至少应该得到部分支持。

从女权主义的角度来看,家庭的目标不仅是培养健康和富有创新性的新一代,家庭也提供亲密且支持的亲属或虚构亲属群体,以促进每个人的健康和福祉——无论年轻或年老,男性或女性,异性恋、同性恋或单身。因此,对"家庭"的认可,不应仅局限于通过血缘、婚姻或收养联系在一起的传统双亲单元,而应扩展到离异配偶的亲属(正如史黛西在对硅谷家庭的研究中所记载的那样)、同性伴侣、退休人员的集体家庭、群居生活安排等。③20年前,经济学家南希·巴雷特就曾指出家庭和家庭模式的这种多样性。1976年,在所有美国家庭的六大类型中,没有一种类型超过20%:有或没有18岁以下子女,且妻子外出工作的家庭分别占15.4%和13.3%;有或没有18岁以下子女,且妻子没有工作的家庭分别占19.1%和17.1%;以女性或男性为主的同居家庭占14.4%;单身独

---

① Judith Stacey, "Dan Quayle's Revenge: The New Family Values Crusaders," *The Nation*, (July 25/August 1, 1994). Iris Marion Young, "Making Single Motherhood Normal," *Dissent* (Winter 1994).
② Christopher Jencks and Kathryn Edin, "Do Poor Women Have a Right to Bear Children," The American Prospect (Winter 1995).
③ Stacey, "Dan Quayle's Revenge." Arlene Skolnick and Stacey Rosencrantz, "The New Crusade for the Old Family," *The American Prospect* (Summer 1994).

居人士占 20.6%。①

这种多样性既描述了当代美国的"家庭价值观",也体现了这种价值观。从数量上说,每一种家庭模式都有其自身的合法性,但没有一种占据绝对的主导地位。其结果是,我们的社会已经演化出更大的价值体系,包含一系列信仰和规则,其中,每种模式都具有合法性。"原教旨主义"把有子女的双亲家庭视为唯一的合法模式,认为单亲家庭不值得帮助,同时把非传统模式视为非法形式。这种观点无疑是一种倒行逆施。1995 年,普通公民似乎已将家庭模式的多样化视为一种常态。哈里斯(Harris)对 1502 名女性和 460 名男性进行的一项调查发现,只有 2% 的女性和 1% 的男性将家庭定义为"传统的核心家庭"。10% 的女性将家庭价值观定义为关爱、照顾和相互支持,具有明辨是非或良好的价值观;90% 的女性认为,社会应该尊重所有模式的家庭。② 大多数美国人似乎都认为,像波莉姨妈(Aunt Polly)那样的单亲家庭,为哈克·芬恩(Huck Finn)提供了经济支持、住所、膳食,总比没有家庭好。

在社会逐渐接受家庭模式更加多样化的情况下,性别革命也放宽了对传统性别角色的期望,即男性主外挣钱,而女性主内持家。女权主义者认为,无论是男性还是女性,都可以同时做到这两点。③ 此外,发达工业国家的女性,已经基本形成了多重角色的新生活模式,据此将工作和家庭生活结合在一起。其负面后果是,职业女性几乎普遍承受着"双重负担",她们每周在有偿工作和家务上花费 84 小时,而已婚男性为 72 小时,没有孩子的单身人士为 50 小时。④ 然而,积极的后果是,对那些背负压力兼顾工作和家庭双重角色的女性来说,

---

① Nancy Smith Barrett, "Data Needs for Evaluating the Labor Market Status of Women," in *Census Bureau Conference on Federal Statistical Needs Relating to Women,* ed. Barbara B. Reagan (U.S. Bureau of the Census, 1979), Current Population Reports, Special Studies, Series P-23, no. 83, pp. 10–19. 这些数字掩盖了我们熟悉但具有误导性的说法,即所有美国家庭中"只有 7%"属于传统核心家庭,因为"传统"的定义太过狭隘——指丈夫和妻子有两个不满 18 岁的孩子,且妻子没有外出工作。了解更近期的数据和更普遍的家庭伦理的类似论点,参阅:Christine Winquist Nord and Nicholas Zill, "American Households in Demographic Perspective," working paper no. 5, Institute for American Values, New York, 1991。

② Tamar Levin, "Women Are Becoming Equal Providers," *New York Times,* (May 11, 1995), A27.

③ Marianne A. Ferber and Julie A. Nelson, *Beyond Economic Man: Feminist Theory and Economics* (Chicago: University of Chicago Press, 1993).

④ Fran Sussner Rodgers and Charles Rodgers, "Business and the Facts of Family Life," *Harvard Business Review,* no. 6 (1989).

她们的身心健康似乎得到了改善。① 此外，如果丈夫多承担一些家务劳动，妻子就不太可能考虑离婚。②

儿童的不稳定状况

保守派和自由派人士解决孩子问题的主要方法是，减少未婚生育、增加父亲的存在感，鼓励婚姻有问题的夫妻为了孩子，尽量避免离婚以维持双亲家庭模式。与之相对的是，女权主义者认为，未婚生育、父亲缺席或离婚，在很大程度上被迫成为孩子出现问题的罪魁祸首。里昂·艾森伯格报告称，在瑞典，一半以上新生儿的母亲未婚；在法国，四分之一新生儿的母亲未婚，但在美国没有观察到相关的灾难性影响。阿琳·斯科尔尼克和史黛西·罗森克兰茨引用多项纵向研究表明，大多数孩子会从离婚的直接负面影响中恢复过来。③

如此，女权主义者坚持的原则是，部分女性应该能够作为单亲母亲领导家庭，那她们又是如何看待儿童的健康问题、反社会行为和贫困问题的呢？事实上，她们的答案聚焦体制支持的缺乏。具言之，虽然在当今社会中，新型双职工家庭和单亲家庭非常普遍，但我们的体制并没有为它们提供支持。女权主义者并没有试图迫使家庭回到传统模式，而是指出，在每一个工业化国家中，离异、单身母亲家庭数量在增加，离婚率和女性就业率都在上升。但在其他国家，并没有出现这种儿童幸福的灾难性下降，如少女怀孕、自杀、暴力死亡、学业失败、贫困儿童等方面。这些国家在保护所有儿童及其母亲的社会和家庭政策方面，有四个关键要素：①工作保障和其他经济支助；②儿童保健；③卫生保健；④住房补贴。在美国，这些福利是分散的、不均衡的：那些付得起钱的人需要付钱；只有穷人或残疾人才能获得"有子女家庭援助"（Aid to Families with Dependent Children, AFDC）项目的经济支持，在儿童保健、医

---

① Ravenna Helson and S. Picano, "Is the Traditional Role Bad for Women?" *Journal of Personality and Social Psychology* 59 (1990). Rosalind C. Barnett, "Home-to-Work Spillover Revisited: A Study of Full-Time Employed Women in Dual-Earner Couples," *Journal of Marriage and the Family* 56 (August 1994).
② Arlie Hochschild, "The Fractured Family," *The American Prospect* (Summer 1991).
③ Leon Eisenberg, "Is the Family Obsolete?" *The Key Reporter* 60, no. 3 (1995). Arlene Skolnick and Stacey Rosencrantz, "The New Crusade for the Old Family," *The American Prospect* (Summer 1994).

疗补助和政府住房补贴等方面获得一些支助。

第一道防线是提高最低工资水准以提高女性的工资，然后为她们提供更多机会，以进入男性主导的工资更高的职业。一半的职业女性挣到的薪金，并不足以养活一个四口之家。此外，从事低薪职业的女性经常遭遇裁员，且缺乏福利。以改善人力资本、提供儿童保健和扩大福利为目标的培训，将有助于提高女性养家糊口的能力。艾森伯格（Eisenberg）报告称，联合国人类发展指数（the Human Development Index of the United Nations, HDI）根据预期寿命、教育水平和人均收入等指标，对各国进行了排名，美国和瑞典分别排在世界第五位和第六位。但是，当HDI考虑到女性待遇的公平性并据此重新计算时，瑞典就上升到第一位，美国下降到第九位。因此，提高孩子地位的一个明显出发点是"提高母亲的经济地位和赚钱能力"[1]。

第二个主要福利是儿童保健，但从业母亲并不一定能够享受到这项福利。在13岁以下的学龄儿童中，八分之一缺乏任何形式的课外儿童看护。孩子们来到母亲工作的工厂，在草坪上或大厅里等待，直到母亲结束工作。万一孩子生病了，有些母亲如果待在家里，就有可能失去工作。有些孩子自己回家，还有一些孩子的情况并不明朗，如睡在父母的车里或在街上游荡。虽然2200万学龄前儿童中有60%其母亲在外工作，但目前托儿所只提供1000万个名额，短缺100万至300万个名额。[2] 孩子缺乏优质的照顾，不仅会分散母亲们的注意力，增加她们的缺勤率，降低她们的工作效率，而且会导致孩子们的暴力行为和反社会行为，并在学校表现不佳。

缺乏医疗福利是贫困儿童和单亲家庭的第三大缺口。詹克斯和艾丁（Jencks and Edin）以芝加哥地区的一名职业女性为例，分析如果没有福利救济，她的收入会发生什么。1993年，她在AFDC名单上的总收入是12355美元（有食品券、未报告的收入、家人和朋友的帮助）。此外，她还获得了医疗补助和儿童保育。

---

[1] Roberta M. Spalter-Roth, Heidi I. Hartmann, and Linda M. Andrews, "Mothers, Children, and Low-Wage Work: The Ability to Earn a Family Wage," in *Sociology and the Public Agenda,* ed. W. J. Wilson (Newbury Park, CA: Sage Publications, 1993).
[2] Louis Uchitelle, "Lacking Child Care, Parents Take Their Children to Work," *New York Times,* (December 23, 1994).

然而，如果没有 AFDC，她的全职工作每小时 6 美元，获得不到一半的食品券，享有收入所得税抵免，加上亲属的帮助，她的总收入将增加到 20853 美元。但她必须自己支付医疗费用，如果找到免费儿童看护，她的有效收入将下降到 14745 美元；如果她必须自己支付儿童看护费用，她的有效收入则为 9801 美元。[1]

低收入家庭可以获得一些住房补贴或保障性住房。但是，这些社区和学校的质量往往很差，且暴力事件频发。在一个不能安全地与他人游玩的环境中抚养孩子，无疑会面临严重的风险因素，不能简单地将这些因素归因于离婚和单亲。孩子们必须在很小的时候就学会自力更生，而不是受到保护和被允许一直天真下去。家庭不能以孩子为中心，而必须以成人为中心，这不是因为父母自私或以自我为中心，而是因为社会制度改变了家庭生活的背景。[2] 这些要求对孩子们来说可能太过分了，有可能导致抑郁症、暴力、青少年自杀、少女怀孕和学业失败。但是，如果认为只要恢复双亲家庭模式就足以解决所有这些问题，无疑是一种短视。

建构良好的社会机制

那么，我们需要做些什么？女权主义者没有像保守派人士建议的那样，试图重振双亲家庭模式，也没有像自由派人士建议的那样，提倡改变经济结构以提供更多的就业机会。相反，她们指出，需要修订和建构机制，以适应工作和家庭生活的新现实。然而，这一任务要求对家庭价值观做出更广泛的解释，认识到家庭不仅有利于其成员，而且有利于公共利益，并重新思考如何安排日常工作和家庭需求以及男性和女性的整个生命周期。

对家庭价值观的理解必须从两个方面加以拓展。首先，美国的价值观应该延伸到所有公民，无论他们是穷人、富人、白人、有色人种，还是生活在单亲家庭中。1977 年，肯尼思·凯尼斯顿（Kenneth Keniston）将卡内基儿童委员会的报告命名为《我们所有的孩子》。今天，很多美国人的政治辞令和行为方式，

---

[1] Jencks and Edin, "Do Poor Women Have a Right".
[2] David Elkind, *Ties That Stress: The New Family in Balance* (Boston: Harvard University Press, 1994).

仍然暗示着他们否认别人的孩子是将继承土地、支持经济的下一代。然而，在大多数女权主义者和其他进步改革人士看来，为了国家的长远利益，我们应该接纳所有的孩子。① 其次，通过对"家庭价值观"的认可，女权主义者意在将家庭视为一个独特的、亲密的、多样的群体，一个任何年龄段的人都需要的群体，特别是儿童。为了满足儿童和其他受抚养人的需要，国家必须支持并鼓励家庭履行其独特的职能。艾瑞斯·杨认为，在向经济状况不好的家庭提供必要的支持方面，婚姻不应被用作减少国家最终需求的一种手段。② 我们可以比较一下二战后出台的《退伍军人权利法案》，该法案为在那些曾在军队中服役的人提供教育福利。父母抚养一个健康和富有生产力的年轻人，也是对社会做出贡献。既然如此，为什么不能对他们采取类似的方法呢？③

在社区一级，所有的民间社会机构都应该接纳家庭，包括学校、医院、教会和雇主，以作为隐性但必要的机制，去补充正式组织的官僚和非个人的运行。学校依靠家长进行孩子的"入学准备"。医院把那些在完全恢复健康之前需要大量家庭护理的病人送回家。教会的工作在家庭中得到贯彻和强化；当家庭失败时，教会试图复现的是无条件的关爱和家庭的亲密。雇主依赖家庭激励员工并提高他们的生产力，显然，家庭为员工提供了住所、情感支持等。这些正式组织中的专业人士和管理人员越来越意识到，如果要取得成功，就必须与员工的父母和其他家庭成员进行更密切的合作。

女权主义者尤其认识到工作与家庭生活的重新融合现状。工业革命时期，生产性工作从家庭转移到工厂，由此撕裂了这种融合。近年来多次讨论了一些提案：育儿假（现在可以通过1993年的《家庭和医疗休假法案》实现）；在职父母都可以享受，但不会失去福利和晋升机会的灵活工作时间和兼职工作；

---

① 人们经常注意到，美国的种族多元化程度比很多国家都要高得多，如瑞典。瑞典的家庭和儿童政策是一致的。种族和阶级分化的潜在可能性，阻碍了对所有儿童均为国家儿童的认可，其中一个典型的例子是：Richard J. Herrnstein and Charles A. Murray, *The Bell Curve: Intelligence and Class Structure in American Life* (New York: The Free Press, 1994).
② Young, "Making Single Motherhood Normal".
③ 如果异议是错误的人们会有孩子，那么就像赫恩斯坦和穆里（Herrnstein and Murray）在《钟形曲线》(*The Bell Curve*) 一书中表明的那样，面临的挑战是为贫困女性寻找出路，如赚钱或找到其他一些更刺激的职业，以抵消对生孩子的奖励，"如成为基督的新娘或财富500强公司的负责人"（Jencks and Edin, "Do Poor Women Have a Right"）。

居家办公；照顾生病的孩子和提供放学后的监督。尽管取得了一些进展，但接受这些改革的速度非常缓慢。育儿假仍然是无薪的。虽然确实存在更灵活的选择，但职场文化让很多人不可能选择这些方式，因为他们担心自己会被视为不那么认真和不敬业的员工。此外，尽管越来越多的人认为父亲和小时工也应该包括在内，但大多数项目都是针对母亲和管理者的。[1]

最终，这些趋势可能会改变女性和男性生命周期的形态。一种关于生命历程的新理想，越来越被奉为社会应该努力接近的模式。罗泰·贝林提议对职业进行重组，其中，年轻夫妻在建立家庭的同时，相互协商如何错开紧张的工作时间，以保证其中一方或双方可以有更多的时间待在家里。[2] 现在，女性和男性都觉得必须拼命工作才能建立自己的事业，其结果是，他们没有什么时间陪伴孩子。[3] 对于穷人和未接受过培训的人来说，问题恰恰相反：养育孩子要比一份低薪、没有前途的工作更令人满意、更富有成效。问题是如何转变教育工作者或雇主的思维，即让他们能够把与家人共处看成一项重要的社会义务（例如，就像人们在服兵役时考虑的那样）。在现代后工业社会中，这种制度重组在给予家庭和育儿应有的地位方面不可或缺。

结　论

本文梳理了保守派、自由派和女权主义如何看待美国家庭不断变化的性质。结果表明，未来的政策应该结合三方的独特贡献。保守派对现代性提出批评，

---

[1] Beth M. Miller, "Private Welfare: The Distributive Equity of Family Benefits in America" (Ph.D. thesis, Brandeis University, 1992). Sue Shellenbarger, "Family-Friendly Firms Often Leave Fathers Out of the Picture," *Wall Street Journal*, (November 2, 1994). Richard T. Gill and T. Grandon Gill, *Of Families, Children, and a Parental Bill of Rights* (New York: Institute for American Values, 1993). 在收集关于这些新的工作—家庭政策的信息方面，我要感谢在布兰代斯大学1994—1995年家庭政策研讨会上给予我帮助的学生们，特别是凯瑟琳·奥布莱恩（Cathleen O'Brien）、黛博拉·古雷维奇（Deborah Gurewich）、艾丽萨·斯塔尔（Alissa Starr）和帕梅拉·斯温（Pamela Swain），以及明迪·弗里德（Mindy Fried）和雪莉·韦克斯勒（Sherry Wexler）的深刻见解。

[2] Lotte Bailyn, *Breaking the Mold: Women, Men and Time in the New Corporate World* (New York: The Free Press, 1994).

[3] Penelope Leach, *Children First: What Our Society Must Do and Is Doing* (New York: Random House, 1994).

认为家庭在维护儿童健康和预防儿童失败方面发挥着重要作用。尽管对"家庭价值观"的理解过于狭隘，但他们的贡献在于将家庭的功能和形式问题推向公共辩论。自由派人士清楚地看到，经济的压倒性力量剥夺了就业机会，对作为员工的父母提出要求，并在雇主对竞争力的需求和家庭对联系和社区的需求之间，制造了裂痕。

女权主义者经常被认为会寻找"出路"。尽管看起来令人惊讶，但她们的确提出了将家庭恢复到应有位置的最全面的计划，她们既欣赏家庭固有的前现代本质，也欣赏家庭与快速变化的世界经济之间不可避免的相互依存。女权主义者不会回到过去，因为她们深知传统家庭往往是女性的"紧身衣"。但她们也知道，家庭不能变成一个正式的组织，其职能也不能由政府或其他公共机构来代以履行。显然，这些机构无法向儿童、成人和老人提供只有家庭才能给予的支助。

女权主义的整合观既接受家庭固有的特殊性和情感性，也接受现代经济不可避免的专业化和非人性化。不同于保守派人士，女权主义者接受家庭的多样性，认为这种多样性是对现代经济需求的回应。不同于自由派人士，她们认识到，像为人父母这种亲密的养育关系，不可能全部转变为正式看护的安全网。最有希望的家庭和儿童社会政策，均以具有包容性的价值观为出发点，这些价值观确保国家的终极目标是每个人的美好生活和福祉。政策上的挑战是调整家庭与其周围机构之间的伙伴关系，以最佳整合个人的主动性和公众的关注点。

第二部分

性与性别

美国和其他发达国家一样，经历了性革命和性别革命。第一种是对情爱行为和表达的自由态度；第二种则改变了男女的角色和地位，使之朝着更加平等的方向发展。这两场革命都是由近年来快速的社会变革所带来的，而且都是对传统婚姻观念发出的挑战。

对性别和性的持续争论，关注的是生物因素与心理、社会因素的相对重要性。两种极端观点主导了先天与后天之争。在一个极端，严格的生物决定论者宣称解剖就是命运。换句话说，他们认为"男人来自火星，女人来自金星"，或者说有男性大脑和女性大脑之分。在另一个极端，有些人认为性别差异的所有方面都是后天习得的。

关于先天与后天的争论，有两个要点需要说明。首先，现代遗传学理论将生物学和环境视为交互作用而非对立的力量。其次，生物决定论者及其反对者都假设，如果存在一种生物力量，那它一定超级强大。但关于性别发展和性冲动的复杂证据表明，生理力量并不强大。尽管所有媒体都在报道"同性恋基因"或"肺癌基因"，但科学现实却要复杂得多。正如一位研究人员所说，"科学家们已经明确了大量基因，在某些情况下，这些基因可能会让个人或多或少受到各种环境因素的影响"（Berwick，1998：4）。

过去，很多社会学家和心理学家都想当然地认为，女性在社会中的角色和功能反映了普遍的生理和气质特征。几乎每个社会都认为男性优于女性，因此性别不平等被视为有组织的社会生活中的必然结果。与对非白人的歧视暗示他们天生低人一等一样，这种分析存在同样的缺陷。所有这些解释都没有着眼于派生并支持性别差异的社会制度和力量。

正如罗伯特·杰克逊（Robert Jackson）所指出的那样，现代经济和政治体制一直在逐步走向性别平等，而不管这些体制的传统男性掌舵人是否想要这种结果。这种转变背后的驱动力是工作转移出家庭，以及避开家庭和性别的经济和政治重组。杰克逊将美国社会性别不平等的下降分为以下阶段。第一个阶段是1840—1890年的"领域分离"时代。男性被定义为家庭的经济支柱，被迫在家庭之外的严酷世界中闯荡；女性被定义为家庭主妇和育儿者。性行为是受压抑的。第二个阶段是1890—1940年即杰克逊所说的平等主义幻觉时代。女性赢得了投票权，越来越多的女性能够去上大学，并开始进入职场，但在很多方面仍然受到限制。第三个阶段是1940—1990年的同化时代。工作场所、教育和其他机构中的性别歧视成为非法行为，职业生涯开始向所有女性开放，婚姻平等成为一种文化理念。从1990年开始，我们一直生活在"不平等残余"时代。似乎存在着一种"玻璃天花板"，担任高级政治职务或高级行政职务的女性相对较少。女性尚未实现完全平等，但在杰克逊看来，朝这个方向发展的趋势是不可逆转的。

相较于他们的父辈，20世纪70年代后出生的人成长在一个更加平等的社会中。凯瑟琳·格尔森（Kathleen Gerson）对18至30岁"性别革命中的孩子"进行了一些采访。她发现，男性和女性有着相似的愿望，即双方都希望能够以平等的方式将工作和家庭生活结合起来。但他们也都认识到，在当今世界，这样的愿望很难实现。他们需要长时间工作，而好的托儿服务既稀缺又昂贵。

面对这些障碍，年轻的女性和男性会追求不同的第二选择或"回归策略"。男性愿意回归到更"传统"的安排，即他是家庭的主要经济支柱，而他的伴侣则是家庭的主要照顾者。然而，年轻女性却觉得这种安排不太有吸引力。当有需要时，她们对放弃养活自己和子女的能力持谨慎态度。格尔森的结论是，当今社会中的年轻家庭缺乏体制支持，这种缺乏造成伴侣之间关系紧张，进而可能会破坏婚姻本身。

安德鲁·谢林（Andrew Cherlin）从更广泛的角度审视了美国婚姻，描述了近几十年来改变美国家庭生活的经济和文化力量。在他看来，向后工业经济的转变对家庭生活产生了深远的影响。经济变化使女性对男性的依赖减少，推动女性进入工作场所，剥夺了受教育程度较低的男性从事蓝领工作的机会，而这些工作曾经足以让他们养家糊口。结婚和维持婚姻关系越来越成为一个可选项，而不是必选项。然而，尽管发生了这些变化，相较于其他发达国家，美国人还是更重视婚姻，双亲家庭仍然是抚养孩子最常见的生活安排。

因此，婚姻制度仍然是美国重视的一种制度。人口普查局估计，90%的美国人会在他们人生的某个阶段步入婚姻的殿堂。几乎没有人会在走上圣坛时希望婚姻以离婚告终。那么是什么导致了婚姻的破裂？阿琳·斯科尔尼克(Arlene Skolnick)在她的文章中表明，近年来研究人员已经获得了很多关于夫妻关系的发现，其中一些发现与普遍的看法相左。例如，幸福的家庭并不都是一样的。每段婚姻都包含两段婚姻——幸福的和不幸福的。婚姻成功的关键在于两者之间的平衡。美满的婚姻必须完胜糟糕的婚姻。

弗吉尼亚·拉特（Virginia Rutter）观察到，媒体上讲述的离婚故事与学术研究中实际显示的内容之间，往往存在着很大的差距。她指出了与离婚的惊人研究发现相关的很多问题，认为任何人都应该对这些问题予以关注。例如，读者应该关注，拿离婚家庭的孩子和谁相比？有时并不存在任何对照组。有时则是与幸福的婚姻相比较。但那些家庭并非一开始就处于离婚的状态。此外，读者应该关注研究人员所说的"选择效应"：离婚人士可能不是已婚人群的随机样本；他们可能预先就存在一些问题，这些问题不仅会导致婚姻的破裂，也会导致离婚后的负面结果。

因为大多数离婚人士都选择了再婚，所以与近期相比，更多的孩子将会与继父母一起生活。正如玛丽·安·梅森（Mary Ann Mason）在她的文章中指出的那样，重组家庭在美国家庭生活中占据着很大的比重，而且还在不断增长，但它们在家庭中的角色并没有得到明确的界定。此外，重组家庭在很大程度上被公共政策制定者所忽视，以至于仍处于法律的边缘。梅森提出了很多补救这种情况的方法。

尽管困难重重，但婚姻在不久的将来还是不太可能过时。总而言之，我们认同杰西·伯纳德的观点，（Bernard, 1982: 301）她从一位社会学家兼女权主义者的角度，在对传统婚姻进行毁灭性的批判之后，指出：

婚姻与其他任何社会形式一样会持续存在。对仍然期望亲密关系的男性和女性来说，双方仍然期望庆祝他们的关系，体验那种神秘的结合，而正是这种结合，曾经导致教会把婚姻视为一种圣礼。这种承诺根本不可能消失，他们之间的所有关系也不可能只是随意的或转瞬即逝的。

参考文献

Bernard, Jessie. 1982. The Future of Marriage. New York: World Publishing.

Berwick, Robert C. 1998. "The Doors of Perception". The Los Angeles Times Book Review, March 15.

Gagnon, J. R., and W. Simon. 1970. The Sexual Scene. Chicago: Aldine Transaction.

第三章　性别角色的改变

阅读 5　注定平等

罗伯特·杰克逊

在过去的两个世纪，女性为获得更好的待遇进行了漫长且醒目的斗争，而这种斗争掩盖了一种令人惊讶的状况。男性的社会统治地位从一开始就注定了。性别不平等无法成功适应现代经济和政治体制。没有人计划这么做。事实上，很长一段时间以来，即将消失的性别不平等隐没在所有人的视野之外。

在 19 世纪中叶，很少有人会说男女平等是可能的或可取的。新的商业、政府、学校和家庭形式似乎很好地适应了男女角色的既存划分。男性控制着一切，他们对这种与生俱来的优越感丝毫没有失去信心的迹象。如果有什么不同的话，那就是女性的从属地位可能会变得更糟，因为她们仍然依附于家庭，而商业和政治则变成了一个独立的、独特的男性化领域。

尽管如此，150 年后的今天，女性似乎排除万难，走上了与男性平起平坐的大道。现在，很少有人会说性别平等是不可能或不可取的。不知何故，我们的期望完全被颠倒了。

女性地位的上升是一个神秘的悖论。几千年来，在最多样化的经济、政治和文化条件下，女性一直从属于男性。尽管基于性别角色的具体内容和两性之间的不平等程度，会因时间和地点而异，但整体而言，世界各地的男性都比女性拥有更大的权力和地位。此外，很多人认为，男性的统治地位是生活中自然且不可改变的一部分。然而，在过去的两个世纪中，世界各地的性别不平等现象均有所减少。

这种转变背后的驱动力有二：一是经济和政治权力转移到家庭外部，二是商业和政治利益进行了无关性别的重组。纵观美国历史，女性（及其男性支持者）一直在与偏见和歧视作斗争，但社会条件决定了她们努力的强度和效度。在女性与男性主导的体制之间存在着显而易见的冲突，在这种冲突的背后，经济和政治组织的基本过程一直在为女性的成功铺平道路。这些年来，虽然很多女性在努力提高自己的地位，而很多男性在抵制这些努力，但步履蹒跚的体制变革在不知不觉中动摇了性别不平等的基础。为应对大型官僚政治组织的迫切要求，那些拥有经济或政治权力的男性，往往是间歇性地采取有利于性别更为平等的政策，且通常不会期望其行为的影响。作为个体的男性，同样对家庭（无经济活动）不断变化的需求和可能性做出了逐步的回应。在此过程中，他们减少了对妻子和女儿扩展角色的抵制，尽管男性很少意识到自己所做的事情与他们的父辈不同。

长期以来，社会理论家一直在教导我们，体制往往会产生意想不到的后果，尤其是在多人行为的综合影响偏离了他们的个人目标时，情况更是如此。著名的早期资本主义理论家亚当·斯密提出，资本主义市场具有一个显著的特征，追求个人利益可以促进所有人的利益。随后，卡尔·马克思在考察资本主义经济的过程中，提出了一个同样引人注目但又自相矛盾的观点。在他看来，由理性利己主义推动的不平等体系，必然会带来破坏社会秩序的非理性危机。两位学者的观点虽然都遭受了批评之声的暴击，但仍然以其非凡的洞察力俘获了我们的想象。他们告诉我们，当不同的人和组织都遵循自己的短视利益时，往往会产生意想不到的后果。

通过此类出乎意料、不受控制的过程，男性、女性和强大体制不断变化的行为逐步但不可抗拒地减少了性别不平等现象。女性历来抵制她们受制于人和低下的地位。在过去的150年中，她们的个人抗争和有组织的抵抗变得越来越有成效。长期以来，男性一直在反抗他们特权地位的丧失。尽管男性和男权主义操控的机制没有采用平等主义的价值观，但他们的行为会因利益的改变而改变。男性对女性抱负的抵制减少了，他们发现，一些有益于女性的策略，对他们自身也具有新的优势。

现代经济和政治组织正缓慢地离解社会权力与性别不平等，从而推动了这种转变。一旦出现在家庭中，对经济资源、合法权利、职位分配、合法化价值和确定优先事项的权力，就会转移到企业和政府组织中。在这些组织中，相较于男性对女性的特权，利润、效率、政治合法性、组织稳定性、竞争力和类似的考虑因素更为重要。这些组织中因职位而拥有权力的男性，逐步采取了更多由制度利益决定而非个人偏见决定的政策。从长远来看，体制需求和机会派生了消除性别不平等的政策。同时，普通男性（没有经济或政治权力的男性）对女性进步的抵制更少。他们在生活中用来对付女性的资源更少，而让女性处于从属地位的收益也更少。男性政客对更多权力的追求，商人对财富和成功的追求，普通男性对自身利益的追求，都为性别不平等的逐步减少做出了贡献。

结构性发展与性别不平等的存续要求越来越不一致。经济和国家都越来越多地将人们视为潜在的员工或选民，而不是考虑他们的家庭地位。对那些体制中虽不近人情但往往理性化的权威来说，性别不平等只是计算利益和政治优势策略的另一个考量因素。就这些体制而言，男性和女性具现了类似的控制、剥削和合法化问题。

为了谋求自身利益，拥有权力的男性发起了体制变革，最终减少了对女性的歧视。政客们通过了赋予已婚女性财产权的法律。雇主雇用的女性人数不断增加。教育工作向女性敞开了大门。这些例子和很多其他例子都表明，拥有权力的男性在维护和扩大其经济和政治权力以追求自身利益的同时，也提高了女性的社会地位。

经济和国家并没有系统地反对不平等。相反，每个体制都需要并积极支持某种形式的不平等，例如收入差距和国家官员的法定权威，这些不平等赋予了他们力量。其他形式的不平等既没有自动得到支持，也没有自动遭到反对。随着时间的推移，对其他类型不平等的反应，取决于它们的争议度及其在多大程度上满足了体制利益。

当男性采取最终会提高女性地位的组织政策时，他们往往是有意识地寻求增加利润、解决劳动力短缺、获得更多选票并维持社会秩序。他们强化具体方案的实施，以解决短期的经济和政治问题以及与之相关的冲突。这些男性通常不会想到，也可能不会在意，相关政策的累积效应最终会削弱男性的统治地位。

只有在回应女性明确的平等要求（如选举权）时，拥有权力的男性才会不断地审视自身行为对性别不平等造成的影响。即便如此，在回应女性明确要求修改法律时，大多数立法者更关心他们的政治利益，而不是女性无平等权利的命运。当立法机构迫于公众对女性权利的压力而确实通过了某些法律时，很少有男性立法者会认为这些法律会大大改变性别不平等现象。

拥有权力的男性采取了各种最终会削弱性别不平等的政策，因为这些政策看起来促进了他们自身的利益，并解决了不可避免的经济、政治和组织问题。可以说，现代政治和经济体制内的结构和整体发展逻辑，塑造了问题、利益和明显的解决方案。无论女性或男性想要什么，工业资本主义和理性合法的政府都在削弱性别不平等。

性别不平等下降的映射

当一群致力于革命性变革的人自觉地设计美国的体制框架时，他们并没有想象或希望该框架会导致性别平等。1776年，一小群人签署了《独立宣言》，要求自己和同类人的平等。他们在抛弃英国主权的过程中，开创了美国的平等理想。然而，在革命成功之后，其领导人和志同道合的、拥有财产的白人男性创建了一个征服女性、奴役黑人、剥夺无产男性选举权的国家。

这些人通过自身历史环境所决定的文化和经历来理解他们所信奉的平等主义理想。其结果是，所有美国人都接受了一种观点，即女性和男性之间的差异是绝对的、不可改变的。尽管阿比盖尔·亚当斯（Abigail Adams）告诫她的丈夫，男性应该"记住女士们"，但当美国的这些"开国元勋"确立最基本的权利和法律时，女性获得更完整公民身份的前景甚至还不够可信，不足以让人奋起反抗。这些国家的缔造者无法预见，他们的政治和经济制度最终会比他们的革命愿景，更加有力地侵蚀某些形式的不平等。他们不可能知道，社会结构最终会比他们认为的可取或可能的范围，更广泛地扩展平等的社会关系。

到19世纪30年代，也就是美国独立战争后的半个世纪，这种情况几乎没有任何改变。在杰克逊式的民主时代，女性仍然不能投票或担任政治职务。她们不得不将自己继承的财产和收入的合法控制权拱手转让给丈夫。除了极少数例外，女性不能签订合法合同，也不能通过离婚来逃避婚姻。她们不能上大学。

对男性的依赖是永恒的、不可避免的。家务劳动和家庭福利占据了女性全部的时间和精力。民间社会不承认女性是个体，而是认为她们是男性的附属物。就像古代雅典的民主一样，在美国的民主中，政治平等只属于男性。

今天，女性享有独立的公民权；她们与男性一样有控制自己人身和财产的自由。如果选择或需要这样做，女性的生活中可以没有丈夫。她们可以抛弃不想要的丈夫以寻找更好的选择。女性参与投票并担任政治职务。她们几乎和男性一样经常工作。越来越多的女性担任管理和专业职务。我们的文化拥抱更积极的女性形象，特别是作为独立、公关宣传、经济成功和体贴等价值观的典范。虽然这些变化并没有消除所有的不平等，但现在的女性比过去拥有更多的资源、更多的生活选择和更高的社会地位。

各种事件和过程大大改变了女性在社会中的地位。据此，1840—1990 年的美国历史可以分为三个阶段。第一个阶段是 1840—1890 年的"领域分离"时代：从杰克逊民主时代过渡到镀金时代。第二个阶段是 1890—1940 年的平等主义幻觉时代：从进步时代一直延续到二战开始。第三个阶段是 1940—1990 年的同化时代。1990 年后，则进入"不平等残余"时代。（见表 5-1）

表 5-1 美国社会性别不平等的减少

	1840—1890 年"领域分离"时代	1890—1940 年平等主义幻觉时代	1940—1990 年同化时代	1990—？"不平等残余"时代
法律和政治地位	正式确立法律平等	正式确立政治平等	正式确立经济平等	女性很少担任高级政治职务
经济机会	只有单身女性从事工人阶级工作	已婚女性和受教育女性从事部分工作	所有女性可从事所有工作	"玻璃天花板"和家庭责任阻碍女性发展
高等教育	少数女性进入公立大学和新女子学院	本科教育渐增；很少接受研究生或专业教育	接受各种程度的高度教育	一些具有声望的领域仍然由男性主导
离婚	几乎没有，但情况极端悲惨时可以	日益可行，但有难度	自由、可行、被接受	女性通常承受更大损失
性行为和生育控制	压制的性行为；极少控制生育	正面但双标；生育控制渐增	高度性自由；完全生育控制	性骚扰和担心遭遇强奸仍然普遍存在
文化现象	贞洁、持家、从属	受过教育的母亲，有能力就业或从事公共服务	事业，婚姻平等	性别仍然被视为具有天生的差异

第二部分　性与性别

不同阶段均发生了显著的变化,改变了女性的法律、政治和经济地位,赋予了女性接受高等教育和离婚的机会,也改变了女性的性行为以及女性和男性的文化形象。大多数分析人士认为,人们的法律、政治和经济地位在很大程度上决定了他们的社会地位,我们将重点关注这些方面的变化。当然,与性别一样,种族和年龄等其他个人特征也能界定一个人的地位,因为它们同样影响着法律、政治、经济等方面的权利和资源。然而,在大多数情况下,基于个人特征的其他类型的不平等,并没有系统地区分女性和男性,因为其他差异,如种族和年龄,跨越了性别界限。20世纪,教育机构在规范人们的机会获得方面,发挥了越来越大的作用。离婚可行性、女性性行为、性别文化形象的改变不会在本研究中发挥核心作用。它们是女性地位的重要指标,但它们是衍生的而非构成性的。它们揭示了不平等的负担。

1840—1890年,为女性和男性创立的"领域分离"主导了性别不平等的历史。"领域分离"的文化学说出现于19世纪中叶。该学说强调女性和男性属于不同的世界。女性被认定为居家和维持家庭生活的人。男性则与创收就业和公共生活有关。人们普遍认为,女性具有更高的宗教美德,而男性则具有更高的公民美德。女性被誉为个人道德的捍卫者,而男性则被视为公共利益的保护者。这些文化和意识形态上的发明是对基本体制转型的回应,即经济活动从家庭转移到独立企业。"领域分离"的概念,合法化女性被排除在公共领域之外的地位,尽管它也赋予女性在家庭中一定的自主权和权威性。

这一时期的女性地位并没有停滞不前。女性世界和男性世界之间的文化隔阂掩盖了各种各样的重大变化,而这些变化确实削弱了不平等的基础。国家赋予已婚女性控制其财产和收入的权利。部分女性(主要是单身女性)可以找到工作,从而具备了一定的经济独立性,并获得了家庭之外的身份。女性可以接受类似于男性的中等教育,大学开始招收一些女性接受高等教育。离婚第一次成为一种可能的策略,尽管仍然困难重重。离婚也导致社会评论员哀叹日益增长的婚姻解体率。简而言之,女性的机会以多种方式缓慢地向前发展。

1890—1940年,女性的机会不断增加,很多人声称女性赢得了平等。尽管如此,这些机会仍然不足以让女性跨越出她们的从属地位。《妇女选举权修正案》的通过是该阶段变革的高潮,但女性在政府中几乎没有任何进展,她们的丈夫和男性政客轻视并拒绝其政治抱负。进入劳动力市场的女性人数不断增加，受过教育的女性开始走上白领岗位，雇主也将招聘范围扩大到已婚女性。尽管如此，很少有雇主会考虑让女性担任高级职位，赤裸裸的歧视仍然是一种公认的做法。尽管女性上大学的机会愈发和男性一样，但专业和高级学位课程仍将女性排除在外。已婚女性整体上获得了有效的避孕措施。尽管人们普遍认为女性应该追求并享受婚姻内的性行为，但社会习俗仍然排斥她们的婚外性行为。虽然离婚越来越被社会所接受，且实际上也更可行，但法律仍然要求配偶中的一方证明另一方具有道德污点，以限制离婚。虽然电影往往将魅力四射女性的描绘成聪明、性感、有专业才能、雄心勃勃的形象，但如果她们是好女人，就会有一种强烈的想要结婚、生儿育女的欲望，并把自己奉献给家庭。

社会学家米拉·科马洛夫斯基 (Mirra Komarovsky) 在该阶段末期撰写的著作中，精彩捕捉到了它的含义。在研究了二战期间富裕的大学生后，科马洛夫斯基得出的结论是，年轻女性被"两种角色之间的严重矛盾"所困扰。第一个是女性角色。该角色期望尊重男性并注重未来的家庭活动。第二个是"现代"角色。该角色"部分消除了性别差异"，其中一个原因是教育带来的影响，即很多人认为，能够合理限制未来活动的，似乎只是能力和成就等普遍素质。受现代教育中平等主义影响的女性却感到困惑、压力和愤怒，因为社会对她们的期望恰恰相反，即实际上仍然希望她们表现出女性的从属特征。科马洛夫斯基指出，只有重新定义女性真正的成人角色以"契合现代社会的社会经济和意识形态"时，这两种角色期望之间的内在矛盾才能真正终结。[①]

自 1940 年以来，很多此类矛盾已经得到了解决。女性快马加鞭地进入原先由男性主导的活动、职位和地位。

尽管取得了巨大的成就，但女性并未实现完全意义上的平等，而且不会马上实现。女性地位的提高并不均衡，在挫折和进步之间徘徊。她们仍然承担着抚养孩子的主要责任，遭受挥之不去的骚扰、恐吓和变相歧视。在美国，女性的工作仍然较差，收入也较低。她们获得经济或政治权力的机会仍然较少。社

[①] Mirra Komarovsky, "Cultural Contradictions and Sex Roles". Cf. Helen Hacker, "Women as a Minority Group".

第二部分　性与性别

会阶层中以前由男性主导的更高阶层，同化女性的速度最慢，也最不完全。例如，在蓝领阶层中，女性发现自己很难找到技术活或加入工会；在白领阶层中，她们很少能够上升到最高管理层；在政治阶层中，女性进入政坛的障碍似乎随着她们寻求的职位权力的增加而增加。然而，当我们比较当今美国女性的地位与过去的地位时，会发现争取更大程度平等的运动非常惊人。

虽然女性尚未获得完全平等地位，但阻碍她们的正式结构性因素已经在很大程度上分崩离析了，残余的障碍也正摇摇欲坠。在大多数组织和家庭生活外部的大多数领域中，新的政府政策制止了性别歧视。政治和经济体系接纳越来越多的女性，并将她们提升到具有更大影响力和更高地位的职位。女性可以平等地获得所有程度的教育。女性对自己的生育过程拥有很大的控制权，她们的性自由也开始类似于男性。以离婚来结束不美满的婚姻不仅容易得多，而且为社会所接受。流行文化几乎将女性描绘成与男性平起平坐的人。作为最具活力的传播媒体，电视经常将性别歧视描述为错误的行为，将男性虐待或男性操控描述为令人讨厌的行为。最近一段时期的主流话题是女性被同化到所有曾经被拒绝的活动和职位中。

本书（本文是其中的一部分）重点关注两点：一是主导模式，二是中产阶层白人和工薪阶层白人两个群体。在改变女性地位的过程中，这两点均发挥最具决定性、最具公共性的作用。种族和少数民族性别不平等的历史多种多样，无法在此给予充分讨论。[①]同样，此处的分析忽略了其他特殊群体，她们不断变化的境遇同样值得深入研究。

尽管这些规模相对较小的群体都有其独特的历史，但此处考察的主要趋势实际上影响了所有群体。不断变化的政治和经济结构界定了社会中所有人的机会和限制，每一个群体都必然会对这些结构做出反应。此外，无论他们的具体历史情况如何，每个群体的成员都是在白人中产阶层家庭的文化优势背景下，理解自己的性别关系。即使上层或下层职位的人或少数民族社区的人对这些价值观表示蔑视，但不可否认的是，他们熟悉中产阶层的理想，并将其视为社会

---

① 了解这些不同的群组，参阅文献，如：Paula Giddings, *When and Where I Enter*；Alfredo Mirande and Evangelina Enriquez, *La Chicana*；Evelyn Nakana Glen, *Issei, Nisei, War Bride*；Jacqueline Jones, *Labor of Love, Labor of Sorrow*。

的主导思想。关注白人中产阶层只是一种分析和实用的策略。统治群体的历史并没有更大的内在价值或道德价值。尽管如此，除了公开的、成功的反抗，相较于从属群体，主导群体的思想和行动对历史的影响通常要大得多。这一事实是不平等的必然结果。

不平等的意义及式微

我们将在两种理论议程下对女性地位进行不同的思考。我们可以尝试评估现代女性距离完全平等还有多近，或者我们也可以试着了解她们距离过去的贫困已经走了多远。

从这两个角度来看当今女性在社会中的地位，会产生截然不同的观点。它们改变了我们比较的背景，从而突出了女性地位的不同方面。时间和分析上的差异区分了这两个优势点，而不是独特的道德立场，尽管人们有时会把这些差异与相互竞争的道德立场混淆起来。

如果我们要评估和批评当今女性的劣势，我们通常会将她们的现状与完全平等的意向未来进行比较。使用这种完全平等的理想标准，我们会发现当今的女性地位存在种种问题。这些问题包括很多方面，例如，女性没有担任有政治或经济权力的职位，男性在收入较高和地位较高的职业中占据优势，女性的平均收入较低，女性承担更多的家庭责任，男性活动通常具有较高的地位，缺乏支持双职工夫妇的体制或政策。

另外，如果要评价女性的社会地位是如何提高的，我们就必须转向另一个方向，即面向过去。我们回顾一下过去的时代，彼时，女性在法律和政治上遭受排斥，她们只能从事少数地位低下的工作，并且总是服从于男性权威。从这个角度来看，今天女性的地位似乎更加光明。与 19 世纪相比，现代女性拥有近乎平等的法律和政治地位，更多的女性拥有工作，女性几乎可以在任何职业中取得成功，女性在同一职位（在同一家公司）获得的报酬通常与男性相同，女性拥有与男性一样多的教育机会，男女双方通常都希望女性外出工作并追求事业。

当我们试图了解性别不平等现象下降时，我们必然会强调女性地位的提高。

然而，我们要永远记住，今天的性别不平等实际上介于极端不平等和完全平等之间。要全面分析性别不平等的现代历史，我们必须能够从两个方面来看待这个中间地带。相较于未来的完全平等，这是严重不足的。相较于过去的不平等，这是一个显著的进步。

参考文献

Komarovsky, Mirra. 1946. "Cultural Contradictions and Sex Roles." American Journal of Sociology, 52.

阅读6　回归"B计划"：性别革命中孩子们面临着未知领域

凯瑟琳·格尔森

当今年轻人是在母亲步入职场的背景下成年起来的。相较于传统婚姻，他们的父母打造了种种创新性替代模式。这些"性别革命中的孩子们"现在面临的世界，与他们的父母辈或祖父母辈截然不同。工作和家庭安排的巨大变化虽然拓宽了他们的选择范围，但也给建立婚姻、养育孩子和成就事业带来了新的挑战。新的一代渴望平等，追求满意的工作，但同时又面临着性别冲突、脆弱的关系和不明朗的工作前景。显然，他们需要在其中谨慎行事。可以说，他们做出的选择将影响未来几十年的工作和家庭生活。

对于这些选择会是什么，社会预测人士给出了截然不同的结论。有些人宣称，最近"选择退出"的母亲人数日益增多，这就预示着年轻女性将更普遍地回归传统。[1] 还有些人认为，单身成年人数量的增加预示着"拒绝承诺"现象的加剧，因而威胁着家庭生活和社会结构。[2] 毫无疑问，动荡的变化塑造了新一代的生活。但对其如何塑造，我们的社会仍然存在着很大的分歧。双职工、单亲、同居等多样化家庭模式，是代表着家庭生活的衰退，还是代表着更灵活关系的发展？这一代人会以新的方式兼顾家庭和工作，还是被无情地拖回旧的模式？

在多元化家庭模式中长大的第一代年轻人如何回顾他们的童年并展望自己的未来？对此，我精心挑选了一群18到32岁的年轻人，对他们进行了生活史

---

[1] 用丽莎·贝尔金（Belkin，2003）的话来说，那些高调的轶事鼓吹一种"选择退出的革命"，尽管很多分析人士（Boushey，2008；Williams，2007）表明，用来描述最近年轻母亲劳动参与率轻微下滑的"革命"一词极具误导性和夸大性。大多数受过良好教育的女性并没有离开劳动力市场，尽管有孩子的母亲外出工作的数量比1995年的峰值有小幅度的下降，但孩子超过1岁的母亲仍然与其他女性一样从事有偿工作。甚至孩子不到1岁的母亲的就业水平也远高于20世纪60年代平均水平的30%。此外，威廉姆斯（Williams，2007）、斯通（Stone，2007）、本内茨（Bennetts，2007）和赫希曼（Hirshman，2006）还指出，"选择退出"的隐喻模糊了母亲的强大方式，用威廉姆斯的话来说，她们是"被退出"。
[2] 皮尤研究中心（Pew Research Center，2007a；2007b）和罗伯茨（Roberts，2007）最近概述了单身成年人崛起的状况。"家庭衰退"观的主要支持者包括布兰肯霍恩（Blankenhorn，1995）、波佩诺（Popenoe，1988；1996）、波普诺等人（Poponoe et al.，1996）和怀特海德（Whitehead，1997）。韦特和加拉格尔（Waite and Gallagher，2000）关注婚姻对个人和社会的有利之处。对于"家庭衰退"观的反驳之说，参阅本特森等（Bengtson et al.，2002）、孔茨（Coontz，2005）、摩尔等（Moore et al.，2002）、斯科尔尼克和罗森克兰茨（Skolnick and Rosencrantz，1994）以及斯黛西（Stacey，1996）的研究。

方面的访谈。这些年轻男女经历了家庭生活的全方位变化，大多数人在童年的某个阶段过着某种形式的"非传统"生活安排。[1]我的采访表明，这一代人并不符合主流媒体的刻板印象，无论该媒体是描绘家庭的衰退，还是在主内持家和主外挣钱方面回归严格的性别分工。

在主流媒体的描述中，二三十岁的年轻人希望回归传统，或完全拒绝家庭生活。而我采访的年轻男女则讲述了完全不同的故事版本。他们更关注自己的父母如何应对提供经济和情感支持的挑战，而不是自己的家庭采取了何种形式。如今，他们自身也必须做出选择。对此，女性和男性都有着相同的远大抱负。尽管家庭经历各不相同，但大多数人都希望将终身承诺的传统价值与灵活分担的现代价值相结合。对他们来说，最好的情况是建立持久的婚姻或"类似婚姻"的关系，进而能够以一种灵活、平等的方式兼顾家庭和工作。

然而，年轻人也在制定策略，为"B计划"（次优选择）做好准备，因为在这个世界中，工作耗时耗力，孩子们缺乏看护，人际关系脆弱不堪。种种因素的叠加，让他们的理想变得遥不可及。大多数女性担心难以找到一个可靠的、平等的伴侣帮助其兼顾工作与家庭，因此无论结婚与否，她们都认为工作对自己和孩子的生存至关重要。大多数男性担心他们的工作需要耗费大量的时间，认为自己必须把工作放在第一位，如此不得不依赖伴侣去育儿持家。就他们为次优选择做好准备而言，"自力更生"的女性和"新传统"男性的不同后备立场，可能指向了一种新的性别鸿沟，但显然，这种鸿沟并不能反映新一代的最高抱负。

在不断变化的家庭中成长

尽管理论家和社会评论家还在争论各种家庭形式的优点，但我的受访人并

---

[1] 该群组从分布在纽约大都市区的众多城市和郊区社区中随机选择，包括120名来自不同种族、阶层背景以及全国各地的受访者。整体而言，54%的人是非西班牙裔白人，21%是非洲裔美国人，18%是拉丁裔，7%是亚洲人。大约43%的人在中上阶层家庭中长大，43%的人生活在稳固的工薪阶层家庭中，另外15%的人生活贫困或处于贫困边缘。他们的平均年龄为24岁，男女比例均等，其中大约5%的人被确认为同性恋。作为一个群体，他们反映了整个美国大都市年轻人的人口结构特征。有关我的样本和方法的完整描述，参阅格尔森的成果（Gerson, 2006：forthcoming）。

没有关注自身的家庭"结构"[①]。相反，我发现，在明显相似的家庭形式中长大的孩子之间存在着很大的差异。换句话说，那些在母亲持家、父亲挣钱的家庭中长大的人持有不同的看法。虽然略多于一半的人认为这是最好的安排，但近一半的人得出了不同的结论。当家庭生活削弱了母亲的满足感，扰乱了家庭的和谐，或威胁到家庭的经济安全时，孩子们往往会得出一个结论，即如果母亲能够坚持外出工作，情况应该会更好。

很多在单亲家庭长大的人对父母的离异表现出一种矛盾心理。略多于一半的人希望他们的父母能一直在一起，但近一半的人认为，虽然父母离异并不理想，但总比继续生活在一个冲突不断或无声痛苦的家庭中要好。孩子往往会从父母离异的长期后果中吸取教训。[②] 如果父母重新站起来创造出更好的生活，孩子会对离婚的决定抱有出乎意料的积极看法。

那些在双职工家庭长大的人对父母的安排表现得最为干脆。超过四分之三的人认为，父母双方都工作不仅能够提供更多的经济资源，而且能够促进婚姻关系的发展，使其看起来更平等、更可心。[③] 然而，如果父母背负重重压力——长时间工作、发展受到阻碍，或工作场所对家庭不够友好——那一些孩子得出的结论是，负担过重、时间紧张会抵消掉它的优势。

简而言之，在这个家庭多元化时代长大的孩子们，更关注父母（和其他看护人）能否应对提供经济和情感支持的双重挑战，而不是家庭的形式。更重要

[①] 大多数研究表明，无论怎么样定义家庭，家庭形式仍存在多样性，就像家庭形式之间存在差异性一样。阿库克和德莫（Acock and Demo, 1994）认为，家庭形式并不能预测儿童的幸福感。帕斯尔和梅奈根（Parcel and Menaghan, 1994）对父母不同形式的就业进行了研究，并得出了类似的结论。

[②] 在单亲家庭和双亲家庭的情况下，与父母双亲生活在一起的孩子的平均情况看起来确实更好，但如果考虑到家庭经济资源和父母离异前的冲突程度，大部分差异就消失了（Amato and Booth, 1997; Amato and Hohmann-Marriott, 2007; Booth and Amato, 2001; Furstenberg and Cherlin, 1991; Hetherington, 1999; McLanahan and Sandefur, 1994）。在一项关于离婚对儿童行为影响的研究中，李（Li 2007）表明："虽然某些离婚对孩子造成了伤害，但也有一些离婚对孩子有益。"

[③] 数十年的研究表明，当母亲外出工作时，孩子们不会受到影响。母亲对自身状况的满意度、孩子接受看护的质量以及父亲和其他看护人的参与度是更为重要的因素（Galinsky, 1999; Harvey, 1999; Hoffman, 1987; Hoffman et al., 1999）。比安奇、罗宾逊和米尔基（Bianchi, Robinson, and Milkie, 2006）说，父母实际上在陪伴孩子方面花了更多的时间。关于日托机构效果的研究只发现了微小的差异。巴奈特和里弗斯（Barnett and Rivers, 1996）的研究表明，双职工夫妇具有一系列优势。施普林格（Springer, 2007）的报告称，如果妻子也工作，男性的健康情况就要好得多。

的是，孩子们经历的家庭生活是一个随时间推移而不断变化的动态过程。家庭生活是一部电影，而不是一张快照。因此，了解年轻人观点的关键在于描绘他们的家庭所走过的不同路径。

家庭路径和性别灵活性

家庭可能会从看似相同的起点走上不同的路径，形式相似的家庭可能会前往不同的目的地。当年轻人反思他们成长的家庭时，他们关注的是家庭如何提供稳定和支持，或者是为何没有做到这一点。大约三分之一的人认为，他们在稳定的家庭中长大，而四分之一的人认为，随着时间的推移，家人的支持越来越多。相比之下，只有不到十分之一的人认为，他们长期生活在没有安全感的家庭中，而略多于三分之一的人认为，随着他们的成长，家庭的支持逐渐变少。那么，为什么有些孩子的家庭能够给予他们更多的支持和安全感，而另一些孩子却经历了家庭财富的下降？

父母平衡工作与家庭的策略是了解家庭路径的关键。[1] 灵活的策略允许母亲、父亲和其他看护人跨越严格的性别鸿沟，帮助家庭应对意外的经济和关系危机。相比之下，僵化的策略往往使家庭无力走出严格划分父母责任的误区。

不断增长的家庭财富

延展的支持网因家庭情况而异，但都反映出对突发困难的灵活应对情况。有时，意志消沉的母亲开始外出工作，以谋求自身改变或帮助负担过重的丈夫，婚姻会随之变得更加平等。例如，乔希认为，他母亲外出工作的决定，给了他坚持让父亲戒除毒瘾的勇气：[2]

---

[1] 霍赫希尔德（Hochschild，1989）探讨了双职工夫妻的"性别策略"，尽管她重点关注的是这些策略如何重现性别分化，而不是它们何时、如何以及为何会削弱性别差异。洛伯（Lorber，1994）、利斯曼（Risman，1998）、韦斯特和齐默尔曼（West and Zimmerman，1987）探讨了社会建构性别的问题。泽鲁巴维尔（Zerubavel，1991）分析了心理灵活性的社会根源。

[2] 为尊重隐私，我们更改了所有名字，缩短或稍加编辑了一些引语，删除了无关的短语。

> 我爸妈总是吵个不停。我妈妈后来找了一份工作。他们分开了五到七个月。我虽然很难过，但认为这样对大家都好。也就是在那段时间，（我爸爸）参加了一个项目，我妈妈因此重新接纳了他。这改变了整个家庭的关系。我们的关系变得非常亲密。我和爸爸建立了一种全新的关系。

克里斯的母亲外出工作，让他的父亲辞掉没有前途的工作，并接受培训以便于找到一份更令人满意的工作，他回忆说：

> 在七到八年级之间，我爸爸投资失败。这是一个死胡同，他回家时非常沮丧，所以我妈妈让他去上学。这在经济上存在困难，但很好，因为他真的很享受自己所做的事情。他变得很棒。很多人会说："哇，你妈妈是挣钱养家的人，这很奇怪。"不是的。他们在携手解决问题。

父母的分手缓解了家庭冲突：情绪不稳定的一方离开家庭，有助于作为看护人的另一方重新振作起来。康妮的母亲在与酗酒的丈夫分开后，找到一份能够提供稳定收入和个人尊严的工作，从而打造出一个更安全的家庭，她说：

> 我爸爸总是坐在角落里，不时会生我们的气，但我妈妈——我不知道是因为爸爸还是因为钱——并没有像我认为应该的那样，为自己挺身而出。我和父亲之间紧张的关系从未得到缓和，我妈妈得了多处出血的溃疡。那才是她真正的转折点。离开的念头在她心中累积，她找到了一份工作，开始意识到有了自己的钱……她整个人变得快乐很多。因为她更好，所以我也更好。我内心的压力小了很多。

更稳定和平等的再婚，也可以给予孩子以前没有得到的经济和情感支持。肖娜从未见过自己的亲生父亲，她的继父是一名尽心尽责的家长，是她一直想要的"真正的"父亲。对此，肖娜回忆道：

> 一开始，我觉得这是一个糟糕的改变，因为我希望妈妈只属于我一个人。后来我妈妈问："你为什么不叫他爸爸？"接下来我就叫了。我记得他脸上的表情和他说的"她叫我爸爸！"，我很高兴。在那之后，他一直是我的爸爸，这件事从来没有任何疑问。他会比我妈妈早到家，这样可以

做饭和打扫卫生。我爸爸把我宠坏了,提高了我对别的男人的标准,因为他就是我的榜样。

伊莎贝拉的父母离婚后,祖父成了她的看护人:

> 我不是没有"爸爸",因为我的祖父一直都在。他会送我去课后俱乐部,并接我回家。我有人照顾——他带我去图书馆,等我做完所有的事,然后带我回家。我叫他爸爸。没有人能做得更好。

当安东尼奥的单身母亲失业时,他的祖父母提供了维持家庭生计的基本收入:

> 我妈妈和祖父母是那种即使没有钱,也会满足我们需要的人。他们的理想是"我想给你所有我年轻时无法拥有的东西"。我的妈妈和祖父母都是这样想的,所以无论生活有多贫困,我都能得到我想要的东西。

尽管存在明显的差异,但这些叙事中共同的要素是,父母和其他看护人能够以更灵活、性别划分更少的方式,重新培养挣钱养家和养育子女的能力。母亲开始外出工作,父亲更多地承担起抚养孩子的义务,其他人更多地参与家务劳动——所有这些策略都帮助家庭克服了意想不到的困难,进而打造出经济上更安全、情感上更稳定的家庭。在如何应对工作和照顾孩子的挑战方面,父母越来越灵活,这不仅鼓舞了父母的士气,增加了家庭的经济保障,而且提供了鼓舞人心的成人韧性典范。虽然孩子们坦陈付出了代价,但他们珍惜这第二次机会,并从观察父母如何寻求创造更美好生活的方法中吸取教训。回首往事,他们可以得出这样的结论:"结局好就一切都好。"

不断下滑的家庭收入

然而,对于一些孩子来说,家庭生活却在走下坡路。当然,决定他们拥有何种经历的关键也在于托管人的工作和看护策略;但在这种情况下,在面对家庭困难时,性别分工的僵化使孩子获得的支持比他们曾经理所当然认为的要少。面对父亲的遗弃或全职母亲的日益沮丧,孩子们描述了他们的父母如何抗拒用一种更灵活的策略在工作和家庭之间取得平衡，从而使得他们难以满足孩子的经济和情感需求。随着时间的推移，婚姻关系的恶化、父母士气的下降以及经济上的不安全感打破了曾经美好的家庭稳定和满足的画面。

当父母之间的分工趋于僵化时，缺乏幸福感的父母已无力维系家庭，传统的婚姻可能会进一步恶化。莎拉的母亲放弃了一份有前途的职业，希望把所有的时间都花在抚养孩子上，却变得越来越沮丧且"走火入魔"。对此，莎拉解释道：

> 在我妹妹出生时，我妈妈的工作开始朝着职业的方向起步，所以她并不开心。但她觉得自己必须回归家庭。因为工作和家庭存在很多冲突，所以她选择全身心地投入到家庭中，但也对此感到不满。她是一个超级妈妈，但在很多时候看起来真的很沮丧，她几乎走到了这种边缘——"作为回报，我需要你对我忠诚。"如果我们离开她做一些事情，那就成了一个大问题。所以我在拉开彼此之间的距离，因为我觉得我必须保护自己免受这种干扰。……在她看来，为我们做出牺牲是在做好事。但如果我妈妈能够更快乐地工作，情况应该会更好一些。

梅根的父亲在收入停滞不前的情况下越来越沮丧，他忍受着妻子的抱怨，妻子希望他提供"更好的生活方式"。梅根回忆说：

> 我母亲总是不满意。她希望我父亲更有野心，而他并不是一个有野心的人。只要能养家糊口，他根本不在乎有没有更大的房子或车子。一个与他结婚40年的女人说："为什么我们没有更多的钱？"——我认为这会伤害他的自尊。

双职工婚姻中未解决的权力斗争也可能会带来问题，因为妻子会感受到"包办一切"的压力，而丈夫则抵制平等分担家务。对于贾斯汀来说，兼顾工作和家庭让他的母亲筋疲力尽，而经营餐厅的高压工作，让他的父亲没有时间和他们一起吃晚餐，甚至没有时间观看他的少年棒球联盟比赛：

> 我对不能经常见到父亲这件事感到有点失望——因为我理解，但也因

为这取决于他的心情。当工作走下坡路时他的心情会变得更糟。……所以我不能复制我父母的关系。我妈妈不太快乐。她承受了很大的压力。

造成伤害的分手，即父亲抛弃子女，母亲找不到新的方式来养家糊口或建立妻子和母亲之外的身份，也会削弱家庭的支持。尼娜还记得她父亲的消失，也记得她的母亲不愿意找份工作或打造更独立的生活，这导致她的生活从舒适的中产阶层水准下降到长期的贫困线：

> 我妈妈沦落到靠救济生活的地步。我们从一个不错的房子搬到了一个非常简陋的公寓里。她现在还住在那间公寓里。直到今天，我妹妹都不肯和爸爸说话，因为他曾抛弃了我们。

孩子（和他们的父母）有时会失去其他看护人的支持。在贾思敏的父亲离开家与另一个女人生活后不久，她的母亲陷入了深深的抑郁。当她心爱的祖母去世时，她遭受了失去"第三个父母"的痛苦：

> 我好像拥有了想要的一切。我妈妈有一份收入不错的工作，而且做得很好。我爸爸晚上工作，所以当我放学回家时他总会在我的身边。我认为生活就应该是这样。我习惯了爸爸在那里，为我们做饭。因此，在他搬去与另一个女人和她的孩子生活时，我的心情糟透了，因为我觉得他要离开我和其他孩子在一起。我想念他，我知道他也想念我。

推动家庭走下坡路的种种事件——包括经济不稳定的加剧、父母参与度和士气的日益下降，以及缺乏其他支持性的看护人——都有一个共同的因素。无论父母是否面临婚姻的僵局或艰难的分手，对更灵活的性别分工的抗拒，都会导致他们无法维系一个情感或经济上安全的家庭。他们的孩子得出的结论是，没有一样是好的。

总之，对受访者来说，持续的父母支持和经济保障比他们的家庭形式更重要。如果父母没有或不能克服出现的困难，任何家庭形式都存在潜在的陷阱。将家庭视为静态"形式"的传统分类，无法解释随着孩子长大成人家庭发生变化的方式。相反，来自不同家庭背景的年轻男女讲述了父母和其他家庭成员如何跨越性别界限，为养家糊口和照顾子女制定灵活的策略，从而更好地应对婚姻危机、经济上的不安全感和其他意想不到的挑战。

一系列的社会趋势——包括单一收入者薪水的减少、现代婚姻的脆弱，以及女性工作选择面和压力的不断扩大——需要不同的、多样化的工作和育儿方式。这些体制上的转变使得性别灵活性越来越可取，甚至越来越必不可少。灵活的工作和育儿方法有助于家庭适应新的经济和社会现实，而僵化的方法则使得他们应对乏力。

汇聚理想，分散应变

年轻人如何利用在不断变化的家庭中成长的经验来制订自己的未来计划？对此，来自不同家庭背景的女性和男性都有着共同的远大志向。无论他们的父母是否在一起，超过九成的人都希望在令人满意的关系的背景下抚养孩子。几乎没有人排斥婚姻承诺的价值，相反，他们都希望建立一段持久的婚姻或"类似婚姻"的伴侣关系。然而，这并没有反映出他们对传统关系的渴望。大多数人还渴望建立一种忠诚的纽带，共同承担工作和照顾家庭的责任。在双职工家庭长大的人中，有四分之三的人希望其配偶能够分担养家糊口和照顾孩子的责任；在来自传统家庭的人中，三分之二以上的人抱有同样的希望；在来自单亲家庭的人中，近九成的人同样如此。五分之四的女性想要平等的关系，三分之二的男性抱有同样的想法。简而言之，大多数人都抱有一个理想，即强调持久、灵活和平等的伴侣关系的价值，同时具有相当大的个人自主空间。艾米是一位亚裔美国人，父母都在工作，她解释说：

> 我想要一种"50对50"的对等关系，双方都有做任何事情的潜力——双方都工作并照顾孩子。在事业上，如果双方都没有灵活性，那么我们将不得不轮流牺牲一段时间照顾孩子。

由单亲母亲抚养长大的非裔美国人韦恩表达了基本相同的希望，他说：

> 我不想要20世纪50年代那种"我到家时她在做饭"的婚姻。我希望

她有自己的事业。我希望我能够设定自己的目标，她也可以做她想做的事。

我的大多数受访者都希望与一个平等的伴侣，在工作和照顾家庭之间保持灵活的平衡，但他们也对实现这一理想的机会持怀疑态度。女性和男性都担心，工作的需求、缺乏抚养孩子的支持以及现代关系的脆弱会破坏他们建立持久、平等伴侣关系的愿望。面对实现平等的障碍，大多数人得出的结论是，他们已别无选择，只能为可能与理想相去甚远的选择做好准备。然而，尽管有着共同的愿望，男性和女性却面临着不同的体制障碍和文化压力，这促使他们采取不同的后备策略。如果找不到一个能够支持她们的伴侣，大多数女性更愿意自力更生，而不是传统婚姻中的经济依赖。对于大多数男性来说，如果不能在工作和家庭之间取得平衡，他们更喜欢一种新传统安排，即把工作放在第一位，并依靠伴侣来承担照顾孩子的大部分责任。如果"A 计划"被证明无法实现，那么女性和男性就会追求"B 计划"，以应对他们对"最坏情况"的恐惧。这些不同的后备策略表明，年轻女性和年轻男性之间出现了新的性别鸿沟，其中大多数女性认为自己需要自力更生，而男性更倾向于保留修正版本的传统期望。

女性"B 计划"

年轻女性一方面对工作和家庭寄予厚望，另一方面又担心能否维持一段持久而令人满意的伴侣关系，因此左右为难，在不确定的水域中航行。虽然有些人正在回归家庭生活，但大多数人更愿意找到一个比传统婚姻更独立的基础。媒体普遍认为，年轻女性正在放弃工作和事业转而回归家庭生活。我的受访者则讲述了完全不同的故事。无论是否会建立一段忠诚的关系，大多数人都决心寻求经济和情感上的独立。无论阶级、种族或民族如何，大多数人都不愿意放弃自己在传统婚姻中的自主权。当婚姻的纽带变得脆弱时，依靠丈夫获得经济保障似乎非常鲁莽。一旦关系恶化，对丈夫的经济依赖让她们几乎没有出路。非裔美国人丹尼莎在市中心的工薪阶层社区中长大。詹妮弗则在一个以白人为主的中产阶层郊区长大。丹尼莎宣称：

假设我的婚姻失败了。以防万一,我想确立自己的地位,因为我不想以这样的方式结束——"我该怎么办?"。我希望做我必须做的事,同时还能过得很好。

詹妮弗对此表示赞同:

在考虑结婚之前,我必须有一份工作和某种稳定的生活。我母亲的很多朋友都希望——"让他提供一切"——她们身陷一段非常不愉快的关系,却不能离开,因为她们无法养活自己或孩子。所以要么是靠救济生活,要么是忍受别人糟糕的一切。

近四分之三的女性都不希望陷入不幸的婚姻中,或沦落到被不可靠的伴侣抛弃而无法生存的境地,她们计划在职场中建立一个不可妥协的自力更生和独立身份的基础。但她们并不认为这种策略与寻找生活伴侣不相容。相反,这反映了她们决心为一段有价值的关系设定更高的标准。经济上的独立和个人独立,使她们有可能不"将就"于任何令人不满或不能相互支持的关系。

来自各种背景的女性得出的结论是,工作提供了不可或缺的经济、社会和情感资源。她们从母亲、其他女性和自己的成长经历中吸取了关于经济独立的回报和危险家庭生活的教训。当婚姻纽带变得脆弱时,依靠丈夫来获得经济保障看起来非常鲁莽。因此,她们正在寻找传统婚姻的替代方案,以在需要时替代这种亲密关系。她们的策略是与工作建立牢固的联系,重新规划自己的母亲身份,以更好地满足她们的工作愿望,并将亲属和朋友纳入支持网络。这些策略并不妨碍她们寻找生活伴侣,但反映了一种为选择伴侣设定高标准的决心。玛丽亚在一个以白人为主的工薪阶层郊区的双亲家庭中长大,她声称:

我想要一个人来分享(我的)生活——我对他的意义和他对我的意义一样大。但我不能将就。

瑞秋的拉丁裔父母在她年轻时就分居了,她也有相同的看法:

我不害怕一个人,但我害怕和一个混蛋在一起。我想结婚生子,但必须在合适的情况下,和合适的人在一起。

玛丽亚和瑞秋都认为，如果一段有价值的关系遥不可及，那么保持单身并不意味着与社会脱节。亲戚和朋友提供了一个延展的支持网络，如果需要，甚至可以替代亲密关系。玛丽亚解释说：

> 即使没有找到（一段关系），我也不能生活在悲伤中。这不是唯一重要的事情。如果没有家庭，我会不快乐，但如果没有事业或朋友，我同样也会不快乐。（一段关系）只是馅饼的一部分。

瑞秋对此表示赞同：

> 我可以一个人度过余生，只要有姐妹和朋友，我就没事。

通过将朋友和亲属的支持与经济上的独立相结合，这些年轻女性正在追求一种自主策略，而不是将自己或孩子的命运置于传统关系的桎梏之中。[1] 无论这种策略最终能否带来婚姻，但提供了一种最安全、最负责任的方式，为应对关系的不确定性和男性平等分工的障碍做好准备。

男性"B 计划"

相比之下，年轻男性面临着不同的困境：一方面面临女性要求平等伴侣关系的压力，另一方面是他们自己对成功的渴望（或者至少想要在时间紧迫的工作中生存下来），他们在左右为难的情况下，更倾向于回归修正版的传统主义，这与女性寻求自力更生形成了鲜明的对比。虽然不希望回到 20 世纪 50 年代的那种家庭模式，即父亲是家中唯一挣钱的人，但大多数男性更倾向于一种修正版的传统主义，即承认母亲工作的权利（和需要），但把自己的事业放在首位。安德鲁在一个稳定的双职工家庭中长大，但他区分了女性的"选择"工作和男性的养家"责任"：

---

[1] 大约四分之一的女性认为，如果工作和家庭发生冲突，她们宁愿做出更传统的妥协。这些女性担心工作时间不灵活，也担心难以找到平等的伴侣。然而，她们仍然希望将工作融入自己的生活。这种观点也反映了年轻女性面临的困境，她们缺乏平等分担工作和照顾孩子的支持力量。有关女性后备策略变化的全面分析，参阅格尔森（Gerson）的研究成果。

> 我希望它是平等的——只是从我接触到的东西和吸引我的东西来看——但我没有一个固定的标准来定义家庭应该是什么样子的。如果我们俩都在工作,那会很好,但如果她想,"在我生命的这个阶段,我不想工作",那也没有问题。

因为性别平等最终可能会给男性的职业生涯带来巨大的损失,所以七成的男性正在寻求一种策略,以将自己定位为家庭的主要经济支柱,即使双方都有工作时也是如此。当事态发展到紧要关头,工作和照顾孩子的需求发生冲突时,这种方法会让男性拒绝平等照顾孩子,即使在双职工的情况下也是如此。和女性一样,来自不同家庭、阶层和种族背景的男性也倾向于新传统主义。他们赞成在挣钱养家的父亲和照顾孩子的母亲之间保持明确的界限,即使母亲也工作挣钱。这种新传统策略强调女性作为母亲的首要地位,并将平等定义为女性在为人母的基础上"选择"外出工作。

这些策略为家庭的双份收入创造了空间,据此提供了第二份收入的经济缓冲,承认女性对家庭之外生活的渴望,并允许父亲更多地参与育儿义务。但是,这一愿景要求男女各自承担不同责任,既没有挑战男性作为主要收入者的地位,也没有削弱男性的工作应该放在首位的主张。尽管詹姆斯的母亲患有严重的精神疾病,无法照顾自己和孩子,但他的父亲乔希仍然决定将大部分的育儿工作留给妻子:

> 所有的事情都是平等的,它(育儿)应该被分担。这听起来可能有点性别歧视的感觉,但如果有人要挣钱养家,那就是我。我的薪水更高,我觉得自己有必要工作,我觉得孩子在小的时候更需要母亲的照顾而不是父亲。

因此,即使女性有工作,男性的后备策略也更有可能倾向于保留挣钱养家和照顾家庭之间的性别界限。从年轻男性的角度来看,这种经过修正但仍然性别化的家庭模式,为女性提供了工作赚钱和建立身份的机会,而又无须将平等育儿的成本强加给男性。给予母亲工作的"权利"支持了女性要求独立的主张,但并没有削弱男性要求将自己的工作前景放在首位的主张。承认男性在家庭中的责任强调其更多地承担育儿的责任,但并没有设想家庭的性别平等。为家庭的双份收入打造空间，可以缓解仅靠一份收入维持生活的困难，但不会挑战男性作为主要经济支柱的地位。因此，在平等的职业成本仍然如此之高的情况下，修正版的传统主义似乎是一种很好的妥协。① 新的经济不安全感，加上女性日益强烈的平等渴望，正在使男性陷入困境，虽然这些困境的形式不同于女性面临的困境。然而，男性保留工作特权的愿望，与女性日益增长的平等和独立需求之间，最终会发生冲突。

跨越性别鸿沟

与那些感到被职场母亲忽视、对父母分手感到不安、对平等持谨慎态度的一代人的流行形象不同，这些生活故事显示出对从业母亲的强烈支持、对关系质量的更大关注，以及对建立持久、灵活和平等伴侣关系的共同愿望。好消息是，在与职场母亲以及寻求灵活性和平等的父母的相处过程中，大多数年轻女性和男性基本上都获得了积极的体验。那些在关爱支持网络和足够的经济保障下长大的人，无论是来自单亲还是双亲家庭，表现得都很不错。年轻女性和男性都讲述了挣钱养家和照看子女方面的性别灵活性如何帮助他们的父母（和其他看护人）克服越来越普遍的家庭危机，例如父亲收入的减少或母亲士气的下降。通过摒弃曾经狭隘地界定女性和男性在家庭和更广阔世界中"适当"位置的僵化模式，形形色色的家庭都能够克服意想不到的挑战，并打造出经济上更稳定、情感上更紧密的家庭。大多数人，即使生活在不太灵活的家庭中，也希望在自己的生活中，以父辈的成就为基础，寻求平等和灵活性。

然而，坏消息是，大多数年轻人仍然对实现理想的机会持怀疑态度。他们都有着相同的渴望，即跨越性别界限并在自己的生活中实现灵活性，但与此同时，年轻的女性和男性非常担心他们的愿望可能无法实现。显然，他们面临实现平等关系的诸多障碍，并担心找不到合适的伴侣来帮助他们兼顾工作与家庭。

---

① 大约十分之三的男性强调独立高于传统婚姻，但自主对他们的意义与对女性的意义不同。糟糕的工作前景让他们决定保持单身，除非能找到一个不需要经济支持的伴侣。独立女性希望养活自己和孩子，而独立男性则担心自己是否有能力赚取足够的收入来养家糊口。有关男性不同策略的全面分析，参阅格尔森（Gerson）的研究成果。

在这种情况下，他们也在为可能与理想大相径庭的选择做准备。然而，与女性正在回归家庭的传统论点相反，这些不同的后备策略表明，在"自力更生"的女性和"新传统"的男性之间，出现了新的鸿沟：女性认为，工作、独立收入和情感自主对她们的生存至关重要；男性认为，他们给予女性"选择"工作权利的同时，也感受到成为家庭主要经济支柱的必要性和压力。

相较于男性，女性制定了更具创新性的策略，但其背后的故事是，这一代人富有弹性但很现实，其变化远远超过他们所继承的体制。无论是在一个灵活的家庭中长大，还是在一个更严格界定男女应有位置的家庭中长大，他们在建立夫妻关系和照顾孩子方面都需要做出新的、更平等的选择。这方面来之不易的教训超越了他们实现这些愿望的能力。

然而，年轻男女仍然希望跨越分隔他们的鸿沟。意识到传统的工作阶梯和婚姻都在日益衰退，他们正在寻求更灵活的方式去建立事业、照顾家庭，并将两者有效融合。（Moen and Roehling，2005）大多数人深信"有序职业"只是历史的遗留物，因此最希望打造一个不受单一雇主或工作组织约束的"个人职业"。大多数男性和女性都试图重新定义"理想工作者"，以适应家庭生活的潮起潮落，即使这意味着牺牲一些收入以获得更平衡的生活。（Williams，2000）他们希望创造一种兼顾"工作—家庭"的职业，既能挣钱养家，又能照顾子女。

这一代人在不断变化的家庭中长大，并面临自己生活中的不确定性，他们已经厌倦了僵化、狭隘的"家庭价值观"，认为这些价值观只是站在道德的制高点，评判他们自身的选择或他人的选择。他们正在寻找的道德是没有道德主义，能够在宽容和包容的伦理与负责任的行为和关心他人的核心价值观之间取得平衡。独立女性和新传统男性之间的冲突，可能标志着新的分歧，但它源于不断加剧的工作和家庭困境，而不是源于值得称赞的价值观的衰弱。

新的社会现实迫使年轻人寻求新的方式来兼顾工作和爱情，因此，弥合新的性别鸿沟的最大希望在于制定社会政策，让21世纪的美国人能够追求他们想要的灵活、平等的性别策略，而不是迫使他们退回到不太理想——最终也不太可行——的选择上。无论目标是机会均等还是健康的家庭环境，要实现最好的家庭价值观，只能通过在我们的社区、家庭和工作场所，为性别灵活性提供社会支持。

参考文献

Acock, Alan C. and David H. Demo. 1994. Family Diversity and Well-being. Thousand Oaks, CA: Sage.

Amato, Paul R. and Alan Booth. 1997. A Generation at Risk: Growing Up in an Era of Family Upheaval. Cambridge, MA: Harvard University Press.

Amato, Paul R. and Bryndl Hohmann-Marriott. 2007. "A Comparison of Highand Low-Distress Marriages That End in Divorce." Journal of Marriage and Family 69(3).

Barnett, Rosalind C. and Caryl Rivers. 1996. She works/He works: How Two-income Families Are Happier, Healthier, and Better-off. San Francisco, CA: Harper.

Belkin, Lisa. 2003. "The Opt Out Revolution." The New York Times Magazine.

Bengtson, Vern L., Timothy J. Biblarz and Robert E. L. Roberts. 2002. How Families Still Matter: A Longitudinal Study of Youth in Two Generations. New York: Cambridge University Press.

Bennetts, Leslie. 2007. The Feminine Mistake: Are We Giving Up Too Much? New York: Voice/Hyperion.

Bianchi, Suzanne M., John P. Robinson and Melissa A. Milkie. 2006. Changing Rhythms of American Family Life. New York: Russell Sage Foundation.

Blankenhorn, David. 1995. Fatherless America: Confronting Our Most Urgent Social Problem. New York: BasicBooks.

Booth, Alan and Paul R. Amato. 2001. "Parental Predivorce Relations and Offspring Postdivorce Well-Being." Journal of Marriage and the Family 63(1).

Boushey, Heather. 2008. "'Opting out'? The Effect of Children on Women's Employment in the United States." Feminist Economics, 14(1).

Coontz, Stephanie. 2005. Marriage, a History: From Obedience to Intimacy, or How Love Conquered Marriage. New York: Viking.

Furstenberg, Frank F. and Andrew J. Cherlin. 1991. Divided Families: What Happens to Children When Parents Part. Cambridge, MA: Harvard University Press.

Galinsky, Ellen. 1999. Ask the Children: What America's Children Really Think about Working Parents. New York: William Morrow.

Gerson, Kathleen. 2006. "Families as Trajectories: Children's Views of Family Life in Contemporary America." In Families between Flexibility and Dependability: Perspectives for a Life Cycle Family Policy, edited by Hans Bertram et al. Farmington Hills, MI: Verlag Barbara Budrich.

Harvey, Lisa. 1999. "Short-Term and Long-Term Effects of Early Parental Employment on Children of the National Longitudinal Study of Youth." Developmental Psychology, 35(2).

Hetherington, E. M. 1999. Coping with Divorce, Single Parenting, and Remarriage: A Risk and Resiliency Perspective. Mahwah, NJ: Lawrence Erlbaum Associates.

Hirshman, Linda. 2006. Get to Work. New York: Viking.

Hochschild, Arlie R. 1989. The Second Shift: Working Parents and the Revolution at Home. New York: Viking.

Hoffman, Lois. 1987. "The Effects on Children of Maternal and Paternal Employment." In Families and Work, edited by N. Gerstel and H. E. Gross. Philadelphia: Temple University Press.

Hoffman, Lois, Norma Wladis and Lise M. Youngblade. 1999. Mothers at Work: Effects on Children's Well-being. New York: Cambridge University Press.

Li, Allen J. 2007. "The Kids are OK: Divorce and Children's Behavior Problems." Santa Monica, CA: Rand Working Paper WR 489.

Lorber, Judith. 1994. Paradoxes of Gender. New Haven: Yale University Press.

McLanahan, Sara and Gary D. Sandefur. 1994. Growing Up with a Single Parent: What Hurts, What Helps. Cambridge, MA: Harvard University Press.

Moen, Phyllis and Patricia Roehling. 2005. The Career Mystique: Cracks in the American Dream. Lanham, MD: Rowman & Littlefield Publishers.

Moore, Kristin A., Rosemary Chalk, Juliet Scarpa and Sharon Vandiverre. 2002. Family Strengths: Often Overlooked, But Real. Washington, DC: Annie E. Casey Foundation.

Parcel, Toby L. and Elizabeth G. Menaghan. 1994. Parents' Jobs and Children's Lives. New York: A. de Gruyter.

Pew Research Center. 2007a. "As Marriage and Parenthood Drift Apart, Public Is Concerned about Social Impact." Retrieved June 19, 2008 (http://pewresearch.org/pubs/526/marriage-parenthood).

Pew Research Center. 2007b. "How Young People View Their Lives, Futures and Politics: A Portrait of the 'Generation Next'" Retrieved June 19, 2008 (http://people-press.org/reports/pdf/300.pdf).

Popenoe, David. 1988. Disturbing the Nest: Family Change and Decline in Modern Societies. New York: A. de Gruyter.

Popenoe, David. 1996. Life without Father: Compelling New Evidence that Fatherhood and Marriage Are Indispensable for the Good of Children and Society. New York: Martin Kessler Books.

Popenoe, David, Jean B. Elshtain and David Blankenhorn. 1996. Promises to Keep: Decline and Renewal of Marriage in America. Lanham, MD: Rowman & Littlefield Publishers.

Risman, Barbara J. 1998. Gender Vertigo: American Families in Transition. New Haven,

CT: Yale University Press.

Roberts, Sam. 2007. "Fifty-one percent of Women are Now Living without Spouse." The New York Times, January 16.

Skolnick, Arlene and Stacy Rosencrantz. 1994. "The New Crusade for the Old Family." The American Prospect.

Springer, Kristen W. 2007. "Research or Rhetoric? A Response to Wilcox and Nock." Sociological Forum, 22(1).

Stacey, Judith. 1996. In the Name of the Family: Rethinking Family Values in the Postmodern Age. Boston: Beacon Press.

Stone, Pamela. 2007. Opting Out? Why Women Really Quit Careers and Head Home. Berkeley: University of California Press.

Waite, Linda J. and Maggie Gallagher. 2000. The Case for Marriage: Why Married People Are Happier, Healthier, and Better off Financially. New York: Doubleday.

West, Candace and Don H. Zimmerman. 1987. "Doing Gender." Gender & Society,1(2).

Whitehead, Barbara D. 1997. The Divorce Culture. New York: Alfred A. Knopf: Distributed by Random House.

Williams, Joan. 2000. Unbending Gender: Why Family and Work Conflict and What to Do About It. New York: Oxford University Press.

Williams, Joan. 2007. "The Opt-Out Revolution Revisited." The American Prospect (March): A12–A15.

Zerubavel, Eviatar. 1991. The Fine Line: Making Distinctions in Everyday Life. Chicago: University of Chicago Press.

第四章　婚姻基础与发展趋势

阅读 7　21世纪初的美国婚姻

安德鲁·谢林

在过去的几十年里，美国婚姻的衰退一直是社会评论家、政客和学者津津乐道的话题。很明显，这个国家的家庭制度已经发生了巨大的变化——结婚率和离婚率、同居、生育、性行为和女性外出工作。在美国，婚姻作为一种社会制度的主导地位比历史上任何时候都低。成年后的替代途径——婚外生育、与伴侣同居但不结婚、分居但保持亲密关系——比以往任何时候都更容易被接受且更可行。但随着新世纪的开始，同样明显的是，尽管存在悲叹之声，但婚姻并没有消失。事实上，鉴于现在婚姻形式存在很多替代方案，因此更值得注意的可能不是婚姻的减少，而是婚姻的持续存在。令人惊讶的不是结婚的人越来越少，而是仍然有这么多人选择结婚，同时结婚的愿望依然非常普遍。婚姻虽然发生了翻天覆地的变化，但仍然很有意义。本文回顾了美国婚姻的变化，探讨了相关变化背后的原因，比较了美国与其他发达国家的婚姻，并评点了婚姻的转变可能会如何影响21世纪初的美国孩子。

生命历程的改变

为了阐明美国婚姻所发生的变化，我首先回顾了过去一个世纪人口结构的巨大变化，包括美国人结婚年龄的变化、结婚、同居、未婚生育和离婚的比例。

近期趋势

图 7-1 显示了 1890—2002 年男女初婚年龄的中位数。1890 年的中位数相对较高,男性约为 26 岁,女性约为 22 岁。在 20 世纪上半叶,典型的结婚年龄起初是逐渐下降,二战后则急剧下降。到 20 世纪 50 年代,男女结婚年龄的中位数达到了历史最低点:男性约为 23 岁,女性约为 20 岁。很多人仍然认为,20 世纪 50 年代是与当今家庭进行比较的标准,但如图 7-1 所示,该时间段是一个反常的年代:在这十年中,年轻人结婚的时间比以前或以后的任何时候都要早。此外,几乎所有的年轻人——大约 95% 的白人和 88% 的非裔美国人——最终都步入了婚姻的殿堂。(Rodgers and Thornton, 1985; Goldstein and Kenney, 2001)然而,在 20 世纪 60 年代开始,初婚年龄的中位数攀升,回到并超过了 20 世纪初的普遍水平。现在的很多人,尤其是女性,初婚的时间比以往任何时候都要晚得多。

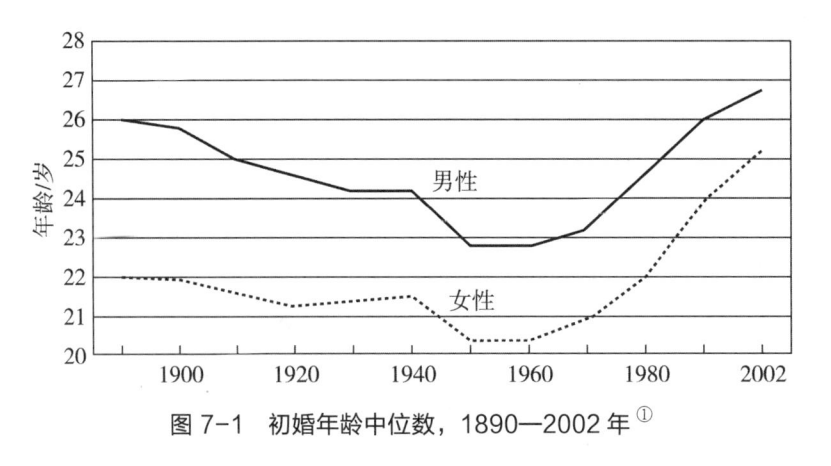

图 7-1 初婚年龄中位数,1890—2002 年[①]

更重要的是,如今未婚青年的生活与早前的同龄人截然不同。20 世纪初,晚婚的年轻男女婚前通常住在家里,或者支付食宿费用住在别人家里。即使在恋爱中,他们也会与自己的恋爱对象保持距离。大多数人(至少是女性)在订婚或结婚之前都不会发生性行为。他们通常有工作,而且经常将大部分薪水交给父母以帮助抚养年幼的弟弟妹妹。很少有人上过大学,大多数人甚至高中没有毕业。如在 1940 年 20 多岁的成年人中,大约只有三分之一的人高中毕业,

---

① 资料来源:美国人口普查局。

只有十六分之一的人大学毕业。（U.S. Bureau of Census, 2003）

今天的未婚年轻人更有可能在自己的公寓里独立生活。六分之五的年轻人高中毕业，大约三分之一的人完成了大学学业。（U.S. Bureau of Census, 2003）他们比前辈们更有可能把工资花在自己身上。他们的性生活和亲密生活也与前几代人大不相同。绝大多数未婚青年都有过性行为。事实上，20世纪90年代初婚的大多数女性，早在结婚前五年或更长时间就有过性行为。（U.S. National Center for Health Statistics, 1997）

大约一半的年轻人在结婚前与伴侣同居。今天的同居比20世纪早期或中期的任何时候都要普遍得多（尽管这在穷人中并非鲜为人知，而且在过去的几个世纪里一直是欧洲家庭体系的一部分）。如今，同居已成为一种多样化的、不断发展的现象。对有些人来说，这是婚姻的前奏或试婚。但对其他人来说，同居可能是婚姻的长期替代品。（1995年，有39%的同居者与其中一方的孩子住在一起。）在美国，能够持续很长时间的同居关系仍然不多——大约一半的人会在一年内结婚或分手，从而结束同居关系。（Bumpass and Lu, 2000）①

尽管美国的结婚率下降，同居率上升，但未婚生育并未出现爆炸式增长。各种生育年龄和婚姻状况的未婚女性（包括青少年）的生育率都有所下降。但由于已婚女性生育率的下降速度比未婚女性快，因此，未婚女性生育的比例更大。1950年，只有4%的孩子是婚外出生的。到1970年，该比例为11%；到1990年，该比例为28%；到2003年，该比例为35%。如此，近年来，大约三分之一的新生儿是由未婚女性生育的——该统计数据引发的争议最多。（U.S. National Center for Health Statistics, 1999; 2003）很多观察家更为关注的是，在所有未婚初产的妈妈中，约有一半是青少年。学术界、立法者和普通公民都对青少年生育给父母和孩子带来的负面影响表示担忧，尽管他们对造成种种负面影响的原因，即由于贫困还是青少年生育本身，仍然存在争议。

当人们想到非婚或未婚生育时，他们脑海中浮现的往往是单亲父母的画面。然而，越来越多的未婚生育发生在同居夫妇中——根据最新估计，这一比例约为40%。（U.S. National Center for Health Statistics, 1999; 2003）一

---

① 他们援引1995年美国家庭成长调查结果指出，在30至34岁的女性中，有49%的人有过同居行为。

项针对在城市医院分娩的未婚女性的研究发现，约有一半的女性与孩子的父亲生活在一起。然而，这些"脆弱家庭"中的夫妇很少结婚。在孩子出生一年后，只有15%的人选择了结婚，却有26%的人选择了分手。（Carlson, McLanahan, and England, 2004）

在2004年马萨诸塞州的同性婚姻合法化之前，美国任何司法管辖区的男女同性恋者都无法结婚。然而，同居在这一群体中非常普遍。在1992年进行的一项全国性行为调查中，44%的女性和28%的男性表示他们在过去的一年中有过同性性行为，并且正在同居。（Black and others, 2000）人口普查局于1990年开始收集同性伴侣关系的统计数据，该局并没有直接询问受访者是否处于浪漫的同性关系中；相反，该局让他们自己选择将室友称为"未婚伴侣"，而无须说明伴侣关系的性质。鉴于有些人可能不愿意向人口普查局公开同性关系，所以很难确定这些数据的可靠性。然而，该局报告称，2000年，60万户家庭由同性伴侣维持。很大一部分——33%的女性伴侣和22%的男性伴侣——表示他们中的一方或双方都有孩子。（U.S. Bureau of the Census, 2003）

20世纪后半叶，随着结婚率的下降，离婚率却在上升——至少自内战以来一直如此。20世纪初，约10%的婚姻以离婚告终，而在1950年开始的婚姻中，这一比例上升至三分之一左右。（Cherlin, 1992）但在20世纪六七十年代，这种增长尤为明显，当时已婚夫妻离婚的可能性大幅增加。自20世纪80年代以来，离婚率一直保持不变或略有下降。最好的估计是，以目前的速度，48%的美国婚姻预计会在20年内以离婚告终。（Bramlett and Mosher, 2002）在那之后，毫无疑问的是，还有几个百分点的人会以离婚告终。所以，准确来说，除非离婚的风险有所改变，否则今天大约有一半的婚姻会以离婚而告终。（这方面有重要的阶层和种族差异，我将在下面讨论。）

越来越多的离婚和更高比例的未婚生育结合在一起，增加了不与父母双亲生活在一起的孩子的比例。图7-2追踪了1968年至2002年间，生活中有父母双亲、单亲以及无父无母儿童所占的比例。该图显示，双亲比例在稳步下降，单亲比例则在相应增加。2002年，69%的儿童与父母双亲生活在一起，其中包括父亲（养父）或母亲（养母）再婚的家庭。根据1996年的统计结果，不包括重组家庭和收养家庭在内，62%的儿童与父母双亲生活在一起。（U.S.Bureau of

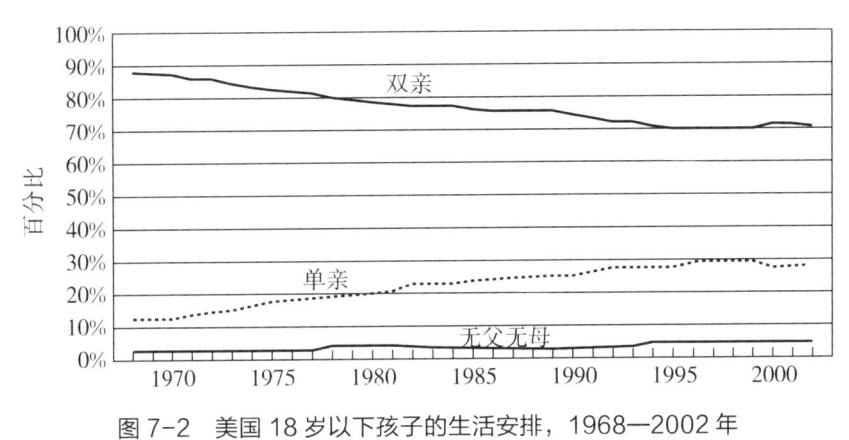

图 7-2　美国 18 岁以下孩子的生活安排，1968—2002 年

资料来源：美国人口普查局，"美国 18 岁以下孩子的生活安排：1968—2002 年"，2003 年。

the Census, 2001) 27% 的美国儿童与父亲或母亲同住，还有 4% 的儿童无父无母。[①] 最后一组中的大多数人与亲戚生活在一起，如祖父母。

这些变化对 21 世纪初的美国婚姻模式和孩子的生活安排会产生什么样的影响？正如人口统计学家所指出的那样，上述很多发展趋势在过去十年中均有所放缓，表明家庭变化的程度在"减轻"。（Casper and Bianchi, 2002）婚姻仍然是抚养孩子最常见的生活安排。在任何时候，大多数美国孩子都是由父母双亲抚养长大的。然而，婚姻在父母和孩子生活中的主导地位已然是今非昔比。孩子更有可能生活在单亲家庭中，其原因主要有二，一是因为他们是未婚母亲所生，二是因为他们的父母离婚了。随着父母重新组建家庭、解除婚姻或伴侣关系，孩子们更有可能经历不稳定的生活安排。虽然现在的孩子不太可能像以前那样因为亲生父母死亡而失去父母，但非婚生育和离婚率的上升足以弥补父母死亡人数的下降。（Ellwood and Jencks, 2004）从成年人的角度来看，出生率的整体下降、未婚生育和离婚的增加意味着抚养孩子的成年人比过去任何时候都要少。

[①] 一些单亲家庭是未婚同居的伴侣，人口普查局通常不将其视为"父母"。根据上一份报告中引用的 1996 年的估算，大约 2.5% 儿童与同居的亲生父母或养父母生活在一起。

第二部分　性与性别　　129

阶层和"种族—民族"差异

要完整地描述美国的婚姻，我们需要关注阶层和种族的差异，因为总体统计数据掩盖了不同"种族—民族"和不同社会阶层的儿童生活的对比趋势。事实上，在过去的几十年里，儿童的家庭生活一直因阶层和"种族—民族"而异。（Mclanahan, 2004）半个世纪以前，贫困儿童和非贫困儿童的家庭结构相似：大多数儿童生活在双亲家庭中。在此期间，贫困和接近贫困线的单亲家庭增幅更大。（Ellwood and Jencks, 2004）受教育程度不同的女性都在推迟结婚的年龄，但相较于受过良好教育的女性，受教育程度较低的女性推迟生育的时间要少。近几十年来，没有受过大学教育的女性的离婚率似乎保持稳定或有所上升，但受过大学教育的女性的离婚率有所下降。（Martin, 2004）因此，与几十年前相比，不同社会阶层的家庭结构差异更加明显。

现在考察未婚母亲的比例。在过去的半个世纪里，与受过良好教育的女性相比，受教育程度较低的女性成为单身母亲的情况更为普遍。而且随着时间的推移，差距也越来越大。1960年，在受教育程度最低的四分之一人群中，母亲未婚率为14%，而在受教育程度最高的四分之一人群中，这一比例为4.5%——相差9.5个百分点。到2000年，受教育程度较低的母亲的相应比例为43%，受教育程度较高的母亲为7%——相差36个百分点。（Mclanahan, 2004）萨拉·麦克拉纳汉（Sara McLanahan）认为，女性在劳动力市场上获得更多机会，女权主义意识形态的复兴以及有效节育措施的出现等社会变化，都鼓励女性投资于教育和职业。进行这些投资的女性往往会推迟结婚和生育，而且在婚姻市场上更具吸引力。（Mclanahan, 2004）换句话说，处于教育分布顶层和底层的女性可能会发展出不同的生育策略。在受教育程度较低的人群中，婚外早育变得更加普遍，因为找到稳定的婚姻然后生育的理想已经式微，而在受教育程度较高的人群中，她们的策略是将结婚和生育推迟到教育和职业投资之后。

这些发展的结果之一是，受过良好教育的双职工已婚夫妻家庭数量逐步增长。自20世纪70年代以来，这些家庭的收入增长远高于一方挣钱一方持家的家庭或单亲家庭。因此，我们今天看到的是，越来越多的幸运儿童与收入充足或丰厚的父母双亲生活在一起，而越来越多的不幸儿童则与经济拮据的单亲父母生活在一起。事实上，在过去的几十年里，处于两个极端的群体规模——最幸运的孩子和最不幸的孩子都在扩大，而处于中间地带的群体规模却在一直缩小。（Sawhill and Chadwick, 1999; Hernandez, 1993）

非裔美国儿童的家庭生活，与非西班牙裔白人儿童的家庭生活有所不同，与西班牙裔儿童也有较小程度的差异。非裔美国人的家庭模式可能受到奴隶制和非洲文化传统的影响。在奴隶制下，婚姻是不合法的，而在非洲文化传统下，相较于已婚夫妇，大家庭具有更大的影响力和权力。因此，一个世纪或更长时间以来，与单亲生活在一起的非裔美国儿童的比例一直高于白人儿童。（Morgan and others, 1993）尽管如此，在20世纪上半叶，非裔美国女性比白人女性的结婚年龄更小。（Cherlin, 1992）

但自20世纪60年代以来，作为一种社会体制，婚姻的式微在非裔美国人中比在白人中更为明显。最近的最好的估计表明，按照目前的速度，预计只有三分之二左右的非裔美国女性会缔结婚姻。（Goldstein and Kenny, 2001）相应地，非裔美国人未婚生育的比例上升至69%。（U.S. National Center for Health Statistics, 1999）事实上，大约五分之三的非裔美国儿童可能永远不会在已婚家庭中长大，而这种情况在白人儿童中只有五分之一。（Bumpass and Lu, 2000）在非裔美国人家庭中，远亲的更大作用可能会在一定程度上弥补这种差异。尽管如此，这些数据的确表明，在非裔美国人中，婚姻的作用显著降低。

西班牙裔人口的家庭模式非常多样化。墨西哥裔美国人的出生率高于其他所有主要种族，墨西哥裔美国女性的婚生比例高于非裔美国女性的婚生比例。（U.S. National Center for Health Statistics, 2003; 2002）此外，墨西哥裔美国家庭更有可能包括更多的亲属。（Bean and Tienda, 1987）因此，与非裔美国人相比，墨西哥裔美国人拥有更多以婚姻为基础的多代同堂家庭。波多黎各人是第二大西班牙裔族群，也是经济上最弱势的族群，其未婚生育率仅次于非裔美国人。（U.S. National Center for Health Statistics, 2002）但波多黎各人与很多拉丁美洲人一样，有双方自愿结合的传统，即一男一女以婚姻的形式生活在一起，但无须得到教堂的批准或政府的许可。因此，与伴侣生活在一起的波多黎各"单身"母亲可能比非裔美国单身母亲更多。

对这些趋势的解读

大多数分析人士认为，在过去的半个世纪里，经济和文化力量一直在推动美国家庭生活的变化。他们对两者的相对权重意见不一，但我认为两者都很重要。

经济影响

美国劳动力市场的两个变化对家庭产生了重大影响。（Mclanahan, 2004）第一，服务业对工人的需求增加。20世纪初，女性在服务业站稳脚跟，但被制造业拒之门外。不断增长的需求鼓励女性接受更多教育，并吸引已婚女性加入劳动力市场——最初是那些孩子在上学的女性，后来是那些孩子更小的女性。单身母亲长期以来一直外出工作，但1996年通过的重大福利改革法案，对父母获得公共援助的时间段设定了限制，以进一步鼓励工作。女性有偿工作的增加反过来又增加了对托儿服务的需求，并大大增加了在家庭以外接受照顾的儿童人数。

第二，从20世纪70年代开始，没有受过大学教育的男性的就业机会越来越少。伴随服务业增长的是制造业的下滑。一方面，工厂的工作转移到海外；另一方面，自动化设备和基于计算机的控制提高了工业生产力。如此，对蓝领工作的需求下降了。显然，这些工作曾经是受过高中教育的男性借以养家糊口的稳定保障。结果，这些工作的平均工资下降了。即使是在繁荣的20世纪90年代，没有大学学历的男性的工资也几乎没有上涨。（Richer and others, 2003）就业机会的减少有两个影响：它降低了未受过大学教育的男性在婚姻市场上的吸引力——用威廉·朱利叶斯·威尔逊（William Julius Wilson）的话来说，使得他们不太"适婚"——从而导致受教育程度较低的人群结婚率下降。（Wilson, 1987）它还破坏了20世纪上半叶理想的单职工"家庭工资制度"，并推动妻子外出工作挣钱。

文化发展

然而，经济力量虽然非常重要，但不可能引发上述家庭生活的所有变化。例如，适婚男性数量的下降并不足以成为非裔美国人结婚率下降的原因。（Mare and Winship, 1991; Lichter, Mclaughlin and Ribar, 2002）伴随经济变化而来的是美国普遍的文化变迁，这种变迁不仅侵蚀了先结婚后生育的规范，也侵蚀了婚后缔结稳定、终身纽带的规范。

在文化上，美国婚姻在20世纪经历了两次重大的转变。第一次是"从制度到伴侣"的转变，该著名的描述出自社会学家欧内斯特·伯吉斯（Ernest Burgess）。（Burgess and Locke, 1945）在制度性婚姻中，家庭由法律、传统和宗教信仰的力量维系在一起。丈夫无疑是一家之主。直到19世纪晚期，夫妻结婚时成为同一个法人——这个人就是丈夫。妻子不能以自己的名义起诉，而丈夫则可以随意处置她的财产。直到1920年，女性才获得投票权；相反，人们认为几乎所有的女性都会结婚，而她们丈夫的选票将代表她们的观点。但是，法律和传统力量在20世纪头几十年中逐步减弱，随之出现了一种新的、伴侣式婚姻。这种婚姻建立在夫妻之间情感纽带的重要性基础之上——陪伴、友谊和浪漫的爱情。配偶从挣钱养家、家庭主妇、为人父母等社会角色中获得满足感。第二次世界大战后，大大出乎所有人意料的是，伴侣式婚姻中的配偶带来了一波婴儿潮：每个家庭的孩子比20世纪的任何一代人都要多。典型的结婚年龄下降到至少是自19世纪末以来的最低点，同时，结婚人数的比例也随之上升。20世纪50年代是一方挣钱、一方持家这种家庭模式的鼎盛时期，也是一家有多个孩子的鼎盛时期。

从1960年左右开始，婚姻经历了第二次转变。典型的结婚年龄首先是回到20世纪初期的高水平，然后又超过了这个水平。很多年轻人在二十五六岁，甚至三十多岁的时候仍然单身，有些人完成了大学学业并开始了职业生涯。大多数女性在结婚后继续工作赚钱。婚外同居越来越被接受。婚外生育的污名化程度降低。出生率长期下降，并跌至历史最低点。离婚率上升到前所未有的水平。同性伴侣关系也进一步得到认可。

在这一转变的过程中，伴侣式婚姻作为一种文化理想逐渐式微。伯吉斯（Burgess）没有预见到的家庭生活形式正在兴起，特别是夫妻双方都在外工作的婚姻以及因离婚或婚外生育而形成的单亲家庭。妻子和丈夫的角色变得更加灵活、更可协商。一种关于婚姻回报的更个人主义的观点已经扎根。当人们评估自己对婚姻的满意度时，他们开始更多地考虑发展自我意识，而较少考虑通过建立家庭、履行配偶及父母的角色来获得满足感。结果就是从伴侣式婚姻过渡到我们可以称之为个性化的婚姻。（Cherlin, 2004）

当前的婚姻环境

可以肯定的是，无论是"伴侣式婚姻"还是"个性化婚姻"，都是社会学家所说的理想类型。实际上，两者之间的区别并没有像我描述的那么明显。例如，很多婚姻仍然秉承伴侣关系的理想。尽管如此，由于上述经济和文化趋势的影响，现在的婚姻环境与过去截然不同。今天，婚姻只是成年人选择如何塑造个人生活的众多选项之一。越来越多的婚姻形式和替代选择为社会所接受。人们可以通过多种方式将婚姻融入自己的生活：最初与一个伴侣同住，或依次与多个伴侣同住，而不明确考虑是否要结婚；婚前与最终的配偶或其他人生育子女；（在某些司法管辖区）与同性结婚，并打造一个几乎没有指南可参考的婚姻世界。婚姻中的角色更加灵活、更可协商，尽管女性仍然要承担更多的家务和育儿工作。

人们通过婚姻和其他亲密关系寻求回报也发生了变化。他们的目标是通过更开放的交流和与伴侣分享感受来实现个人的成长，建立更深层次的亲密关系。他们可能会坚持改变不再给自身提供个性化回报的关系。与过去相比，他们不太可能专注于履行具有社会价值的角色（如好父母、忠诚和支持性的配偶）以获得回报。由于环境的不断变化，家庭和个人生活社会规范的重要性，已不比伴侣式婚姻的全盛时期，也远不及制度婚姻时代。相反，个人选择和自我发展在人们完成婚姻大业中显得尤为重要。

但如果婚姻现在依然是一个可选项，那它就仍然很有价值。随着婚姻实际重要性的下降，其象征意义仍然很高，甚至可能有所增加。（Cherlin, 2004）在20世纪中叶婚姻作为一种制度的鼎盛时期，任何人，如果希望被视为受人尊敬的成年人，几乎都必须结婚：婚外生育被认为是一种耻辱，成年后一直单身会被怀疑。但随着其他生活方式选项变得更加可行和更可接受，结婚的需求也相应减少。尽管如此，婚姻仍然是大多数人的首选。然而，这不是现在年轻人在成年初期轻率迈出的步伐。"准备好"结婚可能意味着一对夫妇已经生活在一起并测试过彼此的兼容性，为房子的首付攒钱，或者可能有了孩子，并判断出他们能否一起抚养好。曾经是成年人家庭生活基础的婚姻，如今却沦落为家庭生活的顶点。

尽管有一些观察家认为,"贫困文化"削弱了美国穷人对婚姻的重视度,但研究表明,穷人、接近贫困线的人和中产阶层对婚姻的看法是相似的。虽然穷人的结婚率低于中产阶层,但作为一种理想的婚姻,对这两个群体仍然非常重要。人种学的研究表明,很多低收入人士认同婚姻的顶点观。在我与几位合作者对低收入家庭进行的一项研究中,一位 27 岁的母亲告诉一位民族志学者:

> 我一辈子都很穷,雷金纳德也是。当我怀孕时,我们约定在将来的某一天结婚,因为我们彼此相爱,想一起抚养我们的孩子。但是,除非我们买得起房子,能够按时支付所有的水电费,否则我们不会结婚。我很在意水电费这件事。在我们成长的过程中,家里的煤气和电一直不能开通,我们想确保结婚后不会发生这种事。这是我们最大的担心。……我们一起工作,一起攒钱,然后结婚。对我们来说,这是永恒的。(Winston and others, 1999)

穷人、准穷人和中产阶层似乎也以类似的方式看待婚姻可以带来的情感回报。所有阶层的女性都重视婚姻中的陪伴:共同生活、一起抚养孩子、友谊、浪漫爱情、尊重和公平待遇。例如,在 21 个城市进行的一项调查发现,非裔美国人和非西班牙裔白人一样,对婚姻的情感作用给予了高度评价,如友谊、性生活、闲暇时间和安全感;西班牙裔白人对这些益处的评价略高于这两个群体。(Tucker, 2000)此外,在对刚刚生育子女的未婚夫妇和中等收入夫妇这种"脆弱家庭"进行的研究中,玛西娅·卡尔森(Marcia Carlson)、萨拉·麦克拉纳汉(Sara McLanahan)和宝拉·英格兰(Paula England)发现,在关系支持度方面得分较高的父母在一年后结婚的可能性要大得多。(Carlson, McLanahan, and England, 2004)他们的问卷包括伴侣在发生分歧时是否"公平且愿意妥协""表达情感或爱""鼓励或帮助""不侮辱或批评"。2001 年,盖洛普国家婚姻项目组织(Gallup Organization for the National Marriage Project)对 20 至 29 岁的年轻人进行了一项全国性调查。其中,94% 的未婚受访者认可"当结婚时,你首先希望配偶成为你的灵魂伴侣,这一点是首要的也是最重要的"。只有 16% 的人认为"现在结婚的主要目的是生孩子"(Whitehead and Popenoe, 2001)。

正如关于同性婚姻的争论所显示的那样，男女同性恋者也高度重视婚姻。2003年，马萨诸塞州最高法院废除了一项将婚姻限制于异性伴侣的州法律。同性婚姻于2004年5月开始合法化（尽管反对者最终可能通过州宪法修正案成功禁止同性婚姻）。同性婚姻的支持者认为，应该赋予同性伴侣结婚的权利，以便他们能够从婚姻带来的合法权利和保护中受益。但是马萨诸塞州的争论也显示了婚姻的象征价值。作为对法院判决的回应，州立法机构制订了一项计划，为同性伴侣实施民事结合。这些得到法律认可的结合，将赋予同性伴侣婚姻大部分法律利益，但保留了未婚身份。法院驳回了这一补救措施，认为允许民事结合而不结婚会造成"被排斥的耻辱感"，因为这将否认同性伴侣"在社会上得到特别认可，并具有显著社会和其他优势的地位"。立法机构愿意提供一定的法律利益，这对于法官和同性恋活动人士来说却是不够的：他们拒绝将民事结合视为二等公民。对于主流美国人来说，这也不够：他们中的大多数人仍然坚持把婚姻视为一种被特别认可的身份。

国际视域下的美国婚姻

与其他发达国家相比，婚姻在美国家庭制度中的地位如何？研究发现，美国的婚姻非常独特。

更重视婚姻

美国的婚姻几乎比其他所有西方发达国家都更普遍。图7-3报告了1990年美国和其他六个发达国家中女性的总初婚率。（1990年后不久，美国政府停止收集计算这一比例所需的所有信息。）总初婚率估算了行将结婚的女性的比例。①我们必须对此进行细致的解读，因为如果按照女性晚婚（就像1990年在大多数国家一样）的时间计算，它所产生的估算比例就太低了。因此，图7-3显示的所有估算比例可能都太低。尽管如此，总初婚率有助于比较特定时间点的不同国家，我选择了图7-3中的这些国家来说明发达国家总初婚率的变化。

---

① 该估算假设在计算年份（在本例中是1990年）的特定年龄的总初婚率将在未来几年保持不变。该假设是不现实的，因此总初婚率不太可能准确地预测未来。但它的确显示了当前的初婚率。

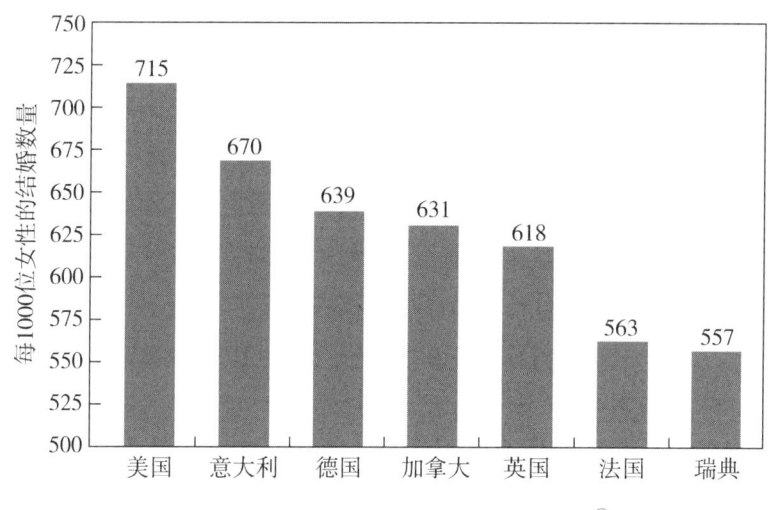

图 7-3 欧洲和其他国家的女性总初婚率[1]

美国的 715 人是所有国家中最高的——这意味着每 1000 名女性中有 715 人结婚。意大利的比率相对较高,而法国和瑞典最低。中间是英国、加拿大和德国。

从人口统计的角度来看,婚姻在美国不仅比在其他发达国家更具吸引力,而且作为一种理想,婚姻在美国似乎也更牢固。在 1999 年至 2001 年期间进行的一项世界价值观调查中,有一个问题是询问成年人是否同意"婚姻是一种过时的制度"。只有 10% 的美国人表示同意,这一比例低于除冰岛以外的任何一个发达国家。22% 的加拿大人表示同意,26% 的英国人和 36% 的法国人表示同意。(Inglehart and others, 2004) 与其他发达国家的公民相比,美国人似乎更重视婚姻这一规范。

这种对婚姻的重视有着悠久的历史。正如阿历克西·德·托克维尔(Alexis de Tocqueville)在 19 世纪 30 年代所写的那样,"毫无疑问,世界上没有哪个国家比美国更尊重婚姻关系,也没有哪个国家比美国更重视或更欣赏夫妻幸福"(Tocqueville, 1994: 304)。历史学家南希·科特(Nancy Cott)认为,美国的创始人把基督教婚姻视为美国民主的基石之一。以婚姻为基础的家庭被视为一

---

[1] 资料来源:Alain Monnier and Catherine de Guibert-Lantoine, "The Demographic Situation of Europe and Developed Countries Overseas: An Annual Report", Population: An English Selection 8 (1996): 235-50; U.S. National Center for Health Statistics, "Advanded Report of Final Marriage Statistics, 1989 and 1990", Monthly Vital Statistics Report 43, no. 12, supp. (Government Printing Office, 1995).

个小型共和国，丈夫在妻子的同意下进行统治。（Cott，2000）长期以来，美国政府一直在为支持婚姻的法律和政策辩护。1888年，最高法院法官斯蒂芬·菲尔德（Stephen Field）写道："婚姻是人生中创造的最重要的关系。相较于其他任何制度，婚姻与民族的道德和文明息息相关，且始终受到立法机构的监管。"（Cott，2000）

在历史上，政府支持婚姻的一个显著例外是禁止合法婚姻的奴隶制。尽管如此，还是有很多奴隶以非正式的方式结婚，他们通常会举行公共仪式，比如跳过一把扫帚。（Gutman，1976）一些学者还认为，奴隶可能保留了西非的亲属关系模式，在那里，婚姻更是一个随着时间的推移在社区逐渐展开的过程，而不仅仅是一个单一的事件。（Jones，1985）例如，准丈夫的家庭可能会等到准妻子生下孩子后再考虑婚姻。

美国婚姻的独特性可能也与更高的宗教参与度有关。托克维尔指出，"世界上没有哪个国家的基督教对人类灵魂的影响力能够超过美国"（Tocqueville，1994：303）。对于今天的发达国家来说，这种说法仍然是正确的：在美国，宗教的活力最为强劲。（Davie，2001）例如，在上述世界价值观的调查中，60%的美国人报告说他们至少每月参加一次宗教仪式，而加拿大人只有36%，英国人只有19%，法国人只有12%。（Inglehart and others，2004）在婚姻和家庭生活方面，美国人比大多数西方国家的公民更倾向于向宗教机构寻求指导。对于"一般来说，你认为你们国家的教会充分回答了家庭生活问题吗？"，61%的美国人给予了肯定的回答，相比之下，只有48%的加拿大人、30%的英国人和28%的法国人表示同意。（Inglehart and others，2004）

此外，很多欧洲国家的家庭政策长期以来一直提倡生育，而美国的政策一般没有。这种对提高人口出生率的强调在法国尤为突出，法国的人口出生率从19世纪30年代开始下降，比其他大多数欧洲国家早了几十年。（Lesthaeghe，1997：304）自那以后，法国政府一直担心人口规模会输给德国等潜在对手。（Klaus，1993：188-212）［德国人也有类似的担忧，这种担忧在20世纪三四十年代初纳粹的生育政策中达到了顶峰。（Ginsborg，2003：188-197）］因此，有一位历史学家认为，法国的家庭政策遵循了"父母逻辑"，即优先支持有年幼子女的父母，甚至包括从业的妻子和单亲父母。（Pedersen，1993）这些政策包括按子女人数分配的家庭津贴、生育保险和发放一部分产假，作为工资的替代物。相比之下，英国和美国的政策遵循支持已婚夫妻的"男性挣钱养家逻辑"，即丈夫主外挣钱，而妻子主内持家。（Pedersen, 1993）因为美国对通过移民增加人口一直持开放态度，故其人口出生率的下降始于19世纪初，但提倡生育的压力从未有现在这么大。

婚姻进退更为频繁

除了高结婚率，美国也是所有发达国家中离婚率最高的国家之一。图7-4报告了相关国家1990年的总离婚率，这些国家也是图7-3所示的国家。总离婚率[①]估算了以离婚而告终的婚姻数量，其限制与总初婚率的限制相似，但在国际比较中同样有用。图7-4显示，美国每1000对夫妻中有517对离婚，即超过一半的婚姻会以离婚告终。瑞典的总离婚率居第二位，英国和加拿大等英语国家紧随其后，接着是法国和德国。意大利的离婚预期水平很低。

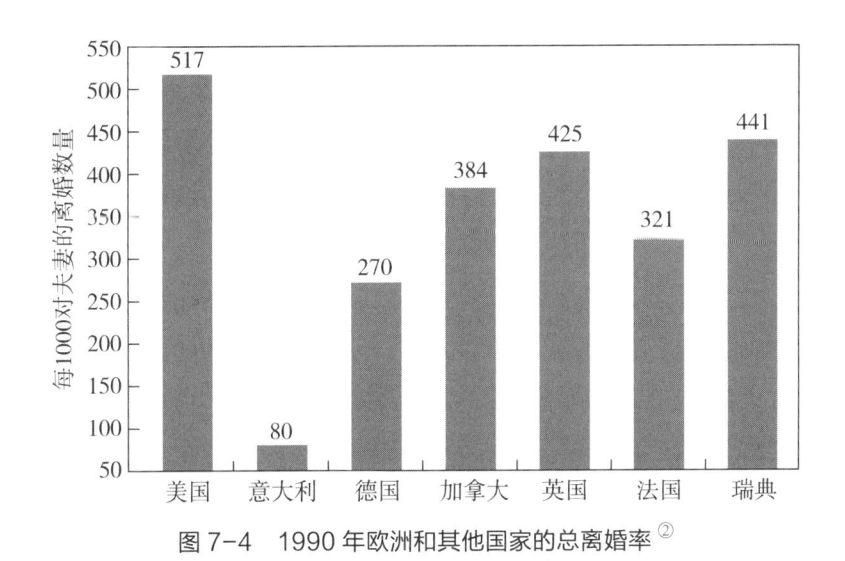

图 7-4 1990年欧洲和其他国家的总离婚率[②]

[①] 总离婚率是通过观察年份(本例中为1990年)中特定时间段的普遍离婚率求和而形成的。因此，它假定1990年特定时间段的比例在今后几年将保持不变。

[②] 资料来源：Monnier and Guibert-Lantoine, "The Demographic Situation of Europe and Developed Countries Overseas: An Annual Report"; U.S. National Center for Health Statistics, "Advanded Report of Final Marriage Statistics, 1989 and 1990," Monthly Vital Statistics Report 43, no. 9, supp. (Government Printing Office, 1995)

第二部分　性与性别　139

根据罗伯特·舍恩（Robert Schoen）的说法，进入和退出婚姻都是一个国家的"婚姻代谢"指标：成年人及其子女的结婚次数和与离婚相关的转变数量。（Schoen and Weinick,1993）[①] 图 7-5 显示了总初婚率和总离婚率的总和，表明美国的婚姻代谢率迄今为止在所有发达国家中最高。[②] 意大利虽然结婚率很高，但离婚率极低，所以代谢率最低。瑞典尽管离婚率很高，但结婚率较低，所以代谢率低于美国。换句话说，使得美国与众不同的是高结婚率和高离婚率的组合——这意味着美国人通常比其他国家的人经历更多的婚姻进退。

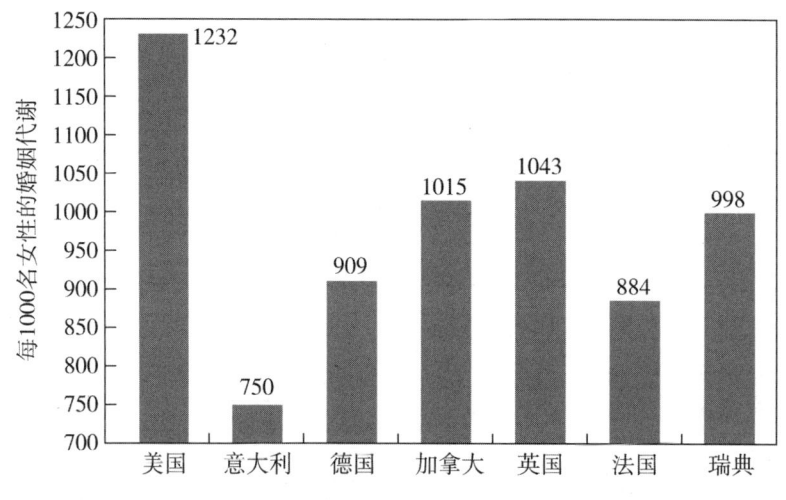

国家	每1000名女性的婚姻代谢
美国	1232
意大利	750
德国	909
加拿大	1015
英国	1043
法国	884
瑞典	998

图 7-5　1990 年欧洲和英语国家的婚姻代谢

类似的趋势在未婚同居的进退方面也很明显。无论是结婚还是未婚同居，美国人在结合关系中的转变似乎要多得多。根据 20 世纪 90 年代中期的一项调查，瑞典有 5% 的女性在 35 岁前就经历过三次或更多的结合（婚姻或同居关系）。在欧洲其他地区，这一比例为 1% 至 3%。（Fürnkranz-Prskawetz and others, 2003）但在美国，根据 1995 年的一项调查，35 岁的女性中有 9% 的人经历过三

[①] 史可恩和威尼克（Schoen and Weinick）利用生命表计算来确定美国男性和女性的结婚和离婚概率。不幸的是，其他国家只有总结婚率和总离婚率可用。因此，我根据 1990 年公布的特定时间段的离婚率计算出了美国的总离婚率。然后将美国和图 7-4 所示的其他国家的总初婚率和总离婚率相加。虽然这一程序不如使用生命表生成的比例准确，但这种差异不大可能改变图中各国的相对位置。
[②] 严格来讲，应该统计初婚者的总离婚率（而不包括再婚者），但现有的数据不允许这样的精确度。

次或三次以上的结合，几乎是瑞典的两倍，也远高于其他欧洲国家。① 到2002年，美国的这一比例攀升至12%。② 没有其他任何一个国家有如此高水平的多婚和同居。

因此，与欧洲孩子相比，美国孩子更有可能在生活安排方面经历多次转变。另一项使用20世纪90年代中期相同比较数据的研究报告称，12%的美国孩子在15岁前曾与3对或3对以上的父母伴侣生活在一起，而这一比例在瑞典仅为3%，位居第二。（Heuveline, Timberlake, and Furstenberg, 2003）随着伴侣关系的转变，孩子们会经历一段生活在单亲家庭中的时光。尽管总体而言，美国孩子在成长过程中比其他地方的孩子更有可能生活在单亲家庭中，但这一趋势会因社会阶层而异。萨拉·麦克拉纳汉（Sara McLanahan）比较了母亲受教育程度较低或中等的孩子的情况。她的研究表明，美国孩子在15岁前与单亲母亲生活在一起的可能性比几个欧洲国家的孩子大得多。但在母亲受过高等教育的孩子中，跨国差异并没有那么明显。（McLanahan, 2004）

导致美国单亲家庭盛行的另一个原因是未婚、非同居女性的生育率相对较高，约为20%。（Bumpass and Lu, 2000）③ 在大多数未婚生育普遍的发达国家中，更多的未婚母亲与孩子的父亲生活在一起。事实上，近几十年来，欧洲未婚生育的增加在很大程度上反映了同居伴侣的生育情况，而不是单身父母的生育情况。（Kiernan, 2001）如前所述，美国也出现了类似的同居伴侣生育趋势，但这种做法在美国仍不如在很多欧洲国家普遍。

经济更不平等

与其他大多数发达国家的儿童相比，美国儿童在经济福利方面的不平等程度更大。最近的一项研究报告称，美国最低10%和最高10%儿童家庭的现金收入差距比其他12个发达国家还要大。（Osberg, Smeeding and Schwabish, 2004）美国排名靠后的原因是单亲家庭的生育率较高，离婚率也较高。但即使只比较生活在单亲家庭的儿童，美国儿童的相对生活水平也是最低的。例如，

---

① 作者的数据基于1995年美国全国家庭增长调查微数据文件。
② 作者的数据基于2002年美国全国家庭增长调查微数据文件。
③ 大约三分之一的孩子是由未婚妈妈生的，邦帕斯和卢报告说，1995年大约60%的未婚妈妈没有同居伴侣。

一项比较研究报告显示，美国60%的单亲母亲家庭贫困[1]，而加拿大为45%，英国为40%，法国为25%，意大利为20%，美国为5%，瑞典为5%。（Bradbury and Jäntti, 2000）造成这种差异的原因是单亲父母收入的差距和政府现金支出的慷慨程度不同。换句话说，单亲家庭比例高导致美国的贫困率更高，但其他国家通过社会福利支出和对就业父母的支持（如儿童保育），为单亲家庭提供了更好的补偿。

对同性伴侣关系的争议更多

与美国相比，其他发达国家对同性伴侣关系的态度往往更加开放。比利时和荷兰这两个欧洲国家已将同性婚姻合法化。到2005年，加拿大七个省的法院已经裁定，将婚姻限制在异性伴侣之间的法律具有歧视性，加拿大联邦政府提出了一项法案：在全国范围内合法化同性婚姻。其他很多发达国家，包括所有斯堪的纳维亚国家和德国，已经修改了家庭法，在法律上承认同性伴侣关系。（Kertzer and Barbagli, 2003: vi–xliv, 114–151）

法国于1999年颁布了稍有差异的同居伴侣关系，即公民团结互助协议（pacte civil de solidarité, PACS）。该立法最初是为了应对艾滋病流行病给同性伴侣带来的负担，但并不局限于同性伴侣关系。（Martin and Théry, 2001）事实上，选择这种方式的异性伴侣可能比同性伴侣更多。（Festy, 2001）PACS并未提供婚姻的所有法律利益。同性伴侣关系在法律上被视为两个人通过协商而私下签订的合同，除非他们有孩子，否则会被视为法律意义上的个体。即使他们有孩子，合同也不要求一方在离婚后赡养另一方，法官也不愿意授予他们共同监护权。此外，同性PACS中的个人无权领养孩子或使用体外受精等生殖技术。

在大多数情况下，欧洲的婚姻问题不如北美关于同性伴侣关系的争论那么突出。到目前为止，英国还没有出现支持同性婚姻的严肃运动。（Eekelaar, 2003）法国的争论与该国面向儿童的社会政策一致，重点关注伴侣子女的亲属权利和关系，而不是伴侣的法律形式是否应该包括婚姻。（Fassin, 2001）2004年，法国贝格勒市的市长主持了一对同性恋夫妇的婚礼，从而轰动一时——类似于美国旧金山颁发同性结婚证后的情形。但在法国和欧洲的其他地方，婚姻

---

[1] 贫困被定义为家庭收入低于所有家庭收入中位数的一半。

在同性伴侣关系中的政治地位仍然没有在北美那么重要。

婚姻转型

婚姻仍然是美国家庭体系的重要组成部分，尽管其主导地位已经减弱。与其他发达国家相比，美国人对婚姻的支持度似乎更加强烈，可能结婚的成年人比例也更高——但是，他们离婚的倾向也更高。越来越多的同性恋运动人士争辩说他们也应该被允许结婚，并取得了一些成功。即使是贫困和接近贫困线的美国人（统计数据显示他们结婚的可能性较小），也将婚姻视为一种理想。但是，当代的理想与过去的理想有两个重要的不同之处。

当代理想

首先，美国现在的婚姻比以往任何时候都更加随意。直到最近，家庭的形成很少发生在婚姻之外。现在，人们比以往任何时候都可以更广泛地选择是自己生孩子、同居还是结婚。美国的穷人和工薪阶层将生育和结婚的时间彻底分开，很多年轻人在结婚多年前就有了孩子。按照目前的速度，三分之一的非裔美国人可能永远不会结婚。可以肯定的是，单亲家庭的增加在一定程度上看似反映了有孩子的同居夫妇数量的增加，但这些同居关系往往并不稳定。婚姻在多久后成为现实，在很大程度上取决于一个人的种族、民族或社会阶层。例如，非裔美国人和受教育程度较低的美国人，仍然高度重视婚姻，但相较于白人和受教育程度较高的美国人，他们结婚的频率就要低一些。

其次，如今婚姻的回报更加个性化。对很多人来说，已婚与其说是一种成人必需的角色，不如说是一种个人成就，一种成功的、自我发展的象征。如果夫妻得到的个人回报看起来不够，他们往往更容易解除婚姻关系。相反，婚姻不太以孩子为中心。如今，除大萧条时期外，美国已婚夫妇生育孩子的数量比历史上任何时期都要少。

然而，婚姻的变化不仅仅源于文化。男人必须能够提供稳定的收入才能被视为具有良好的婚姻前景，这仍然是一种常态。他不再需要赚取养活全家人的收入，但他必须做出可观的、稳定的贡献。未受过大学教育的年轻男性，在劳动力市场上的地位逐步下降，他们在婚姻市场上的吸引力也随之下降。他们的很多潜在伴侣在刚刚成年时就选择婚外生子,而不是等待配偶的那种难以捉摸的承诺。此外,避孕药引入和堕胎合法化的后果是,年轻男女早在考虑结婚前就有性生活。

如果从国际视野看待美国的家庭制度,会发现其最显著的特点是多次进退婚姻和同居关系。与欧洲人相比,美国人在一生中更有可能经历多次结合。此外,美国的同居关系仍然相当短暂,持续时间的中位数(直到结婚或分手)约为1年。在瑞典和法国,同居关系的平均持续时间约为4年,而在其他多数欧洲国家,同居关系的平均持续时间为2年或更长。(Kiernan, 1999)所有这一切都意味着,与其他任何发达国家的孩子相比,美国孩子的生活安排可能面临着更大的不稳定性。最近的研究表明,无论开始和结束时的构型如何,家庭结构的变化都可能给儿童带来问题。(Wu and Martinson, 1993; Najman and others, 1997)其中一些较为明显的问题可能反映了先前就存在的家庭困难,但在不稳定和孩子的困境之间可能存在某种因果关系。如果是这样,过去几十年持续增加的不稳定性则是一个令人担忧的趋势,但没有得到应有的重视。

积极的发展

这并不是说美国所有的婚姻发展趋势都对孩子有害。那些与父母双亲或一个受过良好教育的父亲或母亲生活在一起的孩子,可能比几十年前的同类孩子表现得更好。如前所述,双职工家庭的收入增长更快,受过大学教育的家庭的离婚率可能有所下降。此外,双亲家庭的孩子与父母相处的时间有增无减,单亲家庭的孩子与父母相处的时间没有变化,尽管母亲在外工作的时间有所增加。(Sandberg and Hofferth, 2001)职业母亲似乎通过减少家务和休闲来弥补在外度过的时间——对于已婚女性来说,依靠丈夫完成家务方面有了适度但显著的增加——留出和孩子们相处的时间。(Bianchi, 2000)

与此同时,生育率的下降意味着家庭中争夺父母注意力的孩子越来越少。中产阶层父母往往会采用社会学家安妮特·拉里奥(Annette Lareau)所说的"协同培养"的密集育儿方式:参与有组织的活动和亲子讨论,以提高孩子的才能、观点和技能。(Lareau, 2003)尽管一些社会评论家谴责这种养育方式,但中产阶层的孩子获得了在高等教育和劳动力市场上对他们有价值的技能。他们学习如何与专业人士和其他处于权威地位的成年人交流,并发展出一种自信的互动方式，即拉里奥所说的"一种新兴的权利意识"，而工人阶层和下层的年轻人则发展出"一种新兴的约束意识"。

婚姻和公共政策

婚姻在美国一直比在很多欧洲国家更加牢固，因此，相较于后者，美国的社会福利政策更关注婚姻。乔治·布什政府倡导"促进婚姻"项目，认为这是最有希望帮助家庭的方式。但没有一个欧洲国家推行过类似的政策举措。此外，相较于欧洲大部分国家，美国更关注同性婚姻问题。公共政策对婚姻的重视反映了美国的历史和文化。建立在支持婚姻基础上的政策很可能会受到美国选民的欢迎，因为它们与美国的价值观一致。无论父母的婚姻状况如何，欧洲在儿童身上的公共支出更为慷慨，其根源在于对人口增长缓慢的担忧，而这种担忧在美国未有如此强烈。这种对单亲家庭的公共支出也反映出宗教在欧洲的影响力较小。因此，可以理解的是，美国立法者希望通过家庭政策的新倡议斩获民众的支持，因而可能会转向以婚姻为基础的项目。

美国人虽然对婚姻的重视程度相对较高，但与此同时，美国的家庭却不稳定，而且存在大量的单亲家庭。这也是美国文化遗产的一部分。自19世纪中叶以来，美国的离婚率似乎一直高于欧洲的大部分国家。（Therborn, 2004）

鉴于这种具有象征意义的美国模式，即高结婚率和高离婚率、短期同居及未婚生育，因此期待立法者能够将美国的多重结合和单身父母的比例降低到欧洲的典型水平，无疑是不现实的。可以说，过分依赖面向婚姻的家庭政策，将无法帮助那些注定要生活在单亲家庭或同居家庭的孩子。很多孩子在全部或部分的成长过程中，生活在单亲家庭和同居父母的家庭中，因此在经济上一直处于劣势地位。只有向贫困家庭提供援助，而不论其家庭结构如何，才能真正帮助这些家庭。但无论是对现金福利的普遍蔑视，还是1996年福利改革法案的受欢迎程度，都表明此类政策在美国不太受欢迎。此外，美国的一些立法者担心，不考虑伴侣关系而支持所有父母的项目，可能会削弱人们结婚的动力。[1]

---

[1] 类似于大卫·埃尔伍德（David Ellwood）所说的"援助家庭结构难题"。

（Ellwood, 1988）立法者面临的困境是，如何在以婚姻为基础的项目和与婚姻无关的项目之间做出取舍。要为美国儿童提供充分的支持，无疑需要在两者之间保持谨慎的平衡。

参考文献

Bean, Frank D. and Marta Tienda. 1987. The Hispanic Population of the United States, New York: Russell Sage Foundation.

Bianchi, Suzanne M. 2000. "Maternal Employment and Time with Children: Dramatic Change or Surprising Continuity?", Demography, 37.

Black, Dan and others. 2000. "Demographics of the Gay and Lesbian Population in the United States: Evidence from Available Systematic Data", Demography, 37.

Bradbury, Bruce and Markus Jäntti. 2000. "Child-Poverty across the Industrialized World: Evidence from the Luxembourg Income Study", in Child Well-Being, Child Poverty and Child Policy in Modern Nations: What Do We Know? edited by Koen Vleminckx and Timothy M. Smeeding, Bristol: Policy Press.

Bramlett, Matthew and William D. Mosher. 2002. Cohabitation, Marriage, Divorce and Remarriage in the United States, series 22, no. 2, U.S. National Center for Health Statistics, Vital and Health Statistics.

Bumpass, Larry L. and Hsien-Hen Lu. 2000. "Trends in Cohabitation and Implications for Children's Family Contexts in the United States", Population Studies, 54 .

Burgess, Ernest W. and Harvey J. Locke. 1945. The Family: From Institution to Companionship, New York: American Book Company.

Carlson, Marcia, Sara McLanahan, and Paula England. 2004. "Union Formation in Fragile Families", Demography, 41.

Casper, Lynne and Suzanne M. Bianchi. 2002. Continuity and Change in the American Family, Thousand Oaks, CA: Sage.

Cherlin, Andrew J. 2004. "The Deinstitutionalization of American Marriage", Journal of Marriage and the Family, 66.

Cherlin, Andrew. 1992. Marriage, Divorce, Remarriage, Harvard University Press.

Cott, Nancy. 2000. Public Vows: A History of Marriage and the Nation, Harvard University Press.

Davie, Grace. 2001. "Patterns of Religion in Western Europe: An Exceptional Case", in The Blackwell Companion to the Sociology of Religion, edited by Richard K. Fenn, Oxford: Blackwell.

Eekelaar, John. 2003. "The End of an Era?" Journal of Family History, 28.

Ellwood, David T. 1988. Poor Support: Poverty and the American Family, New York: Basic Books.

Ellwood, David and Christopher Jencks. 2004. "The Uneven Spread of Single-Parent Families: What Do We Know? Where Do We Look for Answers?" in Social Inequality, edited by Kathryn M. Neckerman, New York: Russell Sage Foundation.

Fassin, Eric. 2001. "Same Sex, Different Politics: 'Gay Marriage' Debates in France and the United States", Popular Culture, 13.

Festy, Patrick. 2001. "The 'Civil Solidarity Pact' (PACS) in France: An Impossible Evaluation", Population et Sociétés, 369.

Fürnkranz-Prskawetz and others, Alexia. 2003. "Pathways to Stepfamily Formation in Europe: Results from the FFS", Demographic Research, 8.

Ginsborg, Paul. 2003. "The Family Politics of the Great Dictators", in Family Life in the Twentieth Century, edited by David I. Kertzer and Marzio Barbagli, Yale University Press.

Goldstein, Joshua R. and Catherine T. Kenney. 2001. "Marriage Delayed or Marriage Forgone? New Cohort Forecasts of First Marriage for U.S. Women", American-Sociological Review, 66.

Gören Therborn. 2004. Between Sex and Power: Family in the World, 1900–2000, London: Routledge.

Gutman, Herbert G. 1976. The Black Family in Slavery and Freedom, 1750–1925, New York: Pantheon.

Hernandez, Donald J. 1993. America's Children: Resources from Family, Government, and Economy, New York: Russell Sage Foundation.

Heuveline, Patrick Jeffrey M. Timberlake, and Frank F. Furstenberg. 2003. "Shifting Childrearing to Single Mothers: Results from 17 Western Countries", Population and Development Review, 29.

Inglehart, Ronald and others. 2004. Human Beliefs and Values: A Cross-Cultural Soureebook Based on the 1999–2002 Values Surveys, Mexico City: Siglo Veintiuno Editores.

John F. Sandberg and Sandra D. Hofferth. 2001. "Changes in Children's Time with Parents, U.S. 1981–1997", Demography, 38.

Jones, Jacqueline. 1985. Labor of Love, Labor of Sorrow: Black Women and the Family from Slavery to the Present, New York: Basic Books.

Kertzer, David I. and Marzio Barbagli. 2003. Family Life in the Twentieth Century, Yale University Press.

Kiernan, Kathleen. 1999. "Cohabitation in Western Europe", Population Trends, 96.

Kiernan, Kathleen. 2001. "European Perspectives on Nonmarital Childbearing", in Out of Wedlock: Causes and Consequences of Nonmarital Fertility, edited by Lawrence L. Wu and Barbara Wolfe, New York: Russell Sage Foundation.

Klaus, Alisa. 1993. "Depopulation and Race Suicide: Maternalism and Pronatalist Ideologies in France and the United States", in Mothers of a New World: Maternalist Politics and the Origins of the Welfare State, edited by Seth Koven and Sonya Michel, New York: Routledge.

Lareau, Annette. 2003. Unequal Childhoods: Class, Race, and Family Life, University of California Press.

Lesthaeghe, Ron J. 1977. The Decline of Belgian Fertility, 1800–1970, Princeton University Press.

Lichter, Daniel T., Diane K. McLaughlin, and David C. Ribar. 2002. "Economic Restructuring and the Retreat from Marriage", Social Science Research, 31.

Lipset, Seymour Martin. 1990. "American Exceptionalism Reaffirmed", Tocqueville Review, 10.

Mare, Robert D. and Christopher Winship. 1991. "Socioeconomic Change and the Decline in Marriage for Blacks and Whites", in The Urban Underclass, edited by Christopher Jencks and Paul Peterson, Brookings.

Martin, Claude and Irène Théry. 2001. "The Pacs and Marriage and Cohabitation in France", International Journal of Law, Policy and the Family, 15.

Martin, Steven P. 2004. "Growing Evidence for a 'Divorce Divide'? Education and Marital Dissolution Rates in the U.S. since the 1970s", Working Paper on Social Dimensions of Inequality, New York: Russell Sage Foundation.

McLanahan, Sara. 2004. "Diverging Destinies: How Children Are Faring under the Second Demo- graphic Transition", Demography, 41.

Morgan, S. Philip and others, "Racial Differences in Household and Family Structure at the Turn of the Century", American Journal of Sociology, 98.

Najman, Jake M. and others. 1997. "Impact of Family Type and Family Quality on Child Behavior Problems: A Longitudinal Study", Journal of the American Academy of Child and Adolescent Psychiatry, 36.

Osberg, Lars Timothy M. Smeeding, and Jonathan Schwabish. 2004. "Income Distribution and Public Social Expenditure: Theories, Effects, and Evidence", in Social Inequality, edited by Kathryn M. Neckerman, New York: Russell Sage Foundation.

Richer, Elise and others. 2003. Boom Times a Bust: Declining Employment among Less-Educated Young Men, Washington: Center for Law and Social Policy.

Rodgers, W. C. and A. Thornton. 1985. "Changing Patterns of First Marriage in the United States", Demography, 22.

Sawhill, Isabel and Laura Chadwick. 1999. Children in Cities: Uncertain Futures, Brookings.

Schoen, Robert and Robin M. Weinick. 1993. "The Slowing Metabolism of Marriage: Figures from 1988 U.S. Marital Status Life Tables", Demography, 39.

Susan Pedersen. 1993. Family, Dependence, and the Origins of the Welfare State: Britain and France, 1914–1945, Cambridge University Press.

Tocqueville, Alexis de. 1994. Democracy in America, vol. 1, New York: Knopf, Everyman's Library.

Tucker, M. Belinda. 2000. "Marital Values and Expectations in Context: Results from a 21-City Survey", in The Ties That Bind: Perspectives on Marriage and Cohabitation, edited by Linda J. Waite, New York: Aldine de Gruyter.

U.S. Bureau of the Census. 2001. "Detailed Living Arrangements of Children by Race and Hispanic Origin, 1996".

U.S. Bureau of the Census. 2003. "Married-Couple and Unmarried-Partner Households: 2000", Government Printing Office.

U.S. Bureau of the Census. 2003. "Percent of People 25 Years Old and Over Who Have Completed High School or College, by Race, Hispanic Origin and Sex: Selected Years 1940 to 2002", table A-2.

U.S. National Center for Health Statistics. 1997. "Fertility, Family Planning, and Women's Health: New Data from the 1995 National Survey of Family Growth", Vital and Health Statistics 23, no. 19.

U.S. National Center for Health Statistics. 1999. "Number and Percent of Births to Unmarried Women, by Race and Hispanic Origin: United States, 1940–99", Vital Statistics of the United States, 1999, vol. 1.

U.S. National Center for Health Statistics. 2002. "Births: Final Data for 2000", National Vital Statistics Report 50, no. 5, Government Printing Office.

U.S. National Center for Health Statistics. 2003. "Births: Preliminary Data for 2002", National Vital Statistics Report 53, no. 9.

U.S. National Center for Health Statistics. 2003. "Revised Birth and Fertility Rates for the 1990s and New Rates for the Hispanic Populations, 2000 and 2001: United States", National Vital Statistics Reports 51, no. 12, Government Printing Office.

Whitehead, Barbara Dafoe and David Popenoe. 2001. "Who Wants to Marry a Soul Mate?" in The State of Our Unions, The National Marriage Project, Rutgers University.

Wilson, William J. 1987. The Truly Disadvantaged: The Inner City, the Underclass, and Public Policy, University of Chicago Press.

Winston, Pamela and others. 1999. "Welfare, Children, and Families: A Three-City Study Overview and Design".

Wu, Lawrence L. and Brian C. Martinson. 1993. "Family Structure and the Risk of Premarital Birth", American Sociological Review, 59.

阅读 8　婚姻的基础：婚姻生活的成败

阿琳·斯科尔尼克

> 一男一女"至死不渝"的家庭在很大程度上已经让位于试婚。
>
> ——昌西·J. 霍金斯（Chauncey J. Hawkins, 1907）

> 婚姻已普遍陷入可怕的耻辱中。
>
> ——马丁·路德（Martin Luther, 1522）

1986年6月2日，《新闻周刊》基于一项研究讲述了一个封面故事：40岁以上的女性"被恐怖分子杀害"的概率比结婚的概率更大。这个故事引发了一场媒体"闪电战"，并在单身女性中掀起了一波恐慌和焦虑的浪潮。然而，在愤怒平息之后，有研究人员最终指出，《新闻周刊》所依据的研究只是根据前几代女性的婚姻趋势来预测当今未婚女性的未来，因此存在严重缺陷。

1999年夏天发布了另一份婚姻状况的惊人报告（National Marriage Project, 1999）。其中的附件A是一项发现，讲的是从1960年到1990年之间，年轻人的结婚率下降了23%。该"发现"虽被广为宣传，但必须再次加以纠正。主要问题在于，它将1960年至1996年间年仅15岁的青少年统计为"年轻人"。与20世纪90年代或美国历史上任何时期相比，20世纪50年代的青少年结婚的可能性都要大得多。

美国历史上多次宣告婚姻的死亡，但在21世纪的头几年，婚姻制度仍然存在。尽管今天的离婚率很高，且存在单亲家庭的增加以及其他趋势，但美国在发达工业国家中，结婚率最高。根据人口普查局的估计，大约90%的美国人最终会结婚。

高结婚率和高离婚率的组合看似矛盾，但实际上代表了同一枚硬币的两面：伴侣之间情感关系的重要性。早些年，为爱结婚并不是什么新鲜事，但其他更实际的考虑通常排在第一位——经济安全、地位以及父母和亲属的利益。

即使在20世纪50年代，即婚姻"和睦"理念的鼎盛时期，研究人员也发现所谓的"空壳"或"分离"婚姻已经非常普遍。这些夫妻虽然生活在同一个屋檐下，但彼此之间似乎很少或根本没有情感联系。其中一些人认为他们的婚姻很幸福，但其他人，尤其是女性，却生活在无声的绝望之中。

如今的夫妻对婚姻抱有更高的期望。在20世纪50年代到70年代之间，作为所谓的"心理革命"的一部分，美国人对婚姻的态度发生了巨大的变化，换言之，人们对婚姻、父母身份和生活方式的看法发生了转变。（Veroff, Douvan, and Kulka, 1981）1957年，人们根据伴侣在婚姻中履行社会角色的程度来评判自己和伴侣：他是一个好的供给者吗？她是一个好的家庭主妇吗？

到20世纪70年代，人们变得更加注重心理感受，希望在婚姻中寻求情感上的温暖和亲密。为什么会发生这种转变？这实际上与更高的教育水平有关。20世纪50年代，人们发现，为数不多的受过大学教育的美国人，在处理人际关系时往往会使用心理学方法。到20世纪70年代，正如作者所说，看待婚姻和家庭生活的心理学方法已经变成了一枚"普通的硬币"。

在当今这个时代，离婚已不再是耻辱，是否保持婚姻状态已像结婚一样，成为一种选择。如此，一段充满爱和回报的关系成为婚姻成功的黄金标准也就不足为奇了。尽管知道统计数据，但很少有夫妻会在结婚的时候就期待自己的婚姻走向破裂。那婚姻关系是如何变得不快乐的？幸福的新婚夫妻变成情感陌生人的过程是什么？在本文的以下部分，我将基于其他人为回答这些问题而掌握的知识探讨婚姻。

过去和现在对婚姻的研究

近年来，对夫妻关系的研究取得了长足的进展。直到20世纪70年代，才出现了很多关于婚姻"调整""幸福""成功""满意度"的研究。这类研究通常是基于大型的调查，并综合其他特征，考察人们对自己婚姻幸福度的评价。其中最重要的特征是人口因素，如职业、教育、收入、结婚年龄、宗教参与等，但相关调查很少从理论上阐明这些特征与婚姻幸福度之间的联系。

使用自我报告的评级来研究婚姻往往饱受批评。一些研究人员认为，婚姻幸福的概念极其模糊；其他人则质疑只是简单地要求人们对自己的婚姻评价是否有效。但这些早期的研究存在更深层次的问题：即使是最好的自我报告措施，也很难捕捉到婚姻生活的私人心理社会剧场中发生的事情。

20世纪70年代，新一波的婚姻研究浪潮开始打破婚姻隐私的壁垒。心理学家、临床医生和社会科学家通过单向镜，开始在实验室和诊所中观察家庭成员之间的互动。新的录像技术使得保存这些互动以供日后分析成为可能。行为治疗师和研究人员开始撰写论文，描述幸福和不幸福夫妻的行为。与此同时，社会心理学家开始研究各种各样的亲密关系。

在此期间，我开始了自己的婚姻研究之旅，研究对象是曾经参与过加州大学伯克利分校人类发展研究所（the Institute of Human Development, IHD）纵向研究的夫妇。其中一名成员从小就参与了这项研究，他们出生于1921年或1928年。每对配偶都在1958年接受了深度采访，这些研究对象当时的年龄为30或37岁。他们于1970年和1982年再次接受了采访。

这些纵向数据虽然非常丰富，但没有包括对配偶互动的观察，事实上，观察配偶互动的研究方法直到几十年前才出现。另外，这种新的婚姻观察性研究，很少像纵向研究那样，包含关于夫妻生活的深入材料。在我看来，如果成本不是问题，理想的婚姻研究不仅应该包含观察和访谈数据，而且应该包含夫妻家庭生活的某种民族志。几年前，我有机会参与了一个小型项目，研究警察的婚姻状况。稍后我将对此进行探讨。

新一波的研究揭示了婚姻中很多复杂的情感动态。这些研究最有用的或许是，它们表明一些关于夫妻关系的普遍看法实际上是不正确的。但是还有很多东西需要学习。迄今为止还没有出现宏大的婚姻理论，没有一条了解婚姻状况的捷径，也没有一种万能的婚姻成功处方。但我们对婚姻（和类似婚姻的）关系有了一些重要的认识。在研究夫妻的不同方法中，似乎出现了惊人的一致结果。以下是其中的一些观点。

走向更好和更坏

社会学家杰西·伯纳德（Jessie Bernard）认为，每段婚姻都包含两种婚姻，即丈夫的婚姻和妻子的婚姻（1972）；同时，丈夫的婚姻比妻子的婚姻好。伯纳德的说法一直备受争议，但总的来说，她的观点一直以来都是站得住脚的，即丈夫和妻子对婚姻有不同看法。

除了性别差异，婚姻关系似乎还可以用另外一种方式划分：每一段婚姻都包含好的婚姻和坏的婚姻。对婚姻质量的早期研究假设，所有的婚姻都可以按照满意度、适应度或幸福度的单一维度排列——幸福的夫妻处于一端，不幸福的夫妻处于另一端，而大多数夫妻介于两者之间。

最近，婚姻研究人员发现，我们需要从两个不同的维度来衡量一段关系的质量：一个是积极的维度，另一个是消极的维度。婚姻幸福的关键是在好的婚姻和坏的婚姻之间取得平衡。在使用不同方法的研究中，这一结果无疑以不同的方式出现。

在我自己的研究中，我从伯克利纵向研究的夫妻中同样看到了"好婚姻—坏婚姻"现象（Skolnick，1981）。首先，我们根据每对配偶对婚姻的评价，并结合单独会见他们的临床采访者的评价，确认了每对夫妻从高到低的婚姻满意度。后来我们检查了临床访谈的记录，看看在婚姻质量方面得分高低不同的夫妻如何描述他们的婚姻。在采访过程中，每个人都被问及他或她对这段关系的满意和不满意之处。

出乎意料的是，如果只看那些不满意的陈述，我们很难区分幸福的已婚人士和不幸福的已婚人士。幸福的夫妻中没有一个没有抱怨或烦恼。一位丈夫长篇大论描述了他的妻子是一个多么糟糕的家庭主妇。在排名最高的婚姻之中，有位妻子说他们有过"无声的争论"，也就是不和对方说话，这种情况持续了大约一周。"人们总是说你们应该通过交流解决分歧，"这位妻子说，"但这在我们家根本行不通。"

只有在对婚姻满意度的描述中，才出现了这种对比。幸福的夫妻描述了亲密、深情且通常浪漫的关系。一位男士在结婚近 30 年后说："我的眼里仍然有星星。"一位女士说："每天晚上我都迫不及待地等他回家，有他在身边真是太棒了。"

戈特曼（Gottman）、莱文森（Levenson）和他们的同事对婚姻互动进行了广泛的研究，从而为这种好/坏婚姻模式提供了最为系统的证据。他们的研究基于对实验室环境中夫妻讨论的录像进行的观察。这些深度研究不仅记录了面部表情、手势和语气，还监测了心率和其他压力生理指标。

令人惊讶的是，这些研究并未证实愤怒往往会导致婚姻破裂这一普遍观点。预测婚姻危机和最终离婚的指标，反而是那些高水平的生理激发，如夫妻互动中的压力，争吵强度趋向升级，一方试图"弥补"并结束争吵而另一方却倾向于继续争吵。

如前所述，婚姻成功的关键因素不是愤怒的次数或婚姻关系中的其他负面情绪——没有婚姻总是一帆风顺或高歌凯进的，而是正、负面情绪和行为之间的平衡。事实上，戈特曼准确评估了成功婚姻中的这一比例——五比一。换句话说，"好的"婚姻必须比"坏的"婚姻好五倍。

"好的"婚姻就像一个存储正面情绪的水库，可以防止争论升级甚至失控。几乎在每一个婚姻和家庭中，"情感冲突"都在不断爆发。这些冲突之火是否会演变成一场大型火灾，取决于好婚姻与坏婚姻之间能否取得平衡。

戈特曼确定了一组包含四种行为的模式，并将其称作"大灾难中的四骑士"。这组行为模式表明了婚姻破裂不断升级的迹象：首先是批评（不仅仅是抱怨某个具体行为，而且是谴责配偶的整体性格）；接着是蔑视（侮辱、辱骂、嘲弄）；然后是防御（每个配偶都感到被对方伤害、虐待和误解）；最后是拖延（一方或双方陷入沉默并回避）。

托尔斯泰错了：美满的婚姻并非都一样

正如我们所见，理解婚姻最常见的方法是将婚姻幸福的评级与其他变量相关联。但是，对变量的关注掩盖了大量的个体差异。然而，多年来有一些研究着眼于特定满意度水平上婚姻之间的差异。第一个是 1965 年发表的一项被广泛引用的研究。约翰·库伯（John Cuber）和佩吉·哈罗夫（Peggy Harroff）就生活和婚姻问题，采访了 437 名中上阶层的成功男女。这些人与配偶结婚至少有 15 年，并称其对婚姻感到满意。然而，作者发现，在这些稳定、满足的上流社会夫妇中，婚姻风格存在着巨大的差异。

样本中只有六分之一的婚姻符合婚姻的应有形象——他们的婚姻是一种建立在爱和友谊的强烈情感纽带上的关系。然而，其他大多数人并不符合所谓的理想模式。有些夫妻"习惯了冲突"，即戏剧、电影和电视中经常描绘的争吵、争斗的夫妻。然而，他们对自己的婚姻很满意，并没有把争吵定义为一个问题。

第二种是"死气沉沉的"婚姻关系。刚开始的时候，他们的关系很亲密、很有爱，但随着时间的推移，他们却渐行渐远。在第三种"被动意气相投"的关系中，伴侣们从一开始就不相爱，情感上也不亲密。对这些夫妻来说，婚姻只是一种舒适便捷的生活方式，让他们可以自由地将精力投入到自己的事业或其他兴趣上。

对婚姻类型的最新研究出自上述约翰·戈特曼（John Gottman）及其同事之手。除了识别后期婚姻问题和离婚的早期预警信号外，戈特曼还发现，幸福、成功的婚姻并非都一样。此外，他还发现，很多关于婚姻的传统智慧都具有误导性。

例如，婚姻顾问和关于婚姻的流行作品，经常提倡戈特曼所说的"认可"或"积极倾听"模式。他们建议，当夫妻之间出现分歧时，应该像治疗师与客户交谈那样相互沟通。例如，妻子应该以"我"的形式直接向丈夫表达她的抱怨："我觉得你没有做你应该做的家务。"然后他应该冷静地回应她所说的话，并对她的感受表示理解："你看上去很不高兴。"

令他们惊讶的是，戈特曼和他的同事发现，很少有夫妻关系真正符合这种治疗上核准"认可"的婚姻模式。像库伯和哈洛夫（Cuber and Harroff）一样，他们发现，即使吵架，人们也可以幸福地维持婚姻生活；戈特曼将这种关系称作"不稳定的"婚姻。相反的极端是"回避型"夫妻，他们不争论甚至不谈论他们的冲突。这些幸福的夫妻也有违我们的传统智慧，即"沟通"在婚姻中非常重要。

我在研究中也发现，接受纵向研究的夫妇之间存在很大差异。除了代表所有幸福夫妻的深厚友谊，他们在很多其他方面也有所不同。有些人几乎每天24小时腻在一起，有些人则各走各的路，独自去参加聚会或享受周末。有些人在性别模式上非常传统，有些人则主张平等。有些人在情感上与他们的亲戚非常亲近，有些人则很疏远。有些人的朋友圈很广，有些人则是实际上的隐士。

他们可能来自幸福的家庭，也可能来自不幸福的家庭。在一对最幸福的婚姻中，妻子与其父亲的关系非常紧张；她从小就"讨厌男人"，并打算永远不结婚。她的丈夫也在一个不幸福的家庭中长大，父母最终走向了离婚。简而言之，如果婚姻的情感核心是好的，那么夫妻选择什么样的生活方式似乎无关紧要。

婚姻是一部电影，而不是一张快照

古希腊哲学家赫拉克利特（Heraclitus）曾经说过，你永远不能两次踏入同一条河流，因为河流总是在流动。婚姻也是如此。各种研究表明，即使在相对较短的时间内，婚姻和家庭的互动方式和情感氛围也会发生变化。即使在对警察夫妇的研究中（稍后将进行更详细的描述），同一段婚姻在实验室观察的不同阶段看起来存在差异，这取决于这些警察每天承受压力的大小。

IHD 的纵向研究使得对同一对夫妇进行长达几十年的跟踪研究成为可能。我们来看看下面的例子，这些例子源于 20 世纪 60 年代和 70 年代初期的前两次成人随访（Skolnick，1981）。

1960 年，当杰克和艾伦 30 岁出头时，他们的婚姻看起来并不乐观。杰克是一个冷漠的丈夫和"作壁上观"的父亲。艾伦因照顾三个小孩而不堪重负，患有多种身体疾病，需要稳定剂量的镇静剂来平息焦虑。然而，十年后，她身体健康，生活愉快，和杰克成为一对温暖、恩爱的夫妻。

1960 年，马丁和朱莉娅还是一对幸福的夫妻。他们有两个心爱的孩子，有活跃的社交生活，还在装修刚买的新房子。马丁期待着一次新的商业冒险。十年后，马丁出现了严重的酗酒问题，这破坏了他们关系的方方面面。朱莉娅认真考虑了离婚的问题，她说这一切都始于马丁生意的失败和最终的破产。

长期观察这些婚姻给我们留下最深刻的印象也许是亲密关系发生巨大变化的潜力。那些早期的采访表明，很多夫妻都有着今天被称为"功能失调"的婚姻。当时，在夫妻双方和采访者看来，问题的根源在于丈夫或妻子或双方的心理问题，或者是他们根本就合不来。

对一些夫妻来说，这样的解释是有效的：在后来的采访中，同样的情感或性格问题清晰可见。然而，有些人离婚后又和更适合的人结婚。一个在情感上似乎一直不成熟的男人终于在他的第三段婚姻中找到了幸福。他娶了一个年轻的女人，她既照顾着他，又是他所说的"心理年龄伴侣"。

尽管 IHD 跟踪的婚姻中有近三分之一最终以离婚告终，但他们跟踪的所有夫妻都是在 20 世纪 70 年代离婚革命之前结婚的，这场革命使得离婚在法律上更容易、更普遍、更为社会所接受。很多不幸福的夫妻维持婚姻的时间足够长，这使得他们能够有机会摆脱早期的困难，或克服最初造成困难的问题。从后期来看，生命中某一时期或某一阶段的婚姻困境似乎源于情境因素：工作上的问题、姻亲或金钱上的麻烦、住房条件差，或者孩子过多、过于拥挤。然而，在这些压力中，人们很容易将问题归咎于丈夫或妻子的基本性格。直到后来，当情况发生变化时，才发现夫妻关系似乎并没有本质上的问题。

影响婚姻的关键事件可能不在婚姻内部

如前所述，纵向数据揭示了婚姻关系中的显著变化，但变好还是变坏，取决于各种各样的生活环境。虽然对于造成婚姻困境的外部因素，现有的研究相对还不够充分，但人们越来越关注工作和工作条件——尤其是工作压力——对家庭生活造成的影响。警察工作是压力最大的职业之一，同时也面临着居高不下的离婚率、家庭暴力和酗酒问题。1997年，罗伯特·莱文森（Robert Levenson）和我参与了加州大学和西海岸城市警察局之间的合作项目（Levenson, Roberts, and Bellows, 1998; Skolnick, 1998）。我们重点关注的是工作压力和婚姻之间的关系。这项小型的探索性研究，对11对夫妻进行了统计分析，但获得了一些惊人的初步发现。

简而言之，莱文森的部分研究着眼于压力对实验室中夫妻互动的影响。他要求每个配偶每天都写一份压力日记，持续30天。在连续4周的时间中，这些夫妻每周一次在工作结束时来到实验室，在此之前他们分开了8个小时。莱文森把他们的互动用录像记录下来，并持续监测每一方的生理反应。

在我参与的部分中，我们使用了IHD临床访谈的改编版，在他们的家中对警察及其妻子进行采访（样本不包括女警察或警察夫妇）。目的是考察他们对警察工作的看法，警察工作对婚姻和整体生活环境造成的影响，以及生活中压力和支持的来源。我发现，这些警察和他们的妻子顶着巨大的困难，努力平衡好他们的工作和家庭生活。警察必须处理那些显而易见的危险和灾难只是压力的一部分；睡眠不足、对部门官僚主义的不满以及设备不足，都是造成巨大压力的因素。

尽管生活艰难，但除了高压的日子外，这些夫妻无论是在家里还是在实验室，似乎都拥有美满的、运行良好的婚姻。莱文森的研究能够检查不同程度的压力对这些夫妻面对面互动造成的直接影响——这是以前从未做过的事情。研究结果令人震惊。丈夫工作压力的变化对夫妻双方的互动和情绪激发的生理指标都有显著的影响。

更令人惊讶的是，表现出压力迹象的不仅有警察，还有他们的伴侣。甚至在他们只是安静地坐着任何一方都没有开口说话之前，这些警察及其配偶就都表现出生理唤醒的迹象。尤其特别的是，双方都存在一种"正面情感系统的瘫痪"（Levenson, Roberts, and Bellows, 1998）。仅仅是观看录像带，你不需要生理测量就能知道发生了什么。丈夫的焦躁不安显而易见，妻子紧张和谨慎的反应也同样如此。妻子们似乎僵在座位上，几乎不能动弹。事实上，仅仅是观看录像带上的伴侣，就足以让观察者感到紧张和不安。

回想一下，这些夫妻在工作压力不大的日子里并没有表现出同样的身体语言。然而，在高压的日子里，这些夫妻会表现出与戈特曼和莱文森在早期研究中所发现的离婚预警信号。"正面情感系统的瘫痪"意味着婚姻中"好的"方面在最需要的时候却无法出现。这样的时刻如果反复出现，甚至会破坏原本美满的婚姻。他们营造了一种情绪氛围，很容易发脾气，可能会说一些伤人的话，问题也得不到解决。警察工作可能是高压职业的一个极端例子，但它远非唯一。不久前，在一名警察家庭发生可怕的家庭暴力事件后，一位纽约专栏作家问道："压力过大的企业高管和压力过大的警察之间有什么区别？"他继续说："那名警察带回家一把上了膛的手枪。"

婚姻可以挽救吗？

婚姻是一种即将消亡的制度这一观念在美国公众心目中非常顽固。政治家和社会批评家，尤其是保守派人士，坚持认为离婚、同居、单亲和其他近期趋势标志着道德的下降和社会结构的瓦解。一些家庭学者同意这些悲观的结论。其他人则认为，婚姻和家庭并没有崩溃，只是变得更加多样化。

还有一种可能性是，美国家庭正在适应新的社会和经济条件，因而正在经历一种文化滞后，这是一段艰难的中间期。虽然家庭外部的世界发生了快速的变化，已朝着更大程度的性别平等迈进，但家庭内部的性别角色变化相对较小。在整个20世纪，学校、企业和其他机构在性别问题上越来越中立。此外，现代民主国家的法律和政治趋势，至少在原则上削弱了性别和其他形式类似种姓不平等的合法性。

可以肯定的是，完全意义上的平等还没有实现。但是，我们已经习惯于在工作场所看到女性，即使是在警察局、军队、国会和最高法院等以前全是男性的机构中。家庭仍然是一个体制，仍然以男女分工和不同的角色为基础。尽管巨大的社会和经济变化已经改变了我们的日常生活，但旧的性别角色仍然深深植根于我们对男性气概和女性气质的文化假设和定义中。与此同时，一种更平等或"对称"的婚姻模式正在努力破茧而出。调查显示，大多数美国人，尤其是年轻人，更喜欢平等而非传统的婚姻。

但是，即使是对那些致力于平等伴侣关系理念的人来说，转变为这种模式也很困难。抚养孩子的困难以及男性在职场上持续的优势，使得除了最敬业的夫妻，其他所有人都难以实现自己的理想。

雪上加霜的是近年来持续发生的经济转变——经济不平等加剧、高薪蓝领工作的消亡以及20世纪50年代"组织人"稳定职业生涯的终结。长时间的工作和工作周取代了朝九晚五的工作模式，从而对人际关系造成了影响。

传统上，婚姻总是与经济机会联系在一起：一个年轻人必须能够养活一个妻子，才会被认为具有结婚的资格。20世纪50年代高结婚率的部分原因是工资上涨和生活成本的相对较低；一个30岁的普通男性可以用不到他工资的20%买一栋中等价位的房子。而今天，婚姻正在成为一种"奢侈品"，一种"拥有"的形式，主要适用于那些已经享有经济优势的人。（Furstenberg, 1996）绝大多数低收入男女都喜欢"奢侈品"模式，但又觉得负担不起。

在婚姻内部，源于性别问题的冲突已成为离婚的主要原因。（Nock, 1999）对20世纪70年代以来已婚夫妇的研究揭示了这些冲突的动态。例如，阿利·霍赫希尔德（Arlie Hochschild）发现，最幸福的婚姻是丈夫承担起"第二班"的责任，即照顾家庭和孩子。另一项最近的研究表明，今天的女性也希望她们的丈夫能够分担婚姻中的情感工作——监督并谈论关系本身；这种"婚姻职业道德"已经出现在自20世纪70年代以来结婚的中产阶层夫妇中，以应对简单且普遍的离婚问题。（Hackstaff, 2000）

支配地位是当今很多婚姻中的另一个痛点。戈特曼和他的同事（Gottman, Coan, Carrere and Swanson, 1998）发现，预测婚姻是否幸福和离婚与否的一个关键因素是丈夫是否愿意接受妻子的影响；但对很多男性来说，失去婚姻中的主导地位并不像是走向平等，而更像是权力的转移，让妻子对他们占据主导地位。对受虐妇女的研究表明，家庭暴力可能是这一常见问题的极端形式——男人试图维护他自认为的特权以支配并控制伴侣。

尽管男性在性别革命中落后，但变化正在发生。今天的男人不再期望在家里像他们的祖父被祖母伺候的那样。中产阶层的标准是要求比上一代人更投入于家庭的父亲。一个男人抱着或背着婴儿的景象已不是什么稀罕事。

总之，今天的婚姻正在经历向新经济和性别关系新秩序的艰难过渡。那些宣扬"家庭价值观"的人需要记住，家庭也是关于"面包和黄油"的问题，而且需要记住必须运用资源来支撑他们的观点。虽然有些人认为平等和稳定的婚姻并不相容，但迄今为止的证据似乎表明了恰恰相反的情景。正如一位治疗师兼作家（Rubinstein，1990）所言：20 世纪的女权主义革命对传统的婚姻模式提出了最有力的挑战。然而矛盾的是，它给予伴侣双方更大的自由，并允许男性接受一些传统的女性价值观，这一点反而强化了婚姻制度。

参考文献

Bernard, J. 1972. The Future of Marriage. New York: Bantam Books.

Furstenberg, F. 1996. The future of marriage. American Demographics (June): 34–40.

Gottman, J. M. and R. W. Levenson. 1992. Marital processes predictive of later dissolution: Behavior, physiology and health. Journal of Personality and Social Psychology, 63: 221–33.

Gottman, J. M., J. Coan, S. Carrere, and C. Swanson. 1998. Predicting marital happiness and stability from newlywed interactions. Journal of Marriage and the Family, 60: 5–22.

Hackstaff, K. 2000. Marriage in a Culture of Divorce. Boston: Beacon Press.

Levenson, R. W., N. Roberts, and S. Bellows. 1998. Report on police marriage and work stress study. Unpublished paper, University of California, Berkeley.

National Marriage Project. 1999. Report on Marriage. Rutgers University. Nock, S. L. 1999. The problem with marriage. Society, 36, No. 5 (July/August).

Rubinstein, H. 1990. The Oxford Book of Marriage. New York: Oxford University Press.

Skolnick, A. 1981. Married Lives: Longitudinal Perspectives on Marriage. In Present and Past in Middle Life, edited by D. H. Eichorn, J. A. Clausen, N. Haan, M. P. Honzik, and P. H. Mussen. New York: Academic Press.

Skolnick, A. 1993. His and Her Marriage in Longitudinal Perspective. In Feminine/Masculine: Gender and Social Change. Compendium of Research Summaries. New York: The Rockefeller Foundation.

Skolnick, A. 1998. Sources and Processes of Police Marital Stress. Paper presented at National Conference on Community Policing. November. Arlington, VA.

Veroff, J. G., E. Douvan, and R. A. Kulka. 1981. The Inner American: A Self-Portrait from 1957–1976. New York: Basic Books.

第五章　离婚与再婚

阅读 9　学术中的离婚与媒体中的离婚

弗吉尼亚·拉特

美国的离婚率并没有从 20 世纪 60 年代就开始上升。我们的离婚统计数据始于 1880 年，从那时起，美国的离婚率在接下来的 80 年里稳步攀升（Ruggles，1997），并在 1960 年到 1980 年间翻了一番。其间，大约有一半的婚姻以离婚收场。自 1980 年以来，美国的离婚率没有太大的变化，一直稳定在 50% 左右。（Goldstein，1999）

因此，离婚是家庭生活中的一个固定因素——也是一个需要了解、解释、分析和解决的"问题"。（Coltrane & Adams，2003）但问题究竟出在哪里？进一步了解离婚以及与离婚相关的研究，有助于阐明提出"离婚理由"的原因。这种对离婚的认识有助于我们了解当代家庭面临的现实。一些将离婚视为问题的观点之所以会出现，主要是因为相关研究未能提出一个简单的问题：离婚是一个问题，但与什么相比？

换句话说，离婚的第一个问题是：在某些情况下，离婚比维持婚姻更好吗？很多研究发现，离婚对成年人和孩子都会造成影响。本文基于三个不同时期的研究进展，证明该问题的答案是肯定的。这三期研究也为我们了解为什么要提出"离婚事件"提供了一个机会。每一期都涉及成对的研究结果。在三期研究中，那些包含比较的研究（分析表明离婚是在已经很糟糕的情况下最常做出的选择）与那些没有提供比较的研究形成了对比。本文对三期研究的讨论也对离婚事件的媒体报道进行了描述。

第二个相关的问题是：作为自由民主的一部分，我们是否有理由重视离婚？离婚的历史与个人权利的历史齐头并进，在我们的整个历史中，这些权利改善了女性、少数民族、工人和无产者的地位。自20世纪六七十年代的离婚法允许美国人单方面离婚（"无过错离婚"）以来，妻子自杀、家庭暴力和配偶凶杀的比例均有所下降。（Stevenson & Wolfers，2006）与此同时，随着美国生育率的下滑，单次离婚所涉及的孩子数量已经从1.34个下降到1个。（Cowen，2007）因此，任何一个特定的离婚事件对孩子的影响都在下降。这些数据的确表明，离婚与我们在自由民主中重视与否有关。

离婚研究：两个主题

在相关研究和公开对话中，研究人员和记者针对1960年至1980年间离婚的加速增长，认真解析了离婚的原因和后果。研究人员发现，离婚的影响取决于比较的对象：与幸福的婚姻相比，离婚会给当事人和孩子带来诸多不利因素；然而，根据很多研究结果，相较于维持破碎的婚姻，离婚是有好处的。与此同时，立法者和普通受众都是通过新闻媒体的报道获得离婚研究的相关信息，而在新闻媒体中，离婚的负面影响往往被夸大，尤其是在比较法被忽视的情况下。至少在某些时候，这种忽视是由寻求促进保守家庭议程的特殊利益集团所推动的。在过去的几十年间，美国关于离婚的新闻报道说明了两个相互交织的关键主题：将离婚视作问题的道德工程；使用（或不使用）谨慎比较法的离婚研究。下面讨论的三期研究（1988—1989年、2002—2004年和2008年）说明了这一点。

道德工程

哪些离婚信息进入了大众视野？多年来，当相关研究产生明显矛盾的结果时，那些更令人担忧（也更简单）的结果总是得到更多的关注。在离婚研究的背景下，社会学家斯科特·柯尔特兰和米歇尔·亚当斯（Coltrane & Adams，2003）认为，道德工程行为往往会加剧集体焦虑，目的是促进"家庭价值观"和更传统的性别规范。

道德工程师（Becker，1973）寻求采用或维持一种规范或传统。有魄力的意见领袖试图塑造公众对"反离婚事件"的认知，其手段是将他们的知识主张建立在一种社会科学的基础之上，而这种社科科学版本通常会强化传统的、双亲的、完整的、生物学上相关的家庭。在最保守的事件中，情况更是如此。其知识主张是一种声明，表明我们知道某事是一个事实。当研究表明离婚对孩子、女性或经济造成伤害时，情况似乎是显而易见的。在此处介绍的案例中，针对离婚的主张是基于未能进行合理的比较或提供代表性样本的研究。

从较为温和的美国价值观研究所（Institute for American Values）到较为保守的传统基金会，各种组织都在巧妙地传播相关研究信息，而这些研究支持了他们对离婚导致美国家庭生活衰退的担忧。从道德的角度来看，这种担忧有利于相关工程建设，并且与质疑家庭组织变化的道德议程相一致。家庭历史学家史蒂文·明茨（Mintz, 2004）描述了一个又一个美国人热衷于家庭衰退故事的案例，而这种对离婚表示担忧的执着，类似于对很多社会问题的歇斯底里，如青少年性行为、青少年犯罪、电视的腐败力量、职场母亲的问题、全职母亲的问题。事实上，对离婚的担忧并不是什么新鲜事。正如明茨所描述的那样，道德工程师对离婚带来的灾难狂热不已。例如，从1890年到1920年就是如此。

研究方法：寻找比较群体

在进行文献回顾研究时，科学家们总是会问：这些研究是否进行了合乎逻辑的、合理的比较？在考察"拿离婚与什么相比？"时，研究人员往往是在寻找可能解释特定结果的选择偏差或先前因素。结束婚姻关系的人与维持婚姻关系的人有所不同，这可能是两个群体的婚前差异——而不是离婚本身——解释了离婚后身体健康和心理健康方面的差异。这种类型的选择偏差可能会影响研究结果和对结果的解释。在种种研究中，有几个因素表明，离异群体的确不同于稳定的婚姻关系群体。例如，离异夫妇的初婚年龄更小，更可能生活在贫困中，更不可能拥有大学学位。但是，还必须回答：离婚是否给成年人或他们的孩子带来了问题，如果是的话，又是如何带来问题的？

1988—2008：离婚报道的决斗

新闻报道中关于离婚的三期研究——1988—1989年、2002—2004年和2008年——体现了道德工程的主题和研究问题。海瑟林顿（Hetherington）对比分析了两类孩子的福祉情况：一是痛苦婚姻家庭的孩子，二是和谐婚姻家庭中的孩子。通过比较所有家庭的痛苦程度，她观察到，相较于离异家庭和陷入婚姻困境的家庭的孩子，和谐婚姻家庭的孩子表现得更好。通过对完整婚姻质量进行比较，海瑟林顿的研究能够提供一个重要的区分：就心理健康和行为而言，对孩子来说最糟糕的家庭是痛苦婚姻的家庭。（Hetherington，1999）

几项关键研究通过使用群体比较和前瞻性的设计，拓展了海瑟林顿的研究结果。1991 年，人口统计学家安德鲁·切尔林（Andrew Cherlin）及其同事在《科学》杂志上发表了有关英国和美国纵向研究的文章。这些研究包含了来自父母、孩子和教师的长期数据。在第一个时间点即孩子 7 岁的时候，他们的父母都结婚了。在研究期间，有些人离婚了，有些人没有。切尔林证实了海瑟林顿的研究结果：虽然总体上约有 10% 的孩子面临适应和心理健康问题的风险，但 20%—25% 的离异家庭孩子面临问题风险。

切尔林还发现，在父母离婚前，离异家庭的孩子与婚姻稳定家庭的孩子之间就已经存在差异。这些差异被称作前破裂效应（predisruption effects），指的是那些最终走向离婚（但尚未离婚）的父母与最终没有离婚的父母有所不同。他们彼此之间的关系不同，他们与孩子的关系不同，孩子与他们的关系也不同。切尔林从中发现了选择偏差（selection bias），或者说选择陷入离婚案例（a case of selection into divorce）。

1998 年，切尔林及其同事提供了他们持续研究的最新进展，并修改了他们的结论。由于 1991 年研究的受访者年龄越来越大，因此他们在后续研究中获得了更多的信息。虽然 1991 年的文章强调了前破裂效应，但 1998 年的文章报告称，除此之外，后破裂效应（Postdisruption effects，即离婚后的负面影响）的累积，使得离异家庭孩子的生活变得愈发艰难。经济困难和父亲的缺失是罪魁祸首。他们将这种现象称作"负面生活事件的连锁反应"，并强调社会和体制的支持对离异家庭和再婚家庭的孩子非常重要。事实上，切尔林在 1991 年的文章中就强调过这一点。

从 20 世纪 80 年代海瑟林顿的研究，再到切尔林在 20 世纪 90 年代的平行研究，这些包含比较群体的研究设计有助于揭示三点：第一，基于人群而不是临床样本的研究提供了离异家庭孩子的危机率，并证明了他们的抗逆力——大约80%的孩子表现良好，而在一般人群中，这一比例为90%。第二，在纵向的前瞻性研究中发现的困难——前破裂效应，意味着走向离婚的家庭的孩子在父母分手前就遇到了麻烦。后破裂效应以及负面生活事件的连锁反应也发挥了作用，这些纵向研究表明，在支持离异家庭方面，机构和社区可以做得更多。第三，陷入严重困境的婚姻比离婚对孩子的伤害更大。最后一点预示了我在下一节中所描述的对成年人的研究结果。

与此同时，"离异家庭的成年子女"研究在主流报道中仍然很受欢迎。这显示了对离婚影响的高度不确定性和对家庭生活变化的广泛焦虑，而离婚就是家庭生活变化的一部分。（离婚也有助于带来家庭生活的改变。）最重要的是，此类话语表明人们错失了一个更详细了解离婚的危险究竟有哪些的机会。

离婚会让你快乐吗？

离异成年人的幸福问题为离婚事件和研究方法事件提供了额外的证据。

2002年，美国价值观研究所发布了一篇由芝加哥大学人口统计学家琳达·韦特(Linda Waite)和她的几位同事撰写的论文。这篇论文的标题是《离婚会让你快乐吗？》。同期另一项类似的研究，"离婚事件：在什么条件下离婚？对谁有益？"（Rutter, 2004），也试图考察离婚与维持婚姻关系对情感造成的不同影响。

两位研究人员都提出了这样一个问题：当人们离婚时，他们的幸福水平（相对于他们维持婚姻关系）有何变化？两项研究都依赖于相同的数据集；他们都使用纵向设计，其中，所有受试者在第一个时间点结婚，其中一些人在第二个时间点走向离婚。然而，结果却大相径庭。根据拉特（Rutter）的研究，退出不幸婚姻的成年人比留下来的成年人抑郁程度要低。而根据韦特的研究，两者之间的幸福感没有差异。

要了解这些结果之间的分歧，我们可以考察他们的研究方法。首要的研究问题是："拿离婚与什么相比？"（或者是否存在选择偏差？）离婚的人与婚姻幸福的人相比吗？离婚的人与婚姻压力重重的人相比吗？拉特和韦特研究的不同之处在于，拉特使用了一种更严格的婚姻困境考量标准，它更有可能确定哪些夫妻更有可能离婚。拉特还将严重的家庭暴力考虑在内，考量的是沮丧感而不是"幸福感"。

这些不同之处——婚姻是否处于严重的困境之中，受访者是否有令人衰弱的情绪问题——产生了影响。[①] 当把处于真正痛苦婚姻中的人和离婚的人相比时，离婚的人过得更好（不那么沮丧）。拉特的额外统计测试（解释了下文讨论的"固定效应"）证实，是婚姻困境而非其他因素导致了已婚和离婚群体之间的沮丧度差异。

最近的研究考察了婚姻转变的积累——离婚、同居、分手，或许再婚——可能是研究离婚对成年人造成影响的另一种重要方式。这种方法旨在检查"关系轨迹"（relationship trajectories）。梅多斯（Meadows, 2008）及其同事关注以单身母亲身份开始的女性，探讨种种转变对此类女性的影响，并考察长期处于不稳定状态（而不是一次转变）的女性健康状况。此类研究考虑到了更多的复杂性，并要求我们对比分析父母和孩子生活故事中较高程度的破坏与较低程度的破坏，包括离婚。

为什么婚姻质量很重要

为什么婚姻质量很重要？因为只有拥有幸福美满婚姻的人才能享受到婚姻带来的好处。例如，关于"婚姻的心理生理学"的研究表明，当男性和女性陷入婚姻困境时——如蔑视、批评、防御、阻挠——他们的免疫系统会随着时间的推移而下降。（Gottman, 1994; Kiekolt-Glaser et al., 1988; Robles and Kiekolt-Glaser, 2003）这些人更不健康，也更不快乐。问题丛生的婚姻不仅面临直接的代价，还将付出后续的健康代价。

当研究人员根据冲突的程度，或者使用多重标准来考量痛苦婚姻时，他们发现，离婚对这些夫妇来说是一种解脱。这与海瑟林顿对孩子们的研究发现相似：离婚比生活在一个冲突不断的家庭中要好。考量的方法主要有两种：一种是一般情绪考量法，另一种是极度痛苦或剧烈冲突考量法。前者能够捕捉到更短暂的满足感，而后者能够告诉我们，如果将离婚视为一个选项，哪些夫妇将

[①] 其他纵向研究，包括霍金斯和布思（Hawkins and Booth, 2005），也发现了类似的结果：对痛苦婚姻的考量越仔细，离开比留下的心理优势就越明显。

成为离婚"候选人"。为了搞清楚使用了哪一种方法,我们很容易就会问:"如何考量痛苦的婚姻?"

关于幸福

韦特和拉特的研究都关注了离婚的个人成本。韦特考量的是"幸福感",而拉特考量的是"沮丧感"。我们如何确认"个人福祉"重要吗?简言之,答案是肯定的。虽然幸福和沮丧存在相关度(Van Hemert et al., 2002),但还是有区别的。在世界幸福数据库(Veenhoven, 2004)中收录的数百项研究中,幸福几乎没有任何性别差异。幸福与种族或贫困也没有主要关联,而这些才是沮丧的主要原因。

所有这些差异表明,"幸福"是考量那些在心理上不同于"痛苦"或"抑郁"的东西。这两种考量方法的社会影响大不相同:不快乐的人通常不会有功能障碍;然而,抑郁涉及工资损失、生产力、对儿童的负面影响等方面的成本。(Greenberg et al., 1993a;1993b)

对于媒体来说,韦特的研究具有足够的科学权威性。例如,《今日美国》和《今日秀》的记者报道了他的调查结果。新闻报道的"重点"是:离婚不会让你更幸福,所以维持婚姻!但其他研究表明,离婚的情况更为复杂。此类报道帮助维持了公众对离婚事件的"不确定性"。

比较群体在哪里?重制版

2008年4月,关于离婚的影响及其成本的问题依然鲜活地存在,且在同一周发布了两项关于该主题的研究。这些研究提出了一个问题:离婚的影响是什么?研究人员的智库即当代家庭委员会(Council on Contemporary Families, 2008)[①]基于人口统计学家艾伦·李(Li, 2007)的兰德公司的工作文件,发布了一份研究简报。美国价值观研究所发布了经济学家本·斯卡菲迪(Scafidi, 2008)撰写的一篇论文。艾伦·李的文件关涉离婚对孩子造成的情感影响,而

[①] 当代家庭委员会是一个由家庭学者和临床医生组成的无党派、非营利组织,其使命是传播关于当今不同家庭不断变化的经验和需求的最新研究和最佳实践结果。简报的作者不接受任何资助、实物支持或补偿。

斯卡菲迪的论文关涉离婚对美国经济造成的影响。对比分析这些论文，我们可以考察转发机构、媒体报道和相关工作的研究内容。

两篇论文的研究结果完全不同。艾伦·李的问题是：离婚对孩子有什么影响？他发现，离婚本身并不能解释我们所看到的离异父母与在婚父母子女之间的差异。就两个群体之间的平均差异而言，尽管艾伦·李的发现和20世纪80年代以来其他研究人员的发现并无二致，但随着研究技术的日益完善，他的研究证实了选择偏差是造成这种差异的原因。

该技术包括"固定效应"（fixed effects）测试。"固定效应"指的是个体不同特征所在的时间，这些特征可能与研究人员的兴趣点（如心理幸福感）和统计模型中的解释变量（如离婚）相关，从而产生有偏差的结果。纵向数据——随着时间的推移对同一个人的多次观察——可以让研究人员控制这些影响。固定效应模型测试个体是否存在未明确测量但可以解释结果的方面。这种方法有助于表明，艾伦·李研究中的那些父母最终离婚的孩子，与父母维持婚姻关系的孩子，接受了完全不同的养育方式。

与此同时，斯卡菲迪的问题是：对普通大众来说，离婚的代价是什么？根据他的计算，离婚加上单亲父母花费了纳税人1120亿美元。为了计算这一点，他假设离婚和单亲会导致贫困。换句话说，他忽略了一个观点，即选择偏差会影响谁最终成为单亲父母或走向离婚。但是，在2002年的一份报告中，经济学家南希·福尔布雷（Nancy Folbre）和历史学家斯蒂芬妮·孔茨（Stephanie Coontz）等人研究了这种假设存在的问题。（Folbre and Coontz, 2002）他们解释说，虽然单亲父母和贫困之间存在相关性，但这种相关性并不意味着"因为单亲，所以贫困"。因果关系的确立是复杂且具有挑战性的，但因果关系的证据却指向了另一个方向——在很多人看来，贫困导致或先于单亲。正如史蒂文森和沃尔弗斯（Stevenson and Wolfers）指出的那样，斯卡菲迪还以另一种方式忽略了比较：虽然有些女性在离婚后最终在经济上蒙受损失，但其他女性实际上却有所收获。根据安纳特和迈克尔（Ananat and Michael）2008年的说法，收益实际上超过了损失，而斯卡菲迪的计算并没有把这些经济收益包括在内。

艾伦·李和斯卡菲迪的研究结果存在分歧，因为他们在对"什么导致什么？"这一问题的思考上存在本质的差异。前者的文章问道："拿离婚与什么相比？"

而后者并没有评估离婚的代价，例如，在一个痛苦、动荡或暴力的家庭环境中维持婚姻会付出什么样的代价。斯卡菲迪并没有验证离婚和单亲会导致经济问题的假设，而只是停留在假设中。

艾伦·李的研究结果并不孤立。和他一样，其他研究人员也发现，选择偏差至少可以解释父母离婚和没有离婚的孩子之间存在的部分差异。例如，佛恩比和切尔林（Fomby and Cherlin，2007）发现，选择效应——母亲在离婚前的特征——有助于解释母亲离婚后孩子认知能力的下降。他们还发现，离婚本身，而不仅仅是选择偏差或前破裂效应，与有时在离异家庭孩子中看到的行为问题有关。正如关系轨迹研究有助于我们更详细地了解离婚是如何以及何时给成年人带来问题一样，这一颇有希望的研究路径也有助于我们进一步考察离婚对儿童的后破裂影响：相较于只经历过一次转变的孩子，经历过多次转变——父母离婚、同居、分手，然后可能进入另一段婚姻——的孩子，可能会面临更高的风险。在一项针对单亲家庭的研究中，奥斯本和麦克拉纳汉（Osborne and McLanahan，2007）发现，母亲关系多次转变的累积会给孩子带来更多麻烦。①

艾伦·李和斯卡菲迪的文章，在新闻媒体中的报道情况如何？两项研究均在《今日美国》中获得报道。虽然斯卡菲迪获得的报道比艾伦·李多，但对相关报道的回顾仍然表明，新闻报道可能会发生一些变化。

过去20年讨论离婚研究结果的另一个变化看起来也很有希望：在博客圈搜索最新的离婚研究时，诸多研究人员、科学家和公民都对斯卡菲迪存在问题的研究方法和"倡导科学"（或"道德工程"）事件发表了评论。当然，博客圈中也有很多人在为斯卡菲迪鼓掌，也有一些人在谴责艾伦·李的观点。因此，网络一方面为人们提供了很多机会，让人们畅所欲言，就道德工程和科学进行对话；另一方面也为研究方法的探讨和对话提供了很多机会。虽然互联网上人气较高的对话有望讲述一个更复杂的离婚故事，但相较于以往的任何时候，我们现在更需要公民能够询问他们是否正在阅读道德工程故事，也更需要公民能够很好地了解研究设计的基础知识——包括选择偏差。

---

① 2008年7月，美国价值观研究所网站上的一份简报（D'Onofrio, 2008），就离婚对孩子影响的研究，进行了讨论。

汲取教训

社会学的学生已经认识到知识是社会建构的,在我们了解家庭的过程中,发挥作用的社会力量有很多,例如,对个体心理学的现代兴趣(Illouz,2008);简化了纵向和前瞻性研究的数据收集技术突破;1960年到1980年间离婚率的增加所推动的对家庭结构政策的关注。

就像优秀的背景主义者(Pepper,1942)一样,社会学家也认识到,并不能仅仅因为知识是社会构建的,就妨碍我们根据科学的价值去判断科学的能力。我们仍然可以根据最佳实践来评估相关研究。离婚研究的故事表明,科学工具可以帮助我们阅读相关研究,并评估我们在离婚影响方面的真正立场。

总结:什么是离婚事件,为什么会有离婚事件?

离婚对孩子有什么影响?毫无疑问,就生活而言,离异家庭的孩子不同于婚姻家庭的孩子。但是,要了解孩子(和成年人)发生了什么,我们就必须考虑与他们可用的替代方案相关的情境。本文详细介绍了随着时间的推移,社会科学家们采用新的研究方法的发现过程,这些讨程让我们对离婚有了越来越细致的理解。该情节在当前的研究中达到了高潮,这些研究考察了父母的关系如何帮助我们了解离婚对孩子造成压力的具体时间、地点和条件。

离婚事件涉及对长期研究的回顾和对其复杂性的认识。有些研究人员采用比较方法并控制选择偏差,以仔细考量婚姻的调适。有些研究人员则将家庭暴力纳入考察的范围。据此,对离异家庭子女与婚姻家庭子女究竟有何不同(20%的孩子会受到影响吗?还是25%的孩子?)这一问题,双方研究人员持不同意见。尽管如此,他们均认可离异家庭子女的抗逆力。对离婚的影响这一问题,研究人员可能存在不同意见:这种影响是否如艾伦·李所主张的那样是中性的,还是有些影响是由既存因素造成的,又或是如安德鲁·切尔林所主张的那样,有些影响仍然可以归因于后破裂因素,又或是关系轨迹研究将产生更精细的知识。但是,研究人员一致认为,在不考虑选择偏差的情况下将在婚家庭与离异家庭进行比较,无异于将苹果与橙子进行比较,不会对家庭有任何帮助。正如拉特、霍金斯和布思以及海瑟林顿所表明的那样，未能认真考察婚姻的质量会限制我们理解婚姻经历与离婚经历之间关系的能力。痛苦的婚姻是大多数人考虑离婚的出发点。

最后，为什么会有离婚事件？这句话本身可以追溯到韦特和加拉格尔所著的《婚姻事件》（2000）；这反过来又让人想起威廉·埃斯克里奇（William Eskridge）所写的《同性婚姻事件》（1996）。从某种意义上说，鉴于该书出版时同性婚姻在美国的状况，只有《同性婚姻事件》才有"问题"可做。然而，正如1988年至2008年的这三个例子所强调的那样，公众对离婚影响的认知仍然存在争议和不确定性。在另一种意义上，无论是《婚姻事件》还是"离婚事件"都对这一说法进行了文献回顾，目的是将注意力集中在社会体制上。显然，无论是就人口统计而言，还是就象征意义而言，目前的社会制度都处于不断变化之中。

《婚姻事件》之所以能够写成，是因为异性恋者获得婚姻的合法权利或美国人对婚姻的喜爱受到威胁（尽管这种威胁一直在下降）。该书试图让我们关注与婚姻相关的社会科学研究财富（事关人们的健康和经济利益），以重组人们对婚姻有益于男性、女性、孩子和社区的共识。在一个充满不确定性的时代，《婚姻事件》提请立法者注意，他们有机会利用研究人员基于数据的婚姻解读，制定由富有同情心的见解塑造的政策，即婚姻与很多人的美好生活息息相关。《婚姻事件》也与慈悲相关的文化使命有关，有助于人们重新关注婚姻的有益之处，即婚姻可以使生活更加美好。同样，"离婚事件"描述并引用不同时期和不同类型的离婚研究成果，以重新聚焦公众对离婚的共识，并引导读者了解数据解读和文化中同时存在的不确定性。这也是慈悲的使命。

参考文献

Ananat, E. and G. Michaels. 2008. The Effect of Marital Breakup on the Income Distribution of Women and Children. Journal of Human Resources. Forthcoming.

Becker, Howard S. 1973. Outsiders: Studies in the Sociology of Deviance. New York, NY: The Free Press.

Cherlin, A. J., Furstenberg, F. F., Chase-Lansdale, P. L. et al. 1991. Longitudinal Studies of Effects of Divorce on Children in Great Britain and the U.S. Science,252.

Cherlin, A. J., Chase-Lansdale, P. Lindsay and Christine McRae. 1998. Effects of Parental

Divorce on Mental Health through the Life Course,American Sociological Review,63.

Coltrane, Scott and Michele Adams. 2003. The Social Construction of the Divorce "Problem": Morality, Child Victims, and the Politics of Gender. Family Relations,52.

Cowen, Tyler. 2007. Matrimony Has Its Benefits, and Divorce Has a Lot to do With That. The New York Times,April 19.

D'Onofrio, Brian. 2008. Divorce, Dads, and the Well-Being of Children: Answers to Common Re- search Questions. Washington, D.C.: Institute for American Values.

Eskridge, William. 1996. The Case for Same-Sex Marriage: From Sexual Liberty to Civilized Commitment. New York, NY: Free Press.

Folbre, N. and S. Coontz. 2002. Marriage, Poverty, and Public Policy. A briefing paper from the Council on Contemporary Families.

Fomby, Paula and Andrew Cherlin. 2007.Family Instability and Child Well-Being. American Sociological Review,72.

Goldstein, J. R. 1999. The Leveling of Divorce in the United States, Demography, 36.

Gottman, J. M. 1994. What Predicts Divorce? New Jersey: Erlbaum.

Greenberg, P. E., Stiglin, L. E., Finkelstein, S. N. and E. R. Berndt.1993a. Depression: A Neglected Major Illness. Journal of Clinical Psychiatry,54.

Greenberg, P. E., Stiglin, L. E., Finkelstein, S. N. and E. R. Berndt. 1993b. The Economic Burden of Depression in 1990. Journal of Clinical Psychiatry, 54.

Hawkins, Daniel N. and Alan Booth. 2005. Unhappily Ever After: Effects of Long-Term, Low-Quality Marriages on Well-Being. Social Forces, 84.

Hetherington, E. Mavis. 1988. The Impact of Divorce. Keynote Address at the Annual Conference of American Association for Marriage and Family Therapy. New Orleans, LA: October.

Hetherington, E. M. and John Kelly. 2002. For Better or For Worse: Divorce Reconsidered. New York, NY: W.W. Norton.

Hetherington, E. M. 1999. Should We Stay Together for the Sake of the Children? in Coping with Divorce, Single Parenting, and Remarriage: A Risk and Resiliency Perspective, edited by E. Mavis Hetherington. Mahwah, NJ: Lawrence Erlbaum Associates.

Hetherington, E. M. and P. Stanley-Hagan. 1997. 'Divorce and the Adjustment of Children: A risk and resiliency perspective.' Journal of Child Psychology & Psychiatry,40.

Illouz, E. 2008. Saving the modern Soul: Therapy, Emotions, and the Culture of Self-Help. Berkeley, CA: University of California Press.

Kiekolt-Glaser, J. K., Kennedy, S., Malkoff, S., Fisher, L., Speicher, C. E. and R. Glaser. 1988. Marital Discord and Immunity in Males. Psychosomatic Medicine,50.

Li, Jui-Chung Allen. 2007. The Kids Are OK: Divorce and Children's Behavior Problems. RAND Labor and Population Working Paper No. WR-489. RAND, Santa Monica, CA.

Li, Jui-Chung Allen. 2008. New findings on an old question: Does divorce cause children's behavior problems? A Briefing Paper from the Council on Contemporary Families.

Meadows, S. O., McLanahan, S. and J. Brooks-Gunn. 2008. Stability and Change in Family Structure and Maternal Health Trajectories. American Sociological Review,73.

Mintz, Steven. 2004. Huck's Raft: A History of American Childhood. Cambridge, MA: Harvard University Press.

Osborne, C. and S. McLanahan. 2007. Partnership Instability and Child Well-Being. Journal of Marriage and Family,69.

Pepper, Stephen C. 1942. World Hypotheses: A Study in Evidence. Berkeley, CA: University of California Press.

Robles, T. F. and J. K. Kiekolt-Glaser. 2003. The Physiology of Marriage: Pathways to Health. Physiology and Behavior,79.

Ruggles, Steven. 1997.The Rise of Divorce and Separation in the United States 1880–1990. Demography,34(4).

Rutter, Virginia E. 2004. The Case for Divorce: Under What Conditions Is Divorce Beneficial and for Whom? PhD thesis, University of Washington.

Scafidi, B. 2008. The Taxpayer Costs of Divorce: First-Ever Estimates for the Nation and All Fifty States. New York, NY: Institute for American Values.

Stevenson, B. and J. Wolfers. 2006. Bargaining in the Shadow of Divorce Laws and Family Distress. Quarterly Journal of Economics,121.

Van Hemert, Dianne A., Vijver, F. J. R. vande and Ype H. Poortinga. 2002. The Beck Depression Inventory as a Measure of Subjective Well-Being: A Cross-National Study. Journal of Happiness Studies,3(3).

Veenhoven, Ruut. 2004. World Database of Happiness: Continuous Register of Scientific Research on Subjective Appreciation of Life. Rotterdam, The Netherlands: Erasmus University.

Waite, Linda J. and Maggie Gallagher. 2000. The Case for Marriage: Why Married People Are Happier, Healthier and Better Off Financially. New York, NY: Doubleday.

Waite, Linda J., Browning, Don, Doherty, William J., Gallagher, Maggie, Luo, Ye and Scott M. Stanley. 2002. Does Divorce Make People Happy? Findings From a Study of Unhappy Marriages. New York, NY: Institute for American Values.

Wallerstein, J. 1989. Children after Divorce. The New York Times January 22.

Wallerstein, J. and Sandra Blakeslee. 1988. Second Chances: Men, Women, and Children a Decade after Divorce: Who Wins, Who Loses, and Why. New York, NY: Ticknor & Fields.

阅读10　现代美国重组家庭：问题和可能性

玛丽·安·梅森

灰姑娘有一个继母，白雪公主、汉塞尔和格蕾特也有。美国的传统文化神话中充斥着邪恶继母的存在。我们从孩提时代听到的故事中了解到，继父母，尤其是继母，是不值得信任的。她们可能会在我们的亲生父母面前假装爱我们，但是，一旦我们的亲生父母离开她们的视线，她们就会虐待我们，却对自己的孩子疼爱有加。现代儿童故事中很少有对继父母如此苛刻的描写，但继父母的负面形象仍然在公共政策中挥之不去。尽管亲生父母（已婚或未婚）的权利和义务近来已大大增强，但继父母的权利和义务几乎没有得到关注。我们可以客观地说，社会对继父母的角色形成了负面认知，并且不愿意对该角色予以澄清。

事实上，继父母的法律地位与亲生父母的推定权利和义务之间的对比是显著的。无论父母与孩子之间的社会或情感纽带的质量如何，也无论父母是否已婚，仅凭生物学上的联系，亲生父母与其子女之间就会存在抚养义务、监护权和继承权。近年来的政策变化扩大了亲生父母的权利和义务，特别是在未婚和离异父母方面，但在继父母方面却没有任何进展。在大多数州，继父母在婚姻存续期间没有义务抚养继子女，也没有任何监护权或控制权。同出一辙的是，如果婚姻关系因离婚或死亡而终止，继父母通常没有监护权甚至探视权，无论他们与继子女的关系有多长。反过来，继父母离婚后也没有义务支付继子女的抚养费，即使后者多年来一直依靠他们的收入。同样，如果继父母去世，继子女也没有继承权（但在大多数情况下，他们有资格领取社会保障福利）。[①]

立法者花费了大量时间操心离婚对孩子造成的经济和心理影响，却很少考虑到70%左右的母亲在6年内再婚这一事实。此外，28%左右的孩子是未婚母亲所生，其中很多人最终嫁给了不是孩子生父的人。一项包括所有儿童（不只是离婚儿童）的研究估计，20世纪80年代初在美国出生的儿童中，有四分

[①] Mary Ann Mason and David Simon, "The Ambiguous Stepparent: Federal Legislation in Search of a Model," *Family Law Quarterly*, 29: 446–448, 1995.

之一在成年前与继父母生活在一起。① 这些数字在未来很可能还会增加，只要单亲家庭的数量继续增长。鉴于这些人口趋势，可能需要调整影响家庭和孩子的联邦和州政策，以及管理私营部门员工福利、保险和其他日常生活关键领域的政策，以解决现代重组家庭的问题。

近年来，重组家庭受到了心理学和社会科学的关注，但很少受到法律和政策学者的关注。我们现在对现代重组家庭是什么样的以及它们是如何运作的有了很多认识，但很少有人尝试将这些知识应用于政策的制定。本文首先回顾关于当今重组家庭的日常社会和经济运行的最近调查结果，然后考察当前的州和联邦政策，关注是否缺乏这个领域的相关政策。最后，本文提出了一些政策建议。这些建议包括积极劝阻继父母②，考虑将继父母视为事实父母，认定他们在婚姻期间拥有亲生父母的所有权利和责任，并在婚姻破裂或继父母去世后有限地延伸这些权利和责任。③

现代重组家庭

现代重组家庭在几个重要的方面与灰姑娘或白雪公主的家庭不同，也更复杂。首先，与孩子生活在一起的继父母更可能是继父而不是继母，而且在大多数情况下，孩子的生父还活着，并且在不同程度上存在于他们的生活中。如今，再婚家庭形成的背景事件通常是离婚而不是死亡，同时，监护母亲再婚后（86%的继子女主要与监护母亲和继父生活在一起）④，与继父开始一项新的法律安排。⑤

我们以琼斯—哈钦斯一家为例来说明这种情况。当他们的父母玛莎和雷·琼斯离婚时，莎拉8岁，乔希5岁。三年后，玛莎嫁给了没有孩子的山姆·哈钦斯。

---

① E. Mavis Heatherington and Kathleen M. Jodl, "Stepfamilies as Settings for Child Development," in Alan Booth and Judy Dunn (eds.), *Stepfamilies: Who Benefits? Who Does Not?* (Hillsdale, N.J.: L. Erlbaum 1994), 55; E. Mavis Heatherington, "An Overview of the Virginia Longitudinal Study of Divorce and Remarriage: A Focus on Early Adolescence," *Journal of Family Psychology*, 7: 39–56, 1993.

② David Popenoe, "Evolution of Marriage and Stepfamily Problems," in Booth and Dunn (eds.), *Stepfamilies*, 3–28.

③ Mason and Simon, "The Ambiguous Stepparent," 467–482; Mary Ann Mason and Jane Mauldon, "The New Stepfamily Needs a New Public Policy," *Journal of Social Issues*, 52 (3), Fall 1996.

④ U.S. Bureau of Census, 1989.

⑤ 离婚并不总是背景事件。越来越多但仍然相对较少的监护母亲没有结过婚。

他们一起买了房子，孩子们从山姆的工作中享受了健康和其他福利，因为玛莎在做一份没有福利的兼职工作。

从理论上讲，这种新的父母安排是一个三角关系，因为雷仍然在世，最初每隔一个周末见孩子们一次。在大多数重组家庭中，非监护人父母，通常是父亲，仍然在世（只有 25% 的案例是非监护人父母死亡，或下落不明）。这就造成了孩子们有多于两个父母的现象，而传统的立法者并没有很好地处理这一问题。全国家庭和家居调查（the National Survey of Families and Households, NSFH）是具有代表性的家庭样本。根据该调查，继子女与其缺席的生父之间并没有那么频繁的接触。他们之间的接触主要可分为四种模式：四分之一左右的继子女与他们的生父完全没有联系，也没有得到子女抚养费；四分之一的人每年只见生父一次或更少，且没有得到子女抚养费；四分之一的人偶尔接触一次或接受一些子女抚养费；四分之一的人可能会或可能不会获得子女抚养费，与生父有非常规律的联系，每月见生父一次或更多。如果将这些数据用作考量父子关系质量和强度的指南，我们会发现，继子女与其生父之间的亲近程度或接触的充分程度，根本不足以让父亲在孩子的养育中发挥重要作用。不过，至少有一半的亲生父亲确实在某种程度上影响了他们孩子的生活。[1] 非监护人父母的存在通常会将继父母收养孩子的选择排除在外，而继父母收养这种解决方案至少可以解决继父母角色的法律歧义。

根据 NSFH 的调查结果，从规模上看，居住在一起的现代重组家庭类似于现代非离婚家庭和单亲家庭，每个家庭平均有两个孩子。最罕见的重组家庭类型是夫妻双方都有前婚姻关系中的孩子，并且都有监护权。如此，夫妻双方均为继父母的家庭规模较大，每个家庭平均有 3.4 个孩子。离婚和再婚需要时间，因而在一定程度上导致重组家庭中大龄孩子的存在。在 NSFH 调查的家庭中，最小的继子女平均年龄为 11 岁，而未离婚家庭中最小的孩子平均年龄为 6 岁半。[2]

当然，也有未居住在一起的继父母（非监护人父母的配偶），通常是继母。在上述案例中，就在玛莎与山姆结婚后的第二年，雷再次结婚。雷的新婚妻子

---

[1] Mason and Mauldon, "The New Stepfamily," 5.
[2] 同上，6。

莱斯利是12岁的奥黛丽的监护人。这段婚姻使周末探视变得复杂起来。雷的孩子们讨厌继母莱斯利和她的女儿奥黛丽。雷发现只有独自去看他们才比较容易,如此,他的探视频率也就降低了。

有些孩子可能会有相当多的时间与未居住在一起的继父母待在一起,这意味着,不同于我们案例中的莱斯利,这类继父母可能会成为孩子生活中的重要人物。但为了重新评估继父母的权利和义务,我们只关注与继子女居住在一起的继父母,因为他们更有可能参与到继子女的日常支助和照顾中。此外,为抚养子女提供的各种福利,如社会保障和健康保险,通常只与居住在一起的继父母有关。

现代重组家庭,就像灰姑娘和白雪公主的家庭一样,也有负担和压力。琼斯—哈钦斯的家庭当然也是如此。当他们的母亲嫁给山姆时,莎拉11岁,乔希8岁。起初,莎拉拒绝和山姆说话,在山姆和她说话时,她会转过脸去。乔希就要容易一些。他话不多,但如果得到山姆的鼓励,他很乐意和山姆一起玩接球游戏或跑跑腿。进入青春期后,萨拉只是稍微变得礼貌了些。只有在需要什么的时候,她才会和山姆说话。但是,正如莎拉母亲向山姆指出的那样,萨拉也几乎不和她说话。随着年龄的增长,乔希仍然很愉快,虽然与山姆有一点疏离感。他显然更喜欢得到母亲的关注。

海瑟林顿(Heatherington)及其同事的经典纵向研究[1],跨越了20年,为重组家庭如何运行提供了丰富的信息来源。海瑟林顿强调,继子女是经历过数次婚姻转变的孩子。他们通常已经经历了父母的离婚(尽管母亲从未结婚的人数正在增加),且在重组家庭形成之前在单亲家庭中度过了一段时间。在所有婚姻转变的早期阶段,包括离婚和再婚,子女与父母的关系往往会被打乱,养育子女的权威性也低于非离婚家庭。然而,这些早期阶段通常让位于更类似于核心家庭的养育情况。[2]

海瑟林顿的研究发现,继父在养育继子女的热情和效率方面各不相同,继子女对与继父发展亲情关系的意愿也各不相同。事实上,很多继父与继子女的

---

[1] Heatherington and Jodl, "Stepfamilies," 55–81.
[2] 同上,76。

关系在情感上并不亲密。总体而言，在这些研究中，相较于未离婚的父亲，继父往往不太投入，也没有那么权威。小部分居住在一起的继母也表现出类似的风格。① 相反，青春期的孩子在父母再婚的早期往往会对继父抱有负面看法，但随着时间的推移，他们也不再在乎。童话故事中一个有趣的转折是，重组家庭中的青春期孩子与居住在一起的继母发生的冲突，少于未离婚家庭中的孩子与亲生母亲发生的冲突。②

在重组家庭形成时，孩子们的年龄和性别对他们的适应度至关重要。刚刚进入青春期的孩子很难接受母亲的再婚，与继父之间的关系会经历更为持续的困难，但年龄更小的孩子就要容易得多。年幼的（青春期前）继子，但不一定是继女，会在一段时间后与继父建立更密切的关系；对于年龄较大的孩子来说，这种情况不太可能发生。③

其他研究人员发现，在家庭之外的生活中，重组家庭的孩子的表现不如原生家庭的孩子，而且看起来更像单亲家庭的孩子。离婚和再婚（或与离婚和再婚相关的一些因素）似乎会增加学业、行为和心理状况不良的风险。④

重组家庭建构关系的困难在此类家庭的高离婚率中可见一斑。四分之一左右的再婚女性在第二次婚姻后的五年内与新配偶分开，这一比例在前一段婚姻中有孩子的女性中更高。据保守估计，20% 到 30% 的继子女会在 18 岁之前看到他们的监护父/母和继父/母离婚。⑤ 对于孩子们来说，这又是一次破坏性的婚姻转变。他们中的大多数已经至少经历过一次父母的离婚。

其他研究人员以更积极的眼光看待重组家庭。阿马托和基思（Amato and Keith）分析了比较完整的双亲家庭与重组家庭数据，他们发现，虽然双亲家庭的孩子在幸福和发展的多因素测量中表现明显更好，但两者之间存在显著的重

---

① E. Mavis Heatherington and William Clingempeel, "Coping with Marital Transitions: A Family Systems Perspective," *Monographs of the Society for Research in Child Development* 57: 2–3, Serial No. 227, New York: 1992; E. Thomson, Sara McLanahan, and R. B. Curtin, "Family Structure, Gender, and Parental Socialization," *Journal of Marriage and the Family* 54: 368–378, 1992.
② Heatherington and Jodl, "Stepfamilies," 69.
③ 同上，64-65。
④ Thomson, McLanahan, and Curtin, "Family Structure," 368–378.
⑤ L. Bumpass and J. Sweet, *American Families and Households* (New York: Russell Sage Foundation, 1987), 23.

叠。很多重组家庭中的孩子实际上表现得和完整双亲家庭中的孩子一样好，甚至更好。正如阿马托多言："有些孩子在运行不良的完整家庭中长大，但他们遭遇虐待、被忽视、贫困、父母的精神疾病和滥用药物。其他孩子在运行良好的重组家庭中长大，有继父母的体贴、关爱、有效的管教和经济上的支持。"[①]还有一些研究人员认为，在重组家庭形成之前，离婚和经济拮据的单亲家庭所带来的痛苦转变，可能是孩子有不良表现的主要原因。[②]

将继子女的福祉与单亲家庭孩子的福祉进行比较也许更为公平。事实上，如果没有再婚（或单亲母亲的初婚），这些孩子仍将是单亲家庭的一部分。从大多数考量行为和成就的心理指标来看，继子女看起来更像是单亲家庭的孩子，而不是从未离过婚的家庭的孩子，但从经济指标来看，情况就不同了。NSFH的数据显示，继父母的收入和受教育程度略低于核心家庭的父母，但有孩子的婚姻家庭（所有类型）的收入是单身母亲收入的三到四倍。重组家庭中监护母亲的收入与单身母亲相似（1987年约为1.2万美元）。如果她们的个人收入在婚前和婚后大致相同（这似乎是合理的），那么婚姻使她们的家庭收入是原来的三倍多。继父的平均收入是妻子的两倍多，几乎占家庭收入的四分之三。[③]

与居住在一起的继父母相反，缺席的生父母很少为他们的孩子提供经济或其他帮助。有些是因为生父母去世或找不到，26%左右有监护权的再婚母亲和28%的单身母亲表示，她们孩子的父亲已经去世或下落不明。有四分之三的家庭知道非监护父母的下落，但其中也只有三分之一左右的监护母亲（单身和再婚）从前任配偶那里获得子女抚养费或离婚赡养费，而且与抚养孩子的成本相比，获得的金额很小。根据NSFH的数据，获得子女抚养费的再婚女性平均每年拿到1780美元，而单身母亲是1383美元。显然，我们并不能指望前任配偶帮助监护母亲及其子女摆脱贫困。[④]

事实上，重组家庭的情况比前面描述的更为复杂。可以说，与重组家庭有

---

① Paul Amato, "The Implications of Research Findings on Children in Stepfamilies," in Booth and Dunn (eds.), *Stepfamilies*, 84.
② Nicholas Zill, "Understanding Why Children in Stepfamilies Have More Learning and Behavior Problems Than Children in Nuclear Families," in Booth and Dunn (eds.), *Stepfamilies*, 89–97.
③ Mason and Mauldon, "The New Stepfamily Needs a New Public Policy," 7.
④ Mason and Mauldon, "The New Stepfamily Needs a New Public Policy," 8.

关的所有问题都是如此。有些没有监护权的父亲，比如上述案例中的雷·琼斯，已经再婚并有继子女。这些关系在 NSFH 数据中也很明显。近四分之一（23%）的继父与住在其他地方的前任有未成年子女。三分之二的人报告说，他们在为自己的孩子支付抚养费。[①] 在我们的案例中，雷·琼斯确实在继续支付子女的抚养费，但供养两个家庭的经济责任让他感到手头很紧。这类父亲群体的规模正在日益壮大，他们经常对供养两个家庭的沉重负担感到不满，尤其是在他们的第一任妻子再婚后。

总而言之，虽然我们没有数据可以精确地分析重组家庭的资源分配情况，但可以合理地假设，继父对家庭收入的大量贡献可以帮助支付继子女的基本生活成本，从而改善他们的物质福祉。对于很多以前是单亲的家庭来说，再婚后继父提供的收入对于防止或结束监护母亲及其子女的贫困状况至关重要。（在规模小得多的居住在一起的继母群体中，数据就不那么清晰了。）

虽然法律上的依存通常在孩子 18 岁时就结束了，但继子女通过父母再婚获得的经济资源可能仍然是童年之后的一个重要因素。大学教育和成年初期费钱费力。一些人生历程研究表明了在继子女离开家之前重组家庭中的人际关系趋势。怀特（White）报告说，无论是从父母的角度还是孩子的角度来看，继子女和继父母在整个人生历程中的关系，远比亲生父母和孩子之间的关系要弱得多。然而，这些关系并不是单一的。最理想的情况是：是继父而不是继母，且没有继兄弟姐妹，重组家庭后没有再生孩子。同时，生母和继父之间的婚姻完好无损。[②] 另外，如果重组家庭关系因离婚或亲生父母的死亡而终止，则抚养关系几乎中断。

琼斯—哈钦斯家的孩子很幸运。尽管顶着继父母的压力，玛莎和山姆还是享受了一段美好的婚姻，山姆也很乐意帮助支付继子女的大学费用。他们的生父雷认为他有自己的家庭要养，他的继女奥黛丽也需要钱上大学。随着莎拉年龄的增长，她越来越从心底接受了山姆。在莎拉的第一个孩子出生后，她似乎很高兴接受山姆做她孩子的祖父。乔希则继续与山姆保持着良好的关系。

同样，人们可能会要求将这些调查结果与没有继父母提供额外支持的单亲

[①] Mason and Mauldon, "The New Stepfamily Needs a New Public Policy," 8.
[②] Lynn White, "Stepfamilies over the Lifecourse: Social Support," in Booth and Dunn (eds.), *Stepfamilies*, 109–139.

家庭进行比较。这方面的数据不太容易获得。虽然我们确实知道，继子女比来自完整家庭的孩子更早离家且上大学的可能性更小，但尚不清楚重组家庭与单亲家庭的比较情况。① 一项对继父母和继子女之间规范性义务的研究表明，与亲生家庭相比，重组家庭中的家庭纽带尽管更弱，但仍然非常重要。② 在经济和其他形式的成人支助方面，即使是薄弱的关系也不容小觑。相反，它们可能会成为公共政策举措的焦点。

法律和公共政策中的重组家庭

州和联邦法律都制定了影响重组家庭的政策。总的来说，这些政策并未反映出对继父母和继子女的连贯政策。我们可大致看到两种竞争模式：一种是大多数州都遵循的"陌生人"模式，即将居住在一起的继父母视为孩子的合法陌生人，认为他们没有权利也没有责任。另一种是联邦立法者最常采用的"依赖"模式。根据该模式，居住在一起的继父实际上是在支持继子女，并相应地提供福利。但州和联邦政策都存在不一致之处。一些州有时倾向于依赖模式，且在某些情况下要求继父母支持继子女，而联邦政府有时将继父母视为继子女的陌生人，并在计算福利时忽略他们。

州法律

州法律管辖婚姻、离婚、收养和继承等传统家庭事务，而联邦法律涵盖范围更广的项目和政策，涉及大多数美国人的生活，包括重组家庭。作为通过贫困家庭临时援助（Temporary Aid for Needy Families, TANF）和社会保障等项目去提供福利的机构，联邦政府制定了影响很多重组家庭经济福祉的资格标准。此外，作为军队和公务员的雇主，联邦政府为广大美国家庭制定了员工福利指导方针。在其扮演的监管角色中，联邦政府出于多种目的——从移民资格到纳税义务——界定重组家庭的身份。

本文并未涵盖，或者据我所知，尚未系统考察广泛的私人员工福利项目，

---

① Lynn White, "Stepfamilies over the Lifecourse: Social Support," in Booth and Dunn (eds.), *Stepfamilies*, 130.
② A. S. Rossi and P. H. Rossi, *Of Human Bonding: Parent-Child Relations Across the Life Course* (New York: A. de Gruyter, 1990).

从医疗、人寿保险到教育福利。这些项目大多以州或联邦法律为指导。据此，我们可以合理地猜测，私人员工福利项目中也存在类似的不一致之处。

州政策

州法律一般很少认可与继父母同住的孩子的抚养需求；他们最有可能将继父母视为孩子的陌生人，因此没有任何权利或义务。很多州颁布了法律，规定父母有义务抚养非婚生子女或前婚生子女。与之相比，只有少数州颁布法令，明确规定继父或继母有支助的义务。例如，犹他州的继父母抚养法简单地规定，"继父母应抚养继子女，其程度应与生父母或养父母抚养子女相同"①。这种抚养义务在婚姻关系终止时即告终止。大多数州则对抚养继子女的义务保持沉默。②

有几个州遵循源自英国法律传统的普通法。传统法更倾向于依存模式。它规定，如果继父母以父母的身份（代父母）行事，则可以获得父母的权利和义务。这种身份的获得并不是自动的，而是取决于继父母的意愿。继父母无须明确表示作为父母的意愿，而是可以"通过实际提供经济支助或接管监护职责，来表现出承担责任的必要意愿"③。然而，法院一直不愿授予代父母权利，或将义务强加给不情愿的继父母。用威斯康星州一家法院的话来说："一个好心的撒玛利亚人不应该背负另一个人的法律义务，我们认为法律不应该轻率地断定继父母与孩子的父母关系。"④

在极端情况下，一旦获得了代父母的身份，继父母"就代替了亲生父母，并需要履行父母与子女之间的权利、责任和义务"。这些权利、责任和义务包括提供经济支助的义务、对孩子的监护权和控制权、继子女的诉讼豁免权，以及在某些情况下因死亡或离婚而解除婚姻关系后的探视权。

然而，具有代父母资格的继父母并不总是被要求在所有情况下提供支持。有一部分州只有在继子女面临威胁因而需要公共援助时才强制规定该义务。例如，夏威夷规定：

---

① Utah Code Ann. 78-45-4.1.
② Margaret Mahoney, *Stepfamilies and the Law* (Ann Arbor: University of Michigan Press, 1994), 13–47.
③ Miller v. United States, 123 F.2d 715, 717 (8th Cir, 1941).
④ Niesen v. Niesen, 157 N.W.2d 660 664 (Wis. 1968).

如果亲生父母遗弃孩子或无法抚养孩子,从而使孩子陷入赤贫和危险的境地,则在孩子与继父母生活期间,以代父母身份行事的继父母有义务提供、维持和支持他们的继子女。①

正如各州并没有步调一致地要求继父母支持他们的继子女一样,他们也没有授予继父母在婚姻中对继子女的监护权和控制权。居住在一起的继父母通常比法定监护人或养父母享有更少的权利。根据一位评论员的说法,继父母"无权为孩子做出任何决定——无权批准紧急医疗,甚至无权签署去消防局实地考察的许可单"②。

无论是普通法还是州法规,都一致规定在离婚或监护父母死亡时终止继父母关系。这意味着抚养义务(如果有的话)的中止,且继父母没有探视权或监护权。州法院有时会发现继父母角色有个别例外,但他们没有开创任何明确的先例。目前只有少数州允许继父母寻求探视权,但在离婚时,监护权几乎总是被授予亲生父母。在继父母的配偶死亡的情况下,即使继父母实际上抚养了孩子,监护权通常也会被转授予此前非监护的亲生父母。在密歇根州最近的一个案例,即亨里克森诉盖博案(Henrickson v. Gable)中,孩子们在生母去世时分别为9岁和10岁,从小就和继父一起生活,很少见到他们的生父。在随后的监护权纠纷中,初审法院将孩子判给了他们的继父,但上诉法院依据州法律推翻了这一决定,将孩子交给了他们的生父。需要说明的是,该州相关法律对亲生父母有着强烈的偏爱。

在陌生人模式中,除了少数复杂的案例,国家继承法并不认可继子女的存在。根据现有的州法律,如果没有遗嘱,即使继父母多年来一直支持和抚养继子女,继子女也没有资格继承继父母的遗产。加利福尼亚州为继子女在没有继父母遗嘱的情况下继承遗产,制定了最宽松的规则,但前提是继子女必须符合相对烦琐的条件。只有在"有明确且令人信服的证据表明,如果没有法律障碍,

---

① Hawaii Revised Stat. Ann., Title 31, Sec. 577–4.
② David Chambers, "Stepparents, Biologic Parents, and the Law's Perceptions of 'Family' after Divorce," in S. Sugarman and H. H. Kay (eds.), *Divorce Reform at the Crossroads* (New Haven: Yale University Press, 1990), 102–129.

继父母本来会收养该人"①的情况下,继子女才可以作为已故继父母的子女继承遗产。但很少有继子女能够通过这项测试。同样,继子女不能就继父母的意外死亡提起过失诉讼。在大多数情况下,当继父母去世时,只有亲生子女才能继承遗产或获得法律补偿。

联邦政策

我们在此处关注的联邦政策有两种类型:为有需要的家庭提供的联邦福利项目,包括 TANF 和补充保障收入(Supplemental Security Income, SSI);不是基于需要的一般项目,包括社会保障法、公务员和军事人员员工福利项目。这些项目大多遵循依存关系模式。在认可或促进居住在一起的重组家庭的实际家庭关系方面,它们比大多数州走得更远。很多项目(尽管不是全部)认为,居住在一起的继父母实际上支助了他们的继子女,因此,这些继子女有资格享受与家庭其他子女同等的福利。

尽管联邦法律普遍认可居住在一起的继子女是依靠继父母生活,但在很多方面仍存在不足。在众多联邦项目和政策中,就如何处理继父母与继子女之间的关系,存在很大的不一致,而且在不同的项目中,对什么是继子女的界定也往往大相径庭。大多数项目对其的界定都力求基于依存关系,比如与继父母一起生活,或从继父母那里获得 50% 的支持。然而,有些项目援引"实际家庭关系"这种模糊的定义,有些项目根本没有尝试任何定义,因此可能将未居住在一起的继子女纳入受益人名单中。在某些项目中,继子女这一类别完全不存在,或被明确排除在某些项目的受益人名单之外。

即使有些项目的规则允许受抚养继子女享受与亲生子女一样的福利,但继子女的福利通常也会因继父母的死亡或离婚而中断。②虽然社会保障法(Social Security)确实涵盖了继父母死亡后受抚养的继子女,但有几个项目明确将继子女排除在某些死亡抚恤金的资格之外。联邦雇员退休制度(the Federal Employees' Retirement System)在确定默认受益人时,明确将继子女排除在子女的定义之外,而不考虑继子女与继父母之间可能存在的依存关系。外交服务

---

① Cal. Prob. Code, Sec. 6408.
② Mason and Simon, "The Ambiguous Stepparent: Federal Legislation in Search of a Model," 449.

退休和残疾制度（the Foreign Service Retirement and Disability System）及中央情报局退休和残疾项目（the CIA Retirement and Disability Program），同样将所有继子女排除在一次性付款的资格之外。①

在继父母离婚的情况下，继子女的处境甚至更为脆弱。该方面的处理遵循的是陌生人模式。与州法律一样，在几乎所有的联邦项目中，任何法律认可的关系都会在继父母离婚后立即终止。继子女和继父母变成了陌生人。如果已故的继父母与监护父母离婚，社会保障不会为继子女提供任何缓冲。根据社会保障法，继父母与继子女的关系在父母离婚后立即终止，即使孩子实际上在相当长的婚姻期间一直依赖投保的继父母，继子女也不再有资格领取福利。② 如果离婚生效日发生在继父母去世前一天，继子女将不会获得任何福利。

总而言之，即使州法律并没有遵循依存模式去界定继父母的角色，但当前的联邦政策在大多数项目中对继父母角色的界定，在一定程度上假定了依存模式，并在假定继父母支助的基础上为继子女提供福利。尽管如此，如上所述，面向继父母的现有联邦政策在几个关键领域中还存在不足之处。在考虑重组家庭方面，州法律和政策与联邦政策相去甚远，且在很大程度上将继父母视为对继子女而言的陌生人。

新政策提案

有关重组家庭的政策改革提案数量很少，而且到目前为止，来自立法者的提案大多闻所未闻。大多数提案来自法律学者，少数来自社会科学家。继父母和儿童等维权人士都没有被组织起来要求改革。所有的改革都与现有的陌生人模式和依赖模式存在一些分歧，但很少有改革能提供一个全新的模式。

我回顾的所有提案都或多或少地基于社会科学数据，尽管这些数据并不总是相同。提议者大致可以分为三个阵营：第一个阵营规模可能最小，我称之为消极主义者。这些学者从社会生物学的角度看待重组家庭，并认为它们是一种

---

① Mason and Simon, "The Ambiguous Stepparent: Federal Legislation in Search of a Model," 460–466。
② 42. U.S.C. sec. 416(e), 1994.

麻烦不断的反常现象，需要积极地加以劝阻。第二个阵营是迄今为止人数最多的一群学者，我称之为志愿主义者。该群体承认继父母关系的复杂性和往往疏远的本质特征。他们在很大程度上认为，法律和政策应该像现在一样对重组家庭置之不理。如果继父母本人希望在继子女的生活中发挥更大的作用，应该鼓励他们通过收养或其他方式这样做。第三个阵营认识到作为另一种家庭形式的重组家庭正日趋增多，并认为重组家庭在某些重要方面应该得到认可和加强。我称他们为改良主义者。该群体认为，法律应该带头为继父母提供更多的权利或义务。这一阵营提供了为数不多的政策提案，从遗产继承、探视等具体的小型改革，到我自己提出的全面改革建议，即重新界定继父母的权利和义务。

对继父母育儿的消极观往往是基于社会生物学的繁殖理论，其中最突出的代表是社会学家大卫·波佩诺 (David Popenoe)。根据这一理论，人类为了延续自己的基因，会毫不吝啬地支持自己的亲生子女，但对其他人却远没有那么慷慨。波佩诺表示，最近离婚率和未婚生育率的上升，带来了一种基本无父的家庭模式，而这种模式根本无法与双亲家庭竞争。

波佩诺认为，很多研究人员揭示的继父母疏离模式很大程度上是基于这种生物学上的吝啬：

> 如果这种观点是正确的，如果家庭从根本上来说是植根于生物学的，或至少部分是由人类的"自私基因"激活的，那么非亲属的育儿在本质上就存在问题。这并不是说没有血缘关系的人没有能力承担育儿工作，而是说他们不太可能做好这份工作。简而言之，重组家庭的问题非常棘手，最佳处理策略是尽一切可能减少重组家庭。

此外，波佩诺还援引了一些研究人员的观点——继父虐待儿童的比例大大高于生父，"继子女不仅处于不利地位，而且处于危险之中"[1]。波佩诺宣称，这种说法并无牵强之处，事实上，这是我们民间智慧的产物。白雪公主、汉塞尔和格莱特说得对：继父母不仅冷漠，而且可能非常危险。

波佩诺超越了陌生人模式（对国家活动持中立态度），并建议积极劝阻重

---

[1] M. Daly and M. Wilson, *Homicide* (New York: Aldine de Gruyter, 1988), 230.

组家庭的形成。他认为，阻止重组家庭形成的最好方法是鼓励维持生物学上的双亲已婚家庭。他的政策建议包括婚前咨询和婚姻咨询、延长离婚等待期、重新设计现行福利制度、使婚姻和家庭得到授权而不是遭到诋毁。波佩诺热衷于推广他本人提出的"新家庭主义"之说，即人们越来越认识到需要牢固的社会纽带，并认为只有在生物学上的双亲家庭中才容易找到这种纽带。[1]

志愿主义者普遍认为，继父母—继子女关系在本质上是自愿的和私人的，而陌生人模式最清楚地反映了这一点。再婚形成的法律纽带是夫妻之间的——继子女是偶然的；继父母和继子女是法律上的陌生人。继父母既可以选择也可以不选择更多地对继子女的日常经济和情感给予支持；但法律不应该强制规定这种关系，而只需要简单地反映这种关系。这些学者承认重组家庭的增长是现代生活的一个因素，他们既不宽恕也不谴责这种结构。家庭法学者大卫·钱伯斯（David Chambers）的说法可能代表了这个大阵营中的大多数学者：

> 这种法律在大多数方面很好地补充了美国继父母—继子女关系的现状。我们可以回想一下这种关系必然具备的多样性——居住在一起或不居住在一起；从孩子们还是婴儿的时候开始或从青少年的时候开始；在某些情况下发展出舒适的关系，在其他情况下发展出尴尬的关系；持续几年或多年。在这种情况下，现行的法律允许这些关系主要取决于继父母和生父母之间的自愿安排，这种做法似乎是明智的。目前的法律状况也充分认识到我们国家对生物关系的持续吸收，尤其是因为它告知了我们对持久财务义务的敏感性。[2]

钱伯斯并不太赞成在婚姻终止期间或之后将抚养义务强加给继父母，但对推动自愿收养很感兴趣。然而，他也赞同一些中间立场，即在收养过程中不会完全切断孩子与亲生父母的联系。

对其他志愿主义者具有极大吸引力的是英国1989年儿童法（Children Act）中采取的新养育模式。根据该模式，与生父母结婚两年以上的继父母可

---

[1] Barbara Whitehead, "A New Familism?" *Family Affairs*, Summer, 1992.
[2] Chambers, "Stepparents, Biologic Parents, and the Law's Perceptions of 'Family' after Divorce," 26.

以自愿为其配偶的孩子申请居住令。有了居住令，继父母对孩子就负有父母的责任，直到孩子年满16岁。但该法令并没有取消非监护人父母的养育责任。[①]根据1989年的儿童法，无论是否有生物学联系，父母都不再享有父母权利，他们只有父母责任，且不能在离婚时消失。因此，在英格兰，三个成年人可以一起承担起养育责任。然而，不同于生父母的责任，继父母的责任通常不会在离婚后延续。离婚后，继父母通常不承担经济责任，但可以申请探视令。

改良主义者认为，继父母的自愿行为有时还不够，有必要以某种方式改良法律，以更明确地界定继父母的权利和责任。美国律师协会（the American Bar Association, ABA）家庭法科多年来一直致力于一项拟议的示范法（Model Act），建议就继父母的抚养义务及管教、探视和监护义务，进行立法改革。示范法在任何地方都不具有约束力，它只是一个供所有国家参考的模式。然而，示范法传统上对指导国家立法改革具有重要影响。根据ABA示范法目前的形式，只有在孩子没有得到监护人和非监护人父母的充分支持时，才会要求继父母在再婚期间承担抚养义务。这个问题最终由家庭法院自由裁定，但示范法并不要求继父母在承担抚养义务之前必须与继子女保持密切联系。然而，示范法并没有描述继父母和监护父母离婚后应遵循的规则。

该提案在讨论离婚后继父母的探视权或监护权方面更为完整。它采用双层方法，首先询问继父母是否有资格（法律依据）寻求探视，然后询问探视是否符合孩子的最佳利益。法律上的问题将参考五个因素来解决，这五个因素主要考察继父母在孩子生活中的作用（基本是代父母的问题）、继父母提供的经济支持以及否决探视对孩子造成的损害。如果法院认为问题成立，则根据司法权的最佳利益标准来完成分析。示范法关于实体监护的部分也要求进行双层测试，要求继父母自行提出问题，并提供明确且令人信服的证据，证明自己是更好的监护人。

在我看来，ABA示范法是一个有价值的开始，但也仅此而已。它至多是摒弃了陌生人模式，承认继子女至少有时需要依靠，并提供了一个有限的概念，

[①] Mark A. Fine, "Social Policy Pertaining to Stepfamilies: Should Stepparents and Stepchildren Have the Option of Establishing a Legal Relationship?" in Booth and Dunn (eds.), *Stepfamilies*, 199.

即强制继父母在婚姻期间给继子女提供支持。它也为继父母提供了在离婚后争取探视权或抚养权的机会。然而，ABA示范法没有明确继父母在婚姻存续期间的权利，也没有处理最脆弱时期的问题，即因死亡和离婚而终止婚姻后的经济支助。此外，无论是示范法还是现有的所有改革提案，只关涉传统为人父母的法律概念（由每个州加以界定），并没有考虑广泛的联邦项目或其他公共和私人项目，而这些项目对继父母—继子女之间关系的定义，往往是出于福利、保险或其他目的。

相反，我提出了一个关于继父母权利和责任的新概念，即事实父母模式。该模式涵盖继父母—继子女关系的所有方面，并延伸到联邦和私人政策。新框架首先关注的是继子女的福利，这一点在陌生人模式或依存模式中都没有得到充分处理。如前文所述，州和联邦政策（在较小程度上）未能一致地处理继父母—继子女关系中的财务依存问题。这意味着，依靠居住在一起的继父母抚养的孩子，在重组家庭的婚姻存续期间，可能得不到继父母的适当支持或福利；在父母离婚或死亡的情况下，也可能得不到经济上的保护。

前文描述的家庭纵向研究表明，孩子最困难的时期是婚姻转变时期，例如离婚和再婚。有继父生活在一起的家庭，比以母亲为户主的单亲家庭，收入要高得多；事实上，重组家庭收入看起来很像核心家庭。[1]然而，研究表明，重组家庭比原生家庭更脆弱，更有可能以离婚告终。离婚事件可能会突然将孩子们可用的资源拉回到单亲水平。目前，在亲生父母离婚后，孩子们至少可以通过子女抚养费获得经济上的缓冲，但在重组家庭破裂后，却没有任何保护性支持。如果继父母去世，他们也得不到保护，这无疑是另一个脆弱时期（如前所述，只有少数人继续得到非监护人父母的支持）。

新模式关注强化继父母和继子女的关系。虽然研究普遍发现继父母在养育子女方面不如亲生父母投入，但这些研究并没有解释原因，因此其他人必须这样做。社会生物学家声称，行为是由自私的基因驱动的。除此之外，社会学家对"不完全制度化"进行了解释。[2]该理论基于这样一种信念：总的来说，人们会按照社会期望的方式行事。就重组家庭而言，关于如何定义重组家庭，尤

---

[1] Mason and Mauldon, "The New Stepfamily," 5.
[2] Andrew Cherlin, "Remarriage as an Incomplete Institution," *American Journal of Sociology*, 84, 1978.

其是继父母对继子女的作用，尚无明确或缺乏社会规范和标准。

简而言之，我提出的新模式首先要求将继父母划分为两个子类：事实父母和非事实父母。我将事实父母定义为"与亲生父母合法结婚、主要与继子女居住在一起的继父母，或者为继子女提供至少50%经济支助的继父母"。不符合事实父母要求的继父母将在所有重要的方面从政策中消失。

出于联邦和州政策的目的，根据该提案，事实父母在婚姻期间将得到与亲生父母几乎相同的待遇。他们的继子女也享有对等的权利、义务和推定，包括抚养义务。这些权利和义务将根据婚姻的长短，在监护人父母死亡或与继父母离婚或继父母去世后以某种形式继续存在。如果离婚，继父母将有权寻求监护权或探视权，但继父母也有义务在一定期限内提供子女的抚养费。继父母去世后，未成年继子女在继承和福利方面将享受与亲生子女一样的待遇。

到目前为止，该提案类似于早先描述的普通法中的"代父母"之说，在大多数情况下（继承除外），继父母被视为父母，条件是他或她自愿同意抚养孩子。然而，在事实模式中，抚养是强制性的，而不是自愿的，原因有二：一是法律以不平等或任意方式对待继子女是不公平的，二是统一支助继子女是考虑儿童福利的最好办法。此外，根据传统普通法中的代父母之说，非监护父母已经死亡的情况也不容忽视。根据该方案，为继父母创建一个事实父母类别并不会使非监护亲生父母的现有权利和义务无效。相反，该提案将赋予继父母以额外父母的权利。

多重父母、继父母和继子女在离婚或死亡后的权利和义务等，都是有争议和困难的政策问题，需要更多的关注，无法在这里进行简短的说明。多重赋予是很多家庭法改革项目失败的障碍，尤其是在监护和收养方面。这也是没有持续努力去重新制定继父母角色的原因之一。细节的制定至关重要。例如，强制继父母进行支助，就提出了一个公平与否的核心问题。如果确实需要继父母抚养孩子，则存在非监护父母的抚养义务问题。传统上，大多数州都没有认可继父母的贡献可以抵消子女的抚养义务。[1] 虽然该政策提高了行政效率，并可能使一些孩子受益，但对非监护人父母来说可能并不公平。认识到非线性家庭中

---

[1] S. Ramsey and J. Masson, "Stepparent Support of Stepchildren: A Comparative Analysis of Policies and Problems in the American and British Experience," *Syracuse Law Review*, 36, 1985.

存在多个父母的一个重要进展是承认多重抚养义务。少数几个州对继父母的义务提出了要求，这几个州虽然对子女抚养义务的分配给予了有限的关注，但并没有提出明确的指导方针。我的建议是，对于继父母作为事实父母的义务，州的法定要求也应该包括明确的指导方针，以便在非监护人父母和继父母之间分配子女抚养的义务。

该提议的批评者可能会说，如果监护父母的支持减少，孩子拥有的资源将会更少。对于一些孩子来说，这可能是对的，但正如前文所述，只有25%左右的继子女获得了子女抚养费，平均每年不到2000美元。[①]因此，与大多数继子女因与继父母一起生活而享受的资源增加相比，减少对少数继子女的这种少量支持，总体上不会有很大的影响。当然，在继父母死亡或与监护父母离婚的情况下，额外的保护安全网将使所有继子女受益。此外，在事实方案下，减少非监护父母的抚养费可能有助于改善多重抚养关系。

让我们将该模式应用于前面介绍的琼斯—哈钦斯一家。如果非监护人父母雷·琼斯每年为他的两个孩子支付6000美元的抚养费（根据全国儿童和家庭调查，这是非监护父母的高端水平），那么他的支付费用可能会减少一半，因为山姆·哈钦斯的年收入为5万美元，他没有其他受抚养人。但是，应该强调的是，在大多数重组家庭中，支助不会减少，因为没有监护权的父母并没有提供支助。在琼斯—哈钦斯一家，3000美元的救济肯定会受到雷的欢迎，他现在也和新婚妻子的孩子住在一起并帮助抚养她的孩子。这可能会让他对山姆更友好一些，或者至少更能接受他在孩子们生活中扮演的角色。这也可能使得他更有可能在孩子18岁后继续予以支持，因为这些年来他并没有感到经济方面的拮据。更重要的是，虽然孩子们会失去一些支助，但他们会得到保障，如果山姆去世，他们将成为他人寿保险的合法继承人和默认受益人。如果他的死亡是由疏忽或与工作相关的事件造成的，他们也可以要求赔偿。如果他和他们的母亲离婚，他们可以在一段时间内继续依赖他的福利，并从他那里得到支助。

多重抚养的另一个方面是法律的权威性。如果要求继父母接受父母支助的义务，平等保护和公平问题要求他们也必须获得父母权利。如前所述，州法律

[①] Mason and Mauldon, "The New Stepfamily," 7.

目前只认可亲生父母或养父母；继父母对继子女则没有任何法律权利，甚至不能授权他们去实地考察。如果继父母在某些情况下拥有完整的父母权利，如在父母共享法律监护权时，法律将承认三位父母的父母权利，而不是两位父母的父母权利。虽然这听起来不寻常，但它准确地反映了现在有多少家庭在抚养他们的孩子。然而，在大多数情况下，只有监护人父母及其配偶，即事实父母，才有权为家中的子女做出决定。

在琼斯—哈钦斯一家中，这项政策会让山姆作为一个家长得到更多的认可。学校、营地、医院和其他需要家长同意或参与的机构，现在将自动把他纳入对孩子利益的考虑范围。同时，对于山姆在孩子们日常生活中扮演更多父母角色一事，他们的亲生父亲雷可能一点都不介意。如果他介意的话，他们三个人就必须予以解决（或者在极端情况下，诉诸调解或家事法庭）。事实上，由于只有少数非监护父亲定期探视自己的孩子，由三个父母做出决定的情况不会多见。

该方案的批评者可能会争辩说，收养并不是创造事实父母的法律地位，而是给予继父母充分的父母权利和责任的适当手段。[1] 如前所述，如果近四分之三的继子女得不到其非监护父母的支助，则可以采取政策举措，终止不提供支助的父母的权利，并促进继父母的收养。然而，除非缺席的亲生父母的父母权利被终止，否则收养往往是不可能的——正常情况是，即使父母没有提供抚养费，与子女保持联系的父母的权利也不能终止。当父母的权利被终止时，在大多数州，探视权也会被终止。目前尚不清楚的一点是，即使父母没有履行其抚养子女的义务，终止与生父母的接触是否符合孩子的最佳利益。[2] 如前所述，很大一部分（另外的25%左右）的非监护人父母即使不支付抚养费，也继续与他们的孩子保持联系。[3] 虽然在可能的情况下应大力鼓励继父母收养，但这一方案并不能解决如何界定未收养继父母的角色问题。

在离婚或死亡导致婚姻关系终止后，以某种形式延长权利和义务同样存在问题。目前，只有少数法院裁定支持继父母在离婚后支付抚养费，而且这些裁

---

[1] Joan Hollinger (ed.) et al., *Adoption Law and Practice* (New York: Matthew Bender, 1988).
[2] Katherine Bartlett, "Re-thinking Parenthood as an Exclusive Status: The Need for Alternatives When the Premise of the Nuclear Family Has Failed," *Virginia Law Review*, 70, 1984.
[3] Mason and Mauldon, "The New Stepfamily," 5.

定是根据个人情况做出的。在美国，只有密苏里州有法律条文规定继父母离婚后继续履行支助义务。[①] 继续得到支助显然符合儿童的最佳利益，因为很多孩子在重组家庭解体后可能会陷入贫困。[②]

既然事实模式是基于依存关系而不是血缘关系，那么离婚后或监护人父母死亡后支助的公平基础可能是，要求作为事实父母一年或一年以上的继父母，必须提供一半的抚养费，直到该子女达到法定成年年龄。如果继子女与继父母同住四年，继父母将承担两年的抚养费。如果非监护生父母仍在支付抚养费，则可以分摊费用。虽然可以说，这项政策会阻止人们通过结婚成为继父母，但也可以说，一旦成为继父母，该政策也会阻止他们离婚。如果离婚需要付出一些实际的代价，继父母可能会考虑更加努力地维持婚姻。

相反，继父母在离婚或监护父母死亡后应享有权利和责任。离婚或丧偶的继父母如果与孩子一起生活并抚养孩子至少一年，应该能够寻求探视权或监护权。再者，多位父母一起提出要求有时可能是一个问题，但可以得到解决，因为孩子现在有一个主要的监护人，或在最佳利益标准下。

继父母死亡对继子女来说是一个特别脆弱的时期，因为他们不受继承法的保护。虽然社会保障和其他联邦遗属福利的前提是，继子女依靠居住在一起的继父母的支持，如果继父母死亡，继子女会面临与亲生子女一样的困难，但根据州继承法这一众所周知的古老法令，只有生物学因素才起作用，而不是依存因素。州法律应假定，如果事实父母在没有立遗嘱的情况下去世，其实他是希望所有的受抚养人都能够获得遗产份额。如果继子女不再需要抚养，这种假定就不一定会占上风。对于意外死亡后的保险和索赔，也应采用同样的假定。受抚养的继子女，就像亲生子女一样，应该有权就失去抚养而提起诉讼。

在联邦政策方面，明确界定继父母为事实父母，将消除困扰现行政策中继父母的不一致之处，并明确居住在一起的继父母的角色。在婚姻期间，继子女在接受抚养和领取联邦福利方面将被视为亲生子女。如果继父母死亡，这种待遇仍将继续。与亲生子女一样，继子女将获得所有的遗属抚恤金和死亡抚恤金。[③]

---

① Vernon's Ann. Missouri Stats. 453.400, 1994.
② Mason and Mauldon, "The New Stepfamily," 5.
③ Mason and Simon, "The Ambiguous Stepparent," 471.

在离婚的情况下，联邦福利问题更为复杂。在继父母与监护父母离婚后，继子女和亲生子女不应该享有同样的联邦福利保障。同样，对那些有时已经依赖事实父母多年的孩子来说，立即切断他们的关系也不是一个好政策。更好的政策是依据一个公式，将联邦福利延长到离婚后的一段时间，该公式与抚养年限的一半相匹配，如先前建议的子女抚养形式。例如，如果继父母与继子女一起生活四年，则子女将在离婚后的两年内，继续享受社会保障遗属抚恤金和其他联邦福利，包括联邦雇员福利。这一解决方案至少为儿童提供了一个过渡缓冲，管理起来也相对容易。在亲生监护父母死亡的情况下，如果孩子仍由继父母监护，福利也同样可以延长或无限期继续。

所有其他的私人福利项目，同样可以明确界定居住在一起的继父母的权利和义务，并从这种明确界定中受益。虽然本文并未考察这些非政府项目，如私人健康、人寿保险、年金、员工儿童保育等，但基本可以肯定的是，它们同样反映了联邦和州政策中明显存在的不一致或缺失之处。

归根结底，州法律界定了大部分重组家庭关系，但要在各州的基础上实现统一的改革，就算可能的话，也一定非常困难。在英国，通过某单一的国家立法是可能的，如1989年的儿童法，该法案完全重新界定了父母的角色。在美国，改革进程缓慢且不太确定。推广新政策的第一步或许是，联邦政府坚持所有州必须通过继父母一般支助义务法，要求作为事实父母的继父母，像支持他们的亲生子女一样支持继子女。这一目标的实现手段可以是，使继父母一般支助义务法成为获得联邦福利赠款的先决条件。联邦政策已经在确定很多项目的资格方面，假定了这种支持，但它并没有坚持要求各州修改其法律。1988年的家庭支助法案（Family Support Acts）开创了这一策略的先例。联邦政府在该法案中规定，如果要获得有子女家庭补助法案（Aid to Families with Dependent Children, AFDC）的资助，各州必须依据TANF，为离异父母和未婚父亲制定严格的子女支助法令。[①] 第二步也是更大的一步，如前所述，在离婚后要求继父母给予有限的支持。一旦基本义务得以确立，基本权利的明确想必也会随之而来。

[①] 100 P.L. 485； 102 Stat. 2343 (1988).

结　论

　　重组家庭构成了美国家庭中一个庞大且不断增长的组成部分，而公共政策在很大程度上忽视了这一部分。社会科学家告诉我们，这些家庭面临着很多问题。继父母与继子女之间的关系在法律和社会规范的界定上很不明确，也不像非离婚家庭中的关系那样牢固或指向抚养，继子女在学校和其他外部环境中表现也不佳。尽管如此，重组家庭关系对于单亲家庭摆脱贫困仍然非常重要。当单身或离婚的母亲结婚时，家庭收入增加了三倍多，达到了与核心家庭大致相同的水平。然而，这些再婚父母中有很大一部分会以离婚而告终，从而使继子女面临重新陷入贫困的风险。如此，好的公共政策的意义在于，强化这些重组家庭关系的同时，为重组家庭关系结束时继子女的过渡提供缓冲。

第三部分

父母与孩子

父母与孩子之间的关系似乎是家庭生活中最自然、最普遍、最恒定的一个方面。然而，我们从历史和跨文化证据中了解到，人们对孩子和童年的看法及感受已经发生了很大的变化。亲子关系的性质也发生了变化。例如，过去200年从农业社会到工业社会再到后工业社会的转变，已经彻底改变了亲子关系和孩子发展的条件。

与童年转变相关的变化包括：农业作为一种生活方式的衰落、童工现象的消除、婴儿死亡率的下降、读写能力的提高和大众教育的普及，以及对童年作为独特且宝贵的人生阶段的关注。这些变化的结果是，现代父母生育的孩子更少，对孩子的情感和经济投资更多，但期望更少。农场家庭因经济需要而联系在一起：孩子是家庭经济中不可或缺的劳动力，也是晚年的赡养人。如今，几乎所有的孩子在年幼时都是一种经济负担，一直到成年初期都需要经济帮助。但是，现在的孩子对父母来说有着深刻的情感意义。因此，尽管今天的孩子在经济上变得"无用"，但在情感上却变得"无价"。（Zelizer, 1985）

无论多么热切地期待一个情感上无价的孩子，但为人父母通常都是人生中经历的重大且"正常"的危机之一。在一篇经典文章中，爱丽丝·罗西（Alice Rossi, 1968）首次指出，过渡到父母身份往往是人生中最艰难的阶段之一。自罗西的文章在40多年前首次发表以来，随后的研究文献如雨后春笋。大部分研究都支持她的观点，即育儿初期可能是一段充满压力、变化和快乐的时期。

正如菲利普·考恩和卡洛琳·考恩（Philip Cowan and Carolyn Cowan）在他们的文章中所观察到的那样，现在为人父母可能比过去更难，即使对于双亲中产阶层家庭也是如此。考恩夫妇对第一个孩子出生前后的夫妻进行了比较研究。他们得出的结论是，因为过去几十年社会发生了迅速而剧烈的变化，所以今天的年轻父母更像是探索未知新领域的先驱。例如，当今绝大多数伴侣都是在工作的情况下为人父母的。相较于自己的父母，他们更期望平等的夫妻关系。但是在孩子出生后，他们的工作生活和个人关系之间的平衡不可避免地发生了巨大变化。

大多数伴侣无法承担妻子全职在家的"传统"模式，即使他们更喜欢这种安排。考恩夫妇发现这种传统模式也有其代价：全职在家的母亲比重返工作岗位的母亲更有可能患上抑郁症。因为年轻家庭面临着比过去更重的负担，但他们缺乏为新父母提供的支持性服务，例如登门探访的护士、带薪育儿假、优质儿童保育，以及其他国家普遍提供的其他家庭政策。考恩夫妇表示，工作场所的灵活性与这些政策相结合，将大大缓解新家庭的压力。

学界对家庭的关注主要集中于高风险家庭。凯瑟琳·艾丁、蒂莫西·纳尔逊和乔安娜·里德对未婚、低收入父亲及其与子女的关系进行了深入研究。结果显示，其中绝大多数男性对家庭生活的看法与过去几十年中达到法定年龄的男性截然不同。早期的研究人员发现，父亲身份往往是"打包交易"：父亲与孩子的关系取决于父亲与母亲的关系。如果父亲和母亲没有关联，他就不会和孩子有关联，也不会尽力履行自己的义务。

但阿姆斯特朗（Armstrong）和她的同事们发现，这种"打包交易"的父亲模式发生了非常显著的变化。对他们所研究的男性来说，父子关系是核心；它让男人身处一段原本可能不会形成的伴侣关系。甚至与母亲没有关联的男性也可能会维持与孩子保持关系。艾丁等人的说法——"爸爸，宝贝；妈妈，或许"——很好地说明了他们所研究的很多父亲的世界观。

美国家庭生活的多样性并不是什么新鲜事，但在今天，人们对家庭生活的大部分担忧都与孩子有关，而这种担忧往往带着一种浓浓的怀旧之情。我们通常会把现在孩子的烦人形象与过去孩子的美好形象进行比较。但正如历史学家史蒂文·明茨所解释的那样，公众对美国童年历史的看法被一系列神话所笼罩。其中一个神话是无忧无虑的童年。我们执着于幻想，认为曾几何时的童年和青春是无忧无虑的冒险岁月；然而，对于过去的大多数孩子来说，成长绝非易事。疾病、家庭破裂以及在很小的时候就不得不去工作，都是家庭生活的典型写照。

长久而安全的童年、专注于教育、远离成人的责任等等都是最近发明的概念——直到二战后相对繁荣的时代，这些概念对于大多数孩子来说，才成为现实。然而，在20世纪的最后25年，贫困和不平等加剧了。此外，社会流动性——贫穷的孩子上升为中产阶层的能力——下降了。

在这方面，弗兰克·弗斯滕伯格（Frank Furstenberg）在他的文章中详细探讨了社会阶层差异如何影响儿童在成长过程中的发展。他发现，到成年早期，在富裕家庭和贫困家庭长大的孩子之间存在着巨大的差距。这些现实与任何人都可以从社会阶梯的底层上升到顶层的"白手起家"的想法背道而驰。弗斯滕伯格认为，尽管美国从未完全履行其作为机会之地的使命，但美国人往往会忽视阶层差异。甚至连社会科学家现在也强调性别、种族和民族，而不是社会经济差异。

弗斯滕伯格展示了社会阶层如何在孩子出生之前就开始影响他们的发展；例如，它会影响准妈妈的饮食和医疗，也会影响新生儿保健。父母的情感和经济资源会影响孩子入学前学到的技能，也会影响孩子是否做好了学业成功的准备。这些差异现在比以往任何时候都更重要，因为年轻人需要比前几代人接受更多的教育，他们也需要父母更长时间的帮助。

事实上，在当今的后工业社会中，在青春期和成年期之间已经出现了一个全新的人生阶段。是什么让二三十岁的人成为成年人实际上已不再清晰。成年的标志是完成学业、离开家、找到工作、结婚、生子。在20世纪50年代和60年代，大多数年轻人在20岁出头的时候就走过了所有这些里程碑。

近几十年来，这种模式发生了巨大的变化。离开青春期后，年轻人并没有在相对较短的时间内安顿下来工作、结婚、为人父母，而是进入了一个较长的过渡期，并且可能会持续到30岁甚至更久。与父母一起住在家里，或家里家外搬来搬去，已成为一种常见的模式。很多社会批评家将这种转变简单地看作拒绝长大，即大规模的"发育受阻"（arrested development）或"成年青春期"（adultolescence）。

但是，这条曲折的成年之路并没有反映出当今年轻人心理上的任何重大变化。相反，它是全球化和信息时代的副产品。在世界各地的不同国家，这些大规模的转变减少了年轻人的就业机会，增加了对教育的需求，并提高了住房成本。

在 20 世纪五六十年代经济繁荣时期长大的几代人，只需有高中文凭，甚至更低的文凭，就可以找到稳定的、养家糊口的工作。20 世纪 70 年代后出生的人则面临着新的严峻现实：你需要大学学历甚至更高的学历才能找到一份体面的工作，但大多数普通中产阶层的工作收入并不高。战后富裕的蓝领工人和工厂一起消失了。很少有稳定的工作，即使是那些报酬丰厚的工作，也不稳定。这些新的现实给年轻人、他们的家庭和其他机构带来了压力。

第六章　为人父母

阅读 11　新家庭：作为新先驱的现代伴侣

菲利普·考恩、卡罗琳·考恩

　　马克和艾比是在为一位年轻的、雄心勃勃的候选人工作时认识的，该候选人正在参加总统初选。在一个令人振奋的夏天，他们无休止地就价值观和策略进行争论。夏天结束时，他们分道扬镳，回到大学，开始各自的学业和工作生涯。几年后，他们在一次政治活动中再次相遇，马克正供职于一家大型公司的公共关系部，艾比即将从法学院毕业。他们首先就政治和社会变革的必要性进行了争论性的、热情洋溢的讨论，后来逐渐扩展到恋人之间才有的那种更私人、更亲密的讨论。

　　他们开始一起规划未来。马克搬进了艾比的公寓。艾比在一家小型律师事务所找到了一份工作。他们对自己的工作和蓬勃的关系感到兴奋，他们做出长期承诺，并很快决定结婚。婚后，虽然他们的未来计划是基于想要孩子的强烈愿望，但他们不确定何时开始三口之家。马克试探性地提出了这个问题，但觉得自己没有足够的经济保障来迈出这一大步。艾比担心，如果她加入律师事务所后过早地成为一个母亲，会不被重视。

　　几年过去了。马克很想要孩子。艾比在生孩子和发展事业的欲望之间挣扎，她仍然犹豫不决。他们关于要孩子的交流似乎没有什么进展，但当他们突然发现节育措施失败时，他们的交流就被戏剧性地打断了：毫无疑问，艾比怀孕了。马克和艾比对自己的反应感到有些惊讶，他们发现，时机的决定权已不在他们手中，这让他们松了口气。觉得自己比预期的更有心理准备，他们变得越来越兴奋，并且与父母、朋友和同事分享了这个好消息。

本书的大部分章节重点关注的是高危家庭。一些观察人士将所有偏离传统"规范"——双亲、非青少年、父亲工作—母亲持家——的家庭，都归入这一类别。大卫·波佩诺（David Popenoe）、大卫·布兰肯霍恩（David Blankenhorn）等人认为，非传统家庭的日益普及，就是美国家庭目前正处于衰退状态的有力证据。在关于当代家庭生活状况的争论中，家庭衰退论者暗示传统家庭过得很好。这种观点忽视了一些确凿的证据——这些证据表明，如今普遍存在的压力和脆弱性影响了大多数家庭，包括成熟的、相对优质的双亲家庭。

在缺乏这些证据的情况下，传统双亲家庭中的孩子和父母似乎不会面临需要家庭政策制定者加以关注的问题。我们将展示艾比和马克的生活，以及很多现代伴侣组建新家庭的生活，从中我们会发现，他们的生活比家庭观察者和立法者意识到的更不理想，更容易面临痛苦。基于我们自己和其他人关于伴侣成为父母的研究数据，我们将说明，在这种文化中生儿育女的正常过程是如何启动一系列潜在压力源的，而这些压力源又作为风险，刺激了诸多父母中度至重度的痛苦。最近一些纵向研究的结果表明，如果父母的痛苦得不到解决，他们的婚姻质量以及与孩子的关系更有可能受到破坏。反过来，在家庭形成阶段中冲突或疏离的家庭关系，预示着孩子进入学前班和小学后会出现问题。这意味着，大量的美国新双亲家庭并不符合家庭衰退论中描绘的理想家庭图景。

接下来我们将①总结不断变化的历史背景，这种背景使得很多现代父母的生活比过去更加困难；②探讨当前家庭衰退论背后的前提；③描述与过渡到父母身份相关的条件如何带来那些提高个人、婚姻和家庭痛苦可能性的风险，从而增加个人、婚姻和家庭陷入困境的可能性；④讨论这种家庭压力对美国家庭政策的影响。我们认为，关于早年家庭生活的系统信息在两个方面对社会政策辩论至关重要：第一，说明现有的法律法规如何对年轻家庭有害；第二，提供有关干预措施的信息，这些措施有望强化育儿初期的家庭关系。

历史背景：不断变化的世界和不断变化的家庭

从过去两个世纪的历史来看，像马克和艾比这样的伴侣是史无前例的。他们是一对现代的中产阶层伴侣，试图建立一个不同于他们父母和祖父母的家庭。紧张的经济状况和不断变化的意识形态（关于父母的适当角色），给这些新先驱带来了新的挑战。显然，为人父母之旅将带领他们穿越未知的领域。但苦于没有地图来定位风险和艰辛，当代男性和女性必须自己开辟出新的道路。

在过去的 20 年中，我们对生儿育女的伴侣进行了研究。据此，我们认为，现在组建家庭的过程比过去更加困难。由于缺乏对这些问题的系统研究，我们无法找到确凿的证据表明现代父母比过去的父母面临着更多的挑战。尽管如此，对北美家庭生活不断变化的背景进行的一项简短调查表明，与早期的父母相比，向父母身份的过渡给现代夫妻组建家庭带来了不同的、更令人困惑的挑战。

更少的支持 = 更多的疏离

1850 年，75% 的美国家庭生活在农村地区，但在 2000 年，有 80% 的家庭生活在城市或郊区。越来越多的新家庭远离他们的祖父母、亲属和有同龄孩子的朋友，这使得新父母失去了很多支持，发现无人可以分享他们为人父母过程中的跌宕起伏。大多数现代父母把孩子带回到周围邻居全是陌生人的家中。很多留在家里照看孩子的女性发现自己在邻里社区几乎形单影只。我们意识到，在人生的这个重大转变期间，社会支持的不足会给她们自己和孩子的福祉带来风险。[1]

更多的选择 = 更多的模糊

与父母和祖父母的经历相比，今天的伴侣在是否以及何时生儿育女方面有更多的选择。现在除了 4.5% 左右的女性自愿永远不要孩子（1980 年，这一比例为 2.2%）之外，最终成为父母的伴侣年龄更大，家庭规模更小——只有一两个孩子，而 40 年前的平均水平是 3 个孩子。家庭规模的缩小往往使每个孩子

---

[1] S. B. Crockenberg, "Infant Irritability, Mother Responsiveness, and Social Support Influences on Security of Infant-Mother Attachment," *Child Development*, 52, 1981; C. Cutrona, "Non-psychotic Postpartum Depression: A Review of Recent Research," *Clinical Psychology Review*, 2, 1982.

都显得尤为珍贵，而是否以及何时成为父母的决定甚至更加重要。现代避孕方法可以让伴侣更好地控制怀孕的时间，尽管事实情况是很多避孕方法都失败了，就像在马克和艾比身上发生的一样。尽管围绕堕胎的法律和道德问题仍然争论不休，但即使在怀孕之后，现代伴侣也可以选择是否要生下孩子。

一旦孩子出生，现代伴侣就面临着更多的选择。母亲会重返工作岗位或重拾学业吗？这种情况大多在分娩前就存在。如果是的话，多久之后？每天可以工作或学习多长时间？根据2000年的人口普查，1960年，在孩子6岁以下的女性中，只有18%的人外出工作。现在，在孩子1岁以下的女性中，约有55%的人至少从事兼职工作。父亲是否会在日常照顾孩子中发挥积极的作用？如果会的话，发挥多少作用？尽管很多人认为拥有这些新选择是现代生活的一大好处，但对身处其中的男性和女性来说，从这些选项中做出具有深远影响的选择，会带来困惑和不确定性——这本身就会导致伴侣关系的紧张。

对婚姻的新期望 = 新的情感负担

就像其他很多现代伴侣一样，马克和艾比对婚姻有着不同于他们祖辈的期望。在早期的几十年里，夫妻双方期望的婚姻是一种工作伙伴关系，其中男性和女性在家庭和工作方面扮演着不平等但明确界定的角色，尤其是有了孩子之后。很多现代夫妻正试图建立一种更加平等的关系，其中男性和女性在家庭和工作中的角色更加相似，而且往往可以互换。

劳动力市场中女性人数的急剧增加，对男性和女性在家庭内外应该做什么的旧定义提出了挑战。女性在家庭收入中扮演着重要角色，其结果是，尽管男性和女性在家庭分工方面的实际情况已经落后了，但父亲更多地参与家务和照顾孩子的意识形态已经发生了转变。相较于他们的父亲，现代父亲更多地参与日常家庭活动，但对每个工业化国家的研究表明，女性继续承担着家务劳动和照顾孩子的主要负担，即使双方都是在全职工作。① 在一项详细的定性研究中，阿利·霍赫希尔德（Arlie Hochschild）观察到，在职母亲回家后要上"第二班"。她生动地描述了伴侣们在平等主义与传统主义价值观之间的矛盾中、平等主义

---

① A. Hochschild, *The Second Shift: Working Parents and the Revolution at Home* (New York: Viking Penguin, 1989); J. H. Pleck, "Fathers and Infant Care Leave," in E. F. Zigler and M. Frank (eds.), *The Parental Leave Crisis: Toward a National Policy* (New Haven, CT: Yale University Press, 1988).

意识形态与现代家庭生活约束之间的矛盾挣扎过程。

在丈夫和妻子苦苦挣扎于这些问题的过程中，他们往往会成为对手。与此同时，他们期望配偶能够给自己提供情感温暖和支持。① 对于现代伴侣来说，把婚姻作为一个远离外部世界压力的避风港是自然而然的，但鉴于当前的经济和心理现实以及历史有用模式的缺失，要创造一个这样的舒适区无疑很难。雪上加霜的是，现代夫妻因努力工作和抚养孩子而感到心力交瘁时，听到的却是回归"更简单"生活的倡导，即更传统的家庭生活。总而言之，我们之所以把艾比和马克视为新先驱，主要原因是他们正在努力创造一种新的家庭生活版本，而在他们所处的时代中，挑战更大，支持更少，工作和家庭安排的选择更多、更令人困惑，男性和女性的适切角色模糊不清，对自己成为知识渊博、扶持性伴侣和父母的期望更为苛刻。

政治背景：家庭变化是否意味着家庭衰退？

很多学者得出的结论是，我们所描述的历史家庭变迁削弱了家庭制度。这一观点的主要代表人物之一大卫·波佩诺（David Popenoe）②，解释说，传统核心家庭是一个终生的、性别排斥的社会单位，其中丈夫和妻子有着不同的分工，而现代变化趋势记录了"从传统核心家庭的撤退"。他断言道："核心家庭正让位于单亲家庭、连环家庭和重新家庭，以及未婚和同性伴侣。"③ 他争辩说，当代家庭生活的主要问题在于，作为一种文化价值的家庭主义已经式微，取而代之的是其他价值，如个人主义、自我中心和平等主义。④

家庭衰退理论家尤其批评单亲家庭，无论这类家庭是离婚还是未婚生育造

---

① A. Skolnick, *Embattled Paradise: The American Family in an Age of Uncertainty* (New York: Basic Books, 1991).
② D. Popenoe, *Disturbing the Nest: Family Change and Decline in Modern Societies* (New York: Aldine de Gruyter, 1988); Popenoe, "American Family Decline."
③ Popenoe, "American Family Decline." 41–42. 较小的双亲家庭和较大的单亲家庭都被归因于相同的机制：父母的自我中心和自私。
④ D. Blankenhorn, "American Family Dilemmas," in D. Blankenhorn, S. Bayme, and J. B. Elshtain (eds.), *Rebuilding the Nest. A New Commitment to the American Family* (Milwaukee, WI: Family Service America, 1990), 3–26.

成的。①他们推断,过去的双亲家庭以孩子为中心,因此将孩子的需求放在首位。他们认为,在其他安排下生孩子的父母往往把自己放在首位,其结果是孩子因此而受苦。

衡量家庭衰退的首要指标是孩子的幸福度。家庭衰退理论家反复援引统计数据表明,出生的孩子越来越少,与放任、疏离、以自我为中心的父母生活在一起的孩子越来越多。这类父母往往会忽视孩子的身体和情感需求,越来越多的孩子表现出精神疾病、行为问题和社会偏差的迹象。存在补救措施建议吗? 旨在促进"家庭价值观"的社会运动和社会政策,强调有父母双亲、已婚、遵循一夫一妻制的核心家庭,同时,这些夫妻想要孩子并愿意致力于照顾孩子。这些就是我们一直在研究的家庭。

基于对过去 20 年中开始组建家庭的伴侣的跟踪研究,我们认为,这种补救措施建议存在一个严重问题,即忽略了理想化家庭形式中的痛苦和功能失调程度。我们将表明,伴随第一个孩子到来的是紧张、冲突、痛苦和离婚倾向的加剧,这不是因为父母以自我为中心,而是因为生活在当今世界中,本质上就很难兼顾所有家庭成员的经济和情感需求,即使是对那些所处环境相对"低风险"的夫妻来说,情况也是如此。需要指出的是,这类伴侣的比例高得出人意料。我们现在可以提前确认那些在过渡到父母身份时最有可能遇到问题的伴侣,并提前采取干预手段,以减少这些问题的发生率和强度。这一事实进一步要求我们更多地关注传统家庭神话的另一面。我们对当代家庭状况的关注引领我们提出一些补救措施,其中包括积极支持父母为孩子提供养育条件和稳定环境,而不是规劝他们改变家庭生活价值观。

---

① 虽然单亲家庭的比例正在增加,但对非双亲家庭形式的担忧可能言过其实。在 20 世纪 90 年代出生的美国孩子中,大约有 70% 的孩子父母都是已婚。如果我们把那些有长期承诺但没有合法结婚的夫妇包括在内,那么现代家庭中双亲家庭的比例甚至更高。双亲家庭的盛行率自 1956 年以来有所下降,当时 94% 的新生儿的父母都已婚,但迄今为止,非青少年人口中的主导家庭形式仍然是父母双亲和一个孩子。

现实生活背景：与为人父母相关的常规风险

为了说明成为父母的短期影响，我们简要回顾一下马克和艾比将女儿莉兹从医院带回家4天后的情况。

现在是凌晨3点，莉兹正在大声哭泣。马克答应过艾比在她醒来时会起床把孩子抱给她，但他没有动。在推了他几下之后，艾比放弃了，她蹑手蹑脚地穿过房间走到莉兹的摇篮前。她把女儿抱到摇椅上开始喂她。艾比的乳头很痛，她在哺乳时还不能放松。莉兹很快停止了吸吮并睡着了。艾比静静地沉思，摇杆有节奏的吱吱声打破了宁静。她为马克反对让父母来帮忙感到生气。想到他曾经浪漫地描绘一家三口温馨的情景，她就更生气了。"好吧，莉兹和我很温馨，但浪漫先生现在在哪里呢？"艾比忧心不已。她对莉兹很着迷并被她吸引住了，但因为她没有体验过她认为"所有母亲"都能感受到的"母爱的强烈涌动"，她担心自己有什么问题。她也很焦虑，因为她告诉老板自己很快就会回去工作，但她根本不知道要怎么办。她想和她最好的朋友艾德丽安谈谈，但艾德丽安可能不会理解，因为她没有孩子。

在意识到艾比的暴怒时，马克无力地准备辩解他为什么没有在孩子醒来时醒来。但他回想起自己在下班回家的路上忘了到市场和药店买东西，艾比因此对他"狂吼"的场景，他就放弃了交流，而只是假装睡着了。他现在满脑子都是早上到办公室要处理的一大堆工作。

我们可以看到，两个和睦体贴的人如何陷入既无法预料也无法控制的变化和反应中。根据我们与很多新父母交流的经验，我们可以想象，如果被问到，艾比和马克会说，这些引起他们不满的问题都是次要的；事实上，他们觉得为这些问题烦恼是愚蠢的。然而，对新父母的研究表明，雪球效应的阶段已经准备就绪，这些微小的不满可能会在未来一两年内发展为更令人不安的痛苦。这种早期疏离的后果是什么？马克和艾比能否防止这种疏离对他们或孩子造成更严重的负面结果？

我们前期对向为人父母的过渡阶段进行了纵向研究。其他研究人员也跟踪分析了男性和女性从妊娠晚期到第一个孩子出生后的头几年生活。[1] 在本文中，我们借鉴自己和他人纵向研究的结果，回答每年数百万伴侣关于初为父母的这些问题。这些研究中的样本非常相似：初为人父的准爸爸平均年龄约为 30 岁，而初为人母的准妈妈大约比准爸爸年轻 1 岁。大多数调查人员研究的是城市家庭，但也有少数调查人员研究的是农村家庭。尽管参与者的经济水平在不同的研究中有所不同，但大多数人都介于工人阶层、中下阶层到中上阶层的连续体中。1995 年，我们回顾了 20 多项关于这一阶段家庭生活的纵向研究：其中有两个是英格弗和斯尼维恩德（Engfer and Schneewind）对德国的纵向研究[2]，一个是克鲁罗（Clulow）对英国的纵向研究[3]。我们发现，除了两个结果，其他的结果都表明，升级为父母的伴侣的婚姻风险升高。[4] 最近的一项研究和综述也得出了同样的结论。[5]

我们可以基于婚姻关系的风险、冲突和痛苦，来探讨伴侣生活中的这一重大规范性转变，我们发现，父母身份主要会在家庭生活的五个领域造成不平衡：①父母的自我意识；②父母—祖父母关系；③亲子关系；④朋友关系和工作关系；

---

[1] J. Belsky, M. Lang and M. Rovine, "Stability and Change across the Transition to Parenthood: A Second Study," *Journal of Personality and Social Psychology*, 50, 1985; C. P. Cowan, P. A. Cowan, G. Heming, E. Garrett, W. S. Coysh, H. Curtis-Boles, and A. J. Boles, "Transitions to Parenthood: His, Hers, and Theirs," *Journal of Family Issues*, 6, 1985; M. J. Cox, M. T. Owen, J. M. Lewis and V. K. Henderson, "Marriage, Adult Adjustment and Early Parenting," *Child Development*, 60, 1989; F. Grossman, L. Eiehler, and S. Winickoff, *Pregnancy, Birth, and Parenthood* (San Francisco: Jossey-Bass, 1980);
C. M. Heinicke, S. D. Diskin, D. M. Ramsay-Klee and D. S. Oates, "Pre- and Postbirth Antecedents of 2-year-old Attention, Capacity for Relationships and Verbal Expressiveness," *Developmental Psychology*, 22, 1986; R. Levy-Shiff, "Individual and Contextual Correlates of Marital Change Across the Transi- tion to Parenthood," *Developmental Psychology*, 30, 1994.

[2] A. Engfer, "The Interrelatedness of Marriage and the Mother-Child Relationship," in R. A. Hinde and J. Stevenson-Hinde (eds.), *Relationships within Families: Mutual Influences* (Cambridge, UK: Cambridge University Press, 1988), 104–118; K. A. Schneewind, "Konsequenzen der Erstelternschaft", Consequences of the Transition to Parenthood: An Overview, *Psychologie in Erziehung und Unterricht*, 30, 1983.

[3] C. F. Clulow, *To Have and to Hold: Marriage, the First Baby and Preparing Couples for Parenthood* (Aberdeen, Scotland: Aberdeen University Press, 1982).

[4] C. P. Cowan and P. A. Cowan, "Interventions to Ease the Transition to Parenthood: Why They Are Needed and What They Can Do," *Family Relations*, 44, 1995.

[5] A. F. Shapiro, J. M. Gottman and S. Carrere, "The Baby and the Marriage. Identifying Factors that Buffer against Decline in Marital Satisfaction after the First Baby Arrives. *Journal of Family Psychology*, 14, 2000.

⑤婚姻状况。我们发现，在孩子出生之前，任何一个领域的"断层线"都会放大初为人父母期间婚姻关系的紧张。虽然很难准确地指出为人父母的过渡阶段究竟从何时开始，又在何时结束，但我们的研究结果表明，这一阶段往往会持续三年以上——从怀孕前到第一个孩子出生后至少两年。不同的伴侣以不同的方式经历这种转变，因此我们在这里不仅以马克和艾比为例，而且以我们研究中的很多其他伴侣为例，来说明当伴侣成为父母时，每个领域会发生什么改变。

父母的自我意识

32岁的亨利在一家大型电脑商场干得不错。他和结婚4年的妻子美·林一起期待着第一个孩子的出生。事实上，头一两个星期，亨利迷失在一种兴奋的懵懂之中。但当他走出懵懂，重新开始工作时，新的烦恼分散了他的注意力。正如他的同事不断提醒他的那样，他现在是一位父亲了。他自然而然地感觉自己完全变了一个人，虽然还不太清楚作为一个父亲他应该做什么。他犹犹豫豫地向美·林坦白了自己的困惑，美·林明显松了一口气。"我一直觉得自己很分裂，"她告诉他，"我很难抓住自我意识。我是一个妻子、一个女儿、一个朋友和一个老师，但母亲身份似乎占据了我的全部。"

有了孩子会迫使父母将能量重新分配到其身份的各个方面。我们要求准父母进行自我描述，方法是列出他们的主要方面，如儿子、女儿、朋友、员工，并要求他们根据自我感觉中各个方面的比重，将圆（即我们所说的"饼图"）分成几个部分。在孩子出生6个月和18个月后，我们要求这些父母再次填画饼图。在伴侣成为父母的过程中，标记为"父母"的部分显著变大，在孩子18个月时，该方面几乎占据了母亲身份的三分之一。虽然男性的"父母"部分也在扩大，但他们作为父亲的自我意识只占据了妻子"空间"的三分之一。对于女性和男性来说，随着父母方面的自我扩展，他们身份中的伴侣或爱人部分就被"压缩"了。

令人奇怪的是，在早期有关过渡到父母身份——E. E. 里马思特斯（E. E. LeMasters）声称对伴侣构成危机的阶段①——的文章中，没有一个研究人员收

---

① E. E. LeMasters, "Parenthood as Crisis," *Marriage and Family Living* , 19, 1957.

集或引用了产后抑郁症的数据，即产后头几个月内出现抑郁症的致残症状。我们很难获得产后抑郁症风险的准确流行病学评估。据称，产后抑郁症在女性中的发病率是从0.01%的严重产后精神病到50%的产后抑郁。坎贝尔（Campbell）及其同事的一项研究结果表明，大约10%的新妈妈会出现严重的抑郁症，从而影响她们产后的日常生活。[1] 关于新手父亲产后抑郁症的发病率，目前还没有流行病学方面的估计。在我们对100对伴侣的研究中，有一个新手妈妈和一个新手爸爸因产后抑郁症致残需要接受治疗。我们所知道的是，很多像亨利和美·林这样的新父母在生完孩子后，对自己的看法发生了深刻的变化，有些人觉得自己不够好，且对自己很不满，他们的主导情绪到了可以用抑郁来形容的地步。

与父母和姻亲的关系

桑德拉是我们研究中较年轻的母亲之一，在交谈中，她说到自己害怕重复她母亲的生活模式。她的母亲在16岁时生下孩子，并反复告诉她的孩子们，她还太小，无法养家糊口。"我和一个漂亮的小女孩在一起，我担心我是否真的成长到足以抚养她。"与此同时，桑德拉的丈夫达里尔回忆起被继父殴打时他的无助感："我正在努力保持我和桑德拉决定开始组建家庭时的信心，但有时我会害怕不可避免地成为我父亲那样的人。"

以精神分析为导向、专注于向为人父母转变研究的学者[2]强调，新父母早期关系中内心冲突的重新唤醒往往会激活潜在的不平衡。有相当多的证据表明，生孩子会激活男性和女性在童年时期形成的脆弱性和失落感，而这些问题在他们作为父母的自我意识中扮演着重要角色。也有证据表明，尽管父母努力避免，

---

[1] S. B. Campbell, J. F. Cohn, C. Flanagan, S. Popper, and T. Myers, "Course and Correlates of Postpartum Depression during the Transition to Parenthood," *Development and Psychopathology*, 4, 1992.

[2] T. Benedek, "Parenthood during the Life Cycle," in E. J. Anthony and T. Benedek (eds.), *Parenthood: Its Psychology and Psychopathology* (Boston: Little, Brown, 1970); J. D. Osofsky and H. J. Osofsky, "Psychological and Developmental Perspectives on Expectant and New Parenthood," in R. D. Parke (ed.), *Review of Child Development Research* 7: The Family (Chicago: University of Chicago Press, 1984), 372–397.

消极关系模式往往会在几代人中重复出现。[1] 从这个角度来看，桑德拉和达里尔的担心不无道理。然而，研究表明，一个牢固的、积极的夫妻关系可以为消极的亲子互动提供缓冲，从而说明消极循环的重复并非不可避免。[2]

我们发现，第一个孩子的出生会增加几代人接触的可能性，且通常会带来意想不到的后果。在偶然的情况下，如果他们的父母愿意重新接触的话，那这种重新接触可以让准父母将多年的隔阂抛在脑后。更常见的是情况是，代际接触的增加会刺激新旧冲突的产生——伴侣自身、伴侣之间以及代际之间。举个例子：艾比希望她的母亲在孩子出生后就来，但马克有一个靠自己开始家庭生活的规划。无论做出何种决定，他们之间围绕这个问题的紧张局势都会升级。如果艾比的父母过来拜访，马克可能会难以与孩子确定自己的位置。即使艾比的父母过来帮忙，她和马克可能也会发现祖父母也需要照顾。马克和艾比可能需要几周的时间才能进行一次私人谈话。如果祖父母没有回应或没有被邀请，代际之间可能会滋生痛苦的感受。

亲子关系

很少有父母在照顾孩子方面有足够的经验，能够立即自信满满地满足第一个孩子的需求。

> 泰森和玛莎似乎已经争论了好几天。他们6个月大的孩子埃迪每天哭个不停，一直到深夜。一听到他的声音，玛莎就上前把他抱起来。当泰森在家时，他会表示反对，理由是这会宠坏埃迪，让他无法学会如何安抚自己。玛莎回应说，如果没有问题，埃迪就不会哭，但她也担心泰森可能是对的；毕竟，她从来没有照顾过一个六个月大的孩子超过一个晚上。尽管泰森继

---

[1] A. Caspi and G. H. Elder, Jr. "Emergent Family Patterns: The Intergenerational Construction of Problem Behavior and Relationships," in R. A. Hinde and J. Stevenson-Hinde (eds.), *Relationships Within Families: Mutual Influences* (Oxford: Clarendon Press, 1988), 218–241; M. H. van Ijzendoorn, F. Juffer, M. G. Duyvesteyn, "Breaking the Intergenerational Cycle of Insecure Attachment: A Review of the Effects of Attachment-based Interventions on Maternal Sensitivity and Infant Security," *Journal of Child Psychology & Psychiatry & Allied Disciplines*, 36, 1995.

[2] D. A. Cohn, P. A. Cowan, C. P. Cowan and J. Pearson, "Mothers' and Fathers' Working Models of Childhood Attachment Relationships, Parenting Styles, and Child Behavior," *Development and Psychopathology*, 4, 1992.

续表达他的反对意见，但他也担心，如果玛莎是对的，那他的计划可能对他的儿子也不是最好的。

更复杂的是，就在父母们制定出看似有效的策略时，他们的孩子也进入了一个新的发育阶段，需要他们做出新的反应和行动。这些新挑战难以应对的原因在于，每个父母都有一套关于应该如何回应孩子的想法和期望，而这些想法和期望大多是基于其原生家庭的经验。事实证明，让父母双方在如何解决抚养孩子的基本问题上达成一致，是一项比大多数伴侣预期的更加复杂、更耗费感情的任务。

工作和朋友

在过渡到为人父母的过程中，伴侣在外工作所面临的困境尤为突出。

赫克托尔和伊莎贝尔共同决定，伊莎贝尔至少要在生完孩子后的第一年待在家里。一天早上，当伊莎贝尔正在洗她的孩子荷西的尿布并希望电话响起时，她瞬间泪流满面。生活并不像她想象的那样。她想念工作中的朋友。她想念赫克托尔，他现在比荷西出生前更努力地工作来养家糊口。她想念远在墨西哥的父母和姐妹。她强烈地想要全职陪伴她的孩子，她应该感谢赫克托尔的收入使之成为可能，但她现在感觉很不开心。这种感觉更让她意识到，她一直贡献了家庭收入的一半，但现在她不得不向赫克托尔要钱，这让她感到脆弱和仰人鼻息。

作为一名投资顾问，玛丽亚在她刚刚起步的职业生涯中投入了很多，赚的钱比她的丈夫埃米利奥还多。一天早上，面对着桌上堆积如山的未读文件，玛丽亚想起了在托儿中心几乎准备好迈出人生第一步的劳拉时，她不禁泪流满面。她相信自己和埃米利奥为劳拉找到了优质的托儿服务，并提醒自己有研究表明，当母亲外出工作时，她的女儿会比全职母亲的女儿发展出更多的能力。尽管如此，她还是为错过了孩子一生中只有一次的里程碑，而感到很失落。

我们关注两个家庭中的女性，因为鉴于当前的社会安排，平衡工作和家庭的斗争的最初影响更多地落在了母亲身上。如果伴侣们决定让一方留在家里做孩子的主要看护人，那么这样做的几乎总是母亲。正如我们所指出的那样，在当代美国，孩子很小的母亲中约有50%在生完孩子后留在家里，超过一半的人在一年内重返工作岗位。这两种选择都有一定的成本和收益。如果像伊莎贝尔这样的母亲想要在家和年幼的孩子在一起，同时家庭也负担得起这种安排，她们就有机会充分参与孩子早期的日常生活。这样做通常对父母和孩子都有好处。尽管如此，大多数待在家里的母亲出去工作的机会有限，而工作会让她们觉得自己很能干，待在家里剥夺了她们获得同事和朋友情感支持的机会，而这种支持对母亲在产后初期的表现起着重要的作用。这让像伊莎贝尔这样的女性面临着孤独和与朋友和家人隔绝的风险。① 相比之下，像玛丽亚这样重返工作岗位的女性能够维持一个成年人的关系网络，让她可以一起工作和交谈。只要外出工作，她们对自己的感觉就可能更好，而且会感觉"步入了正轨"，但很多人开始担心孩子的福祉，尤其是在这个托儿服务费用昂贵但又不太理想的时代。此外，一旦回到家，她们就会进入"第二班"，承担家务和照顾孩子的大部分工作。②

我们的意思并不是说，只有女性才会经历父母身份过渡过程中的所有工作—家庭冲突。很多现代父亲也会感到困惑：他们该如何兼顾工作和家庭生活、如何在工作中继续前进、如何比自己的父亲更多地陪伴孩子。男性在成为父亲后往往会工作更长时间，而不是减少工作量，这主要是因为有了孩子后，他们需要更加认真地对待自己作为家庭经济支柱的角色。③ 在我们正在进行的研究中，与100多位父亲交谈后，我们确信，"男性抗拒家庭生活中的责任和减少工作量"的普遍印象是严重错误的。我们痛苦地意识到，有诸多因素阻碍了男性扮演更积极的父亲和丈夫角色。

首先，父母、老板和朋友通常不鼓励男性积极参与照看孩子的工作："你怎么在中午回家？""你对这里的工作是认真的吗？""她又让你照看孩子了？"其次，多数男性收入高于女性的经济现实，使得男性请假照顾孩子的可能性更

---

① Crockenberg, "Infant Irritability."
② Hochschild, *The Second Shift*.
③ C. P. Cowan and P. A. Cowan, *When Partners Become Parents: The Big Life Change for Couples* (Mahwah, NJ: Lawrence Erlbaum, 2000).

低。再次，鉴于男性和女性的社交方式，男性很少有照顾孩子的实践，也很少有人支持他们通过试错法去照顾新生儿。

我们为准父母和新父母成立了几个小组，父母在孩子出生后就把他们带过来了，在讨论中，我们看到、听到了很多版本：假设丈夫不会回应，妻子去抱孩子的倾向。辛迪描述了上周发生的一件事。小萨曼莎开始哭，辛迪就等着。她的丈夫马丁小心翼翼地抱起孩子，摸索着找到奶瓶，笨拙地开始喂她。然后，据马丁说，大约在60秒内，辛迪就建议他给萨曼莎的头部更多的支撑，并用另一种方式拿奶瓶，这样牛奶流动时就不会产生气泡。马丁很快就决定将孩子交还给"专家"，然后溜进隔壁房间"完成一些工作"。

兼顾工作、家庭和友谊的挑战，给男性和女性带来了不同类型的压力，从而将配偶推向更遥远的世界。当妻子待在家里时，她们会急切地等待丈夫回来，希望男人们"值班"照顾孩子，尤其是在困难的日子里。结果是，疲惫不堪的丈夫想要放风，而同样疲惫不堪的妻子则渴望与一个能对她们做出清晰回应的成年人交谈。当父母双方都外出工作时，他们必须协调好时间，安排好托儿服务，并决定好在孩子生病时如何安排。父母在照顾孩子和缺乏休息的困境中所产生的压力经常会外溢到工作中，反过来，他们的工作压力又会被带回家庭氛围中。[1]

婚 姻

现在应该更清楚了，为什么我们会说生儿育女带来的常规变化，会使得丈夫和妻子在成为父母后，面临着婚姻关系紧张和对婚姻不满的风险。马克和艾比以及我们简要描述的其他伴侣，都经历了自我意识的转变以及与父母关系的改变。可以说，他们的自我意识以及与父母的关系都发生了变化。在如何为孩子提供最好的照顾方面，他们一直面临着不确定性且存在分歧。无论父母是全职或兼职工作，还是全天都在外工作，他们的时间和精力都有限，无法满足父

---

[1] M. S. Schulz, "Coping with Negative Emotional Arousal: The Daily Spillover of Work Stress into Marital Interactions," Unpublished doctoral dissertation. University of California, Berkeley, 1994; R. Repetti and J. Wood, "Effects of Daily Stress at Work on Mothers' Interactions with Preschoolers," *Journal of Family Psychology*, 11, 1997.

母、老板、朋友、孩子和彼此之间相互冲突的需求，而在这条通往未知领域的复杂旅程中，外界却很少提供支持去引导他们。在过去40年中，几乎所有已发表的、关于这种转变的研究均发现，男性和女性的婚姻满意度都有所下降。贝尔斯基和罗文（Belsky and Rovine）发现，在宾夕法尼亚州进行的一项研究中，30%到59%的参与者在怀孕和产后9个月之间表现出满意度下降的趋势，这取决于他们考察的婚姻标准。[1] 在我们对加利福尼亚父母的研究中，从怀孕到产后18个月期间，45%的男性和58%的女性对婚姻的满意度下降。大约有15%的新父母的得分，是从临床分界点以下上升到临床分界点以上，这表明他们的婚姻存在着严重的问题。只有4%的新父母的得分，是从分界点以上下降到分界点以下。

为什么这段乐观的生活会给伴侣们带来如此多的挑战？为人父母的伴侣成为父母的一个关键问题，已被视为情景喜剧中万无一失的幽默公式——在家务、育儿和决策方面，丈夫和妻子为"谁做什么？"发生冲突。我们自己的研究清楚地表明，无论在生孩子之前夫妻如何平等分摊家庭事务，也无论丈夫和妻子如何期望平等分摊照顾孩子的工作，男性和女性承担的角色往往都与性别相关，妻子比她们成为母亲之前承担更多的家庭事务，也比她们的丈夫承担更多的家庭事务和照顾孩子的工作。此外，女性预测的配偶承担家务分工和配偶实际承担的家务分工之间差距越大，她们报告显示的抑郁症状就越多。这种安排越传统——也就是说，丈夫承担家庭事务的责任越少——妻子产后对整个婚姻的不满就越强烈。

尽管生活压力理论通常假设任何变化都是有压力的，但我们发现，家庭生活五个方面的巨大变化与父母适应为人父母的困难之间没有相关性。一般来说，在成为父母之后，丈夫和妻子对家庭生活的看法与他们对实际家庭和工作角色的描述之间的差异越来越大。差异扩大化程度最甚的伴侣——更常见的是那些角色安排越来越传统的伴侣——冲突不断升级，婚姻满意度大幅下降。

这些发现表明，虽然家庭衰退论者是通过1950年的镜头来看待当代家庭

---

[1] J. Belsky and M. Rovine, "Patterns of Marital Change across the Transition to Parenthood," *Journal of Marriage and the Family*, 52, 1990.

的统计数据，但实际上，当代家庭正在对 21 世纪的生活现实做出反应。鉴于男性和女性对家庭角色和当前经济现实的看法发生了历史性的变化，期望他们采用更传统的价值观和做法来简单地扭转趋势是不现实的。在传统且平等的连续体中，相较于更为平等的家庭，更为传统的当代家庭对自己、伴侣关系以及作为父母的角色更不满意。

我们知道哪些家庭会面临风险吗？

立法者从父母身份过渡的研究中得到的信息是，现在是一个充满压力和变化的时期。此外，我们和其他人还发现，伴侣的变化模式具有可预测性：这意味着，可以在伴侣们生孩子之前就知道他们是否会面临发生更严重问题的风险，他们的孩子是否会面临发育不良的风险。这些信息对于设计预防性干预手段也是必不可少的。产后初期最有可能遇到困难的伴侣，在成为父母之前其个人和婚姻就处于较大困境。父母如果难以维持积极、有益的夫妻关系，他们的孩子往往面临发育不良的风险。

"可能生孩子"的决定

就决定"要孩子"这一问题，我们对准父母进行了采访。这些访谈提供了一个信息来源，说明家庭形成期的适应具有连续性。我们分析了伴侣们对"你们俩是怎么决定在这个时候生孩子的？"的回答，并据此在中下层到中上层伴侣的样本中，发现了四种截然不同的决定类型，其中没有人认为自己在怀孕期间存在严重的伴侣关系问题：①规划型伴侣（50%）在是否要孩子以及何时要孩子的问题上达成了一致；②接受命运型伴侣（15%）选择意外受孕，但对即将为人父母的消息感到高兴；③矛盾型伴侣（15%）甚至在怀孕后期，还在反复不断地讨论他们是否准备好要孩子；④赞成—反对型伴侣（剩下的 20%）声称他们没有关系问题，但在意外怀孕后是否要生育的问题上存在巨大的分歧。

34 岁的爱丽丝在和 27 岁的安迪仅同居四个月后就怀孕了。无论安迪是否会留在她身边，她都打定主意要生孩子。安迪觉得自己还没有准备好成为一个父亲，尽管他深爱着爱丽丝，但他仍在努力接受爱丽丝怀孕这一事实。"这是我经历过的最艰难的事情",他说,"我曾经有过这样的想法:在30多岁前,我甚至不需要去考虑做一个父亲的问题,但事情已经是这样了,我现在必须做出决定。我担心自己会良心不安。在任何情况下,我都不想让自己妥协,但我知道,如果我采取的行动导致爱丽丝成为单身母亲,她会很难受。这意味着我会背弃我在乎的人,这会毁了我和她。"所以他留下了。①

规划型伴侣和接受命运型伴侣在婚姻满意度方面的下降幅度最小,而矛盾型伴侣对婚姻的满意度往往一开始就较低,在怀孕至产后两年内甚至会进一步下降。风险最大的是那些对是否要第一个孩子就有严重分歧(比矛盾型伴侣之间的分歧更大)的伴侣。在这些情况下,一方为了维持关系而屈服于另一方的意愿。这种令人吃惊的结果有力地说明了屈服策略的智慧:很多像爱丽丝和安迪这样的赞成—反对型伴侣,在第一个孩子上幼儿园时就离婚了,而妻子不情愿生孩子的两对赞成—反对型伴侣,在每次产后评估中都显示出了严重的婚姻问题。伴侣在决定是否要孩子方面悬而未决的冲突,反映了他们成为父母后仍然没有能力以双方都满意的方式处理冲突。夫妻做出这一重要决定的方式似乎是一个有力的指标,表明他们的整体关系是否存在不稳定的风险,这一发现与民间智慧——生孩子会修补严重的婚姻裂痕——相矛盾。

伴侣的其他风险因素

不足为奇的是,那些在怀孕期间承受了家庭外部巨大生活压力的伴侣,更有可能在婚姻生活中觉得不幸福,并且在为人父母的早期阶段,更有可能在育儿角色中焦虑不安。当新父母和自己父母的关系出现严重问题时,则更有可能经历产后的痛苦。② 贝尔斯基(Belsky)及其同事们发现,那些回忆与父母关

---

① 我们采访的夫妇均处于怀孕的中后期。因此我们并不了解他们在决定怀孕方面的早期情况:不了解妻子是否是有意怀孕,也不清楚丈夫在生育孩子的决定上是否是被迫的。与矛盾型伴侣形成对比的是,我们在赞成—反对型伴侣中看到的是,虽然怀孕已既成事实,但继续怀孕的决定仍然是一场尚未解决的情感斗争。

② M. Kline, P. A. Cowan, and C. P. Cowan, "The Origins of Parenting Stress during the Transition to Parenthood: A New Family Model," *Early Education and Development*, 2, 1991.

系紧张的新父母，在为人父母的第一年更有可能经历更严重的婚姻困境。[1] 在我们的研究中，那些被父母酗酒问题蒙上童年阴影的新父母，在为人父母头两年的每一个适应指标上，都表现出更大的压力——冲突更多，解决问题的效率更低，养育方式的效率更低，为人父母的压力更大。[2] 尽管不良适应模式的代际传播并非不可避免，但这些数据表明，如果不加以干预，原生家庭中的消极关系就会对下一代的关系构成风险因素。

我们虽然永远不可能做出完美的预测，并据此制定家庭政策，从而帮助降低与家庭形成相关的风险，但我们已经能够根据准父母提供的孕期信息，来预测他们在日后的个人、婚姻和育儿生活方面会面临的风险。回想一下，我们所描述的这些研究的参与者，在家庭衰退论中都被描绘成理想的完整双亲家庭。他们面临的问题与他们的家庭价值观无关。困难似乎源于这样一个事实：伴侣关系中存在的明显裂痕，使得他们的婚姻在向为人父母转变的过程中更容易受到冲击。

孩子的风险

我们之所以关切向父母身份转变时带来的影响，不仅是因为它增加了婚姻中的痛苦风险，还因为父母早期的痛苦会对其孩子产生深远的影响。纵向研究表明，父母早期的困难会影响孩子后来的智商和社会适应度。例如，父母在怀孕期间作为个体和伴侣的幸福或痛苦，预示着他们与学龄前孩子的关系质量。[3] 反过来，学龄前亲子关系的质量与孩子在小学早期的学业和社交能力有关。[4] 如果父母的养育方式更灵敏、更有效，那学龄前孩子在学业上的得分会更高，

---

[1] J. Belsky and R. A. Isabella, "Marital and Parent-Child Relationships in Family of Origin and Marital Change Following the Birth of a Baby: A Retrospective Analysis," *Child Development* 56: 342–349, 1985; C. P. Cowan, P. A. Cowan, and G. Heming, "Adult Children of Alcoholics: Adaptation during the Transition to Parenthood." Paper presented to *the National Council on Family Relations*, 1988.

[2] Cowan, Cowan and Heming; "Adult Children of Alcoholics."

[3] Belsky, Lang, and Rovine, "Stability and Change across the Transition to Parenthood"; Cowan and Cowan, When Partners Become Parents; Cox, Owen, Lewis and Henderson, "Marriage, Adult Adjustment, and Early Parenting"; Heinicke, Diskin, Ramsay-Klee, and Oates, "Pre- and Post-birth Antecedents of 2-Year-Old Attention, Capacity for Relationships and Verbal Expressiveness."

[4] D. Baumrind, "The Development of Instrumental Competence through Socialization," in D. Pick (ed.), *Minnesota Symposia on Child Psychology*, vol. 7 (Minneapolis: University of Minnesota Press, 1979); J. H. Block and J. Block, "The Role of Ego-Control and Ego-Resiliency in the Organization of Behavior," in W. A. Collins (ed.), *Minnesota Symposia on Child Psychology*, vol. 13 (Hillsdale, NJ: Erlbaum, 1980).

与幼儿园和一年级同学的相处中过激性、攻击性或退缩性等行为问题会更少。[1] 当我们收到教师的报告时发现，总体而言，如果父母对其父母身份的适应最积极，那他们5岁的孩子对小学的适应会最成功。

亚历山大和恩特维斯（Alexander and Entwisle）指出，在幼儿园和一年级时，孩子们"就进入了成就轨道，并在接下来的学年中一直延续下去"[2]。对孩子学业和社交能力的纵向研究[3]支持这一关于学生早期适应学校的重要性的假设：在小学低年级被同龄人排斥的孩子，更有可能出现学业问题或辍学，更有可能发展出反社会和违法行为，在青春后期和成年初期也更难与伴侣建立亲密的关系。如果在家庭发展的初期得不到支持或干预，早期出现学业、情感和社会问题的孩子，日后面临的风险更大，甚至会出现更严重的问题。

政策的影响

社会科学家对过渡到为人父母家庭的了解，与如何强化家庭（有年幼的孩子）的政策讨论相互关联。

我们简单地回顾家庭价值观的辩论，以考察政策的影响：推动传统家庭安排，改变工作场所政策，提供预防性干预措施以在育儿早期强化家庭。

---

[1] P. A. Cowan, C. P. Cowan, M. Schulz and G. Heming, "Pre-birth to Preschool Family Factors Predicting Children's Adaptation to Kindergarten," in R. Parke and S. Kellam (eds.), *Exploring Family Relationships with Other Social Contexts: Advances in Family Research*, vol. 4 (Hillsdale, NJ: Erlbaum, 1994), 75–114.

[2] K. L. Alexander and D. Entwisle, "Achievement in the First 2 Years of School: Patterns and Processes," *Monographs of the Society for Research in Child Development*, 53, 1988.

[3] S. Asher and J. D. Coie (eds.), *Peer Rejection in Childhood* (Cambridge: Cambridge University Press, 1990); S. G. Kellam, M. B. Simon, and M. E. Ensminger, "Antecedents in First Grade of Teenage Drug Use and Psychological Well-Being: A Ten-Year Community-wide Prospective Study," in D. Ricks and B. Dohrenwend (eds.), *Origins of Psychopathology: Research and Public Policy* (New York: Cambridge, 1982); N. Lambert, "Adolescent Outcomes for Hyperactive Children: Perspectives on General and Specific Patterns of Childhood Risk for Adolescent Educational, Social, and Mental Health Problems," *American Psychologist,* 43, 1988; E. A. Carlson, L. A. Sroufe et al. "Early Environment Support and Elementary School Adjustment as Pre-dictors of School Adjustment in Middle Adolescence," *Journal of Adolescent Research,* 14, 1999.

推动传统家庭安排的潜在后果

有一种观点是，家庭和孩子会从回归传统家庭的安排中受益。这种观点有什么含义？遗憾的是，现有的数据并不足以全面考察这种家庭价值观的论点，但我们认为，在这一点上有一些系统的资料总比没有好。乍一看，似乎有研究支持"家庭"正在衰退的论点。诚然，大量的新双亲家庭正在经历着适应问题——父母的抑郁、婚姻问题、代际关系的紧张问题，以及在工作和家庭需求之间挣扎的压力。然而，在关于向父母身份转变的研究中，几乎没有研究支持这样一种观点，即父母的痛苦可以归因于他们以家庭为导向的价值观的下降。

第一，现有的研究数据聚焦的是双亲、已婚、非青少年、中下阶层到中上阶层家庭，所以并不能代表家庭形式的"变体"，而在很多学者看来，这种变体与家庭生活质量的下降息息相关。

第二，所有持家庭衰退观的著作都存在一个错误假设：因为家庭中的这些变化与孩子负面结果的增加是同时发生的，所以这些变化是孩子出现问题的根源。这些说法并没有得到明确因果影响方向的系统数据的支持。例如，父母离婚后孩子的适应能力较差，这一观点已经被广泛接受（但仍存在争议）[1]。然而，一些研究表明，孩子大部分的削弱效应是父母离婚前后未解决的冲突带来的，而不是离婚本身带来的。[2]

第三，对家庭平等主义的攻击令人费解，尽管事实是平等主义意识形态有所增加，但现代伴侣在成为父母时往往会转向更传统的家庭角色安排——虽然他们并没有打算这样做。我们这里的重点是，在过去30年的家庭中，传统的家庭和工作角色往往与父母经历的更多个人和婚姻困境有关。此外，我们发现，当父亲很少参与家庭事务和照顾孩子的任务时，父母双方的反应能力会更低，更不能为孩子提供必要的结构，以让他们在项目游戏室中完成具有挑战性的新任务。最后，当我们问老师他们班上的所有孩子在学校的表现如何时，我们发现，

---

[1] E. M. Hetherington and J. Kelly, *For Better or for Worse: Divorce Reconsidered* (New York: W. W. Norton, 2002); J. Wallerstein and J. Kelly, *Surviving the Breakup* (New York: Basic Books, 1980).

[2] E. M. Cummings and P. T. Davies, *Children and Marital Conflict: The Impact of Family Dispute and Resolution* (New York: Guilford Press, 1994).

传统家庭的孩子在学业上能力更差，在社会上更孤立。如此，有大量证据表明，回归到严格的传统家庭安排可能不会产生"家庭价值观"支持者所声称的积极后果。

家庭和工作场所政策

当前关于缓解幼儿父母困境的政策的讨论，在两个选项上倾向于两极分化：①鼓励更多的母亲留在家中，从而减轻她们兼顾家庭和工作的压力；②通过父母双方的产假政策、弹性工作时间和工作场提供或补贴的托儿服务，使工作场所更加灵活、更对"家庭友好"。没有任何系统的实证研究支持这样的结论：当母亲外出工作时，她们的孩子或丈夫会遭受负面影响。[1] 事实上，我们自己和其他人的数据表明：①孩子，尤其是女孩，受益于她们的在职母亲作为生产性员工所提供的模式；②年幼孩子的母亲重返工作岗位，比留在家里的全职母亲更不容易抑郁。因此，目前尚不清楚，旨在说服当代幼儿母亲待在家里的政策是否会产生预期效果，特别是考虑到抑郁症的潜在风险以及单职工家庭中父母一方的工资损失。除非政府能够像瑞典和德国一样，准备好保留父母的工作，并提供带薪休假以弥补工资的损失，否则无论是从经济上来看还是从心理上来看，居家政策对家庭来说都存在成本过高的问题。

我们认为，该问题不应以支持单职工或双职工家庭的政策为框架，而应以支持所有家庭成员的福祉为框架。这一目标可以为有年幼孩子的家庭提供经济支持，如此，父母可以自己选择是全职照顾孩子还是一边兼职一边照顾孩子，又或是获得支持以重返工作岗位。

增加工作场所灵活性的替代方案如何？对向父母身份转变的家庭的研究表明，如果优质托儿服务能够大幅度增加，从而减轻了父母寻找合适看护或将就使用不太理想的看护的压力，这种替代方案在孩子还小的时候可能很有吸引力，也很有帮助。如果父母双方都支持这种选择，那么在父母双方都外出工作时，成人和孩子往往会适应得很好。因此那些支持带薪家事假和灵活安排工作的政策，可以使家庭选择最适合其特定情况的安排。

---

[1] M. Moorehouse, "Work and Family Dynamics," in P. A. Cowan, D. Field, D. A. Hansen, Skolnick, and G. E. Swanson (eds.), *Family, Self, and Society*: Toward a New Agenda for Family Research (Hillsdale, NJ: Erlbaum, 1993).

解决家庭风险点的预防服务

根据我们对形成新家庭的相关风险分析，很多双亲家庭都难以独自应对风险，这成为家庭的常规挑战。如果社会的优先事项是强化新家庭，那么我们似乎有理由考虑提供预防性方案，以减少风险和痛苦，并提升健康的、令人满意的家庭关系的潜力，而这也会使孩子获得更理想的适应水平。我们的提案类似于现在很多准父母都在寻求的拉马兹心理助产法的概念和其他形式的分娩准备。这些项目的逻辑背景应该是现有的公共和私人的身心健康服务系统，而这些系统可以为希望得到帮助或已经陷入困境的家庭提供服务。我们认识到，相当一部分人对一般的心理服务持怀疑态度，尤其是政府为家庭提供的服务。尽管如此，现实中很多现代家庭发现为人父母的压力大得出乎意料，但他们往往无法获得帮助。来自干预试验的证据表明，当预防性项目帮助父母的家庭关系朝着更积极的方向发展时，他们的孩子在入学头几年的学业、行为和情感上的问题就会减少。[1]

以家长为中心的干预：有研究关注在低风险到高压力的不同阶段，如何提升家庭的育儿技巧和亲子关系质量，[2]我们对这种干预性文献进行了回顾。这些文献已经证明，在已经确认孩子的父母有严重问题的情况下，家访计划、学前班和早期学校的干预手段——其中一些包括更广泛的家庭关注点——能够对父母的行为和自尊、孩子的学业和社交能力产生积极的影响，特别是当干预人员是身体健康或心理健康的专业人员时，情况尤为如此。然而，除了偶尔为父母准备课程、书籍或录音带，几乎没有资源可供父母在小问题失控前，学习更多有关如何处理这些小问题的知识。

以伴侣为中心的干预：我们的家庭转变概念模型和对成为父母的伴侣的研究表明，以家庭为基础的干预措施可能不仅仅会加强亲子关系，而且会加强父

---

[1] P. A. Cowan and C. P. Cowan, "What an Intervention Design Reveals about How Parents Affect Their Children's Academic Achievement and Behavior Problems," in J. G. Borkowski, S. Ramey and M. Bristol-Power (eds.), *Parenting and the Child's World: Influences on Academic, Intellectual, and Social-Emotional Development* (Mahwah, NJ: Lawrence Erlbaum, 2002).

[2] P. A. Cowan, D. Powell and C. P. Cowan, "Parenting Interventions: A Family Systems View of Enhancing Children's Development," in I. E. Sigel and K. A. Renninger (eds.), *Handbook of Child Psychology*, 5th ed. vol. 4: Child Psychology in Practice (New York: Wiley, 1997).

母之间的关系。我们已经看到，伴侣关系在决定要不要孩子的问题上本身就很脆弱，在孩子出生后更是如此。据我们所知，只有一个试点项目为伴侣们提供了一个机会，让他们体验对"可能要孩子"这一决定的复杂感受。[1] 当然，就像遗传咨询帮助伴侣们在面临严重遗传风险问题时做出决定一样，这些服务旨在帮助伴侣们——尤其是"赞成—反对型伴侣"——解决在是否以及何时组建家庭方面的冲突，从而降低日后婚姻和家庭陷入困境的风险。

在我们自己的工作中，我们系统地评估了两种预防性干预措施，针对的是那些没有被确定为高风险类别的伴侣。这两个项目都涉及数月内每周见面的伴侣，我们将其分成两个小组，一组是准父母，另一组是第一个孩子即将上小学的伴侣，每组四到五对伴侣。[2] 在这两项研究中，作为心理健康专家的工作人员与父母双方合作。在长达数月的定期会议中，他们一直在讨论参与者的个人、婚姻、育儿以及三代人的问题和困境。在这两组中，通过比较有干预和没有干预的家庭适应情况，我们发现了有希望的结果。

"成为家庭"项目干预两年后，几乎在每一项纵向研究中，这些新父母不仅成功避免了角色满意度的典型下降，也避免了婚姻幻灭度的上升。在为人父母的前三年参与干预的伴侣中，没有出现分居或离婚的情况，而没有参与干预的伴侣中有15%已经离婚。这种干预的积极影响在项目结束五年后仍然很明显。

在"学童及其家庭"项目的干预中，专业工作人员让伴侣双方都参与小组讨论，主题是第一个孩子上学期间的婚姻、育儿和三代人的问题和困境。干预结束两年后，相较于没有干预的父母，进行小组干预的父母在孩子面前的抑郁症状和冲突都更少，父亲在帮助孩子完成艰巨任务方面更有效。这些对父母生活和人际关系的积极影响对孩子也有好处：与父母没有进行小组干预的孩子相比，与专业人士合作的父母的孩子，在小学的前五年学业进步更大，情绪和行

---

[1] L. Potts, "Considering Parenthood: Group Support for a Critical Life Decision," *American Journal of Orthopsychiatry*, 50, 1980.

[2] P. A. Cowan, C. P. Cowan, and T. Heming. "Two Variations of a Preventive Intervention for Couples: Effects on Parents and Children during the Transition to Elementary School,"in P. A. Cowan, C. P. Cowan, J. Ablow, V. K. Johnson, and J. Measelle (eds.), *The Family Context of Parenting in Children's Adaptation to Elementary School* (Mahwah, NJ: Lawrence Erlbaum Associates).

为问题更少。①

这些结果表明,受过临床培训的工作人员与"低风险"伴侣合作参与预防性干预措施,有可能会在一定程度上缓解父母的压力,减缓或阻止消极和无益的模式从一种关系蔓延到另一种关系,增强父亲对孩子的反应能力,培养孩子专注于学业和与同龄人建立更有益的关系的能力。研究结果表明,在没有干预的情况下,父母的压力向亲子关系质量溢出的风险会增加。这意味着,帮助父母更有效地解决问题的预防性服务,有助于提高他们对孩子和伴侣的反应能力,这反过来又会使孩子们更成功地适应学业。此类项目也有潜力让孩子们在面临童年中期的挑战时步入更积极的发展轨道,从而减少早期学业困难所带来的长期负面影响。

结 论

几个世纪以来,男性和女性都在经历向为人父母的转变。在过去的30年里,这种转变对成年人的福祉构成了风险,从而可能对其子女的发展构成风险。对这一观点,有些人表示惊讶、不信任或怀疑。我们的目标是让社会科学对转变过程的最新研究发现,进入社会科学家、家庭政策制定者和父母自己的视野中。这段通常很欢乐的时光往往掺杂着变化和压力,而这些变化和压力会增加家庭关系陷入困难的风险,并损害男性和女性在开启为人父母旅程时创造梦想家庭的能力。我们的结论是,我们有理由对"家庭"——即使是那些被认为具有物质和心理资源优势的家庭——的健康表示关切。

本书的大部分章节都侧重于针对高风险家庭的政策。我们认为,下层到中上层双亲家庭中的当代伴侣及其孩子也应该得到立法者的关注。我们将这些伴侣视为先驱,他们正在探索一个未知领域,这似乎使他们自身和孩子的发展都面临意想不到的风险。

---

① P. A. Cowan, C. P. Cowan and T. Heming. "Two Variations of a Preventive Intervention for Couples: Effects on Parents and Children during the Transition to Elementary School," in P. A. Cowan, C. P. Cowan, J. Ablow, V. K. Johnson, and J. Measelle (eds.), *The Family Context of Parenting in Children's Adaptation to Elementary School* (Mahwah, NJ: Lawrence Erlbaum Associates, in press).

就像描述"家庭衰退"的作者一样，我们也关注双亲家庭的力量和坚韧。与主张父母采用更传统家庭价值观的人不同，我们建议，面向家庭健康和福祉的政策，应为不同的家庭制定方案和提供服务，目标是促进所有孩子的发展和福祉。我们认识到，在经济资源已经捉襟见肘的情况下，现在不是建议为家庭服务提供更多集体资金的好时机。尽管如此，研究表明，如果不进行干预，父母的脆弱性和问题有可能会蔓延到孩子的生活中，进而会增加代际问题传播的可能性，降低家庭生活的质量，损害孩子的最佳发展机会。从长远来看，这些代价是非常昂贵的。

我们给马克和艾比以及其他一些伴侣的动画按下暂停键。他们中的很多人都感到有些烦躁和失望，但并不准备放弃他们建立育儿家庭的梦想。这些伴侣也给社会提出了一个挑战——他们参与了很多地方的、大量的、系统的家庭研究，从而提供了很多信息，这些信息将会被认真对待。他们的声音必将扮演着重要角色，帮助我们的社会决定如何给有需要的家庭分配有限的经济和社会资源。

阅读 12　爸爸，宝贝；妈妈，或许：低收入城镇父亲与家庭生活的"打包交易"

凯瑟琳·艾丁、蒂莫西·纳尔逊、乔安娜·里德

与中产阶层的父亲相比，经济上处于不利地位的父亲在生孩子之前结婚的可能性要小得多，生孩子的时间要早得多（Nock，2007），结婚后离婚的可能性要大得多。（Martin，2004）在没有婚姻关系的情况下，政府分配给他们经济义务，而大多数人并不能完全履行。（Grail，2007）因此，该类父亲的行为引起了学者和立法者们的普遍关注。

然而，很少有人关注这些男性作为浪漫伴侣的角色。这一趋势的例外是定性研究，包括经典的社区研究（Drake and Cayton，1945；Liebow，1967；Hannerz，1969；Hollingshead，1949；Moreland，1958；Powdermaker，1939；Rainwater，1970；1960）和更近期的定性研究（Nelson, Clampet-Lundquist, and Edin，2002；Furstenberg，2001；Hill，2007；Reed，2007；Roy et al.，2008；Waller，2008；Waller，2002；Wilson，1996）。正如这些研究一再表明的那样，经济上处于不利地位的男性确实会有浪漫的关系；这是他们的孩子出生的背景（尽管有些孩子是非浪漫关系的产物，如一夜情）。（Augustine, Nelson and Edin，2009）新的调查研究表明，现在有80%的非婚生孩子在进入这个世界时，父母都自称他们的关系很浪漫；多达一半的父母生活在一起，至少有70%的父母表示，他们结婚的机会至少有50%。然而，在这类伴侣中，只有不到三分之一的人在孩子满5岁时还在一起。（Center for Research on Child Wellbeing，2007）生孩子之前结婚的低收入伴侣之间的关系也很脆弱——比中产阶层的已婚伴侣脆弱得多——但在相当长的一段时间内，他们的生活仍以夫妻的关系进行。（Martin，2004；McLanahan，2004）

我们为读者提供了此类男性浪漫伴侣关系的两幅画像。第一幅画像描述的是经济上处于劣势的白人和黑人（在前一年的正规经济中，四口之家的收入在贫困线以下）。他们的人数规模相对较大，住在费城各地贫困的工人阶层社区，有亲生子女，其中大部分未婚。在我们采访时，他们至少有一个非婚生的未成年孩子。第二幅画像中的48对未婚伴侣来自我们的纵向定性研究。他们在非

婚生子后首次接受采访，并在孩子满 4 岁时结束采访。对这些伴侣的抽样并不是根据他们的经济状况或邻里特征，尽管大多数（就像他们代表的人口一样）仍然处于相当不利的地位。

通过深入考察他们浪漫生活的质感和世界观，我们发现，父亲角色的浪漫纽带功能，从根本上背离了 20 世纪 50 年代家庭生活"打包交易"的传统概念。弗斯滕伯格和切尔林（Furstenberg and Cherlin，1991）以及最近的尼古拉斯·汤森（Townsend，2002），都探讨了上一代成年男性的家庭行为，并认为对这些男性来说，父亲身份贯穿并取决于他们与孩子母亲的关系。（Liebow，1967）弗斯滕伯格和切尔林创造了"打包交易"一词，以解释他们观察到的离婚后父亲在孩子生活中参与率非常低的现象。这种观点认为，父母之间的关系是核心，有助于男性履行对孩子的义务——否则他们会忽视这些义务（如在离婚的情况下）。[①]

我们两人（艾丁和纳尔逊）和一个多种族研究生团队，花了 7 年时间观察并采访了居住在费城和新泽西州卡姆登高贫困社区的低收入父亲。我们 3 个人（艾丁、纳尔逊和里德）和一个大型研究团队，参与了对 48 对未婚伴侣进行的为期 4 年的定性研究，这是在芝加哥、密尔沃基和纽约 3 个城市对未婚生育进行大型代表性调查的一部分。在母亲未婚生育后，我们就开始在医院对这些伴侣进行采访。这两项研究中的父亲不仅在经济上处于相当不利的地位，而且在没有结婚的情况下就成为父亲：他们比弗斯滕伯格和切尔林观察到的离婚男性年轻了几十岁，也比汤森描述的 1972 年的高中毕业生年轻了几十岁。平均而言，我们的调查对象在 20 世纪 90 年代中后期成年（21 岁）。

我们研究的男性对家庭生活的看法与弗斯滕伯格、切尔林和汤森所描绘的截然不同。在我们的故事中，父子关系通常被视为核心，也是将这些男性与伴侣捆绑在一起的主要原因——否则这种关系可能根本不会形成或维持。（Edin et al.，2007；Reed，2007；Roy et al.，2008）这并不是说，这些男性以孩子为中心，以至于母亲也成为他们生活的中心（Edin and Kefalas，2005），而是说

---

① 汤森对一群 1972 年高中毕业的男性进行了深入访谈，结果表明，尽管父亲抽象地希望与孩子建立直接、亲密的关系，但他们对"打包交易"的定义是：家庭生活中，父亲身份也是包裹中的一部分，包括婚姻、挣钱养家和房屋所有权。这种定义将表达关爱限制在他们挣钱养家的活动中，而不是形成他们想要的亲密父子关系。

在家庭关系领域中,"爸爸,宝贝;妈妈,或许"代表了我们研究的诸多父亲的世界观。

方 法

费城/卡姆登父亲研究(The Philadelphia/Camden Fathers Study, PCFS)

在费城/卡姆登有8个低收入社区(1990年的普查区,至少有20%的人口生活在贫困中),我们选择了其中一个,并对参与者进行了为期两年半的观察。基于1995年开始的田野调查,我们制定了一个访谈指南,并据此在1997年至2002年间,对110名白人男性和非裔美国男性进行了系统、反复和深入的访谈。我们对黑人和非西班牙裔白人进行了等数抽样。为提供更多的人生历程观,我们所抽样的父亲中大约有一半年龄不到30岁,其余的父亲年龄要大一些。在前一年,他们所有人的收入都低于正规经济中四口之家的贫困线。在与这些人交谈的过程中,我们收集了详细的人生史。我们的数据不仅来自这些生活故事,例如,"告诉我你对这段关系是怎么想的","告诉我这段关系的全部故事:从你们第一次见面到现在";而且来自他们对相关问题的回答。这些问题是为捕捉他们的世界观而设计的,例如:"父亲应该为孩子做些什么?""在你看来,怎样才能成为一个好父亲?"

有孩子的伴侣的时间、爱情和金钱研究(The Time, Love, and Cash among Couples with Children Study, TLC3)

脆弱家庭和孩子福祉调查(the Fragile Families and Child Wellbeing Survey)是一项非婚生子女的出生队列研究,代表了大城市女性的生育情况。作为其中的一部分,我们对3个城市的伴侣进行了反复深入的分层随机子样本采访。采访对象包含了若干黑人、西班牙裔和非西班牙裔白人。我们排除了在孩子出生时没有浪漫关系的父母,也排除了家庭年收入超过6万美元的父母(占调查样本的30%)。在医院进行调查后,也同意参与TLC3的伴侣在孩子达到以下标准时就在家中接受采访:两到三个月大,第一个、第二个和第四个生日。在每一轮访谈中,父母双方既一起接受采访,也分别接受采访。无论是在第一个时间点还是在一段时间内，回复率都很高。83% 的受访者同意参与；100% 的人完成了伴侣访谈，91% 的人在孩子出生时完成了个人访谈（基线）。在第二轮访谈中，原始样本中伴侣访谈的回复率为 75%，个人访谈的回复率为 81%。在第三轮访谈中，伴侣访谈的回复率为 69%，个人访谈的回复率为 85%。在第四轮访谈中，原始样本中伴侣访谈的回复率为 61%，个人访谈的回复率为 81%。整体而言，伴侣访谈的回复率较低，部分原因是三分之一左右的伴侣在研究过程中分手了。在与这些父母的谈话中，我们收集了详细的关系史，并询问了几乎相同的关于父母世界观的问题，就像我们询问 PCFS 的父亲一样。为了增加丰富性，我们既借鉴了个人的叙述，也借鉴了伴侣双方的叙述。

接下来，我们首先分析 PCFS 数据，然后对 TLC3 耦合级数据进行并行分析。PCFS 的发现捕捉到了生活在单一大都市区（费城/卡姆登）中一个非常弱势的（根据他们的收入和邻里关系）父亲群体的世界观。TLC3 样本来自 3 个城市（芝加哥、密尔沃基和纽约），只规定了适度收入，没有限制邻里标准。TLC3 样本还捕捉到了相当大比例的同居者。因此，无论是在经济方面还是在关系特征方面，TLC3 样本都比 PCFS 中的父亲更有优势。样本的局限性在于其集中于大城市地区。

发 现

费城/卡姆登父亲研究

在 PCFS 中，我们要求每位父亲告诉我们"整个故事"，讲述他如何与每个孩子的母亲相处，以及这些关系是如何随着时间的推移而发展的。怀孕前的叙述都很简洁：伴侣两人相遇，开始亲近，然后怀孕。男性甚至很少提到让双方走到一起的因素，如伴侣的特质、相同的品味或价值观，更别说讨论了。女性通常是住在他的街区，在他的街角闲逛，做着同样的工作，是他姐姐的朋友，或者是他朋友的女朋友，她只是愿意和他"亲近"。他们的浪漫是在门廊上待着，偶尔去酒吧或俱乐部，去市中心的画廊或著名的南街逛一逛，幻想有共同的孩子。（Townsend，2002）

对于一起生第一个孩子的伴侣来说，怀孕前的求爱时间通常都很短暂——

往往不到一年。正如弗斯滕伯格阅读 14 中所指出的那样，极其短暂的求爱也是 20 世纪 50 年代战后婚姻繁荣的一个特征，通常是因为孩子即将出生。如此，毫不奇怪的是，男性对怀孕前那段时期的叙述有一个共同的特征，即关系纽带的模糊性。（Augustine, Nelson and Edin, 2009; Edin et al., 2007; Reed, 2007; Roy et al., 2008）这类伴侣在怀上孩子前很少"坠入爱河"、订婚或结婚，尽管有些人后来这样做了。相反，他们相遇，他们"联系""亲近""沟通"，接着是开始"热乎""互相交谈""彼此相处""最终在一起"。然后，"一件事导致另一件事"。与英格兰、麦克林托克和沙弗（England, McClintock and Shafer）的叙述一致的是，明确计划怀孕很少见，通常情况是，伴侣最初的避孕实践很少会持续很长时间（Edin and Kefalas, 2005; Edin et al., 2008; Augustine, Nelson and Edin, 2009），然后女人"怀孕"就不可避免地发生了。（Davis, Gardner and Gardner, 1941: 127）

  约翰是一个 24 岁的白人父亲。他这样描述自己与孩子母亲的关系顺序："实际上，她在和我的一个朋友约会，不知怎么地……她想要和我在一起。最终，我只是和她相处了一小段时间。"约翰觉得自己没有找到理想的对象——他只是有"一小段时间"与孩子的母亲"困在一起"。在他的叙述里，没有任何爱的语言，甚至也没有吸引的成分（除了她被他吸引住了），尽管其中很可能有吸引的成分。"一小段时间"的使用也没有表明有多少承诺。

  39 岁的黑人阿明是两个孩子的父亲。他小儿子的母亲是他在当地一家医院餐饮部门的同事。他以这种方式描述了他们之间关系的发展过程："当我第一次见到她时，她对我很有吸引力，我开始接近她，我们开始交往和沟通，从那时起，我们在某一个时间点开始亲近，我们变得亲密起来，我的儿子出生了。"正如阿明所讲的那样，吸引、亲近和亲密是很自然的顺序，并不可避免地导致了一个孩子的出生。

  尽管他们经常用模糊和官僚的语言（例如"亲近"）来描述这些关系，但几乎没有父亲难以确定他与孩子母亲的关系是何时开始的：他们知道自己与孩子母亲"在一起"的时间点（尽管少数怀孕确实发生在关系之外）。在一起通常意味着伴侣有固定的时间待在一起，并将这种关系界定为比邂逅或一夜情更重要的东西。不像单纯的"勾搭"那样没有明确的开始或结束，这种关系的终止通常都会涉及"分手"。此外，那些与外界保持暧昧关系的人通常认为自己的行为是"出轨"，尽管这并不意味着这种关系就不会发生。

"亲近""相处"等动词暗示了一种情感纽带：他们的关系不是一种随意的暧昧，但也不完全是男女朋友的那种关系。在这些男性中，很少有人会有意识地"求爱"或寻找生活伴侣。事实上，几乎没有证据表明，他们甚至试图基于谁是适合他们孩子的母亲，来表示对女性的歧视。很多人回忆说，他们确实很想要孩子，而且很快就想要，即使时机不对。然而，就像弗斯滕伯格研究的20世纪50年代的伴侣（阅读14）一样，在怀孕的推动下，他们与几乎不熟悉的伴侣做出了终身婚姻的承诺，这种结合的过程与其说是歧视，不如说是相当随意。

布鲁斯是一位白人父亲，有一对两岁的双胞胎。42岁时，他遇到了一个"新女孩"黛比。他没有采取保护措施，因为"在我的每一次关系中，都没有孩子出生，所以我不信任所谓的安全性行为。接下来我知道，黛比怀孕了"。两个人在一起只有4个月时，黛比宣布她怀孕7周了。布鲁斯告诉她："你不可能怀孕！"然后，"我们去做DNA测试，直到那时她才发现我是孩子的父亲，而她是孩子的母亲"。在这里，一个"家庭"是通过怀孕而形成的，这种关系不是随意的，但也不是认真的。然而，对于布鲁斯和我们研究中的大多数人来说，这并没有被视为一个问题。

蒂姆是一个23岁的白人，有两个孩子。他和一个女人"在一起"仅仅两个月后就让她怀孕了。"她过去和我的朋友在一起。我的朋友想和她复合，结果却是我和她在一起了。我们在一起大约才两个月，她就怀孕了。我一点也不介意。"蒂姆没有继续和孩子的母亲在一起：他与她"分手了"。然而，当他得知她怀孕时，他"一点也不介意"。

根据PCFS中男性的叙述（Augustine, Nelson and Edin, 2009），一般来说，他们虽然很想要孩子，但很少有明确的计划。然而，随着伴侣之间开始"亲近"，避孕措施很快就停止了。根据宝拉·英格兰（Paula England）及其合作人的说法，受教育程度较低的男性普遍遵循了这种生育模式。一旦女性怀孕，并决定生下孩子（决定权通常交给女性），两者之间的纽带通常会整合成一种"关系"，尽管经常是戏剧性的分分合合。（Edin and Kefalas, 2005）

大卫是一个30岁的黑人，他的5个孩子由3个女人所生。在怀上第5个孩子的前几个月，他既和黛博拉在一起，又和凯西"约会"。每当和黛博拉吵架时，他就去找凯西（尽管黛博拉并不知道凯西的存在）。他在这两个女人中选择谁，成了一个两难。然而，当黛博拉意外怀孕时，他决定"做正确的事"，并选择了她。

当我第一次和黛博拉在一起时，我还有一个女朋友凯西。我们是在一次戒毒会上认识的。我们走得很近，互相帮助戒除毒瘾。一件事导致了另一件事。我们变得亲密起来。我和黛博拉经常会吵起来，她让我离开，我就和凯西待在一起。（那你和凯西是怎么分手的？）黛博拉怀孕了，我必须做正确的事，留在黛博拉的身边。

蒙特是一个21岁的白人，和同一个女人生了3个孩子。

我刚从少年福利院出来，刚满17岁，我开始是和她的朋友在一起。有一天，她来了，我们开始聊天，我就和她在一起了，离开了她的朋友。接着我和她生了孩子，我们越来越亲密。然后我们就住在一起。

蒙特的故事充分说明了我们研究中男性的典型事件序列：吸引力和适度的伴侣凝聚力导致怀孕，并决定生下孩子。正是在这一点上才开始了真正的关系：这是怀孕的结果，而不是怀孕的动力。"越来越亲密"，然后"住在一起"通常是这些伴侣在怀上孩子之后完成的事情，而不是之前。

33岁的杰克是两个孩子的白人父亲，孩子的母亲只是他从大学回家过周末时遇到的几个"女孩"中的一个。她那时已经和别人结婚了，但就在当天，她为了杰克离开了她的丈夫。3个月后，她怀孕了，但杰克觉得自己初为人父的过程并没有什么特别之处。

（高中毕业后）我上了大学。……我的成绩不是很好，但还是通过了各门课程。我每隔一个周末回家一次。……先后遇到过一些女孩。后来，我遇到了孩子的母亲。不久之后，她怀孕了，所以我就辍学了，找了一份工作。

28 岁的黑人卡里德有一个孩子，据他说，孩子的母亲和他只在一起几个月就怀上了孩子。尽管局外观察者可能会将他的叙述解读为本末倒置的典型案例，但卡里德和杰克一样，认为导致怀孕的事件序列并没有什么特别之处。

（在怀孕前，你和女朋友在一起多久了？）六七个月。（你是怎么想的？）我很开心！我下班后过来，她说她有症状，我问："你在说什么？"她的回答是呕吐这样的事。于是她去了医院。她看着测试结果说她怀孕了，我很兴奋。这是我的第一个孩子。她要留下这个孩子，我很开心。我知道我必须保住一份工作，承担自己的责任。

对脆弱家庭的调查证据——具有代表性的纵向出生队列调查，对象是我们前面提到的居住在大城市的未婚生育伴侣——进一步支持了伴侣关系往往会因怀孕而产生变化的观点。（Rainwater, 1970: 210–211）首先，如前所述，未婚生育时期的典型情况是，伴侣凝聚力的比率高达 80%。其次，在婚外生育的伴侣中，大约 60% 的伴侣在怀孕至孩子 1 岁生日之间同居在一起。（Center for Research on Child Wellbeing, 2007）

产房的荣耀是 PCFS 中很多父亲的人生巅峰，但孩子的到来往往会带来尖锐的矛盾。一方面，孩子的父亲提供证据表明，他们正在努力维持与孩子母亲的关系——通常是出于和孩子住在一起或与孩子密切相处的愿望。但他们至少也在一定程度上认识到，他们正在努力克服几乎不可能克服的困难，实现成为真正"家庭单位"一分子的梦想。因此，在努力巩固这些关系的同时，他们也常常认为，能否有长期在一起的机会全靠命运的安排。正如我们将展示的那样，这种宿命论一是由于男性担心他们持续供养孩子的能力，二是因为他们坚信，如果他们失败了，孩子的母亲就会离开他们，从而导致男性对维系关系常常三心二意。

除了少数例外，父亲们强调，他们与孩子的关系不应该取决于他们与孩子母亲的关系，并断然否认"打包交易"一说。尽管如此，他们还是意识到，由于规范和法律实践规定了未婚子女的监护权，也由于他们自身的经济前景有限，他们与孩子母亲的关系成为接触孩子的渠道。

拉维尔是一个 34 岁的黑人，有一个 4 岁的女儿，他叫她小托雅。直到孩子快 2 岁时，她妈妈（也叫托雅）才告诉拉维尔他已经当爸爸了。没有其他孩子的拉维尔，被小托雅迷得神魂颠倒。尽管如此，当托雅明确表示她将限制他接近女儿时——用拉维尔的话来说，"她想把这当成一个'打包交易'"——他付出了相当大的努力来投资一段他以前几乎不感兴趣的浪漫关系。

在我们观察拉维尔与托雅"交易"的 2 年期间，我们看到，他首先是尽力争取探视权（托雅告诉他，除非她也能来，否则她不会允许他对女儿的探视或女儿与他一起外出），接着是求婚（托雅表示拒绝，说她不想失去她的自由、福利待遇和住房补贴），最后是说服托雅，允许他称她为未婚妻。他从这笔"交易"中得到了什么？他得到的是，托雅愿意带着小托雅去卡姆登(她住在距卡姆登大约 30 分钟路程的地方)和他一起度过周末。拉维尔坦言，如果托雅没有生下他的孩子，他永远不会选择和她在一起。

> 我必须得到探视权才能见到孩子，这就是为什么我现在还和孩子的母亲在一起。因为她想把这当成一个"打包交易"："没有我，你就不能去这儿。""没有我，你就不能带她来这儿。""没有我，你就不能带她去那儿。"一开始我说："好吧，但是我要获得探视权，这样我想带她出去的时候就可以带她出去了。"情况是就小托雅的事，与托雅谈判非常困难。她觉得是她生下了女儿，所以要么按她的方式来，要么快点滚蛋。

塞尔夫是一名 21 岁的南泽西黑人青年。在得知女友怀孕的消息后，他就知道自己要当爸爸了，但在怀孕期间，他与女友的关系非常糟糕，以至于孩子出生近一年后他才过去探望。在为期一周的探望中，他与女儿建立起强烈的情感联系，为此他放弃了去佛罗里达上大学的计划，决定搬去和孩子的母亲住在一起。

> 孩子出生差不多一年后，我终于去探望了她。……我本来是要离开的。但是在一周后，我们决定待在一起。……我决定不去上学了，决定留下来。我要找一份合适的工作，并留在这个城市，我们会一起工作。

跨越收入分配的问题，大多数伴侣现在还在一起，至少在一定程度上如此，是因为在孩子的问题上，他们有共同的兴趣和价值观。如下所示，鉴于恋爱过程闪电般的速度，一起生孩子的弱势伴侣经常会发现他们没有共同兴趣。但是生育提供了一个新的、至关重要的共同兴趣——孩子——这通常会带来某种程度的亲密情感。下面是 38 岁的托尼的故事，他是一个孩子的父亲。

（你认为艾丽莎的出生对你们的关系有什么影响？）在我看来，她让我们更加亲密。（为什么她会让你们更亲密？）和这个小宝贝在一起，她是我们俩的一部分，真是太棒了。

巴克特是一位黑人，与同一个女人生了两个孩子。他描述了第一个孩子的出生是如何让事情变得"稍微好一点"的。

（在怀孕之后你们相处得如何？）我们过得很开心。当她怀孕时，我哪儿也去不了。天呐！她要我做这个，要我做那个，反正我就像一只小狗，我照顾她。我做了一些她想让我做的事。我很高兴。（孩子的出生对你和她的关系有什么影响？）根本没有影响。孩子生下来了，我们有了孩子，情况似乎变得稍微好一点。

然而，像巴克特这样的男人也有充分的理由不投资于这段关系。民族志文献通常关注女性对男性的不信任程度。不太为人所知的是，男性很少信任女性。（例外情况，参见 Waller, 2008; Hannertz, 1969：100-102; Liebow, 1967：137-160; Rainwater, 1970：209）这些关系中的主要权力（身体暴力之外）来源于对孩子的控制。在未婚生育的情况下，女性往往拥有更大的权力。因为男人将孩子视为他们最宝贵的资源，所以一方面，他们渴望坚持下去，并期望积极参与养育孩子的过程中去。弗斯滕伯格在阅读 14 中表明，这种对参与育儿的渴望与他们伴侣的期望是一致的。但另一方面，他们通常非常担心自己满足经济需求的能力不足。他们也知道，随着时间的推移，孩子的母亲会向他们提出要求。大多数人相信，一旦男人无法满足要求，女人对男人的爱就会戛然而止。（Drake and Cayton，1945: 564-599； Rainwater，1970: 216）

处于经济边缘的男性，包括那些与孩子们有多年互动关系的男性，通常会备受年轻男性的困扰，因为后者有更好的汽车，也有更好的工作，可能会令他们的伴侣倾倒。大多数人认为，对女性来说，"在一段关系中根本没有承诺的来源"。唐纳德确信,如果男性提供不了,就会被女性甩掉,不管是谁。这位37岁的黑人发现,在他们8年分分合合的关系中,自己总是与孩子的母亲"怨恨不已,争吵不休",他将其归咎于她的控制欲太强,以及他"也没有承诺真正和她在一起"(Roy, 2008; Waller, 2008)。从他的叙述中,我们可以推测,工作不稳定和吸毒可能也是部分原因。他们分手后,唐纳德的前任伴侣又和另外两个男人生了两个孩子,并且刚刚嫁给了第三个男人,而这个男人试图在唐纳德14岁的女儿面前扮演父亲的角色,孩子的母亲则试图将唐纳德赶出她们的生活。下面是唐纳德对女性的讥讽:

> 她们的问题就是,"你能给我什么?"以及"我能从你那里得到什么?我能多快得到?",更多的是金钱方面的问题。真正的关系是没有承诺的。特别是在黑人女性中,她们的目标是"让我看看我能从中得到多少,我能看起来有多好",老实说,我的确有一个理论。他们中的很多人都陷入了"我想看起来不错"的问题。"我想独立。""我不想依赖你。""我希望我能够和你在一起,但情况不允许。"在一段关系中根本没有承诺的来源。不只是男性没有承诺,当今任何人都没有。在一段关系中,应该是"我们各有一半的承诺"。她们的心不会跟你在一起。她们的想法是"一旦情况变糟,我就离开这里"。对我来说,那是我的经历,我不会再接受了。

阿明(之前介绍过)同样坚信金钱是维持一段关系的必要条件,而"状况"——例如失业——大概率会导致一段关系的结束。由于对自己能否拥有稳定的工作缺乏信心,阿明觉得自己甚至连结婚的念头都没有,并担心自己甚至不能维持一段长期的关系。

> 你只需要向一个人解释,这就是你目前的情况,如果你能容忍我并理解我,你应该知道,当我能够提供时,我就会提供,对此,我将不胜感激。在有些时期,情况会变得很艰难,我没那么富足。所以我希望你能容忍我并理解我。我很有信心。我与前女友的关系很不错(当我全职工作时),因为当一个男人有钱并且在撑起一个家时,女人对他的感觉要好得多。如果一个女人接受的就是这个男人,而不一定是他做了什么和没有什么,那

么她无论如何都会站在男人身边。但是，当一个女人开始觉得他没有带那么多钱回家，这一事实会影响他们关系和她的态度时，那就是一个问题。这也是我没有考虑结婚的另一个原因。因为没有太多的女人真的准备好去诚实地履行在台上朗诵的誓言。

杰夫是一位 47 岁的黑人，两个孩子的父亲，他也相信女人的爱情取决于金钱，并在女儿身上看到了这种唯利是图的本性。

> 我女儿的母亲教会我爱就像流水。它会关闭和打开。我真的相信这背后的事实，当你付出的时候她们可以爱你，但当你不付出的时候，她们不会爱你。我女儿曾无数次告诉我，这个（或那个）人为她付出的比我更多，我感到很受伤。不管这个人是否为你做了什么，他都无法填补我的位置。不管怎样，我还是你的父亲。不管我给你一百万还是一分钱，我都是你的父亲。

比尔是一位 31 岁的白人，6 个孩子的父亲。他同样强调了一个几乎无处不在的观点，即光有爱和关心是不够的，维护关系需要金钱。比尔深爱着交往了 10 年的女友，她是他 6 个孩子的母亲，但他刚刚失去了酒吧管理的工作，她把他赶了出去。在努力讨回她欢心的同时，比尔担心在此期间她会被一个"年轻家伙"追求。

> 我听到很多人说爱情是美好的，但我告诉你，金钱很快会控制一段关系。（如果钱没有了，爱也就没有了）很多女人会这样对你，她们是这样做的，我不知道那是什么。不要误会我的意思，在没有钱的情况下，一百段关系中可能有两段能够生存。这也是一种关于潮流的宣言。女人不想坐下来想想，即使男人在做兼职工作，他也是在做他必须做的事情，他可能就是世界上最伟大的男人，但女人往往会忽视这一点，而转头去喜欢一个开着新车的年轻家伙。他现在也许还有些钱，但哪一天没钱了，他也会像我一样随时出局，这个东西完全没有保证。这让我很担心。我很爱我的女友。我称她为我的妻子，因为我们断断续续在一起已经 10 年了，我们有 6 个孩子，我仍然会说她基本上就是我的妻子，即使我们没有结婚。

汤姆是一个白人，3个孩子的父亲。他认为当男人穷困潦倒时，女人很容易被一个做得更好或"有一辆更好汽车"的男人所吸引。在他的案例中，当他的伴侣第二次怀孕时，他工作的延缓导致了让人无法忍受的冲突。

我每天都在工作，还在支付账单。我做了我能做的一切。我回到家，照顾孩子，哄孩子睡觉，这样我们就有一些独处的时间。……她父亲给我找了个修屋顶的工作。我们攒了钱，搬进了房子，一切都很好，我们分摊房租。后来我丢了工作，再也负担不起她们的账单了。是的，工作机会真的很少，冬天到了，没有太多活干，所以我不知道该怎么办。我不能领取失业救济金，因为我不在名单上。她已经怀了第二个孩子，那时我无法再满足她的要求了，我们无法继续相处。

我们问汤姆："只有钱的问题吗？没有其他问题？"

确确实实是这样。只有钱。这只是钱的问题。这就是我搞不清楚的一点，她们为什么不明白，她们为什么不明白？他们可能会看到其他人做得更好，或者某个拥有更好汽车的家伙，我相信这会触动她们的内心："我可以拥有。那可能是我。我为什么和这个人在一起？"在我眼里，一切都是为了钱，我能看出来。

蒙特，我们之前介绍的白人父亲，并没有提到他对女性不信任背后的具体担心之处，他只是不信任她们，没有其他。看起来"诚实、善良"的女孩可能会在没有任何警告的情况下开始"像个傻瓜一样行事"。蒙特说，伴侣开始同居后，女人的"真实自我就开始显现出来"。这就是为什么他不给爱情一个机会。

我只是害怕相信女人。不能以貌取人，我认识一些非常诚实和善良的女孩，但我也了解到，当你遇到一个女孩时，觉得她真的很好、很诚实，当交谈并相互了解后，你们整天整夜都在一起，事情就开始发生变化。她的真实自我开始显现出来。所以我不会冒这个险。它只是不值得。

有孩子的伴侣的时间、爱情和金钱研究

29 岁的乔治和 30 岁的塔米卡在市中心的一家百货公司偶然相遇。他们在珠宝柜台开始交谈，持续了几个小时。塔米卡不太确定是否喜欢乔治。在他开始用电话、鲜花和礼物"轰炸"后，两人开始不时地见面。与此同时，乔治也在和其他女人约会，但他清楚自己想和塔米卡安定下来。当塔米卡打电话告诉乔治怀孕的消息时，他们已经两个月没有见面了。她也对怀孕感到震惊——她曾以为自己不孕，所以他们从未采取过避孕措施。乔治说，在决定生下孩子之前，他们经历了那种考虑堕胎的可怕阶段。据乔治说，他们在怀孕期间分手过一次。当他们重归于好时，他们决定加强他们的关系，并为了孩子而努力在一起。塔米卡搬进乔治的公寓后不久，他们的孩子凯莉出生了。

塔米卡在与乔治同居几个月后说，"我有过疑惑，首先关于与某人住在一起。……因为那是我说过我永远不会做的事情"。她说，理想的情况是，父母应该在生孩子之前结婚。在凯莉出生后的 4 个月里，她和乔治的生活经历了起起落落。乔治说，他们搬到一起住是因为"我们只是想让孩子生活在最好的环境中。那是在这里，而不是她妈妈的房子，因为那儿没有太大的空间"。

几个月后，当我们与塔米卡交谈时，她和凯莉搬回了她母亲的房子，因为她和乔治"并没有真正相处融洽"，但仍然在一起，并继续经常见面。乔治谈到结婚，但塔米卡退缩了——"他有很多个人的事情需要解决。在金钱方面，我认为他在花钱方面很糟糕。他有很多东西需要整理。我不知道我们要怎样才可以结婚。"

第二年，当我们与他们交谈时，他们仍然在分居。塔米卡说，她正在考虑再给他一次机会，因为他"真的很努力"，而当我们与乔治交谈时，他们又住在一起了。他们最近有天晚上带着女儿外出时，被人持枪抢劫，这次经历的创伤在很大程度上促使他们努力解决问题。乔治仍然说想和塔米卡结婚，但塔米卡不确定他就是她的真命天子。塔米卡说，"我只知道如果凯莉不在身边，我就不会和他在一起。但因为孩子已经在那里，我想要在一起"。

在凯莉 3 岁生日前后，塔米卡和乔治的关系达到了最低点。他们重新尝试同居的进展并不顺利。塔米卡打算搬回她母亲的房子，乔治则计划搬到他母亲居住的另一个城市，并计划周末去探望凯莉。塔米卡松了一口气，她说，她终于意识到:"没关系,我不是一个坏人,这事不会有结果。"她从一开始就觉得彼此不合适,因为乔治一吵架脾气就很暴躁,现在她怕他了。她还表示,尽管乔治还是想结婚,但他已经听天由命了。乔治告诉我们,凯莉把他"拒之门外",并觉得自己已经非常努力地取悦她,但似乎"永远不够"。

我们最后一次与他们交谈时,乔治住在另一个城市,在过去的一年里曾探望过凯莉一两次。他说自己对和塔米卡的分手感到很难过,但已经开始和其他女人约会了。塔米卡也在和前男友约会。她说,第一次分手是因为前男友让别人怀孕了,但现在他真的很想娶她,但在她考虑结婚之前,他们必须"解决一些性格上的冲突"问题。

从上面的叙述中可以清楚地看出,乔治和塔米卡的关系一开始就很不稳定。乔治虽然在追求塔米卡,但仍和其他女人约会。塔米卡几乎从一开始就对这段关系持保留态度。如果不是她怀上了凯莉,这是一对可能永远不会在一起的伴侣。这对伴侣随后决定搬到一起并加强这段关系,这纯粹是为了孩子而进行的试验。事情很快就变得明朗起来,尤其是对塔米卡来说,这种动力不足以维持这段关系,尤其是考虑到她对乔治的行为感到不满。这段关系在初期经历了快速和意外怀孕的考验,随后出现了一段较长时间的关系问题。他们的故事在下一个案例中得到了再现,尽管这个案例更不稳定,结局也更不确定。

21岁的黑人雅茨和19岁的凯莎开玩笑说,他们的关系"本应该是一夜情"。就在第一次遇到雅茨后,凯莎怀上了另一个男人的孩子,但很快就流产了。与此同时,她和雅茨已经"走到了一起"。当雅茨居家监禁时,他搬去和凯莎及她的母亲住在一起,并在那里服刑。不久之后,凯莎发现她怀上了雅茨的孩子。

雅茨的法律问题、财务问题以及在接触其他女性时薄弱的意志力,让她对是否要生下孩子持怀疑态度,但最终她决定生下孩子。凯莎说她很难与雅茨在一起,但她这么做了,"我猜是因为这个孩子,我想让他有一个父亲"。雅茨愿意支付堕胎费用,在凯莎怀孕期间也没有与她联系,但在儿子雅拉尼出生后,他的内心发生了戏剧性的变化。

> 我从来没想过要孩子,因为我不想把孩子带到这个世界里,带着他们

经历我经历过的事情。但现在我有了孩子，这是一种祝福。……他让我为身为父亲而感到自豪。……他会向我表达他的爱，这让我非常开心。

雅拉尼出生后，雅茨和凯莎搬进了雅茨的叔叔的房子。在那里，他们可以拥有自己的房间——比雅茨被监禁期间两人在凯莎母亲家拥有的空间还要大。凯莎很高兴他们住在一起，并说当有了孩子后，"搬到一起是个好主意。因为所有的账单在一起，会得到帮助"。不过，总的来说，她仍然不信任男人，尤其是雅茨，并说男人是靠不住的。

凯莎愿意和雅茨在一起，但不确定以后会发生什么。雅茨说他和凯莎的关系"很酷，但是……她不是我想娶的类型。……这绝不是我现在想要的东西"。凯莎认为她可能会嫁给他，但前提是"他对我来说是个好男人"。两人经济上很困难：凯莎靠领救济金生活，而雅茨只是偶尔工作。他发现买了孩子需要的东西后就所剩无几了，但他仍然保持乐观。他断言，"没钱我们也可以撑很长一段时间"。

这对伴侣一直存在信任危机，雅茨承认他从一开始就出轨了。"我不会撒谎。我出轨了。我认为她不会出轨。……我们上一次争吵是由于嫉妒，仅此而已。我很嫉妒，她也很嫉妒。我让她比她让我更嫉妒。"第二年，他们仍然住在一起，辗转居住在不同的亲戚家。但是雅茨怀疑凯莎对他不忠，因为有个男人打来电话，而她不肯告诉雅茨是谁。雅茨非常生气，把电话线从墙上拔了下来。

当凯莎怀上了他们的第二个孩子时，她怀疑雅茨又出轨了。她和雅茨都不想再要孩子，但还是决定生下孩子。尽管他们都有问题，但凯莎说，如果雅茨能花更多的时间与家人在一起并努力改善沟通方式，他们将来可能还会结婚。雅茨说他对婚姻不感兴趣，但想和凯莎在一起。尽管他们的关系开始得很随意，但雅茨在第一个孩子出生后就爱上了凯莎。"这是我第一个爱过或对她有感觉的女人。因为之前我更像是一个单身汉。我是你的朋友，我们可以成为性伴侣。"

到我们研究的第三年，雅茨和凯莎又有了一个儿子达庸，而凯莎又怀上了他们的第三个孩子。为了过上更好的生活，凯莎、雅茨和雅茨的妹妹一起离开芝加哥，搬到了艾奥瓦州。两人第一次能够负担得起自己的房租。9个月后，雅茨因贩卖毒品被捕，没有一个家人能够保释他。凯莎被这一系列事件惊呆了，

"不清楚"是否还能和雅茨在一起。她愿意在他获释后再给他一次机会，但"他需要成长并找到一份真正的工作。……开始做一个男人并支付账单"。

当我们找到雅茨时，他正在过渡教习所服刑。在解释自己犯罪的原因时，他说，"日子很艰难"，"我想赚点快钱"。他觉得"已经浪费了很多时间"，想要改变自己的生活。他刚在附近的一家肉类加工厂找到一份工作，每小时挣11美元。他对和凯莎的未来非常乐观，凯莎在他被监禁期间定期去探望他。他说他现在就想结婚，主要是为了感激凯莎。"她一直在我身边，与我同甘共苦，但不仅仅是这个。我知道她对我的爱。我们一起有了孩子。我们是一家人。……我们用自己的方式爱着彼此。每个女人都有自己的梦想。她想结婚。我觉得这是我欠她的。"

几个月后，我们与雅茨进行了最后一次交谈。他已经从过渡教习所获释，一家人重新生活在一起。凯莎和雅茨现在都在当地的肉类加工厂工作。他们喜欢艾奥瓦州，并看到"这里有很多机会"，但对雅茨来说这里"可能太安静了"。他声称，两人之间的关系进展顺利，但过去的不忠和由此产生的不信任等老问题重新浮出水面。"就像我们可能会叫对方几个名字一样，我可能嫉妒了，因为我觉得她和某个男人在一起。"在最近一次去芝加哥的旅行中，雅茨透露，他和一位老同学有来往，就是凯莎怀上贾拉尼的时候，和他在一起的那个女人。

雅茨和凯莎的故事例证了普遍存在于贫困社区中男女关系的不信任问题（也表明这种不信任有一定的根据）。在面对意外怀孕时，这种不信任使得维持一段关系几乎不可能，尤其是当女性主要是出于让孩子"有个父亲"（用凯莎的话来说）的愿望时。但即使没有受到不忠和不信任等严重问题的困扰，那些"为了孩子"而建立关系的伴侣，往往也难以维持他们的关系，更别说像苏珊娜和迈伦的故事那样，走向婚姻的殿堂了。

苏珊娜22岁，迈伦23岁。他们是在高中毕业后通过共同的朋友认识的。两人断断续续在一起大约4年了。当苏珊娜得知自己怀孕时，两人才刚刚复合。她对怀孕感到震惊，而迈伦一直"处于否认阶段"，直到她开始显怀。他们带着儿子乔伊从医院回家，住进了苏珊母亲的止赎房子。他们打算在那里免费住下去，直到被银行驱逐。当我们第一次见到他们时，苏珊娜和迈伦都说他们想结婚，但现在不是合适的时机。他们觉得还没准备好，要迈出这么大的一步，他们对此很谨慎。

在怀孕前,苏珊娜和她的妈妈及继父住在一起,迈伦偶尔也住在那里。苏珊娜说,理想情况下,她会想先结婚再生孩子:"但我 18 岁时还没有这些想法。……我只是觉得我们太认真了,太快了。"迈伦认为,伴侣只有在订婚后才应该住在一起,但孩子可能会改变一切:"如果我们的孩子出生了,我们当然会住在一起,即使我们没有订婚。"虽然迈伦认为他和苏珊娜结婚的可能性有 90% 到 95%,但在他看来,两人有了孩子并不是结婚的好理由。"我想把乔伊完全排除在这件事之外,我们结婚,应该是因为彼此相爱,而不是因为我们有了孩子。"

苏珊娜对此表示同意,她说:"住在一起,这只是发生了一些事情。……因为乔伊。我们想在一起。如果没有一些经济问题和其他事情或一些问题,我们可能已经结婚了。"(什么问题?)"我还没有准备好对他承诺,在他解决好过去的问题和考虑清楚前。我认为他必须用一些不同的方式让自己成熟起来。"迈伦说他爱苏珊娜,但不喜欢她的嫉妒心。作为证据,他描述了苏珊娜如何在他办公室的抽屉里找到一位女同事的电话号码,然后"开始发疯"。她后来了解到,迈伦和他同事完全是清白的,他们最终解决了这个问题,"但这让我有点害怕,因为每次想象我们分手时,我就会想象自己没有一直在儿子身边,以及很多后续的场景。这有点吓到我了"。

当我们再次拜访他们时,迈伦说苏珊娜真的很想结婚,并且正在看戒指。他很反对买戒指,因为戒指太贵了。他告诉苏珊娜他们应该省下钱,试着买房子,以后再买戒指。他还希望她在结婚前能找个心理咨询师解决她的物质需求问题。就他而言,他正在努力保持每月预算,并表示自己的财务状况正在好转。他相信,如果他们结婚了,他会更幸福,因为那样他们就会"按照应该的方式做正确的事情"。苏珊娜也想结婚,但对迈伦还是百感交集。"迈伦和我对彼此非常忠诚",但他仍然"过着太多的单身生活",并且由于过去过度消费而出现了严重的信用问题。

到我们研究的第三年,迈伦和苏珊娜刚刚有了他们的第二个孩子,是一个女儿。他们还加入了一个教会,正在积极讨论他们的婚礼会是什么样子。迈伦说,在结婚后,"她就不会一直问我,我们什么时候结婚了",而且"在社会上会更受尊重"。他承认，他们以前没有把婚姻放在首位，但现在想以"正确的方式"来做，包括婚宴、戒指和所有的装饰品。苏珊娜觉得他们已经结婚了，"我们只是没有举行结婚仪式和其他事情"。她预测他们的日常生活不会有任何改变，但"如果我们结婚了，我可能会更快乐一点"。

我们最后一次与这对伴侣交谈时，苏珊娜就读于社区大学，而迈伦正在当地的有线电视公司工作。他们最近搬进了一套全新的复式公寓，在那里，他们只是"勉强过得去"，因为所有的开支都是靠迈伦每月约2800美元的收入。苏珊娜声称她独自生活，因此能够为她和孩子们领取食品券，但迈伦必须遵守儿童抚养制度。苏珊娜正考虑重返工作岗位，他们正在考虑搬到得克萨斯州，好离家人更近一些。据苏珊娜说，他们还在"讨论婚礼的细节"。

共同主题

尽管TLC3的样本比PCFS更有优势，但两个样本中只有少数人怀孕是计划好的，大多数怀孕是伴侣在一起的头几个月发生的。这与艾丁和凯法拉斯（Edin and Kefalas，2005）在PCFS社区的同伴访谈中了解到的情况一致，尽管这类母亲更有可能将怀孕描述为至少是"半计划的"，而父亲更有可能说他们在伴侣怀孕时"只是没有想过"（Edin et al.，2007）。这种差异可能反映了母亲和父亲在意向上的细微差异，或者仅仅是社会期望的偏见（也就是说，母亲可能发现，如果承认她们在怀孕时"只是没有想过"，这不太能被社会接受）。

一旦女性得知自己怀孕了，会与准父亲分享这个消息并决定如何处理，这对伴侣们来说是重要的决定性时刻。怀孕常常促使PCFS中的很多男性以及TLC3中的一些伴侣，第一次将关系中的两人视为一对伴侣，或者重新考虑已经失去感觉的伴侣。是否要孩子通常由母亲决定，父亲通常同意"支持她想做的事情"。

对于大多数父亲的浪漫关系来说，伴侣怀孕是一个充满挑战的时期。在TLC3中，有几对伴侣因为频繁的争吵和其他更严重的问题，包括不忠和暴力冲突而分手，然后又为了孩子和好。在经济压力更大的PCFS中，这些问题更有可能导致伴侣们在孩子出生前就分道扬镳。如上所述，艾丁和凯法拉斯对母亲的采访也强调了怀孕是一个特别不稳定的时期。然而，在TLC3的伴侣中，双方通常都将怀孕期间的问题归咎于女性的"荷尔蒙"，而不是他们关系中的根本问题。对这个问题的解读导致TLC3的伴侣坚持认为，一旦孩子出生，一切都会恢复"正常"；尽管事实上，这些关系中有很多是在怀孕之后才被界定为"真正的关系"。自然，同样的问题往往在孩子出生后不久，就会再次出现。这可能是一半未婚伴侣在孩子出生后一年内分手的原因之一（Center for Research on Child Wellbeing, 2007）。正如弗斯滕伯格所指出的那样（阅读14），在20世纪50年代的奉子成婚现象中，分手（例如离婚）也非常普遍。

就像PCFS中的情况一样，在TLC3中，很多伴侣的矛盾在孩子出生的"神奇时刻"后暂时消失了，因为有了孩子的事实带来了一定程度的凝聚力。即使在怀孕期间遇到困难，还仍然保持浪漫关系的父亲们认为，孩子是他们重新努力与母亲在一起的充分理由。尤其是对于在某种程度上更有优势的TLC3样本来说，搬到一起居住是双方围绕孩子重组关系的重要组成部分。就在孩子出生后几个月内，TLC3对这些伴侣进行了第一次采访。在TLC3第一次采访时住在一起的伴侣中，近四分之三 (73%) 的伴侣是在怀孕期间或孩子出生后才搬到一起的。

在TLC3的伴侣中，因怀孕而同居的情况比在PCFS的父亲中更为常见，这反映了TLC3伴侣在经济上更具优势，而且平均而言，他们的关系开始时更认真，因女方怀孕和孩子出生而变得"像家人一样"的程度更高。虽然进入"真正的关系"有时以搬到一起同居为标志，但这种标志可能表明对浪漫伴侣的承诺越来越深，同时也反映了父亲的希望，即成为一名参与其中的家长。通常，对于父亲来说，为人父母的冲动至少和为了伴侣关系而在一起的愿望一样强烈。艾丁和凯法拉斯对PCFS中母亲的配偶样本进行了研究，结果表明，虽然母亲们都希望父亲参与其中，但她们只是将父亲的参与视为对养育活动的一种可取且可选的补充。

同居可以让未婚父亲平等地接触孩子，并扮演主要的照顾者角色。因此，即使是在同居伴侣中，对于"主要的推动因素究竟是伴侣关系还是父子关系"这一问题，也经常存在模糊性。在TLC3中，这种模糊性有时会导致母亲不确定如何衡量伴侣承诺的可信度。就PCFS而言，父亲们经常担心，女性只是想要他们能够提供时间，并低估他们对伴侣角色、养育角色付出情感的重要性。

这些关系，即使是那些因同居而提升到特别高地位的关系，也与婚姻大不相同。虽然伴侣对与婚姻相关的期望、义务和角色表达了共同的看法，但他们很少讨论对同居关系的期望。相反，通常只有当伴侣违反了这些不言而喻的假设时，真正的关系才会显露出来，如果相关违反被认为足够严重，关系就会结束——尽管有时会有多次试错的空间。这些伴侣面临的很多更严重的问题都集中在对性忠诚的期望上。在两项研究中，不忠和性嫉妒这两个孪生问题在大多数分手中发挥了主导作用。通常是众所周知的"最后一根稻草"，导致父母结束已经被多种问题困扰的关系。（Hill，2007）

总而言之，对于这群婚外养育子女的弱势男性来说，不忠、性怀疑、药物滥用、家庭暴力、犯罪活动和监禁等多重和严重问题，在他们作为浪漫伴侣经历的叙述中比比皆是，尽管与TLC3中的母亲或艾丁和凯法拉斯的女性受访者相比，这些男性将暴力视为分手原因的可能性要小得多。[①]（Hill，2007）虽然渴望与孩子建立牢固的关系，但他们发现，在分手后与孩子保持定期的联系异常困难。对父子关系的全面讨论不在本章的范围之内。

从这里呈现的叙述中可以明显看出，这些家庭组建方式的随意性，给已经处于不利地位的年轻人施加了巨大的压力，他们彼此并不十分了解，但仍然试图建立"真正的"关系（有时是通过同居）。尽管怀孕和生育的确会促使男性投入于一段关系，但他们不稳定的经济状况和对女性的不信任往往会导致投入的减少。男性的行为通常是一段关系破裂最直接的导火索。另一个重要的因素是这种关系本身的模糊性，而对这种关系的期望在其被破坏之前很少能够显现出来。尽管男性可能会认为，不管有没有母亲，他们都可以与孩子建立直接的关系——"爸爸，宝贝；妈妈，或许"——但完成这一壮举比大多数人想象的要困难得多。

---

① 有关TLC3中伴侣分手的详细分析，参阅里德的研究（Reed，2007）。

参考文献

Augustine, Jennifer March, Timothy Nelson and Kathryn Edin. 2009. "Why Do Poor Men Have Children?" Annals of the American Academy of Political and Social Science, 624 (July).

Center for Research on Child Wellbeing. 2007. "Parents' Relationship Status Five Years after a Non- Marital Birth." Princeton, NJ: Center for research on Child Wellbeing, Research Brief 39 (August).

Davis, Allison, Burleigh B. Gardner and Mary R. Gardner. 1941. Deep South: A Social Anthropological Study of Caste and Class. Chicago: University of Chicago Press.

Drake, St. Clair and Horace R. Cayton. 1945. Black Metropolis: A Study of Negro Life in a Northern City. New York: Harcourt Brace.

Edin, Kathryn and Maria J. Kefalas. 2005. Promises I Can Keep: Why Poor Women Put Motherhood before Marriage. Berkeley: University of California Press.

Edin, Kathryn, Paula England, Emily Fitzgibbons Shafer and Joanna Reed. 2007. "Forging Fragile Families: Are the Pregnancies Planned, Unplanned, or In-Between?" In Unmarried Couples with Children: The Unfolding Lives of New Unmarried Urban Parents, edited by Paula England and Kathryn Edin. New York: Russell Sage Foundation.

Grail, Timothy S. 2007. "Custodial Mothers and Fathers and Their Child Support: 2005." Current Population Reports. Washington, DC: U.S. Census Bureau.

Furstenberg, Frank E., Jr. 2001. "The Fading Dream: Prospects for Marriage in the Inner City." In Problem of the Century, edited by Elijah Anderson and Douglas Massey. New York: Russell Sage Foundation.

Furstenberg, Frank E, Jr and Andrew J. Cherlin. 1991. Divided Families: What Happens to Children When Parents Part. Cambridge, MA: Harvard University Press.

Hannerz, Ulf. 1969. Soulside: Inquiries into Ghetto Culture and Community. Chicago: University of Chicago Press.

Hill, Heather D. 2007. "Steppin' Out: Infidelity and Sexual Jealousy." In Unmarried Couples with Children, edited by Paula England and Kathryn Edin. New York: Russell Sage Foundation.

Hollingshead, A. B. 1949. Elmtown's Youth: The Impact of Social Classes on Adolescents. New York: Wiley.

Liebow, Eliot. 1967. Tally's Corner. Boston: Little, Brown.

Martin, Steven P. 2004. "Growing Evidence for a Divorce Divide? Education and Marital Dissolution Rates in the United States since the 1970's." New York, NY: Russell Sage Foundation Working Papers: Series on Social Dimensions of Inequality.

McLanahan, Sara. 2004. "Diverging Destinies: How Children Fare under the Second Demographic Transition." Demography 41(4): 607–627.

Moreland, John Kenneth. 1958. Millways of Kent. Chapel Hill: University of North Carolina Press.

Nelson, Timothy and Kathryn Edin. Forthcoming. Fragile Fatherhood: What Being a Daddy Means in the Lives of Low-Income Men. New York: Russell Sage Foundation.

Nelson, Timothy J., Susan Clampet-Lundquist and Kathryn Edin. 2002. "Sustaining Fragile Father- hood: How Low-Income, Non-Custodial Fathers in Philadelphia Talk about Their Families." In The Handbook of Father Involvement: Multidisciplinary Perspectives, edited by Catherine Tamis-LeMonda and Natasha Cabrera. Mahwah, NJ: Lawrence Erlbaum Associates.

Nock, Stephen. 2007. "Marital and Unmarried Births to Men". Department of Health and Human Services Publication (PHS) 2006-1978. Hyattsville, MD: U.S. Department of Health and Human Services.

Powdermaker, Hortense. 1939. After Freedom. New York: Viking Press.

Rainwater, Lee. 1960. And the Poor Get Children: Sex, Contraception, and Family Planning in the Working Class. Chicago: Quadrangle Books.

Rainwater, Lee. 1970. Behind Ghetto Walls, Chicago: Aldine Press.

Reed, Joanna. 2007. "Anatomy of the Break-Up: How and Why Do Unmarried Parents Break Up?" In Unmarried Couples with Children, edited by Paula England and Kathryn Edin. New York: Russell Sage Foundation.

Roy, Kevin M., Nicole Buckmiller and April McDowell. 2008. "Together but Not 'Together'; Trajectories of Relationship Suspension for Low-Income Unmarried Parents". Family Relations, 57(2).

Townsend, Nicholas W. 2002. The Package Deal: Marriage: Work and Fatherhood in Men's Lines. Philadelphia: Temple University Press.

Waller, Maureen R. 2002. My Baby's Father: Unmarried Parents and Paternal Responsibility. Ithaca, NY: Cornell University Press.

Waller, Maureen R. 2008. "How Do Disadvantaged Parents View Tensions in Their Relationships? Insights for Relationship Longevity among At-Risk Couples". Family Relations, 57(2).

William Julius Wilson. 1996. When Work Disappears: The World of the New Urban Poor. New York: Knopf.

第七章 成长岁月

阅读 13 超越多愁善感：社会和文化建构的美国童年
史蒂文·明茨

没有什么地方比马克·吐温（Mark Twain）的家乡密苏里州的汉尼拔更容易将童年浪漫化了。从4岁到17岁，马克·吐温在这个密西西比河沿岸的小镇断断续续地生活过，许多历久弥新的美国童年幻想都在这里鲜活起来。在一道围栏旁边有一个历史标记，就像汤姆的朋友们花钱请他粉刷的标记一样。还有一个标记指向据说是哈克的小屋所在的位置。同时，还有一扇窗户，哈克曾向里面扔石子，弄醒了熟睡的汤姆。凝视着密西西比河咆哮的河水（现在不幸隐藏在防洪墙后面），人们很容易想象哈克和吉姆为寻求自由和冒险而开始的木筏漂流之旅。

汉尼拔在我们的集体想象中占据着特殊的位置，因为它是两本最著名的描写童年的小说的背景。我们所珍爱的关于童年的神话——自由、纯真和自我发现的田园时光——在这个河畔小镇变得鲜活起来。但是，马克·吐温的小说除了描述青春奇迹和小镇纯真外，还充斥着关于童年阴暗面的残酷和令人不安的细节。哈克的父亲帕普是一个酒鬼，也是一个虐待狂，会因为儿子学习阅读而殴打他。当我们理想化马克·吐温笔下的汉尼拔及其永远年轻的居民时，我们抑制了他小说中更为险恶的一面。（Powers, 1999, 2001; Fishkin, 1997）

马克·吐温笔下的19世纪中叶的汉尼拔，在现实生活中绝不是一个稳定的、安全的避风港。在这个地方，四分之一的孩子不到一岁就夭折，一半的孩子不到21岁就离世。马克·吐温本人也经历了两个手足的死亡。虽然他没有像小说中的哈克那样受到肉体上的虐待，但他的父亲在情感上是冷漠和疏离的。在他童年的家中，很少有人公开表达爱意。他记得只看到他父母亲吻过一次，那是在他弟弟本临终时。他的家也不是经济安全的避风港。他的童年在他12岁生日前就结束了，当时他父亲的去世迫使他打了一系列零工。在他17岁永久离开家之前，他已经做过印刷学徒，还在杂货店、书店和药店做过店员，尝试过打铁，送过报纸。马克·吐温的童年在他的家乡早早就结束了，尽管他完全成年的速度并不比如今快。（Powers, 1999; 2001）

一系列神话萦绕着公众对美国童年历史的思考。第一个是童年无忧无虑的神话。我们沉迷于一种幻想，认为童年和青年时代是无忧无虑的冒险岁月，尽管事实是，对过去的大多数孩子来说，成长绝非易事。疾病、家庭破裂和过早工作是家庭生活的组成部分。"在致力于教育的漫长童年中，孩子们无须承担成年人的责任"这一概念只是最近的发明，是过去一个半世纪的产物，在第二次世界大战后才成为大多数儿童的现实。

第二个神话是，在瞬息万变的世界中，家庭是稳定的避风港和堡垒。纵观美国历史，家庭稳定一直是例外，而不是常态。在20世纪初，三分之一的美国孩子至少有部分童年时光是在单亲家庭中度过的；1940年，十分之一的孩子不与父母任何一方住在一起，而1996年这一比例是二十五分之一。（Weissbourd, 1996: 48）

第三个神话是，所有孩子的童年都是一样的，童年生活超越了阶层、种族和性别。事实上，童年的方方面面都受到阶层、种族、性别、地理、宗教和历史时代的影响。我们可能会认为童年是一种生物学现象，但最好将其理解为一个生命阶段，其轮廓由特定的时间和地点塑造。育儿实践、学校教育和年轻人离家的年龄都是特定社会和文化环境的产物。

第四个神话是，美国是一个对儿童特别友好的社会，而实际上，美国人对儿童的态度非常矛盾。成年人羡慕年轻人的青春、活力和生命力，但他们也憎恨孩子们侵占了他们的时间和资源，往往害怕他们的激情和动力。许多名义上旨在保护和帮助年轻人的改革，实际上也是为了将成年人与儿童隔离开来。

最后，也许最难以克服的神话是进步的神话和与之相反的神话，即衰退的神话。有一种倾向认为，童年的历史是随着时间的推移不断向前发展的故事：

父母的参与取代了情感上的距离，仁慈和宽容取代了严格和严苛的惩罚，科学启蒙取代了迷信和被误导的道德主义。这种进步主义有时会被反过来看，即童年正在消逝：孩子们成长得太快、太疯狂，失去了他们的天真、顽皮和可塑性。

各种神话和误解导致了公众对年轻人的过度悲观。历史上从来就不存在童年的黄金时代：绝大多数美国儿童都得到了很好的照顾，他们的经历是田园牧歌式的。童年也从来不是一个可以天真无邪的时光，至少对绝大多数儿童来说不是。童年从来没有脱离过周围社会的压力和要求，每一代儿童都不得不与自己所处的历史时期的特定社会、政治和经济约束作斗争。在我们这个时代，年轻人不得不与家庭的高度不稳定、与成年人的日益疏远、对所有孩子都以相同速度追求相同学术道路的期望作斗争，即使完全成年的实现正越来越往后推迟。

童年的社会和文化建构

儿童史往往被视为边缘学科，毫无疑问，儿童史尤其难以书写。儿童很少是显眼的历史角色。与成年人相比，他们留下的历史资料更少，他们的无权无势使他们比其他社会群体更不显眼。然而，童年史与国家生活中更广泛的政治和社会事件密不可分——包括殖民、革命、奴隶制、工业化、城市化、移民和战争——儿童的经历体现了美国历史上的诸多关键主题，例如现代官僚机构的兴起、消费经济的增长以及福利国家政策的制定。同样重要的是，童年的历史凸显了美国人生活中某些长期的转变，例如对年龄的意识越来越强烈，对不同生命阶段的描述越来越清晰，以及按年龄组织机构的趋向越来越甚。

童年不是一个一成不变的生物阶段，孩子们也不仅仅是像哈里特·比彻·斯托《汤姆叔叔的小屋》里的托普西一样"长大了"。相反，童年是一种社会和文化建构。在过去的4个世纪里，童年的方方面面——包括孩子与父母和同龄人的关系、他们的人口比例以及他们从童年走向成年的道路——都发生了巨大的变化。育儿方式、教育时长、儿童游玩的本质、青年人的工作参与以及童年、青春期和成年期的划分，都是文化、阶层和历史时代的产物。（Heywood, 2001; Illick, 2002; Schultz, 1995）

过去的童年经历和想象方式与今天的大不相同。就在两个世纪前，年龄的分隔比今天要少得多，也不太关注按实足年龄来组织经验。"将儿童视为比成年人更天真、更脆弱的特殊存在"这种感伤情绪也要少得多。这并不意味着成年人没有认识到童年是生命的一个阶段，有其自身的特殊需要和特点，也不意味着父母不关心、不爱护自己的孩子，不为他们的死而感到悲痛。相反，这意味着过去对年轻人经历的组织和重视与今天大不相同。

语言本身就说明了童年建构的转变。两百年前，用来描述童年的词汇远不如我们今天使用的那么准确。婴儿期（infancy）一词不是指出生后的几个月，而是指孩子在母亲控制下的那段时间，通常是从出生到5岁或6岁。童年（childhood）一词既可能指五六岁的儿童，也可能指20岁左右的青年。两个世纪前，美国人并没有使用我们现在使用的青春期（adolescent）或青少年（teenager）一词，而是使用了更宽泛、更拓展的青年期（youth）一词：从十几岁前一直延伸到25岁。该词的模糊性反映了生命阶段的无定形状态；实足年龄不如体力、体型和成熟度重要。直到结婚并建立独立农场或进入全职的行业或职业，年轻人才能获得完全成年的身份。完全成年可能早在青少年中期或晚期就可以实现，但通常要到20多岁或30多岁。（Chudacoff, 1989; Kett, 1977）

那么，在过去的两百年中，童年是如何转变的呢？已经发生的转变可以分为三大类。第一类关涉成长的时间、顺序和阶段的转变。在过去的两个世纪里，童年的各个阶段变得更加精确、统一和规范。南北战争前，儿童和青少年时不时地从父母家、学校和工作场所进进出出。历史学家约瑟夫·F. 凯特（Joseph F. Kett）将这种无规律的、断断续续的模式称作"半依存"。

然而，从19世纪中叶开始，规范化和系统化童年经历的努力越来越多。由于无法通过家族土地的遗赠、手工艺技能的传承或婚姻伴侣的选择等方式，将自己的地位直接传给子女，中产阶层父母转而采取新的策略来帮助子女，并强调计划生育、母育和长期教育。强化的育儿形式和学校规定的课程取代了不太正规的育儿和教育方法。按年龄精心分级的机构取代了与成年人的非结构化接触。成年人赞助和组织的机构接替了由年轻人自己组织的活动。在这些发展的背后是一种信念，即童年应该专注于教育、游玩和性格培养活动；孩子们需要时间在充满爱的家庭中成长，并远离成人事务；早熟行为需要被压制。

第二类是人口结构的转变。人口结构是推动变化的第二股力量。出生率的急剧下降大大降低了儿童在总人口中的比例，从19世纪中叶的一半降低到1900年的三分之一。出生率的下降导致家庭代际划分更明显，使得父母可以在每个孩子身上花费更多的时间、注意力和资源；它还减少了社会对童工的依赖，使得成人社会将新的体制结构强加于年轻人，从而反映了一些观念的转变，即儿童的发展应该按照恰当的时间顺序。

第三类是态度的转变。随着时间的推移，成人对童年的观念已经发生了深刻的变化。17世纪清教徒的儿童形象是需要加以约束的堕落存在；启蒙思想认为儿童是可以受环境影响而塑造的白板；浪漫主义将儿童视为具有无邪灵魂和温顺意志的可救赎生物；达尔文主义强调儿童认知、生理和情感发展的高度分化阶段；弗洛伊德将儿童视为受本能驱动的沸腾大锅；当代社会则强调儿童早期学习的可行性和能力。

童年的历史可以用三个交叠的阶段来加以概念化。第一个是大致与殖民时代相吻合的前现代阶段。其中，年轻人被视为训练中的成年人。宗教和世俗权威认为童年是一个不足和不完整的时期，成年人很少怀念或喜爱他们的童年。由于无法说话或直立，婴儿被视为未成形的甚至是兽性的。父母的职责是尽快让孩子成长为成年人，尤其是通过早期作为仆人和学徒参与工作，无论是在家里还是外面。

18世纪中叶出现了一套开始定义现代童年的新态度。越来越多的父母开始将孩子视为天真、可塑、脆弱的生物，需要远离污染。童年越来越被视为生命的一个独立阶段，需要特殊的照顾和专门的机构加以保护。在19世纪，中产阶层对这种新理想的接受程度越来越高，具体体现为：年轻人居住在父母家的时间延长；正规学校教育的时间更长；对青少年发展阶段的认识日益加深，最终导致19世纪和20世纪之交对青春期的"发现"（或者更准确地说，对青春期的发明）。

普及受庇护童年的现代理想是一个极度不平衡的过程，而且从未涵盖所有的美国儿童。事实上，直到20世纪50年代，现代童年的规范才定义了美国年轻人的模态体验。但是已经在进行的发展将给现代童年画上句号，取而代之的是完全不同的东西，一个可以称为后现代童年的新阶段。这一术语指的是家庭、性别角色、年龄甚至生殖方面的主导规范的崩溃，因为它们受到了彻底的改变和修正。许多人认为"自然"的年龄标准应该受到质疑。就连性成熟的基本生物过程也加速了。今天的孩子比婴儿潮一代更有可能经历父母的离婚；有一个职业母亲；在没有成年人监督的情况下度过大量时间；在成长过程中没有兄弟姐妹； 高中期间就一直在工作。青春期女孩在青少年中期发生性关系的可能性更大。

从表面上看，后现代童年类似于前现代童年。与17世纪一样，儿童不再被视为成年人的对立面，也不再被视为天真无邪的生物。今天，成年人不无道理地认为，即使是青春期前的孩子，也对成人世界的现实有所了解。但与前现代儿童不同的是，后现代儿童是独立的消费者和独立的、半自主的青年文化的参与者。我们仍然认为年轻人与成年人有着本质上的不同：他们应该在父母家里度过他们人生最初的18年，并将时间花在按年龄分级的学校教育中。但同样明显的是，受保护的童年这一理想的基本面——年轻人被隔绝于成年人的现实之外——已然崩溃。

多样性

多样性一直是美国童年的标志。在17世纪的美国，人口、经济、宗教和社会因素使地理亚文化成为儿童经历多样性的最重要标志。在殖民初期的新英格兰、中部殖民地、切萨皮克和最南端的殖民地中，殖民的童年呈现出截然不同的形式。在17世纪的新英格兰，等级森严的男权加尔文主义家庭塑造了儿童的经历。相比之下，在马里兰州和弗吉尼亚州的切萨皮克殖民地，家庭关系非常不稳定，契约奴隶制塑造了儿童的经历。只有在从纽约到特拉华州的中部殖民地，才出现了强调母育和早期自主权的童年，但即使是在那里，大量儿童也作为家庭和契约仆人、学徒或奴隶，经历了各种形式的依靠。（Moran,1991）

在19世纪，资本主义扩张的高度不平衡过程使得社会阶层、性别和种族对儿童多样性的影响更加突出。城市中产阶层、富裕的商业农民和南方种植园主的孩子享受越来越长的童年，他们在十几岁或二十几岁前不承担主要的家务或工作责任，而城市工人、边疆农民和黑人的后代，包括奴隶和自由公民，童年时间较短，在十几岁之前就开始在家里或外面工作。许多城市工人阶层的孩子在街道、空地或小巷里捡拾煤炭、木材和其他可以在家使用或出售的物品，从而为家庭经济做出贡献。其他人则参与街头贸易，比如卖口香糖、花生和饼干。在工业城镇，15岁以下的年轻人平均贡献了家庭收入的20%。在矿区，年仅十多岁的男孩从事零碎工作，将煤从石板和木头中分离出来，然后他们在青少年中后期成为矿工。在农场，年仅五六岁的儿童可能已经会拔草或将鸟和牛赶出庄稼地。许多人到8岁时开始照料牲畜，随着年龄的增长，他们挤奶、搅拌黄油、喂鸡、收鸡蛋、拖水、洗衣服和收割庄稼。在边境农场，儿童和青年性别角色的模糊尤为常见。学校教育和日常工作一样多样化。在北部农村和中远西部，19世纪中后期的大多数学生每年要在一间教室的学校里学习3到6个月。相比之下，城市儿童每年有9个月参加由专业教师授课的年龄分级课程。在农村和城市地区，女孩往往比男孩接受更多的教育。（Clement, 1997; Nasaw, 1985; Stansell, 1986）

在19世纪后期，自称是儿童拯救者的人发起了一场协调有加的运动，以克服多样性问题，并普及中产阶层的童年理念。这是一个缓慢且遭受强烈抵制的过程。直到20世纪30年代，童工才最终被取缔。直到20世纪50年代，高中入学才成为一种普遍现象。然而，尽管在推广这一中产阶层理想方面取得了巨大成功，但即使在今天，社会阶层仍然是儿童福祉的主要决定因素。（Macleod, 1998）

近年来，社会保守派倾向于将家庭结构视为儿童福祉多样性的来源，而政治自由主义者则倾向于关注民族、种族和性别。事实上，贫困才是儿童福利最有力的预测指标。经济压力会导致家庭不稳定、医疗保健不足、流动性大、养育不当、压力和抑郁程度增加。与19世纪一样，社会阶层显著区分了当代美国的童年。富裕孩子的童年是高压力的、超组织的、快速分轨的，而三分之一的贫困孩子（18岁之前的某个时期生活在贫困之中）的童年是高负担的。显然，两者之间有着巨大的差异。在许多富裕家庭中，工作和家庭生活之间的界限已经消失，父母通过严密组织孩子的生活来对他们进行管理。然而，矛盾的一点是，大多数富裕家庭的孩子都有自己的电视和电脑，可以直接获取信息，而且一天中的大部分时间都没有父母的监督。在许多富裕家庭中，当父母试图弥补在养育方面亏欠的时间时，父母与孩子的距离与父母的纵容之间存在剧烈的波动。但与此同时，任何时候都有六分之一的儿童生活在贫困之中，其中包括 36% 的黑人儿童和 34% 的西班牙裔儿童。这往往意味着儿童面临有限的成人监督和低质的教育，并缺乏轻松获得生产性娱乐和活动的机会。

童年的政治

近年来出现了两种截然不同、相互冲突的童年愿景。一种是"受保护的童年"。儿童可以远离成人的现实，尤其是性、淫秽和死亡。另一种是"有准备的童年"。孩子们从相对较小的年龄就接触到当代社会的现实，例如，性行为和多样化的家庭模式。据此，其支持者认为，在一个暴力横行、高度商业化和性欲过度的社会中，天真的孩子就是脆弱的孩子。

童年观之间的冲突并不是什么新鲜事。400 年来，童年一直是个备受争议的概念。20 世纪后期，"受保护的童年"的倡导者主张保护儿童免受成人现实的影响，并与"有准备的童年"的倡导者展开了一场文化论战。事实上，在如何界定"什么才是合适的童年"问题上，一直存在长期的冲突，而 20 世纪初期的文化战争只是最近的一次。在 17 世纪，清教徒将新生儿视为罪人，人文教育家强调儿童的可塑性，英国国教传统主义者将儿童视为价值的象征（包括顺从的价值和尊重社会等级的价值），因为随着现代资本主义企业的兴起，英国经历了痛苦的经济转型，这些价值正随之瓦解。由此，三者之间发生了激烈的冲突。在 18 世纪后期爆发了关于婴儿堕落和男权制权威的激烈冲突，与之遥相呼应的是美国革命者反抗王室权威的斗争。在 20 世纪之交又发生了两派之间的冲突。一派主张有用的童年，期望孩子回报父母的牺牲；另一派主张受保护的童年，认为童年应该远离劳动、专注于游玩和接受教育。（Zelizer, 1994）

为人父母

焦虑是现代父母的标志。今天的父母无时无刻不在为孩子的身体健康、个性发展、心理健康和学习成绩而苦恼不已。从孩子出生起，父母就充满了担忧。当代父母担心婴儿猝死、被陌生人绑架、遭受身体和性虐待，以及其他更常见的问题，如睡眠障碍和多动症。

父母对孩子幸福的担忧并不是什么新现象，但随着时间的推移，父母的担忧已经呈现出截然不同的形式。直到19世纪中叶，父母主要关注孩子的健康、宗教虔诚和道德发展。在19世纪后期，父母越来越关注孩子的情绪和心理健康。而在20世纪，父母的焦虑集中于孩子的个性发展、性别认同以及与同龄人交往的能力。今天，内疚的、不确定的父母担心孩子会不会感到无聊、自卑或承受过重的学业压力，其程度远甚于过去的父母。（Stearns, 2002）

今天，我们认为早期童年生活是一个塑形阶段，并相信孩子在人生最初两三年的经历会塑造他们的个性，为未来的认知和心理发展奠定基础，并在他们的情感生活中留下持久的印记。我们还假设儿童的发展经历了一系列生理、心理、社会和认知阶段；即使很小的孩子也有学习的能力；游玩具有宝贵的发展功能；而成长需要孩子在情感和心理上与父母分离。这些假设与3个世纪前截然不同。在18世纪中叶之前，大多数成年人对人生的最初几年几乎没有表现出任何兴趣，自传也几乎没有表现出对童年的怀旧之情，这一点很是让人惊奇。此外，成年人往往认为孩子们的游玩是芝麻小事且无足轻重。

为人父母经历了一系列连续而交叠的阶段，17世纪将儿童视为"训练中的成人"；19世纪早期强调性格的形成；19世纪后期的科学育儿观强调规律性和系统化；20世纪中期强调满足儿童的情感和心理需求；20世纪后期强调最大限度地提升儿童的智力和社会发展能力。17世纪的殖民者认识到儿童在智力、道德和身体能力方面与成年人不同，并区分童年（他们称之为青年的中间阶段）和成年，但没有严格按照年龄对儿童进行划分。父母希望孩子们尽快学会说话、阅读、逻辑思考并为家庭的经济福祉做出贡献。婴儿期被认为是一种有缺陷的阶段。婴儿既不会说话也不会站立，因此缺少完整人类的两个基本特征。父母不鼓励婴儿爬行，并将他们放在类似于今天学步车的"步行凳"中。为确保正确的成人姿势，年轻女孩穿着皮革紧身胸衣，父母沿着男童和女童的脊柱放置棍杆。

到18世纪，父母的态度发生了转变。很少有父母期望孩子们在他们面前鞠躬、脱帽，或在他们用餐时站着。孩子们不再称呼父母为"先生"和"女士"，而是称他们为"爸爸"和"妈妈"。到18世纪末，专为儿童设计的、涂有柔和颜色并饰有动物或童谣人物图片的家具开始广泛生产，这反映了当时的一种普遍观点，即童年是天真和嬉戏的时光。与此同时，人们越来越强调培养孩子的美德和自制能力。

到 19 世纪初，在迅速壮大的东北部中产阶层中，母亲们越来越拥抱早期育儿理念的混合体。她们从约翰·洛克（John Locke）那里吸收的观念是：儿童是具有高度可塑性的生物，而共和政体要求父母培养孩子的自制力。从让－雅克·卢梭等浪漫主义作家那里，中产阶层父母吸收的观念是：童年是人生的一个特殊阶段，与自然密切相关，比成年期更纯洁、更高尚。从福音派人士那里，中产阶层接受的观念是：为人父母的主要任务是给孩子灌输正确的道德品质，让孩子远离成人世界的腐朽。

到 19 世纪末，中产阶层父母开始接受科学育儿的观点。通过儿童研究运动，教师和母亲在心理学家的指导下，确定了儿童发展的一系列阶段，最终"发现"青少年期（adolescence）是继发育期（puberty）之后的一个心理动荡时期。这种认为科学原则没有正确应用于育儿的信念催生了新的育儿手册，其中最有影响力的是路德·埃米特·霍尔特（Luther Emmett Holt）博士于 1894 年首次出版的《儿童看护与喂养》（*The Care and Feeding of Children*）。霍尔特强调严格安排喂食、洗澡、睡眠和排便的时间，并建议妈妈们警惕细菌和对婴儿的过度刺激。在一个适应良好的成年人被视为习惯和自我控制的生物时代，霍尔特强调的是让婴儿养成规律习惯的重要性。他不鼓励母亲们亲吻婴儿，并告诉她们不要理会宝宝的哭闹声，改掉宝宝诸如吮吸拇指之类的习惯。（Hulbert, 2003; Grant, 1998）

到 20 世纪二三十年代，儿童心理学对中产阶层的育儿方式产生了越来越大的影响。该领域提供了一种新的语言来描述儿童的情感问题，例如兄弟姐妹竞争、恐惧症、适应不良、自卑和恋母情结；它还提供了有关育儿形式（基于要求或宽容等变量）、儿童发展阶段和里程碑等方面的新见解；它也提供了有关特定年龄段儿童特征的新见解，例如，阿诺德·格塞尔（Arnold Gesell）、弗朗西丝·L. 伊尔格（Frances L. Ilg）和路易斯·贝茨·埃姆斯（Louise Bates Ames）提出了"可怕的两岁"之说。20 世纪 20 年代的日益繁荣，淘汰了早期对规律性和严格自我控制的强调。一个适应良好的成年人现在被认为是更随和、能够享受闲暇的人。广受欢迎的提议者拒绝机械论和行为主义的观点，即儿童的行为可以通过科学控制来塑造，而是倾向于采用更轻松的育儿方式，强调满足婴儿情感需求的重要性。儿科医生 C. 安德森·奥尔德里奇（C. Anderson Aldrich）在 1936 年出版的《婴儿是人类》（*Babies Are Human Beings*）一书，对这种新态度进行了总结。（Jones, 1999）

20 世纪 30 年代的大萧条和第二次世界大战极大地加剧了父母对育儿的焦虑。在战后时代，人们非常担心错误的母育会给孩子带来持久的心理问题。西奥多·利兹 (Theodore Lidz)、欧文·比伯 (Irving Bieber) 和埃里克·埃里克森 (Erik Erikson) 等领先心理学家，将精神分裂症、同性恋和身份扩散，与母亲把自身的挫折感和独立需求转移到孩子身上联系起来。一个主要的担忧是，许多几乎完全由女性抚养长大的男孩，未能形成适当的性别角色认同。回顾过去，我们可以清晰地看出，这种焦虑的潜在根源在于一个事实，即母亲在美国历史上前所未有的排他性和孤立感中抚养孩子。（Mintz and Kellogg, 1988）

自 20 世纪 70 年代初以来，父母的焦虑在范围和强度上都大大增加了。许多父母为了保护孩子免受一切可以想象的伤害，会在家中采取婴儿防护措施，使用汽车座椅，并要求孩子佩戴自行车头盔。与此同时，随着越来越多的母亲加入劳动力大军，父母为孩子安排了更有条理、更受监督的活动。多种因素导致了焦虑的激增。由于父母生的孩子较少，他们在每个孩子身上都投入了更多的情感。育儿专业知识的增加，加上负责儿童健康和安全的研究和倡导组织、媒体以及政府机构的激增，使父母越来越认识到什么才会对儿童福祉构成威胁以及如何最大限度地提高儿童的身体素质、社会和智力发展。不同于战后父母想要孩子能够正常融入社会，现在中产阶层父母想要孩子具有竞争优势。许多中产阶层父母担忧向下流动，且因无法将自己的地位和阶层传给孩子而感到焦虑，如此，他们担心自己的后代会在学业、运动或社交方面表现不佳。

对儿童福祉的道德恐慌

美国人对所有领域的进步都深信不疑，但有一个领域除外。3 个多世纪以来，美国人一直担心年轻一代会在困境中走向灭亡。今天，许多成年人错误地认为，与前辈相比，今天的孩子缺乏尊重和知识，更为疏离，且存在性混乱和暴力问题。他们担心当代的孩子成长得太快，太小就失去了天真无邪的好奇心。他们过早暴露在成人生活的压力、负担和责任之中，因此害怕年轻人会模仿成年人的老练，穿着不得体，在情感和心理准备好之前就接触酒精、毒品、性和烟草。

相信年轻一代的衰落是这个国家古老的信念之一。1657 年，清教徒牧师伊齐基尔·罗杰斯（Ezekiel Rogers）坦陈："我发现了新一代最大的麻烦和悲伤……我与自己的家人之间有很多麻烦……年轻的一代的确让我很苦恼。"三个多世纪以来，美国成年人一直担心孩子们会变得越来越不听话和无礼。但是，对童年黄金时代的渴望总是具有误导性。怀旧几乎总是代表着对过去的向往，但这种过去不是真实存在的，而是幻想出来的。1820 年，早期工厂的工人中有一半是儿童。就在 20 世纪 40 年代，十分之一的孩子与父母分开居住，只有不到一半的高中生能够毕业。我们忘记了在过去的一个世纪里，每一种新娱乐形式的引入会引发关于其对儿童影响的激烈争论，而让社会倍感焦虑的电子游戏和互联网只是一长串名单中最新的两个。被假定为对儿童构成威胁的一长串名单还包括电影、广播，甚至漫画书。怀旧的危险在于它会产生不切实际的期望、内疚和愤怒。[①]（Axtell, 1974; Scraton, 1997）

1620 年，清教徒出发前往普利茅斯，因为担心"他们的后代在旧世界会有堕落和腐化的危险"。自那以后，美国人对年轻一代的恐慌反复出现。有时，这些恐慌确实与儿童有关，例如 20 世纪 50 年代初期对小儿麻痹症的担忧。但在更多的情况下，儿童代表了其他一些问题，所以说，这种恐慌更多是隐喻性的而不是代表性的，例如，20 世纪 70 年代末和 80 年代初对少年怀孕、青年暴力和学习成绩下降的恐慌，既反映了对家庭破裂、犯罪、毒品等问题的普遍担忧，也反映了对美国全球竞争力每况愈下的普遍担忧。（Bradford, 1952）

[①] 虽然难以置信，但 1951 年，一位著名电视评论家曾谴责儿童电视节目的质量。杰克·古尔德（Jack Gould）曾在 20 世纪 40 年代末至 1972 年期间担任《纽约时报》的广播和电视评论员。他抱怨说，电视节目中"没有任何关于科学的内容，很少有关于这个国家文化遗产的内容，没有介绍好书，很少强调其他国家的人民，很少关注孩子们可以自己发展的爱好和其他事情，除了看电视"。

虐待儿童

在美国的历史进程中，社会对虐待儿童问题的关注度时高时低。17世纪的清教徒是西方世界第一批将对儿童的身体虐待裁定为刑事犯罪的人，尽管他们对家庭隐私和男权制权威的关注意味着这些法规很少得到执行。在内战前的几十年里，禁酒改革者认为，限制酒精可以减少殴打妻子和虐待儿童的现象。19世纪70年代出现的第一批打击虐待儿童的组织，特别关注移民、贫困和寄养家庭中的虐待行为。（Gordon, 1988; Pleck, 1987）

阿尔弗雷德·金赛（Alfred Kinsey）的研究发现，性虐待的发生率与今天报告的基本相同。他的采访表明，12%的青春期前的女孩遭遇过暴露狂，9%的女孩被抚摸过生殖器。但引起公众注意的是他关于婚前和婚外性行为的发现，而不是对儿童的性虐待。1962年他发表了一篇颇具影响力的文章，探讨了"虐待儿童综合征"的问题。直到那时，虐待儿童才最终被确定为需要政府做出重大反应的社会问题。然而，即使是在随后的几年里，公众对虐待行为的意识也存在大幅波动。1986年，近三分之一的成年人认为，虐待是儿童和青少年面临的最严重的问题之一；在十年后的一项调查中，虐待问题并未被提及。[①]（Feldman et al., 1991）

我们关注年轻人面临身体风险的方式，无论是通过身体虐待或性虐待、忽视还是经济脆弱性，这种关注无疑非常正确。但纵观美国历史，年轻人面临的一些最为严重的威胁都与他们的心理脆弱性有关。比奴役带来的肉体痛苦更糟糕的是奴役留下的心理伤痕。比在工厂干苦活更糟糕的是隐藏的理念，即工人阶层的孩子不如所谓的社会优等生，他们只适合做例行的、重复的劳动。历史学家丹尼尔·克莱恩（Daniel Kline）令人信服地指出，当代美国社会将年轻人置于我们往往会忽视的三种心理暴力之中。首先是期望暴力。在这种情况下，对孩子的推动往往会超出其社会、身体和学业能力的范围，这在很大程度上是

---

① 根据少年司法和犯罪预防、打击暴力和犯罪协调理事会的国家少年司法行动计划报告，1998年，政府机构证实了100多万起虐待儿童的案件，其中包括大约10.1万起性虐待案件。大约51%的终身强奸罪发生在18岁之前，29%的终身强奸罪发生在12岁之前。1994年的美国性研究对3400名男性和女性的性生活进行了调查，结果显示，17%的女性和12%的男性报告称童年时期遭受过性虐待。

父母需求的一种表达。其次是标签暴力。在这种情况下，正常的幼稚行为（例如，童年正常的旺盛精力或对性的兴趣）往往还会被诊断为一种病态。最后是表征暴力。在这种情况下，广告商、营销商、流行文化传播者和政客们利用父母的焦虑以及年轻人对时尚、独立、叛逆的渴望，剥削儿童和青少年，并将少年和青春期前的女孩色情化。

心理暴力还存在最令人不安的第四种形式，即童年的对象化。这种形式涉及把儿童视为一种对象，对儿童的塑造和定型是为了自身的利益。与此前的美国社会相比，当代美国社会在制度和意识形态上更具控制力。我们希望孩子们达到很少有成年人能达到的标准。与此同时，随着婴儿潮一代人的老龄化，我们生活在一个越来越以成人为导向的社会，一个为年轻人提供更少"自由"空间的社会，一个将青年主要视为服务工作者和消费者的社会，一个将年轻人视为性对象的社会。

三个多世纪以来，美国一直认为自己是一个以儿童为中心的社会，尽管存在大量证据表明事实并非如此。今天，没有任何其他发达国家，允许如此多的年轻人在贫困或没有医疗保健的情况下成长，也没有任何其他西方社会，提供如此吝啬的儿童保育或带薪育儿假。尽管如此，美国人仍然认为自己是一个以儿童为中心的国家。这种悖论并不新鲜。从19世纪初开始，美国为年轻人建立了一系列机构，从普通学校到主日学校、孤儿院、避难所和感化院，最终扩大到儿童医院，少年法庭和各种各样的青年组织。人们认为，这些机构服务于儿童的利益，是关怀型、发展型和教育型的。但实际上常有证据表明，这些机构主要是监管型和规训型的。事实上，许多本应帮助儿童的改革措施之所以被采纳，部分原因是它们满足了成年人的需要、兴趣和便利。废除童工消除了过度拥挤的劳动力市场的竞争。年龄分级不仅使学校更容易对儿童进行控制，而且将年轻人细分为不同层级的市场。美国社会面临的最严峻挑战之一是为儿童而不是为成人的福利采取行动。

历史给我们最重要的教训其实最为简单。虽然许多人担心美国社会的变化太大了，但可悲的事实是它的变化太小了。年轻人比过去成熟得更快；大多数学龄前儿童的母亲现在都加入了有偿劳动力市场；大多数儿童几乎在单亲家庭、同居父母家庭或重组家庭中度过大部分童年时光，但美国人未能使社会制度适应这些事实。我们怎样才能更好地照顾年轻人，尤其是在贫困中长大的年轻人？我们怎样才能更好地将成年人和年轻人的世界连接起来？我们怎样才能给年轻人提供更多的方式，让他们展示不断增长的能力和成熟？我们怎样才能制服一个充斥着暴力和性的流行文化，而又不会削弱对自由的承诺和对自由漂浮的幻想世界的尊重？这些都是我们在探讨新世纪的童年时必须面对的问题。

参考文献

Axtell, James. 1974. School Upon a Hill: Education and Society in Colonial New England. New Haven: Yale University Press.

Bradford, William. 1952. Of Plymouth Plantation, edited by Samuel Elliot Morrison. New York: Modern Library.

Chudacoff, Howard P. 1989. How Old Are You? Age Consciousness in American Society. Princeton: Princeton University Press.

Clement, Priscilla 1997. Growing Pains: Children in the Industrial Age. New York: Twayne.

Feldman, William et al. 1991. "Is Childhood Sexual Abuse Really Increasing in Prevalence? An Analysis of the Evidence," Pediatrics, Vol. 88, Issue 1.

Fishkin, Shelley Fisher. 1997. Lighting Out for the Territories: Reflections on Mark Twain and American Culture. New York: Oxford University Press.

Gordon, Linda. 1988. Heroes of Their Own Lives: The Politics and History of Family Violence. New York: Viking.

Grant, Julia. 1998. Raising Baby by the Book: The Education of American Mothers. New Haven: Yale University Press.

Heywood, Colin. 2001. A History of Childhood: Children and Childhood in the West from Medieval to Modern Times. Cambridge: Polity.

Hulbert, Ann. 2003. Raising America: Experts, Parents, and a Century of Advice about Children. New York: Knopf.

Illick, Joseph. 2002. American Childhood. Philadelphia: University of Pennsylvania Press.

Jones, Kathleen W. 1999. Taming the Troublesome Child. Cambridge, MA: Harvard University Press.

Kett, Joseph F. 1977. Rites of Passage: Adolescence in America. New York: Basic.

Macleod, David I. 1998. The Age of the Child: Children in America, 1890–1912. New York: Twayne.

Mintz, Steven and Susan Kellogg. 1988. Domestic Revolutions: A Social History of American

Family Life. New York: Free Press.

Moran, Gerald F. 1991. "Colonial America, Adolescence ," in Encyclopedia of Adolescence, edited by Richard Lerner, Anne C. Petersen, Jeanne Brooks-Gunn. New York: Garland Pub.

Nasaw, David. 1985. Children in the City: At Work and at Play. Garden City, NY: Anchor Press/Doubleday.

Pleck, Elizabeth. 1987. Domestic Tyranny: the Making of Social Policy against Family Violence from Colonial Times to the Present. New York: Oxford University Press.

Powers, Ron. 1999. Dangerous Water: A Biography of the Boy Who Became Mark Twain. New York: Da Capo Press.

Powers, Ron. 2001. Tom and Huck Don't Live Here Anymore: Childhood and Murder in the Heart of America. New York: St. Martin's Press.

Schultz, James A. 1995. The Knowledge of Childhood in the German Middle Ages, 1100–1350. Philadelphia: University of Pennsylvania Press.

Scraton, Phil (ed.). 1997. Childhood in "Crisis". London; Bristol, Penn.: UCL Press.

Stansell, Christine. 1986. City of Women: Sex and Class in New York, 1789–1860. New York: Knopf.

Stearns, Peter N. 2002. Anxious Parents: A History of Modern Childrearing in America. New York: New York University Press.

Weissbourd, Richard. 1996. The Vulnerable Child: What Really Hurts America's Children and What We Can Do About It. Reading, MA: Addison-Wesley.

Zelizer, Viviana. 1994. Pricing the Priceless Child: The Changing Social Value of Children. Princeton: Princeton University Press.

阅读 14　离散发展：美国社会阶层的若隐若现之手

弗兰克·弗斯滕伯格

前　言

按照世界其他国家的标准，美国从来都不是一个有阶层意识的社会。社会阶层决定一个人生活机会的观念，在这个国家一直是一个诅咒，有违我们的民主意识形态。几个世纪前，一些最早的美国社会观察者探讨了美国早期历史上对阶层差异的蔑视（相较于法国或欧洲其他地区），其中最著名的是阿历克西·德·托克维尔。（Tocqueville，1945）可以肯定的是，在 19 世纪 30 年代托克维尔访问美国时，美国的社会阶层比今天要显著得多、突出得多。然而，看似无限可能的土地所有权和向上流动的意识形态，弱化了这个国家从一开始就存在的阶层差异轮廓。美国社会长期以来一直有一种观点，即任何勤劳的美国人都可以凭借良好的品格和勤奋的工作在社会阶梯上上升，而这种观点也一直在霍雷肖·阿尔杰（Horatio Alger）伟大的美国神话中得到大肆颂扬。这些虚构的"白手起家"的案例，指导着年轻人需要做什么才能在 19 世纪的美国发家致富。

奇怪的是，长期以来被视为机遇之地的美国，却从来没有完全兑现过自己的承诺。对美国和西方之间社会流动性的比较研究未能证明，美国的社会流动性远高于其他工业化国家。（Bendix and Lipset，1966；Goldthorpe and Erickson，1993）然而，今天的美国人似乎和以往一样，对阶级分化浑然不觉。我们大多数人都宣称自己是中产阶层。同时，诸如工薪阶层和中上阶层之间的细微区别，几乎已经在通俗用语甚至社会科学研究中消失了。虽然在过去几十年里，美国社会中社会阶层的显著性有所下降，但我们却目睹了经济不平等的急剧上升。（Danziger and Gottschalk，1995；Levy，1999；Wolff，2002，2004）

在我刚踏入社会学领域时，人们对社会世界的描述与今天大不相同。社会科学家虽然认识到大多数美国人并没有社会阶层的概念，但他们也敏锐地注意到（如果不是痴迷于）家庭中存在着与社会流动性相关的价值观、生活方式和社会实践差异。（Hollingshead，1949；Lynd and Lynd，1929；Warner，1949）事实上，不同社会阶层的父母都有意或无意地塑造了他们孩子的抱负、目标和习惯，从而影响了他们在社会阶梯上上升的机会。这一观点已经被广泛接受，并且得到了大量文献的支持。心理学、社会学和经济学领域的研究表明，处于社会阶梯不同梯级的家庭，持有不同的世界观并坚持不同的发展理念。（Bernstein and Henderson，1969；Gans，1962；Komarovsky，1987；Miller and Swanson，1958）最重要的是，社会科学家认为，生活机会在很大程度上受到两种因素的制约：一是从家庭中习得的价值观和技能；二是孩子所处环境中的机会结构，这些结构塑造了他们（通常是男性）经济成功的机会。社会阶级的精细分层几乎可以与一切关联起来，从如厕训练到婚姻实践。（Blood and Wolfe，1960；Mead and Wolfenstein，1955）

社会阶层不久前还是研究人员概念箱中最有力的分析范畴，现在已经让位于对性别、种族和民族的强调。社会经济地位已经被简化为一个变量，一个通常受统计控制的变量，以便于研究人员关注社会阶层以外的决定因素的影响。我们已经完全停止了对在不同资源下成长的、更精细的等级差异的衡量。的确，我们对贫困和经济劣势的关注丝毫没有减少，我们当然明白，富裕和教育会产生巨大的影响。然而，大多数发展主义者将经济地位视为一个连续体，可以挑战质量上更精细的划分。因此，工薪阶层、中下阶层甚至处于收入分配中层的家庭，在收入、教育和职业的组合中往往被隐藏而不是显露。（关于例外情况，请参阅 Kefalas，2003；Lareau，2003）简而言之，社会阶层的概念在很大程度上被分解为以教育和收入为标志的富人和穷人——贫困线以上和以下。例如，目前"单亲家庭"几乎已成为贫困的代名词，而不是一个经历不同于双亲家庭生活的差异化家庭形式。

当代发展研究淡化社会阶层影响的论点，绝不意味着对性别或种族/民族的专业关注是没有根据的或应该减少的。然而，由于对当代美国的社会阶层差异没有明确的了解，当前关于性别和种族的许多研究，都忽略了分析范畴内的阶层差异，从而削弱了人们对阶层差异的理解：它们如何在男性和女性中以及如何在不同的种族和民族中，塑造社会现实和机会。正因为我们已经认识到将所有西班牙裔或亚裔混为一谈的危害，所以我们需要更细致地了解不同程度的教育、职业、收入、世界观和生活，在社会经济分层方面会产生什么样的差异。显然，这些构成要素与社会经济分层密切相关。

除了呼吁采取行动，我还想梳理一个更详细地探讨社会阶层的研究议程。我首先简单地探讨一些发展理论，并表明社会阶层研究必须注意的方法论障碍，然后转向发展过程，在我看来，其所包含的研究问题值得我们的学者给予其更多的关注。我的观点与萨拉·麦克拉纳汉（McLanahan，2004）最近的观点非常相似，尽管我的注意力更多地集中于分层的运作，而不是对公共政策的影响。需要说明的是，麦克拉纳汉是在对美国人口协会发表的关于不平等和儿童发展的总统讲话中提出这些观点的。我的中心目标是揭示一系列发展过程。在我看来，这些过程协同作业，塑形了这个国家的分层系统。该系统从一个人出生到成年一直在运行，比我们通常承认的更普遍、更持久、更强大。

社会阶层：一个有问题的建构

对社会阶层关注减弱的一个原因可以追溯到围绕"这个国家存在社会阶层"这一观点而展开的学术争论。如果社会阶层意指人们认识到甚至会参与的、一系列封闭的生活机会，那么大多数人肯定会同意美国是一个无阶层的社会。然而，社会阶层已经以不同的方式被用来标记经济机会和社会机会的结构，影响着个人的行为和信仰、网络和联系，并最终影响个人对家庭、教育、劳动力市场等社会机构的认识和参与。

从这个角度来看，社会阶层并不是紧密相连的；它们是由经验和学习机会、选择性社会接触的获得而生成的模糊集合体，而这些接触源于可以由个人及其亲属网络调配的资源。在这方面，社会阶层的模糊性似乎不同于性别或种族，尽管这两种建构在被视为"自然明确的"而不是"社会建构的"身份时都受到了不无道理的批评。尽管如此，仍然没有特定的标记可以将个人识别为属于一个或另一个阶层。社会阶层是一种盖然性的建构，由特定的社会经济地位群体加以衡量。因此，我们可能会说，受教育程度低，工作卑微、报酬低下的人是下层阶级（lower-class），这一术语实际上已经在美国成为一个公认的禁忌。

尽管如此，我们很容易就认识到，拥有这些特征的人在社会上孤立无援，经常被主流机构排除在外，并且在流动性方面受到限制。无论我们将他们称为下层阶级、穷人、弱势群体还是受社会排斥的人，都不会真正改变他们自身的机会或为子女提供机会的能力。

在本文中，我将回避一个问题：上一代社会科学中通常会确定特定数量的社会阶层，如果我现在也这样做，是否还有意义。例如，根据不同的家庭实践、价值观和信仰，或根据不同的生活方式和文化习惯，确认四个、五个或七个阶层。(Hollingshead, 1949; Warner, 1949) 相反，我只是想观察，对社会阶层的忽视如何造成了一种关注上的空白。显然，在前几十年中，发展主义者并没有关注分层如何构建生命历程。在本文的最后，我根据我和同事从麦克阿瑟成人转变网络(MacArthur Network on Adult Transition) 中学到的东西，探讨社会阶层如何以各种方式塑造向成人身份的转变，从而对美国社会的未来产生深远的影响。

社会阶层的发展理论

人类的发展涉及两个因素之间持续的交互作用，一个是个体层面的生物潜能，另一个是由多重和不断变化的社会环境所塑造的社会过程。有时，发展主义者会区分"成熟"和"社会安排的学习"这两个概念，前者部分受生物学的调节，后者指我们常说的社会化过程。20世纪后期发展科学的重要遗产之一是结束了先天与后天之间的无用争论。研究人员发起了一项理论的重新定位，旨在探索在不同环境中——家庭、儿童保育环境、学校、社区等——从出生到成熟的持续互动，以考察社会环境如何提供或否定最佳发展的机会，并表明根据孩子的先天能力和所处的学习环境，最佳发展可能会有所不同。

尤里·布朗芬布伦纳(Urie Bronfenbrenner) 是研究"发展的阶层差异"的心理学先驱之一，也是最了解或大力推广"发展的阶层差异"的一位学者。布朗芬布伦纳的发展理论将个人置于一组环境中：从亲密和直接的环境，一直延伸到疏远和间接的环境。在他看来，这些环境影响和塑造了个体一生的社会发展进程。布朗芬布伦纳从19世纪和20世纪心理学遗产中汲取的思想，与源自乔治·赫伯特·米德(George Herbert Mead) 和查尔斯·库利(Cooley,

1902）的社会学理论传统高度相似，这种社会学理论传统后来被称为符号互动。与布朗芬布伦纳一样，米德和库利也将人类的发展概念化为一个持续的参与和回应社会他者的过程——以周围社会系统的反馈为指导的社会互动。当社会学家将这些思想应用于实践时，他们很快就意识到，在不同环境和文化中的成长是多么不同，这种发现与布朗芬布伦纳的理论之间具有高度一致性。

人类发展的一般理论突出了儿童与当地环境之间的持续互动，人们随后认识到社会阶层在塑造发展过程中的普遍影响。从历史的角度看，前者发展到后者只是迈出了小小的一步。我相信现在仍然只是一小步。这一小步涉及对学习环境的细致评估，关注其安排如何推动从一个到另一个的变动。在所有的现代社会中，都有专人小心监管这些更远的社会安排，他们基于才能、表现和赞助的组合，执行可能的精英管理标准。（Buchmann，1989；Heinz and Marshall，2003）在所有的发达社会中，父母越来越早地将对孩子命运的直接控制权交给他人，后者在引导孩子通过按年龄分级的机会系统方面发挥着重要作用。父母在这个系统中训练和辅导孩子，指导选择并做出选择，出现问题时予以支持，并尝试在孩子没有遵循最佳路径时安排补救措施。因此，正如我在其他地方所讨论的那样（Furstenberg et al.，1999），在孩子如何更好地驾驭影响他们未来生活机会的制度安排方面，父母的管理技能变得越来越重要。

当然，父母自身也处于截然不同的机会系统中，具言之，父母在知识、技能和资源等方面享有或多或少的特权，并可以提供给自己的孩子。用时下流行的术语来说，他们有不同水平的人力资本、社会资本、文化资本和心理资本可以投资在孩子身上。当然，父母并不是唯一重要的代理人。鉴于出生时和童年时期的社会地位，孩子所能接触的亲属、朋友、邻居、老师和同伴往往存在差异，这些可以（而且确实）增加或减少他们取得社会经济成就的机会。因此，尽管在接触与阶层相关的机会方面的差异可能相对较小，但这种接触如果始终影响孩子的生活机会，它们就会累积起来。随着时间的推移，机会的有无最终会累积起来，并派生积极或消极的生活机会。

一个世纪前，马克斯·韦伯（Max Weber）用一个强有力的比喻，说明了历史的运行方式。韦伯认为，这就像一对装好的骰子，每次投掷都根据前一次的结果加权；随着骰子的反复投掷，约束会增加，导致结果越来越不平衡。社会阶层可以被概念化为一种机制：它建立了一系列随着时间的推移而变得更加明显的生活机会。种种微小的交互以一种模式且越来越重要的模式累积起来，蚀刻出概率上预先设定的成功轨迹。

可以肯定的是，当涉及人类发展时，一个行为者，比如说今天在美国长大的孩子，在面对可能有利或不利的环境时，可以凭借自己的能力、天赋或需求，行使一定程度的判断力或影响力。其结果总是会受到孩子在这些情况下如何解读和行动的影响。这可能是一众心理学家——例如，拉特（Rutter，1985；2000）、加梅齐（Garmezy，1991；1993）和韦尔纳（Werner，1995）——对弹性和易损性的工作定义。在他们看来，有些孩子能够克服困难。有趣的是，近年来，发展主义者同样关注对克服困难的研究。他们进一步细致地了解机会结构如何在时间长河中创造出系统性的优势或劣势——我们也可以说，在一个特定的社会环境中成长，如何以及为何形成了强劲和长期的、偏离预期成功模式的可能性。

在我看来，我们大多数人都知道，从出生时的位置大幅上升或下降的可能性有多大。基于那些低估社会流动性程度的回顾性数据，目前的数据表明，对于出生在收入分配后五分之一的人来说，有42%在成年后仍然留在那里。只有7%的人会进入收入分配的前五分之一。对于出生在收入分配前五分之一的人来说，有40%的人在成年后仍然留在那里，只有6%的人会落入后五分之一。（Hertz，2005）

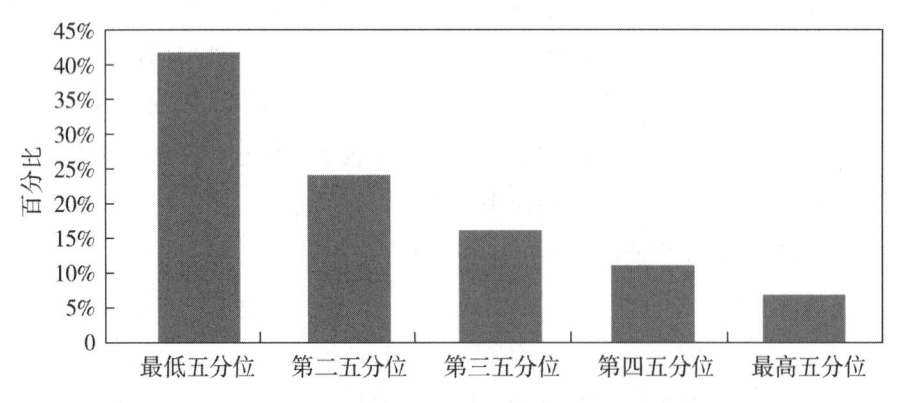

图14-1 从收入最低五分位移动的百分比

研究的方法论障碍

直到最近，我们还缺乏观察社会分层如何塑造人类发展进程的数据和方法。纵向研究在 20 世纪的后几十年才开始得到广泛使用，尽管这些开创性的研究是在相对较小的样本上进行的，如格伦·艾德（Elder，1974；1999）对伯克利和奥克兰样本的经典研究。直到引入计算机，我们才能想象比粗略处理大规模样本更多的东西。这些样本可能提供了一段时间中的变量，我们可以据此考察孩子在发展过程中的一系列经历。这必然要求合并一波又一波的数据收集、行政记录、血液样本等，使我们能够了解构成儿童生活的诸多偶发事件。

学科基本原理有时也会让我们对社会阶层的注意力发生偏离。心理学家一直被积极劝阻不要处理现有的大型数据集，而是应该收集自己的数据，这种做法实际上限制了可以考查的问题范围。从 20 世纪 60 年代开始，社会学家就不再关注研究儿童，而是将很多社会化方面的工作交给了心理学家。目前已经组织了相关学科以鼓励对特定生命时期的研究，并鼓励年轻的研究人员发展成为婴儿期、童年早期、童年中期或青春期的专家。可以肯定的是，例外比比皆是。埃莉诺·麦科比（Eleanor Maccoby）、约翰·克劳森（John Clausen）、多丽丝·恩特威斯尔（Doris Entwisle）或艾米·维尔纳（Emmy Werner）等研究人员打破了常规，或者用某些人的话说，冲破了这种不被鼓励的学科牢笼。如果没有关注到这些学者的研究，那是我的疏忽。

除了数据可用性和学科约束性带来的问题，考察发展轨迹如何随着时间的推移而展开的研究方法本身也是一个问题。任何熟悉我工作的人都会知道，我可能是最后一个讨论发展科学中前沿新方法论的人。然而，即使是像我这样的方法论小白，也已经熟悉了大量用于分析和解释纵向数据的新技术，例如我们的打包软件中现在可用的增长曲线。毫无疑问，随着更强大新方法（帮助我们了解职业偶然性、转变和发展轨迹演变）的发明和完善，未来还会有更多的人出现。这些工具现在可以用来描述、解释从出生到成熟的多个维度的优势和劣势是如何配置和具体化发展路径的。事实上，在我看来，数据的可用性和方法，已经超越了我们对社会阶层如何影响人类发展的理论性和实质性解读。

社会阶层差异的起源

我们已经认识到，社会阶层对发展造成影响的方式具有几个特征。更敏感的分析技术必须考虑到这一点。首先也是最重要的一个特征是，早期的发展模式一旦确立就可能很难改变，这有几个不同但可能相互交叉的原因。虽然我们对婴儿期和幼儿期大脑发育的方式知之甚少，但早期发育的结构完全有可能排除或至少损害随后的发育模式。越来越多的证据表明，在人生早期形成的认知和情感能力是基础性的，会为日后的进步提供模板或结构。（Duncan and Brooks-Gunn，2000；Danziger and Waldfogel，2000；Haggerty et al.，1994）

孩子在出生前就开始面临这些发展的影响，并在很大程度上受到母亲产前经历的影响：她们接触的饮食，怀孕期间接受的医疗保健质量以及为她们提供的初生保健。大多数孩子都经历了正常分娩，并且出生时身体健康，但在所有这些因素上，社会阶层之间存在巨大差异。产前和新生儿出现健康问题的概率在很大程度上取决于社会经济地位。因此，即使我们不考虑因社会阶层而产生的遗传变异，孩子们进入这个世界时的"天赋"也是不平等的。

在这种"天赋"的地基上，孩子出生的家庭提供截然不同的机会来添砖加瓦。无论孩子的出生是有计划的还是无计划的，无论孩子是必须争夺有限的家庭资源还是拥有充足的资源，无论孩子是否会得到父母稳定和足够的关注，都只是已知因社会阶层而异的事件中的一小部分。目前不太清楚的是，这些早期影响如何组合、累积起来造成发展鸿沟，并对孩子日后的生活产生持久的影响。例如，就大多数社会性依附后果的研究而言，其所跟踪的时长，并不足以让我们了解它是否或在多大程度上影响青春期和成年早期的后期转变。

查尔斯·奈尔森(Charles Nelson)及其同事对罗马尼亚共产主义政权下的儿童机构护理进行了一项引人注目的研究，据此提供证据表明，情感发展似乎存在一个关键期，如果被错过，可能会造成永久性损伤。在集体环境中长大的孩子很少或没有机会与固定的人物建立情感依附关系，因此在情感方面基本无行为能力。奈尔森及其同事发现，如果在特定年龄前安排有情感参与的代理父母进入家庭，情感缺陷的模式则可以被修复，如果这种安排发生在人生的早期，该模式甚至会发生逆转。现在，与这里的讨论相关的一个有趣问题是：童年早期的刺激和人际互动是二分的还是多层次的？换言之，早期互动是否会以建立临界水平的方式或更渐进的方式（但仍然可能仍低于最佳数），为日后的成长设定参数。如果答案是肯定的，那么程度如何。美国社会中很少有孩子因缺乏刺激而受到损伤，但几乎毫无疑问，许多孩子得到的刺激或情感交流的机会均低于最佳水平。

一系列关于阅读障碍的神经心理学实验，提供了关于大脑发育的有趣的发现。有阅读障碍的中产阶层和工薪阶层的孩子，在面对解码单词的任务时，可能会表现出不同的神经反应。得出这一发现的研究人员假设，阅读的数量和被纠正的次数可以解释不同社会阶层的差异，这表明造成阅读问题的原因可能不同，纠正措施则可能因社会阶层而异。

这两项研究都让人想起哈特和瑞斯利（Hart and Risley, 1995）令人印象深刻的定性研究。两位学者对亲子互动进行的家庭观察显示，词汇、表达和互动风格范围的巨大差异，实际上造成了持续、渐进的语言环境差异，而语言环境似乎与孩子早年习得的词汇息息相关。（Bernstein, 1971; Bernstein and Henderson, 1969; Farkas and Beron, 2004）这些不同的认知环境与日后的阅读技能和相应的学业成就密切相关。

这项研究导致了第二个关于不同社会阶层儿童的发展轨迹的观察。微小的差异如果持续存在，就会随着时间的推移变得越来越大、越来越重要。心理和社会积累的过程，既在内部层面也在外部层面运行，其间孩子发展出的自我概念、思维方式和习惯，将以时间推移而逐渐强化的方式，塑造他们的动机和社会互动。例如，即使儿童在接触语言、阅读练习、互动风格等方面只存在微小的差异，但如果经过长时间的积累，也可能会带来非常显著和巨大的影响。因此，如果平均而言，教育年限与父母技能或实践的微小差异有关，那么它们可能会对儿童认知和情感技能的习得产生显著影响。这些心理和社会风格给他人留下的印象，会在正式、非正式的社会环境中得到强化和具体化。要回答这个问题，我们需要对不同社会阶层家庭内部建立的社会模式进行稳定的测量，并保证足够的测量频次，以允许我们考察情感和认知发展的成长曲线：从童年早期延伸到童年中期、青春期和成年早期。

这些在家庭中出现并在很大程度上由家庭育儿实践中阶层差异塑造的风

格，形成了社会学家过去所说的"预期社会化"，即对家庭之外社会角色的进阶训练，尤其是预示和启动学校系统内部社会跟踪的学前项目参与。发生在家庭外部的学习，不太可能抵消或补偿家庭内部发生的适度或可能不那么适度的差异。相反，我们很容易证明，父母的能力和机构的做法会在很大程度上放大这种差异。父母的能力包括其定位、进入和监控家庭外部环境的能力，机构的做法主要体现在其有选择地招收孩子，具体表现为：一是孩子的家庭拥有资源；二是孩子本身似乎表现良好。

社会各阶层的父母都很清楚，孩子从很小的时候就需要并受益于家庭外部的经历，这些经历提供了学习的机会，以抵消或强化家庭建构的模式。我们对儿童保育的设置给予了足够关注（Chaudry，2004；Magnuson and Waldfogel，2005），却很少关注与同伴互动或参与技能提升机构（如娱乐中心、图书馆、博物馆等）所带来的影响。然而，持续、稳定地接触这类社会机构的机会，因社会阶层而异。（Medrich et al., 1982）定性研究表明，不同社会阶层的孩子在接触这些环境的数量和质量方面存在巨大差异。原因很明显：首先，受过更好教育的父母，都更有见识，因此在定位高质量环境时通常更具辨别力；其次，他们有更多的资源来进入这些环境，如时间、交通和支付入场费用的金钱；最后，他们有能力代表孩子组织和实施，并持续监督孩子是否与合适的同龄人在一起，是否在更好的班级，是否有高素质的教师、教练或看护人。

出生的社会阶层对孩子产生影响的另一面，也同样影响着将来自不同阶层的孩子引导到有利程度不等的环境场所中。这些场所从不同社会阶层的家庭中，寻找并招收具有不同能力的孩子。在很多情况下，这些场所通过服务费用来限定他们的客户：无论是产前健康项目、托儿设施、课后项目、夏令营还是常春藤联盟大学，父母负担得起费用的孩子大多或完全来自富裕家庭。资源的可得性在很大程度上决定了参与美国社会机构的家庭的社会阶层分布。那些能够支付入场费用的人，通常会获得更好、更有动力、更有准备的老师和同龄人。相对而言，我们很少关注随时间推移而出现的儿童社会阶层网络，但这种假设——大多数美国孩子在成长过程中很少或没有接触到他们社会阶层以外的同龄人——无疑非常合理。因此，亲属关系和同伴网络的社会阶层构成，极大地影响了孩子们接受教育和获得社会资本的机会。而且，我们完全有理由相信，金钱和教育在调节跨阶层接触的水平和孩子社交网络的构成方面，发挥着越来越大的作用。

地点的重要性

大多数父母都清楚这一事实：选择居住地对孩子的成长机会至关重要。有趣的是，我们对社会阶层和住宅政策的了解太少了。由于学校教育通常由社区决定，因此拥有更多知识和资源的家长，可以选择居住在将更好的学校、更好的同龄人以及更好的娱乐设施整合在一起的社区。我和我的同事在费城对家庭如何管理风险和机会进行了研究，从中我们发现，父母敏锐地意识到选择邻居所带来的机会，尽管他们意识到邻居的重要性通常并不一定意味着他们能够自由裁量住在哪里。

费城的大多数工薪阶层家庭承担不起住在城市富裕地区的费用，更不用说搬到郊区了，虽然他们知道在那里会找到更好的学校和更理想的同龄人。他们经常会采取次优选择，将孩子送到教会学校，在那里孩子们可以受到更密切的监督，上学时间更长，课后活动更多，并与志同道合的同龄人一起上学。

反过来，学校也可以选择家庭，使自己能够取得更高的考试分数并因此收获更大学术成就。这些结果的很大一部分是由父母及其孩子的选择预先决定的，尽管更有能力、更有准备、更有积极性的学生有助于学校招聘到更高质量的教师和行政人员。正如我有时想说的那样，经济学家希望排除选择，即方法论上的麻烦，而社会学家则认为，选择是一种基本的社会过程，必须对其作为事情是如何发生的核心特征加以研究。无论如何，社会生活是由多种相互作用的影响创造的，这些影响通常是组团而来的，而不是像在实验研究设计中那样作为特定或单一的影响而来。

这是从政府调查项目"走向机会"（Moving to Opportunity）的广泛实验研究中得出的重要结论之一。该项目跟踪了一些家庭，这些家庭因参与公共住房受助人的随机分配实验，而有机会搬到贫困程度较低的社区。研究人员从一开始倾向于认为，这种搬迁不是一个事件，而是一系列的适应和解读。这种适应和解读会对特定家庭成员产生不同的影响，这取决于搬迁前的经历、新旧社交网络以及迁移者和停留者的人口统计和未测量的心理特征。该事件的净效应——对立法者非常重要——掩盖了大量不同的反应。不幸的是，人们对这些反应却知之甚少。

多重环境中的社会冗余

也许，我迄今为止所写的内容可能会让人产生这样的印象，即家庭、学校和社区层面的机会是密切相关的。然而，汤姆·库克（Tom Cook）及其同事的重要研究却有不同的发现。他们对乔治王子县的家庭进行了研究，结果表明，在个人层面上，大多数孩子都经历了某种混合的社会机会。（Cook et al., 2002）父母资源、学校资源和邻里资源的质量之间只有适度的相关性——这显然与认为孩子是在阶层一致的环境中成长的观点相反。

然而，库克及其同事的研究还表明，在人口层面——当综合考虑家庭特征、学校和社区质量时——这些社会分层领域之间存在更强的关联性。平均而言，来自富裕家庭的孩子可能会上更好的学校，并住在更好的社区。这就好像，向家庭开放的竞技场被倾斜到了肉眼几乎看不到的程度。看待社会空间分层的另一种方式是，设想拥有更多资源的家庭能够主导这个世界，这样他们的孩子只需要一般的努力和天赋就能取得成功。那些资源较少的人需要拥有更多的才华或付出更多的努力才能取得成功。那些资源有限或匮乏的人必须具有超高的天赋和超强的动力才能达到类似的水平。发展主义者往往会称颂那些成功逆流而上的家庭和孩子，据此含蓄地承认世界运转的方式。但我们应该衡量"水流"和"游泳运动员"的努力程度，特别是在我们有充分的理由相信这种"水流"近年来已变得更湍急的情况下。

机会结构是由社会地位塑造的多重且交叉的环境构成的，并不是社会系统中处于不同优势地位的个人所能准确解读的。要解读机会结构，必须同时考察家庭在其熟悉的环境中所看到的和所回应的，考察家庭自身没有看到但其他观察者可以看到的，最困难的是，考察哪些是缺失的。例如，父母或孩子对大学及其运转方式了解多少。我想，大多数富裕家庭的孩子在12岁时，就比工薪阶层家庭的成年孩子更了解这个话题。文化资本——关于世界如何运转的知识——是通过家庭、学校和社区同伴的词汇和言语实践获得的。（Bourdieu，1973，1986；Lamont，2000；Lareau，1989，2003）阶层差异是社会冗余过程的产物，该过程导致孩子们接触到不同的信息、观点和期望，并给孩子们提供不同的导航工具，引导一些孩子知道他们必须做什么才能获得成功，并引导另一些孩子让他们知道要做什么。毫无疑问的是，发展主义者已经研究过关于世界运转方式的文化知识，但我们还有很长的路要走，我们需要充分了解什么是文化知识、父母和孩子对分层系统了解多少、文化知识如何随时间的推移而变化，因为年轻人对事物运转方式的印象与事物实际运转的方式往往存在冲突。除了少数例外（Edin and Kefalas，2005；Newman，1993；Burton and Stack，1993），我们缺乏那种着眼于家庭内部的文化研究，而这种研究在过去几代社会研究人员中更为普遍。

障碍的社会阶层分布

社会阶层地位不仅影响了上升机会，还极大地影响了儿童及其家庭生活中发生不幸事件和情况的可能性。人们发生坏事的可能性因社会阶层的不同而有很大差异，尽管我们主要是从推理和轶事中了解到这一点，而不是从对儿童成长过程中经历——例如，与心理压力相关的生活事件，包括死亡、严重疾病、事故、家庭解体、住所变化、失业等——的系统研究中了解到这一点。事实上，从最有特权的家庭，到中等优势家庭，再到高度弱势家庭，所有这些事件发生的频率依次递增。也就是说，问题更可能发生在那些缺乏我前面提到的教育、文化和社会资本的家庭。与高收入家庭相比，低收入家庭更容易遭受信用损失、健康问题、交通故障、犯罪受害、离婚、心理健康问题等一系列问题的冲击。需要指出的是，这份问题清单不胜枚举。他们也没有足够的资源来预测问题，或将问题扼杀在萌芽状态（采取预防性和改善性干预措施），从而预防问题的发生。而且，当它们真实发生时，社会阶层会影响一个家庭缓冲打击的能力。

任何研究过低收入家庭的学者，就像我几十年来一直所做的那样，都会注意到，这些事件源源不断地扰乱家庭的正常运转，它们需要的时间、精力和资源往往是短缺的或根本就得不到。底层的生活更艰难、更残酷。我同时怀疑，中层的生活比我们通常想象的更不稳定。作为发展主义者，我认为，我们并没有充分地评估此类事件如何影响孩子的生活和生存机会。它们给家庭造成损耗，并经常引发一系列后续困难。这些问题可能始于失业，进而导致婚姻冲突或解体，最后演变成长期的精神疾病或药物滥用。又或者，这种事件序列可以简单地加以逆转。重点是，在日常生活中，处于不同社会阶层的孩子面临发生在他们和他们父母身上的坏事的概率大不相同，而且这些事件经常会处于失控状态。

我职业生涯的一部分是研究婚姻破裂对孩子的影响，我非常清楚，即使是研究单个负面事件也很困难，因为单个负面事件通常会伴随着其他逆境。显然，我们应该更加关注这些事件在儿童和家庭生活中的分布和聚集方式。社会学家习惯于将这些行为描述为"非规范"事件，但它们可能只是富裕家庭生活中的"非规范"，至少在统计意义上是如此。

问题预防和补救的阶层差异

正如我在上文所述，障碍的分布与社会阶层呈负相关。与此相同的是，障碍预防和补救手段的分布与阶层也呈负相关。富裕家庭可以获得各种各样的预防策略。他们购买并实施预防性医疗保健，他们生活在没有毒素的环境中，他们的家园和街道更安全；当他们的孩子在学校遇到问题时，他们可以采取一系列行动，从转学到寻求辅导、评估、治疗、药物等各种形式的帮助。如果孩子碰巧在社区遇到麻烦，他们有办法通过非正式联系或法律干预将后果降至最低。我们非常了解这些预防和补救策略的使用情况，但是我们还没有全面了解不同社会阶层的孩子是如何避免和转移麻烦的。如果我们考察青少年问题行为的一个样本，那么一系列事件导致不良后果的可能性有多大？

犯罪学文献提供的充分证据表明，阶层（以及种族/民族）导致了诸如青少年犯罪的巨大差异。这并不是说，来自富裕家庭的青少年不犯罪，不吸毒，不酗酒，不从事危险的性行为。事实上，有证据表明，所谓的问题行为在社会阶层中是平均分布的。然而，类似行为的后果有很大的差异，其根本原因在于家庭随后采取的规避负面制裁或避免不利后果的能力。拥有更多资产和社会关系的家庭，即使在麻烦发生时，也可以将麻烦的影响降到最低，尤其是更极端的制裁，例如上法庭和被判入狱。

当负面事件发生时，社会阶层会提供一种掩护方式，掩盖他们在成长过程中总是会犯的错误和失误。家庭对问题行为的管理，以及接触不同社会阶层的专业代表（医生、律师、导师、社会服务工作者）是青少年发展中一个被忽视的主题。

社会阶层、社会资本和赞助

如果我们的注意力只局限于问题干预和补救的作用，我们会错过很多在不同社会阶层的儿童生活中使用专业和非专业代理的情况。这一主题代表了对所谓的社会资本的更广泛的运用，这里社会资本指家庭为促进积极的发展并防止或纠正消极的行动而运用的社会资源。最近，人们非常感兴趣的是导师的指导和角色在儿童发展中的作用，尤其是帮助那些没有太多机会接触榜样、顾问、支持者、倡导者和赞助者的孩子。

当然，赞助者可以是家庭成员，但我们通常认为他们是家庭以外可以代表儿童行事的代理人。他们可以是机构的监管人，负责分配资源，获得项目、服务和机会。更常见的情况是，他们是与一系列不同的"监管人"有联系的个体。研究儿童和青少年发展的学者对赞助在日常生活中的运转方式知之不多，但我们应该对此了解得更多，因为它无疑在引导儿童走上成功道路方面发挥着重要作用。

对于各种各样的成年人如何帮助培养孩子的技能、才能和特殊能力，如艺术、音乐、戏剧、体育等，我们所知甚少，更不用说清楚赞助者如何通过非学术手段或与正规学校教育相结合的运转方式来提升孩子取得成功的机会。这个话题值得更多的关注，因为正如我所说，赞助者可以在促进社会流动方面发挥重要作用。不太明显但也许同样突出的是，赞助者在帮助确保富裕阶层的孩子维持其特权地位方面发挥重要作用。

有一些研究关注年轻人如何进入职场，以及家庭在利用接触和联系为青少年提供培训、服务和工作机会方面发挥的作用。享有特权的父母明白，他们的孩子需要积累大量的经验——简历——才能取得成功。我们在费城对弱势群体的研究表明，父母对如何让孩子选择工作知之甚少。通常情况下，赞助者对弱势家庭孩子的认可，是根据他们在学校或社区组织中的勤奋努力来判断的。然而，富裕的父母并不仅仅是依靠孩子来吸引赞助者。他们也会积极地笼络赞助者，或将孩子安置在赞助者所在的组织、项目和社会舞台，需要说明的是，这些赞助者同样在借此机会寻找积极的、有才华的苗子。那些拥有完善的课外项目、课后课程和活动、夏令营和教育课程的学校，往往是富裕家庭孩子成长的一部分。富裕家庭的孩子在童年中期和青春期，就已经熟练地与成年人建立关系，欣赏成人赞助者、导师和教练可以为他们做的事情。我认为，赞助者的作用在年轻人从青春期成功迈入成年早期的能力中越来越重要。

成年早期：投资的延伸

成年早期指青年开始扮演成人角色并承担成人责任——进入劳动力市场，经济上自给自足，并组建家庭——的人生阶段。与半个世纪前相比，在最近几十年中，成年早期的过程变得不那么有序，也变得更加漫长。对一般人来说，成年期通道延长的驱动因素是大学教育的必要性，对更有特权的人来说，则是通常伴随着漫长职业学徒期的高等学位。这一趋势与年轻人推迟了结婚与生育有关，但也不完全是这个原因。公共舆论告诉我们，结婚与生育几乎已成为向成人转变的第二阶段，通常会推迟到完成教育和达到某种程度的工作保障后。（Furstenberg et al., 1999; Settersten, Furstenberg and Rumbaut, 2005）在人生的这个新阶段，社会阶层差异的明显度并不亚于童年或青春期。当前对年轻人的要求是获得更多的技能，为进入劳动力市场做更好的准备，所以年轻人会选择推迟组建家庭。这些要求在优势家庭、中产阶层和弱势家庭中，运行情况大不相同。

让我们从显而易见的问题开始：高等教育的成本已经越来越难以承受，因为助学金和贷款已经跟不上大学学费上涨的速度，更不用说专业教育的成本了。在收入分配最底层的家庭中，父母和年轻人可能承担非常严重的债务，尽管从理论上讲，长期回报使教育贷款在经济上是合理的。（Rouse, 2004）除了经济问题，许多来自弱势家庭的青年在学校积累的学业负债，使我们认识到一个显而易见的事实,即只有很小一部分做好了忍受长期工作和上学(通常从社区大学开始)的准备,因为他们是靠打工上大学的。这种情况会发生,但相对较少。其他问题包括:在大多数社区机构中,由于四年制机构不能提供支持人员和援助,学生想上大学很困难;金融危机的爆发抽走了所需的资源,父母不能或不会再提供资助,他们需要自力更生;等等。

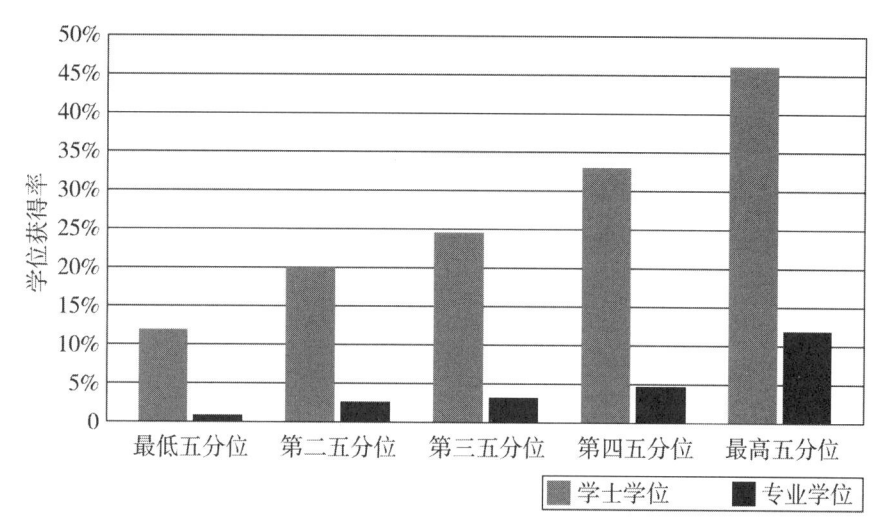

图 14-2　12 年级学生的高等教育学位获得率

表 14-1　12 年级学生的高等教育学位获得率

收入五分位	学士学位	专业学位
最低五分位	11.9%	0.6%
第二五分位	20.2%	2.4%
第三五分位	24.6%	3.0%
第四五分位	33.0%	4.6%
最高五分位	46.2%	11.9%

资料来源:The NEL.S:88/2000 Postsecondary Education Transcript Study (PETS), 2000 (NCES 2003-394)。

基本上，在可能上大学的 12 年级学生中，来自最低五分位家庭的学生大约有八分之一完成了大学学业，来自最高五分位家庭的学生近二分之一完成了大学学业，来自第三五分位家庭的学生只有约四分之一完成了大学学业。

在中产阶层家庭中——在 2004 年，第三五分位的家庭收入在 43400 美元到 65832 美元之间（Census Historical Income Tables，Table F-1），很少有年轻人能够在不打工的情况下接受高等教育。在成年早期平衡学业和工作并非易事，这导致了高比例的肄业和辍学情况。因此，即使为大学做好了充足的准备，也需要申请助学金和贷款，这个过程也可能是艰难而漫长的，这在一定程度上解释了美国大学生没有完成大学教育的比例异常高的原因。不管愿意与否，许多进入大学的年轻人将就着接受了相当于大专水平的技术教育，而这往往会限制他们成年后的流动性。

富裕家庭有更大的空间为子女在越来越长的教育期间提供帮助。未来获得高收入工作的前景，以及父母提供的援助，支撑着年轻人读完大学并进入职业生涯。毫无疑问，来自富裕家庭的年轻人在学业上通常准备得更充分，也更有可能获得需要承担较少债务的经济援助计划。

当然，这种基于阶层的描述在某种程度上是刻板的。有才华的人确实会从底层崛起，而没有才华的年轻人则一路下滑。然而，我在本文描述的社会阶层机制继续在成年早期发挥作用。赤字的积累、问题事件的可能性、社会资本和赞助的可得性，在青年进入具有不同选择性、允许或阻碍获得进一步人力资本机会的机构或工作场所时，继续使竞争场域倾斜。

在我探讨成年早期时，我必然会提到在童年、青春期和成年早期接触的社会阶层如何影响伴侣关系和家庭的形成。我们一直都清楚，社会阶层与婚姻的质量和稳定性息息相关，尽管曾经有一段时间，离婚（不是分居或婚姻不幸福）在富裕人群中更为常见。最近几十年来，情况并非如此。人力资本的减少与社会、文化和心理资本的低下有关——技能、世界知识、社交网络和赞助，都在管理和维持情感关系的能力中发挥一定的作用。不同的社会阶层在结婚、婚姻的稳定性以及未婚生育方面出现了显著的差异。（Ellwood and Jencks，2001；Goldstein and Kenney，2001；Wu and Wolfe，2001）

这些家庭模式与成长过程中和阶层相关的经历密切相关，这在美国人对退出婚姻的公开讨论中占据了突出的位置。奇怪的是，在特权阶层中根本没有出现这种退出，中产阶层的情况也较少。正如我在其他地方所写的那样，婚姻越来越成为一种奢侈品，只有那些拥有社会、心理和物质财富的人才能实现，而正是这些财富使得婚姻得以存在并正常运行。

参考文献

Bendix, Reinhard and Seymour Martin Lipset. 1966. Class, Status, and Power. New York: The Free Press.

Bernstein, Basil and Dorothy Henderson. 1969. "Social Class Differences and the Relevance of Language to Socialization." Sociology, 3(1).

Bernstein, Basil. 1971. Class, Codes and Control: Theoretical Studies towards a Sociology of Language, Volume 1. London: Routledge & Kegan Paul.

Blood, R. O. and D. Wolfe. 1960. Husbands and Wives: The Dynamics of Married Living. New York: The Free Press.

Bourdieu, Pierre. 1973. "Cultural Reproduction and Social Reproduction." In R. Brown (ed.), Knowledge, Education, and Cultural Change. London: Tavistock.

Bourdieu, Pierre. 1986. "The Forms of Capital." In J. C. Richardson (ed.), Handbook of Theory and Research for the Sociology of Education. New York: Greenwood.

Bronfenbrenner, Uri. 1979. The Ecology of Human Development: Experiments by Nature and Design. Cambridge, MA: Harvard University Press.

Buchmann, Marlis. 1989. The Script of Life in Modern Society: Entry into Adulthood in a Changing World. Chicago: University of Chicago Press.

Burton, Linda and Carol Stack. 1993. "Conscripting Kin: Reflections on Family, Generation, and Culture." In Family, Self, and Society: Toward a New Agenda for Family Research. Cowan, Philip A., Dorothy Field, Donald A. Hansen, Arlene Skolnick and Guy E. Swanson (eds). Hillsdale, NJ: Lawrence Erlbaum Associates.

Chaudry, Ajay. 2004. Putting Children First: How Low-Income Working Mothers Manage Child Care. New York: Russell Sage Foundation.

Cook, T. D., M. Herman, M. Phillips and R. J. Setterson, Jr. 2002. "Some Ways in which Neighborhoods, Nuclear Families, Friendship Groups, and Schools Jointly Affect Changes in Early Adolescent Development." Child Development, 73(4).

Cooley, Charles H. 1902. Human Nature and the Social Order. New York: Scribners and Company.

Danziger, Sheldon H. and Peter Gottschalk. 1995. America Unequal. New York: Russell

Sage Foundation.

Danziger, Sheldon H. and Jane Waldfogel. 2000. Securing the Future: Investing in Children from Birth to College. New York: Russell Sage Foundation.

Duncan, Greg J., W. Jean Yeung, Jeanne Brooks-Gunn and Judith R. Smith. 1998. "How Much Does Childhood Poverty Affect the Life Chances of Children?" American Sociological Review, 63(3).

Duncan, Greg and Jeanne Brooks-Gunn. 2000. From Neurons to Neighborhoods: The Science of Early Childhood Development. Washington, DC: National Academy Press.

Edin, Kathryn J. and Maria Kefalas. 2005. Promises I Can Keep: Why Low-Income Women Put Motherhood Before Marriage. Berkeley, CA: University of California Press.

Elder, Glen H., Jr. 1974. Children of the Great Depression: Social Change in Life Experience. Chicago: University of Chicago Press.

Elder, Glen H., Jr. 1999. Children of the Great Depression: Social Change in Life Experience. Chicago: University of Chicago Press.

Ellwood, David T. and Christopher Jencks. 2001. "The Spread of Single-Parent Families in the United States since 1960." Cambridge, MA: John F, Kennedy School of Government, Harvard University.

Farkas, George and Kurt Beron. 2004. "The Detailed Age Trajectory of Oral Vocabulary Knowledge: Differences by Class and Race." Social Science Research, 33(3).

Furstenberg, Jr., Frank F., Thomas D. Cook, Jacquelynne Eccles, Glen H. Edler, Jr. 1999. Managing to Make It: Urban Families and Adolescent Outcomes. (The John D. and Catherine T. MacArthur Foundation Series on Mental Health and Development). Chicago: University of Chicago Press.

Gans, Herbert J. 1962. The Urban Villagers. New York: The Free Press.

Garmezy, Norman. 1991. "Resilience and Vulnerability to adverse developmental outcomes associated with poverty." American Behavioral Scientist, 34(4).

Garmezy, Norman. 1993. "Vulnerability and Resilience." In Studying Lives through Time: Personality and Development. David C. Funder; Ross D. Parke; Carol Tomlinson-Keasey; Keith Widaman (eds). Washington, DC: American Psychological Association.

Goldstein, Joshua R. and Catherine T. Kenney. 2001. "Marriage Delayed or Marriage Forgone? New Cohort Forecasts of First Marriage for U.S. Women." American Sociological Review, 66(4).

Goldthorpe, J. and R. Erickson. 1993. The Constant Flux: A Study of Class Mobility in Industrial Societies. Oxford: Oxford University Press.

Haggerty, R. J., L. R. Sherrod, N. Garmezy and M. Rutter. 1994. Stress, Risk, and

Resilience in Children and Adolescents. New York: Cambridge University Press.

Hart, Betty and Todd R. Risley. 1995. Meaningful Differences in the Everyday Experiences of Young American Children. Baltimore, MD: Paul H. Brookes Publishing.

Heath, Shirley B. 1983. Ways with Words: Language, Life and Work in Communities and Classrooms. New York: Cambridge University Press.

Heinz, Walter R. and Victor W. Marshall (eds). 2003. Social Dynamics of the Life Course: Transitions, Institutions and Interrelations. Hawthorne, NY: Aldine De Gruyter.

Hertz, Tom. 2005. "Rags, Riches and Race: The Intergenerational Economic Mobility of Black and White Families in the United States." In Samuel Bowles, Herbert Gintis and Melissa Osborne Groves (eds.) Unequal Chances: Family Background and Economic Success. Princeton, NJ: Princeton University Press.

Hollingshead, A. de B. 1949. Elmtown's Youth: The Impact of Social Classes on Adolescents. New York: Wiley.

Kefalas, Maria. 2003. Working Class Heroes: Protecting Home, Community and Nation in a Chicago Neighborhood. Berkeley, CA: University of California Press.

Kohn, Melvin L. 1977. Class and Conformity: A Study in Values (with a reassessment). 2nd edition. Chicago: University of Chicago Press.

Komarovsky, Mira. 1987. Blue-Collar Marriage. New Haven, CT: Yale University Press.

Lamont, Michele. 2000. The Dignity of Working Men: Morality and the Boundaries of Race, Class and Immigration. Cambridge, MA: Harvard University Press.

Lareau, Annette. 1989. Home Advantage: Social Class and Parental Intervention in Elementary Education. New York: Falmer Press.

Lareau, Annette. 2003. Unequal Childhoods: Race, Class and Family Life. Berkeley, CA: University of California Press.

Levy, Frank. 1999. The New Dollars and Dreams. New York: Russell Sage Foundation.

Lynd, Robert S. and Helen M. Lynd. 1929. Middletown: A Study in Contemporary American Culture. New York: Harcourt Brace & Company.

Magnuson, Katherine A. and Jane Waldfogel. 2005. "Early Childhood Care and Education: Effects on Ethnic and Racial Gaps in School Readiness." Future of Children, 15(1).

McLanahan, Sara. 2004. "Diverging Destinies: How Children Fare Under the Second Demographic Transition." Demography, 41(4).

Mead, Margaret, and M. Wolfenstein (eds). 1955. Childhood in Contemporary Cultures. Chicago: University of Chicago Press.

Medrich, E., J. Roizen, V. Rubin, with S. Buckley. 1982. The Serious Business of Growing Up: A Study of Children's Lives Outside of School. Berkeley: University of California Press.

Miller, Daniel R. and Guy E. Swanson. 1958. The Changing American Parent. New York: Wiley and Sons.

Newman, Katherine S. 1993. Declining Fortunes: The Withering of the American Dream. New York: Basic Books.

Rouse, Cecilia E. 2004. "Low Income Students and College Attendance: An Exploration of Income Expectations." Social Science Quarterly, 85(5).

Rutter, Michael. 1985. "Resilience in the Face of Adversity: Protective Factors and Resistance to Psychiatric Disorder." British Journal of Psychiatry, 147.

Rutter, Michael. 2000. "Resilience Reconsidered: Conceptual Considerations, Empirical Findings and Policy Implications." In Handbook of Early Childhood Intervention. In Shenkoff, Jack P., and Samuel J. Meisels. (eds.). New York: Cambridge University Press.

Settersten, Richard A., Jr, Frank F. Furstenberg and Ruben G. Rumbaut. 2005. On the Frontier of Adulthood: Theory, Research, and Public Policy. Chicago: University of Chicago Press.

Tocqueville, Alexis de. 1945. Democracy in America. New York: Knopf.

Warner, William Lloyd. 1949. Social Class in America. Chicago: Science Research Associates. Weber, Max. 1949. The Methodology of the Social Sciences. New York: Free Press.

Werner, Emmy. 1995. "Resilience in Development." Current Directions in Psychological Science, 4(3).

Wolff, Edward N. 2002. Top Heavy: A Study of Increasing Inequality of Wealth in America. The New Press.

Wolff, Edward N. 2004. "Changes in Household Wealth in the 1980s and 1990s in the U.S." The Levy Economics Institute at Bard College, Working Paper No. 407.

Wu, Lawrence and Barbara Wolfe (eds.). 2001. Out of Wedlock: Causes and Consequences of Non-marital Fertility. New York: Russell Sage Foundation.

第四部分

社会中的家庭

尽管社会科学家经常强调美国社会在种族、宗教、社会阶层和地理区域方面的多样性，但多样性的概念很少被应用于家庭。在20世纪六七十年代的社会动荡之后，中产阶层对女性角色、性行为和家庭生活安排的"主流"态度发生了转变。事实上，现在出现了走向另一个极端并夸大家庭模式变化的趋势。

本书第四部分的文章不仅讨论了家庭的多样性，而且还讨论了家庭融入美国生活的社会结构和经济变化的现实。需要指出的是，家庭对社会结构和经济变化也非常敏感。由于裁员、减薪、房屋止赎、养老金损失和投资，2008年的大萧条对美国家庭造成了沉重打击。但是，自20世纪70年代中期以来，家庭面临的经济压力一直在增加，并且在吸引女性进入有偿劳动力市场方面，扮演了与女权主义差不多的角色。

尽管女性的生活发生了巨大的变化且双职工家庭已然兴起，但大多数工作场所仍然坚持理想员工——在工作之外没有需要承担的责任——的陈旧模式。这意味着，员工可以长时间工作，可以在几乎没有或根本没有通知的情况下参加会议或出差。工作场所缺乏灵活性是所谓"选择退出革命"——据称，职业女性纷纷离开工作场所成为全职母亲——的根源。帕梅拉·斯通（Pamela Stone）的研究旨在了解这种修辞背后的现实。

职业女性真的会选择"退出"吗？她们真的想回归到"女性神秘"的家庭模式吗？对此，斯通发现了一个更加复杂的现实。她发现，这些女性实际上面临着一种"选择鸿沟"，而不是"选择"成为家庭主妇：她们真正想要的那种工作与家庭之间的平衡根本无法实现。相反，她们被挤压在"密集母职"的需求——中产阶层育儿的新标准和更高标准——与当今高压工作场所的需求之间。对此，斯通的结论是，"选择退出"的概念只是一个神话；这种说法不仅会伤害女性，而且会伤害社会。雇主需要高能女性的技能，但他们却创造了与家庭生活格格不入的工作环境。

当然，面临新经济压力的不仅仅是专业人员。不太富裕的在职父母，尤其是在职母亲，如何应对家庭和工作场所责任之间的冲突性需求？她们面临着哪些障碍？对此，琼·威廉姆斯（Joan Williams）在其文章中指出，这些员工面临着特殊的障碍。

虽然专业人员和管理人员通常有一定程度的灵活性来处理家庭事务，但很多工薪阶层的父母实际上是"只要孩子生病就会被解雇"。父母可能会因拒绝加班或因照顾孩子一夜后迟到几分钟而被解雇或受到纪律处分。即使在工作时间给家里打电话——这种专业人员认为理所当然的权利——也可能会导致普通员工被解雇。

其他后工业社会的父母已经把家庭支持政策视作一种理所当然，而美国父母却缺乏此类政策——优质且可承受的托儿服务、带薪产假和病假，以及工作的灵活性——从而威胁到父亲和母亲的工作。

经济不安全的影响早在大衰退之前就已经非常明显了。莉莲·鲁宾（Lillian Rubin）对20世纪90年代工薪阶层家庭的研究发现，她的受访者对裁员、重组、再造等术语已是耳熟能详。

早在20年前，鲁宾就对工薪阶层家庭进行了类似的研究。她当时发现，虽然这些家庭从来都不是完全安全的，但在20世纪70年代，他们觉得自己已经实现了美国梦。大多数人拥有自己的房屋，并期望自己的孩子也能过得和他们一样好，甚至比他们更好。

在最近的一项研究中，鲁宾的受访者感觉到这个国家出现了严重的问题。在这些受访者中，35%的男性要么失业了，要么经历过多次失业。父母和成年子女已经放弃了向上流动的希望；父母甚至不再期望孩子们能够拥有与自己成长环境相当的住房。这些家庭感到愤怒，但又不知道该把经济衰退的责任归咎于谁或归咎于什么——政府、高税收、移民、少数民族。

即使是坚实的中产阶层也无法抵挡当前经济压力的冲击。"中产阶层"是一个难以捉摸的术语。社会学家对"阶层"的界定普遍存在分歧，尤其是对"中产阶层"的界定。

一些学者从字面上将中产阶层界定为收入分配的中间层。最近，研究人员在实际操作时将中产阶层界定为拥有大学学位的人。

无论我们如何界定这一术语，但一个不争的事实是，中产阶层近几十年来一直在经济上处于失守态势。始于2008年的经济衰退可能已经正式结束，但大多数家庭仍然很难找到好的工作或稳定的工作。收入不平等加剧，超级富豪——1%的人——与其他所有人的差距越拉越大。正如阿琳·斯科尔尼克（Arlene Skolnick）的文章所表明的那样，除了最顶层的人群，经济上的不安全感普遍存在于各种收入水平的人群中。中产阶层甚至富裕家庭的经济生活也是岌岌可危的。

安稳的工作已经成为过去，同时，公共和私人安全网也已支离破碎。中产阶层经济困境的晴雨表是破产率的变化。美国孩子更有可能目睹父母申请破产，而不是父母离婚。一些人认为，美国人为了并不真正需要的奢侈品，而把自己搞得倾家荡产。这种想法是错误的。实际情况是，住房、医疗、教育费用不断上涨，导致中产阶层父母面临比前几代人更大的风险。

随着老年人口数量的持续增长，美国的人口也在不断老龄化。安·布克曼（Ann Bookman）和迪莉娅·克林布尔（Delia Krimble）讨论了一个重要的家庭问题，而这个问题并未得到公众应有的关注。到2030年，65岁以上的人口预计将增长到美国人口的20%。照顾老年人一直是家庭事务，通常由女性承担。但是，工作、家庭、经济和人口结构的变化导致照顾老人的需求变得非常复杂。

当然，大多数女性现在都在从事有偿劳务，主要原因是大多数家庭已经开始需要两份收入来维持生计。此外，人的寿命越来越长；在整个20世纪，65岁以上的人口增加了11倍。但除了二战后的婴儿潮时期，出生率的趋势却一直与此相反。总的来说，老年人越来越多，而可以照顾他们的成年子女却越来越少。

此外，正如我们看到的那样，在当今的经济背景中，从青春期到成年期的道路变得越来越长，也越来越不确定。因此，与过去几十年相比，年轻人需要父母支持的时间要长得多。如果父母无法提供帮助，他们就会处于不利地位。

但是，夹在孩子和父母需求之间的"三明治"中产阶层家庭也面临着压力。

一方面，他们负担不起富裕家庭可以为老年人提供的一系列有偿护理服务。另一方面，他们没有资格获得针对穷人的公共支持。对此，布克曼和克林布尔得出的结论是，我们需要一个对老年人更为友好的社会，一个对生命各个阶段的人群都更为友好的社会。

黛米·库尔兹（Demie Kurz）的文章探讨了家庭暴力的问题。家庭暴力主要是针对女性的暴力吗？还是说女性和男性一样有可能攻击自己的配偶？法律制度是否应该认可"受虐丈夫综合征"？在这些问题上，研究人员存在争议。库尔兹在考察相关证据后得出的结论是，"家庭暴力"或"虐待配偶"等术语具有误导性。她发现，当一些研究人员声称女性与男性一样有暴力倾向时，他们依据的是调查问卷，其中，承认曾殴打或攻击配偶的男女人数相当。但库尔兹认为，无论是来自刑事司法系统和医院的真实数据，还是对受害者和施暴者的采访，都描绘了一个不同的情景：受害者绝大多数是女性，而施暴者绝大多数是男性。

女性对男性的暴力主要是防御性的，而且不像男性那样严重。此外，库尔兹将男性的暴力与关于男性气概的文化假设联系起来：当男性对伴侣的控制和支配地位受到挑战时，他们最有可能使用暴力。

第八章　家庭与工作

阅读 15　"选择退出"的修辞与现实

帕梅拉·斯通

作为一家知名媒体集团的高级公关人员，雷吉纳·多诺弗里奥（Regina Donofrio）在纽约拥有一份令人梦寐以求、风光无限的工作。典型的工作日可能包括与电影明星一起乘坐豪华轿车在曼哈顿兜风。她热爱自己的工作，且工作过"很长一段时间"，并在其中感觉"舒适"。因此，当第一个孩子出生后重返工作岗位时，雷吉纳并没有任何犹豫。她告诉我："我决定回去工作，因为从根本上来说，这份工作很棒。"不久，雷吉纳发现自己"在火车上哭了"，她在想回家陪孩子和想继续成功、令人兴奋的事业之间左右为难。她开始觉得自己从来没有在正确的时间出现在正确的地方。"当我在工作时，我感觉应该待在家里。当我在工作时，我也会感觉很内疚，因为我必须早点下班去看孩子，但是我可能还有工作上的事情没有忙完。"她足智多谋，与一位也是第一次当妈妈的同事制订了一份详细的职务分担计划。但雷吉纳的雇主否决了她们的提议，并提出给她更多的钱让她留下来全职工作，雷吉纳愤然离职了。她很生气一个与她有着辉煌往绩的雇主，会阻止她做她想做的事——继续她的事业，并兼顾家庭。

尽管主流媒体的描述与此相反，但雷吉纳放弃的原因在我所做的一项研究中非常典型。该研究针对的是成就卓越的前职业人士，现在则是全职妈妈。事实上，虽然雷吉纳确实有一种强烈的冲动想要照顾孩子，但她决定辞职的根本原因是工作场所缺乏弹性，而不是她对家庭事务很感兴趣。在痛苦地自我反省并穷尽了所有选项后，她不得已放弃了自己的重要职业。她的故事不同于对类似的、成就卓越的职业女性选择回家的流行描述。媒体的报道通常将这些女性的决定归咎于对家庭的选择，并将其视为一种征兆：在女权主义革命的女性中发生的一种巨变；传统主义的回归；新女性神秘主义的复兴。这种流行故事情节的典型（也是给这种现象命名的文章）是《纽约时报》工作与生活专栏的作家丽莎·贝尔金（Lisa Belkin）在2003年发表的一篇题为《选择退出的革命》（*The Opt-Out Revolution*）的文章。"选择退出"带有生活方式偏好和谨慎的意味，但雷吉纳的经历反驳了这种描述；她退出的决定不是生活方式的偏好，也不是志向的改变，更不是回归20世纪50年代家庭形式的愿望。雷吉纳"选择退出"工作场所并不是出于她的主动选择，而是出于恰恰相反的原因：因为她没有真正的选择权，也别无选择。

高成就女性回归家庭的原因是多层次和复杂的，并且通常与普遍的看法——因为孩子和家庭而辞职——相反。这是我在与许多像雷吉纳这样的女性交谈时发现的，她们受过高等教育，富裕，主要是白人，有孩子，已婚，以前曾担任过专业人士或经理职务，丈夫有能力支持她们待在家里。尽管这些女性中的许多人都说了选择和特权的问题，但她们的故事却揭示了一种选择的鸿沟——选择的修辞与现实约束（类似于雷吉纳遇到的）之间的脱节。选择的鸿沟反映了像雷吉纳这样的高成就女性陷入双重束缚的程度：家庭方面螺旋上升的为人父母（主要是"为人母"）需求与精英职业镀金笼子中日益增长的工作节奏相互冲突。

一些怀疑

我带着怀疑的态度对待这些采访，因为我认识到"新传统主义者"的流行形象可能有一定的道理。但为了超越可预测的"家庭"解释和媒体选择的焦点，我认为有必要深入采访女性，并研究那些至少在理论上可以行使选择权的女性。我对这些女性进行了匿名处理，并赋予她们虚构的姓名，这样她们就可以尽可能坦率地跟我交谈。我采访的女性都拥有出色的教育背景；超过一半的人拥有商业、法律、医学和其他专业的研究生学位，曾经都有过蓬勃发展的职业生涯，并在其中工作了十年左右。无论以哪种标准去衡量，这些女性都是专注于事业的女性，有充分的理由继续从事她们投入了大量时间和精力的事业。此外，她们身处地位较高的行业，对自己的工作有更多的控制权，并享受（至少相对于其他行业的员工而言）更多的家庭友好型福利。

尽管这些女性有令人信服的理由继续留在工作岗位，但她们也可以选择不这么做，一是由于她们过去的收入，二是因为她们的丈夫也是高收入者。为了反驳潜在的批评，即她们因为不胜任或不能胜任工作而辞职或被解雇，我的研究特意选择了学历上无可挑剔的女性，她们都曾在入职条件竞争激烈的精英环境中摸爬滚打。为确保视角的多样性，我对生活在全国主要大都市区的 54 位女性进行了广泛而深入的采访，她们的职业范围多样：法律、医学、商业、出版、管理咨询、非营利组织管理等，大约一半的人年龄在 30 多岁，另外一半人年龄在 40 多岁。

可以肯定的是，全职母亲显然是一个少数群体。尽管有诸多文章宣扬女性回归家庭的趋势，但在媒体调查的人群中——30—54 岁受过大学教育的白人女性——有约 84% 的人留在劳动力市场，高于 20 年前的 82%。媒体讨论很多的是幼儿母亲劳动力参与率的下降，这种下降虽然是真实的，但似乎主要是经济衰退的结果，而经济衰退又抑制了所有人的就业。

尽管如此，研究这些女性还是很重要的。历史上，受过教育、成就卓越的精英女性一直是文化仲裁者，定义了所有女性在工作和家庭中的规范角色。这一群体进入以前属于男性的高位职业，对促进性别平等和缩小工资差距至关重要，这种差距一直顽固地持续到今天。此外，她们在家里是无声的、隐形的，因此很容易对她们进行投射和推测。我们可以从她们身上看到任何我们想看到的东西，也许这就是为什么她们一直是无休止猜测的主题——关于妈妈的战争、回归传统主义等等。虽然精英女性并不代表所有的女性，但她们的经历让我们得以一窥所有女性都面临的工作与家庭之间的平衡问题。她们的故事让我们不禁要问："如果社会上最有特权的女性都不能成功地兼顾工作和家庭，那么还有谁能做到？"

母性拉力

当雷吉纳最初重返工作岗位时，她"一点不知道"自己会感到如此痛苦。

她建议女性不要"太死板",因为"你只是不知道,当一个人从你的身体里出来时,你会有什么感觉"。对一些女性来说,孩子的拉力是直接而强烈的。律师劳伦·奎特隆发现自己"完全被这个孩子迷住了。我意识到,我就是舍不得离开他"。像劳伦这样的女性往往在第一个孩子出生后很快就辞职了。对其他人来说,例如曾做过非营利组织高管的黛安·柴尔兹,回家陪孩子的欲望来得较晚。"我觉得一天离开婴儿12个小时很容易。我能做到。但离开一个6岁的孩子,我认为是另一回事。"

但这些女性中没有一个是凭空做出辞职决定的。事实上,她们是在一个对父母——主要是母亲——的规范和做法非常苛刻的文化时期这样做的。这些女性意识到,她们抚养孩子的方式与自己母亲抚养孩子的方式大不相同,她们感受到几乎是竞争性的外部压力逼着她们这么做。中等阶层和中上阶层的女性往往特别关注专家的建议,这些女性敏锐地意识到精细育儿的概念,即社会学家莎伦·海斯(Sharon Hays)所说的"密集母职的意识形态"。各种各样的女性都感受到了这种文化驱动力:"建议母亲在抚养孩子上花费大量的时间、精力和金钱。"

一个必然结果是安妮特·拉里奥(Annette Lareau)所说的"协同培养",即父母为学龄儿童安排不间断的、有组织的活动。在与我交谈过的女性中,有些人,比如黛安,感受到了"协同培养"的紧迫性,并重新评估了她们的育儿方式,因为年长孩子更复杂的需求取代了年幼孩子所需的更简单、更直接的看顾和身体护理。玛丽娜·伊舍伍德曾是医疗保健行业的高管,两个孩子在上二年级和四年级时,她确信看护者无法取代自己作为母亲的角色:

> 无论托儿服务有多好,都不能替代母亲。当孩子还小的时候,有人与他们一起做这些事很正常。反正这不是我喜欢的部分。但当孩子开始问关于价值观的问题时,你不希望临时保姆告诉他们答案。我们的孩子回到家,他们有很多作业要做,还有钢琴课等,所有这些都是一个复杂的安排。是的,你可以找一个临时保姆来做这件事,以平衡这一切,但他们不一定会教孩子如何思考数学,或者帮助孩子想出一些记忆方法来记住西班牙或其他任何国家。

由于学历对这些女性（和她们的丈夫）的职业机会非常重要，正规学校教育是她们决定辞职的关键因素。对一些人来说，她们对教育和价值观的重视拉大了她们与受教育程度较低的看护人之间的差距。

母性在决定是否辞职以及何时辞职方面发挥的作用往往会因人而异。孩子是女性照顾的主要焦点，但其他家庭成员也需要照顾，往往又是女性担负起这个责任。大约 10% 的女性谈到了照顾老人的责任，而这种责任需求尤其不可预测。照顾老人和孩子构成了家庭和事业双重束缚的一半。然而，更重要的是，当女性开始看到工作场所的节奏和价值观与家庭生活背道而驰时，母性往往会影响她们的辞职决定。

工作场所的推力

除了苛刻的母育制度，这些女性往往还会收到丈夫和雇主释放的信息。丈夫们为兼顾事业和家庭的妻子们提供情感上的支持。会计艾米丽·米切尔将她与一名注册会计师的婚姻描述为"相当平等的关系"，但当他的职业要求越来越高，需要长时间工作，周六还要加班时，她看到了平等主义的弊端：

> 我认为他从不介意把女儿交由临时保姆照料，对他来说，这根本不是问题，当他回家时，我们在这件事情上关系相当平等。但是叫女儿起床，让女儿准备好，他自己准备好去上班，我回家，接上女儿，让她上床睡觉，从工作中解脱出来，然后他就到家了，我们会努力做点晚饭，然后总是有其他事情要做——洗衣、清洁等——我认为他在日复一日的工作上做得太多了。

但丈夫们却很少分担家庭责任，而是全速推进自己高要求的事业。

同样，许多工作场所声称对"家庭友好"并提供各种支持。但对于原则上可以利用这些支持的女性来说，灵活的工作时间安排（通常意味着兼职工作）会招致严重的惩罚。转为兼职工作的女性通常会目睹她们的工作被剥夺了重要的责任，曾经蓬勃发展的职业生涯也遭到了破坏。更糟糕的是，兼职工作的时间通常会增加到相当于全职工作的时间。当黛安·柴尔兹有了孩子后，她从事了兼职工作，并开始觉得继续工作毫无意义：

> 我永远不会有任何进展——你有一种感觉,你的职业生涯已经停滞不前了,因为你无法承担额外的项目;你不能一接到通知就去出差;你不能加班到很晚;你在周五的工作安排没有灵活性,否则要找人带孩子。你的停滞期比你生第一个孩子时要长得多,类似要停滞13到15年的感觉。

医学博士林恩·汉密尔顿在普林斯顿大学认识了她的丈夫,当时他们都在那里读本科。她的故事说明了家庭的拉力和工作场所的推力(来自她和她丈夫的事业)如何在建立在职业平等基础上的婚姻中相互作用,但后来转变为对她自己事业的损害:

> 我们在19岁左右时相识,那时我太天真了,我想,我们拥有几乎相同的学历和收入。这是一个机会。事实上,我辞职时我们的收入是差不多的。就我们所表达的程度而言,人们总是能够理解,好吧,既然我们都在工作,那就不必从事那种高强度的工作。但是,实际上发生的事情是相反的,我们都在从事高强度的工作。我一直说,"我们需要重新调整一下"。我慢慢意识到,他不会这么做。

与此同时,她年幼的女儿在学校出现了行为问题,而她在一家生物医学初创公司担任医疗总监的工作,"传真机在运转,楼上的三条电话线都在通话"。林恩慢慢意识到,面对丈夫的缺席,唯一可能的重新调整就是她自己辞职。

与我交谈过的女性中,超过一半(60%)提到丈夫是她们辞职的主要原因之一。但并非所有女性都谈到丈夫的参与或缺席,这表明她们在很大程度上认为平衡工作与家庭是她们一个人的责任。但女性很少提及自己的丈夫还有另一个原因:他们实际上是缺席的。

教育管理人员海伦娜·诺顿将她的丈夫形容为"工作狂",她辛辣地描述了许多其他人认为理所当然的情况,也反映了许多这类女性的典型生活模式:"他一大早就离开,6点或6点半,那时大家还没起床,然后他很晚才回家。所以我感到一种真正的空虚,早上起床,不一定是空荡荡的房子,因为我的孩子们在那里,但我确实感到空虚,然后上床睡觉,但他不在那里。"

因为不能在妻子身边收拾残局,许多丈夫对妻子的辞职决定产生了重要的间接影响。这些女性倾向于接受这种情况，即顺从丈夫的事业，免除他们的家务劳动。事实上，在她们的故事中，普遍存在着"优待丈夫的事业"这种几乎是不言而喻的暗流。

当谈到自己的丈夫时，女性的表达基本相同：等同于"他支持"这种话；他给了她们一个"选择"。但这种不干涉的做法表明，在工作与家庭的双重束缚中，丈夫是旁观者，而不是参与者。"这是你的选择"相当于"这是你的问题"。丈夫的缺席——他们自己高能职业的直接结果——给女性施加了巨大的压力，让她们不得不包干一切，从而撕下了平等主义的表象。

对女性来说家庭的拉力——来自孩子和丈夫——加剧了她们在工作场所的压力；除了7名女性外，其他女性都把她们的工作特点——长时间、出差——看成是辞职的另一个主要动机。市场营销主管娜塔莉·埃弗雷特说，她的全职工作时间"实际上是60小时，而不是40小时，现在没有人的工作还是朝九晚五"，这代表了许多女性的心声。

令人惊讶的是，我采访过的女性，比如娜塔莉，对于让她们无法完全兼顾工作和家庭的工作特点，既没有质疑，也没有表现出太多的不满。她们通常把自己的工作描述为"要么全有，要么全无"，并且似乎内化了社会学家所说的"理想员工"模式，即不受家庭需求影响的（通常是男性）员工。这种模式的影响力如此之大，以至于那些兼职或从事其他灵活工作安排的人常常感到被歧视。克里斯汀·托马斯是一名市场营销主管，也是一名工作分担者，她使用《红字》(The Scarlet Letter)中的意象来描述自己的经历："当你分担工作时，你的额头上刻着大大的'妈妈'字样。"

虽然一些女性的决定可能归因于她们毫不质疑地接受了现状或缺乏想象力，但其他人失败的尝试可以作为警世故事。她们，如黛安，尝试寻求全职工作的替代方式，以实现这一目标。与老板达成协议的女性感觉自己得到了特殊照顾。她们的非全时工作安排是私下协商的，因而是脆弱和不稳定的，在任何形式的机构重组（如合并）的背景下尤其容易受到冲击。

选择鸿沟

鉴于这些女性的经历并不一致——她们感觉丈夫的支持虽然是"支持",却很被动,并被曾经重视她们专业知识的工作场所排斥——这些女性如何理解自己的处境?她们如何理解一方面赋予她们可观的地位和报酬,另一方面似乎边缘化她们并迫使她们放弃作为母亲的身份?

绝大多数人的想法和梅丽莎·怀亚特一样。34岁的怀亚特放弃了一份筹款人的工作:"我认为今天的一切都与选择有关,也与我们想要做出的选择有关。这一点这很棒。我认为这取决于你想把时间花在什么地方。"但也有一些人认同42岁的奥利维亚·帕斯托雷(曾做过律师)的观点:

> 有很多女性对我说:"天呐,如果我可以选择,如果我可以平衡,如果我可以兼职工作,如果我可以继续做下去。"有些女性无论如何都会全职待在家里,这很好。但我认为,很多女性之所以待在家里,是因为她们进退两难。……有很多关于女性个人决定的讨论。"这好吗?这不好吗?她放弃了。她做不到。"没有多少人会指责根源性的文化、工作和社会,如果你愿意的话。

我的研究结果表明,奥利维亚的评论——关于选择的修辞与影响女性辞职回家决定的现实约束之间的脱节——更接近事实。在努力成为理想的母亲(在一个"密集母职"的时代)和理想的员工(一个基于有家庭主妇的男性的模式)之间,这些雄心壮志的女性面临着双重束缚。事实上,她们的选择面比看上去的要有限得多。从根本上说,她们面临着一个"选择鸿沟",即两种决定之间存在的差异:如果她们不是母亲或看护人,她们本可以对自己的职业做出决定;在嫁给了一个工作强度很高的丈夫的情况下,她们不得不对自己的职业做出决定。这种选择鸿沟掩盖了个人的偏好,从而揭示了奥利维亚所反对的东西,文化、工作、社会——社会学家称之为"结构"的东西。

总体而言,女性的决定是基于相辅相成和相互关联的因素。例如,她们面临两组权衡:孩子与事业;自己的事业与丈夫的事业。对于很多人来说,她们无法控制的环境因素强烈影响了她们辞职的决定。例如,在家庭方面,女性必须照顾生病的孩子和年迈的父母，关注孩子的发育问题和特殊照顾需求。这些原因占样本的三分之一。在工作方面，女性找不到兼职工作，夫妻一起被解雇，有些人为了自己的事业或丈夫的事业不得不搬家。共有 30 名女性，略多于样本的一半，提到至少一种被迫选择的考虑因素。

但即使在女性生孩子之前，怀孕后的前景也隐约可见，让女性觉得自己被视为有逃亡的风险。例如，帕特丽夏·兰伯特担任营销主管的第一天，老板就问她："那么，你打算要孩子吗？"她们报告说，一旦真的怀孕了，她们往往是第一个进办公室的，这让她们觉得自己更像个局外人。一些人评论说，榜样的缺乏造就了一种对工作与家庭需求漠不关心的氛围。这些女性经历怀孕及其后生活的故事，则揭示了工作场所对母亲的潜在偏见。一些女性从中学到的是，怀孕是一个不能公开讨论的肮脏小秘密。因此，怀孕的私密性使得女性在成为母亲后对其职业的决定变得复杂起来，这就是为什么她们经常是等到最后一刻才决定下一步怎么做。她们的经历与工作场所的正式政策形成了鲜明对比，后者往往会标榜自己是"家庭友好型"的。

选择的修辞

这些无可争议的障碍——充满敌意的工作场所和缺席的丈夫——虽然阻碍了工作和家庭的充分融合，但具有讽刺意味的是，大多数女性在谈论自己决定退出职业生涯的事件时，都会提到"选择"一词。为什么没有更多像奥利维亚这样的女性，站出来谴责过时的职场"暴行"，或者控诉她们的丈夫以牺牲她们为代价的方式去追求所谓的成就？

我发现这些女性倾向于使用选择的修辞来服务于她们的特殊性。女性把选择与特权、女权主义和个人能动性联系在一起，并将其内化为自身完美主义的象征。这看起来是一个有吸引力的组合，既能激发她们追求成就的动力，也能弥补她们失去所热爱的职业和所珍惜的职业身份的损失。这些女性中的一些人接受了媒体传递的信息，也就是说，她们在《纽约杂志》（*New York Magazine*）和《华尔街日报》（*Wall Street Journal*）等文化仲裁者的推动下，认为成为全职妈妈是一种身份象征。她们回归家庭的能力反映了丈夫事业上的成功，而她们和孩子都得益于这种成功。她们很幸运能够选择传统的生活方式——男性挣钱养家，女性全职顾家。她们认为自己正在实现第三波女权主义的梦想。早期的第二波女权主义的目标——经济独立和性别平等，只是暂时退居次席。

挑战神话

这些策略和言辞，以及对选择鸿沟的视而不见，揭示了这些成就卓越的女性已经完全内化了双重束缚及其依赖的密集母职和理想员工模式。当然，不利的一面是，她们责怪自己未能"拥有一切"，而不是任何实际的结构性约束。工作和家庭互不兼容是她们从自己的经历中得到的压倒性信息。当辞职时，她们并不想过河拆桥。她们将家庭义务视为理由，而不是对工作的不满。她们这么做符合社会的期望。由于对"家庭"采取了符合社会期望和性别角色的解释，女性的决定往往会造成更大的误解。她们自己的解释证实了一种普遍看法，即辞职回家是一种选择。雇主很少会质疑女性的解释。他们也没有试图说服她们留下来，从而强化了女性的观点，即她们的决定是作为母亲应该做的正确的事情，并使这些女性作为新传统主义者的主流媒体形象永久化。

从表面上看，这些女性确实看上去非常传统。但是，她们拒绝了一个顽固的工作环境，如此，她们的辞职象征着一种无声的罢工。她们并不是通过辞职来默认传统的性别角色，而是用脚投票来反对过时的工作模式。当女性不用在镜头前摆好姿势或担心冒犯前雇主（她们可能需要从他们那里获得未来的参考信息）时，她们能够坦率地分享她们的故事。从我发现的情况来看，事实远非如此，而且肯定比媒体描述的更加微妙。

我所研究的绝大多数女性都不想在事业和家庭之间做出选择。当今育儿的高要求本质给女性带来了额外的压力。女性确实需要学会成为一个"足够好"的母亲，她们的丈夫需要更平等地参与育儿的工作。但根据她们告诉我的情况，今天的女性"选择"全职在家的原因，与其说是养育孩子的负担过重，不如说是工作的负担过重，特别是工作时间过长，以及她们的高位工作缺乏灵活的选择。大众媒体对回归传统主义的描述，不仅错误而且具有误导性。女性正在努力实现充分兼顾家庭生活和工作生活的女权主义愿景。如此多的女性在"不必工作"的情况下仍试图留在自己的事业中,这充分证明了她们对事业的投入。她们在随后失去职业身份时所经历的困难也证明了这一点。她们对重新安排的尝试和未来重返工作岗位的计划也表明,她们的职业生涯不应该是短暂的,也不应该被视为是短暂的。相反,我们应该把她们的离开视为矿工的金丝雀——很多公司出现严重问题的前兆。有毒工作环境和白领血汗工厂的迹象无处不在。我们可以从这些女性的经历中了解到这些工作环境的真实代价。这些代价虽然是个人和专业的,但最终是社会和经济的。

我们目前对高成就女性辞职原因的理解——基于选择和不同的领域——严重削弱了改变当代工作场所的意愿。"选择退出"的神话让我们回到了受过教育的女性被禁止进入精英职业的时代,因为"她们无论如何都会离开"。在某种程度上,精英女性是改变性别规范的仲裁者。如此,"选择退出"的神话也有可能削弱女性的抱负心,并可能污名化那些挑战不同领域意识形态的女性。当前的人口统计数据清楚地表明,雇主几乎无法承受失去高成就女性人才的代价。他们可以从我研究过的全职妈妈那里得到一个提示:忘记"选择退出";让职业女性继续工作的关键是创造更好、更灵活的工作方式。

推荐资源

Mary Blair-Loy. *Competing Devotions: Career and Family among Women Executives* (Harvard University Press, 2003). 主张用一种文化的、不那么唯物主义的方式来理解当代高成就职业女性的工作与家庭冲突。

Sharon Hays. *The Cultural Contradictions of Motherhood* (Yale University Press, 1995). 描述了母性规范的历史涌现和当代内化,表明这种母性规范与女性不断变化的生活现实相矛盾,并对其原因进行了强有力的理论解释。

Arlie Hochschild. *The Second Shift* (Viking, 1989). 定义了工作与家庭领域的经典问题,明确了女性家庭工作中另外一个未命名的问题。

Jerry A. Jacobs and Kathleen Gerson. *The Time Divide: Work, Family and Gender Inequality* (Harvard University Press, 2004). 用大量难以找到的事实和良好的政策,证明时间是性别和阶层不平等的新基础。

Phyllis Moen and Patricia Roehling. *The Career Mystique: Cracks in the American Dream* (Rowman and Littlefield, 2005). 对高需求、高消耗工作的创造、维持和后果进行了巧妙的探索,书名有意识地呼应了弗里丹(Friedan)的《女性的奥秘》(*the Feminine Mystique*)。

阅读16　孩子生病：不被解雇

琼·威廉姆斯

> 在报纸上，我曾为工作和家庭之间难以调和的紧张关系发出哀叹之声，但在这个母亲节，我对自己的哀叹感到相当羞愧。让我尴尬的原因是美国工作与生活法律中心（The Center for Work-Life Law）发布的一份题为《孩子生病导致我被解雇：在不选择退出时》的报告。凭借这个鲜明的标题，该报告打破了记者在报道职业母亲时倾向于采取的自以为是、自我指涉的视角，和进行有罪指控的行为。
>
> ——露丝·马库斯（Ruth Marcus），《华盛顿邮报》

女性职业经理人并不是唯一受到工作与家庭冲突影响的美国人。事实上，她们还是幸运的。她们负担得起优质的托儿服务，也可以外包大部分家务。她们还能够待在家里以确保优质看护的生活安排。[1]

不太富裕的家庭则不然，他们在平衡工作和家庭方面经常面临重重障碍。因此，当雇主要求一些工厂的工人加班时，她们会让保姆把孩子送到工厂。当经理质问这些女性时，她们说："如果把孩子独自留在家里，我会被关进监狱，我的孩子会被带走——我不能那样做。是你让我留下来的，所以孩子们才会来这里。"[2] 这个例子只是非专业人士面临的种种困境之一。一名包装工在临时下班时遭到解雇，因为她接到电话说她的学龄前孩子因头部受伤被送去了急诊室。一名报社接线员是一岁孩子的母亲，也是她母亲的主要看护人。她在照顾了孩子和母亲一夜后睡过了头，导致上班迟到。虽然她提前打了电话，但仍然

---

[1] Ruth Marcus, "The Family as Firing Offense; for Too Many Workers, Emergencies at Home Force Stark Choices," *Washington Post*, May 14, 2006, at B7 (epigraph).

[2] Naomi Gerstel, Dan Clawson, "Union's Responses to Family Concerns," 48 *Social Problems* 284–285 (2001).

迟到 20 分钟而被解雇了。①

对有孩子患有严重疾病或慢性疾病的家庭来说，美国缺乏托儿服务和社会服务，再加上工作缺乏灵活性，因而造成了一种有害的聚合，威胁着父亲和母亲的工作。我们可以看看一些案例：需要抚养患哮喘儿子的离异父亲；儿子有严重残疾的父亲；继父因枪伤而瘫痪的年轻人；儿子患有糖尿病的男性火车司机；儿子患有严重心脏病的男性出租车司机；孩子需要人工呼吸机的父亲；孩子有特殊需要的父亲；儿子有严重精神和身体残疾的门卫。所有这些人都因为工作与家庭的冲突而受到纪律处分或被解雇。②

20% 的美国家庭正在照顾有特殊需要的孩子；这些家庭的看护人中有 30% 要么减少工作时间，要么由于职责冲突而最终失去工作。当家庭危机来临时，这些家庭没有资源为生病或陷入困境的家庭成员雇用助手或寻求专业护理。电话公司的员工因监控自己家里的电话而被解雇，他可能担心吸毒的青少年、曾

---

① ATU database: *Chicago Transit Authority*, case no. *97-0166* (Hayes, 1999)（仲裁员裁定申诉人复职、不承担资历损失、留用察看，并裁定公司发放部分欠薪；申诉人因多次缺勤而被解雇，缺勤原因：一次爆胎；一个家庭葬礼；一次对假期的误解；一次对额外董事会职责的误解；一次暂停驾照；一次时间浪费在带儿子参加高中分班考试上）；*Knauf Fiber Glass*, 81 LA 333 (Abrams, 1983)（仲裁员裁定申诉人复职、不归还欠薪、留用察看。仲裁员总结道："申诉人深深感受到她作为三个孩子的未婚母亲的个人义务和责任。虽然可以理解的是，她的儿子和女儿对她来说可能是最重要的，但她的雇主可以坚持她必须满足合理的出勤要求。申诉人可以满足这些要求，保住她的工作并抚养她的孩子。如果她现在和将来不能满足这些要求，她将失去工作，她的孩子也将因此遭殃。虽然她需要付出巨大的努力来履行双重责任，但这肯定是值得的"）；*Chicago Tribune Co.*, 119 LA 1007 (Nathan, 2003)（仲裁员裁定申诉人复职，认为她睡过头导致迟到是符合 FMLA 的事件：睡过头是因为太疲惫，而导致其疲惫的原因是她作为她母亲的主要照顾者的责任）。

② nterlake Material Handling Div., *Interlake Material Handling Div., Interlake Conveyors Inc.*, 113 LA 1120 (Lalka, 2000)（仲裁员裁定申诉人复职：申诉人所在单位拒绝他提供任何文件证明他患有哮喘的儿子生病了而不得不待在家里）；Boise *Cascade Corp., Insulite Div. International*, 77 LA 28 (Fogelberg, 1981)（儿子严重残疾）；*State of NY, Dept. of Correctional Services*, 89 LA 122 (Handsaker, 1987)（孙子瘫痪）；ATU database: *Massachusetts Bay Transportation Authority* (Hodlen, 2001)（儿子患有糖尿病）；*Budget Rent-A-Car Systems*, 115 LA 1745 (Suardi, 2001)（儿子患有心脏病）；ATU database: *Chicago Transit Authority*, case no. 99-155 (Patterson, 2001)（孩子正使用人工呼吸器）；ATU database: *Massachusetts Bay Authority* (Dunn, 2000)（孩子有特殊需要）；*Tenneco Packaging, Burlington Container Plant*, 112 LA 761 (Kessler, 1999)（仲裁员裁定申诉人复职，且裁定公司支付全部欠薪：该申诉人是一个单亲母亲，有一个患有智力障碍的儿子，为公司服务 27 年。在她因儿子的保姆无法工作而缺勤时，遭到解雇）；*Mercer County Association for the Retarded & American Federation of State, County and Municipal Employees AFL-CIO*, 1996 WL 492101 (Hewitt, 1996)（儿子患有智力障碍）。

威胁要自杀的家庭成员、独自在家的哮喘儿童、因患阿尔茨海默病而面临危险并生活在暴力社区的老人，诸如此类的案例都为如何解决家庭的危机提供了一个窗口。这些案例表明，专业人士认为理所当然的一些重要权利，如工作时拨打私人电话的机会，在这些案例中往往比较缺乏。尤其是在夏天，当6至12岁的孩子中有十分之一独自在家，或有13岁以下的兄弟姐妹陪伴时，所有的在职父母都需要拥有能够打电话回家的机会[①]。

工作与生活法律中心研究了99起工会仲裁案件，以调查工薪阶层父母在努力兼顾工作和家庭责任的竞争性需求时面临的问题。这些案件让我们得以一窥这两种责任在男性和女性生活中的冲突——公共汽车司机、电话工人、建筑线路工、木匠、焊工、护士的助手、门卫等。他们的低收入工作使他们成为有工作的贫困人群。这些申诉人都面临着一个类似且令人深感不安的困境：他们努力履行重要的家庭责任，却危及了支撑家庭所必需的工作。这些工人比普通人拥有更多的保护：他们是工会成员，而工会可以选择挑战（或"申诉"）他们各自单位的纪律。但对于87.6%没有加入工会的美国工人来说，情况则大不相同。在没有工会的工作场所，雇员享有的权利和保护通常较少。[②]

这些案件背后的种种故事代表了更深层次斗争表层的涟漪。在美国，很多专业人士并不了解工作与家庭冲突的全貌。那些职业母亲——"发现她们内心中的家庭主妇"——振奋人心的故事，并没有捕捉到这种冲突。这种冲突也不

[①] Netsy Firestein, *A Job and a Life: Organizing & Bargaining for Work Family Issues: A Union Guide*, Labor Project for Working Families 17 (2005)（20% 的母亲需要照顾有特殊需要的孩子）；CWA database: *Ameritech*, case no. 4-99-39 (Bellman, 2001)（仲裁员裁定申诉人复职，但公司无须支付欠薪；申诉人为公司服务25年，有几个年幼的孩子，其中一个患有哮喘。因上班时通过手机监控查看孩子的情况而遭到解雇）；Firestein, *supra* note 5, at 15（6到12岁的孩子中，十分之一独自一人在家）。

[②] United States Department of Labor, Bureau of Labor Statistics, *Union Members Summary*, January 28, 2009. 在有工会的工作场所，当工人被纪律处分或解雇时，工会可能会代表工人提出申诉，认为雇主缺乏"正当理由"。如果工会和雇主协商解决的尝试失败，案件将进入仲裁程序。大多数仲裁是不公开的，但在某些情况下，裁决是公开的。本文引用了几个来源。本文使用了工作与生活法律中心（The Center for Work-life Law）关于工会仲裁、工作/家庭冲突、工会的初步报告中分析的已发表案例。这份报告由马丁·H. 马林（Martin H. Malin）、莫林·K. 米丽根（Maureen K. Milligan）、玛丽·C. 史蒂尔（Mary C. Still）和琼·C. 威廉姆斯（Joan C. Williams）撰写，并于2004年在网上发布。本文还使用了我们在该初始报告发表后发现的其他已发表仲裁，并通过3个工会慷慨提供给我们的未发表的仲裁数据库：美国通信工人工会（the Communication Workers of America, CWA）、联合运输工会（the Amalgamated Transit Union, ATU）和卡车司机工会（the Teamsters）。

是广受工会关注的事件。对媒体和工会来说，这些案件传达的重要信息是：它们应该开始报道工作场所与劳动力的不匹配在不同阶层之间的差异。工会有义务为他们的成员服务，组织更多的工人加入工会，并以有利于工人的方式影响政治进程。解决工作场所与劳动力不匹配的问题，绝对有助于实现这三个目标。长期以来，工会女性一直认为，工作与家庭问题有利于把女性组织起来，但事实是，许多加入工会的男性也迫切关注工作与家庭的问题。[1] 工会需要一种和男性休戚与共的新信息："老板给了我一份工作，并不意味着他可以禁止我把家庭放在首位。"对当今大多数工薪阶层的男性来说，"供养"家庭需要他们提供照料和现金。

这些工薪阶层中工作与家庭冲突的故事有可能改变全国性的辩论。这种可能性跨越了党派界限；乔治·W.布什领导下的劳工部发现，工作与生活法律中心发布的一份题为《孩子生病导致我被解雇：在不选择退出时》的报告，在是否取消工人根据联邦家庭和医疗休假法（Family and Medical Leave Act, FMLA）提供的短期休假权利（例如，每周请假两次进行肾透析，或一年请假三次、每次一周照顾因严重慢性病住院的孩子）的争议中，发挥了重要作用。该报告支持了一些人的观点：工人间歇性申请FMLA假期的原因是他们的迫切需要，而不是像一些经济学家所说的那样，他们是在"钻制度的空子"。这份报告也为当前美国工人争取最低带薪病假天数的运动中发挥了重要作用。大力宣传工人们所面临的工作与家庭之间的剧烈冲突至关重要；帮助工人解决这些冲突应该被视为工会运动的核心，而不是一种虚饰。毕竟，再多的工资或福利都无法帮助因把家庭放在首位而被解雇的工人们。

工作与家庭冲突的新面貌

工薪阶层的美国人通常缺乏那种在专业和管理工作中的灵活性。

中上阶层的员工可以请假参加孩子的学校活动，可以在工作时拨打私人电话，甚至可以丢下工作去照看生病的孩子。他们还可以经常自主安排自己的工

---

[1] Marion Crane, "Feminizing Unions: Challenging the Gendered Structure of Wage Labor," 89 *Mich. L. Rev.* 1155–1156 (1991).

作日，以方便他们带家人去看病。蓝领和粉领工人的情况有所不同。他们受到严格的管理。通常情况下，他们必须"打卡上班"并遵守严格的时间安排。上班迟到或提前几分钟下班都可能招致解雇。除了午餐时间和指定的休息时间，私人事务通常是被禁止的。一项研究发现，三分之一的工薪阶层工人——男性和女性——无法决定何时休息，近60%的工人无法选择上班或下班的时间，53%的工人无法请假照顾生病的孩子。①

近四分之三的在职成年人表示，他们很少或根本无法决定自己的工作时间安排。此外，在工薪阶层中，87%的家庭有两周或更短的假期和病假。近70%的工薪阶层父母报告说，他们曾因家庭紧急情况而带薪休假，但只有约34%的父亲和39%的母亲表示，他们实际使用了假期。"很难休息一天"，一位在职妈妈解释说。"如果你想请假一天，你可以提交申请单，但十有八九会因人手不足而遭到拒绝。"只有10%的在职母亲有带薪产假（除了病假和休假时间），如果出现紧急情况需要额外休假，她们会很容易受到纪律处分或被解雇。②

工作场所缺乏弹性对有孩子的美国家庭的影响尤为严重。尽管人们总是认为只有富有的女性才能负担得起兼职工作，但很多工薪阶层女性的工作时间实际上却有所减少。一项定性研究发现，在工薪阶层的双职工家庭中，三分之二的妻子通常比丈夫工作的时间更短。但如前所述，美国工人为兼职工作付出了高昂的代价——兼职工作每小时的惩罚高达工资的21%。然而，最近的一项调查发现，美国小时工中的兼职工作需求，高于专业人士中的兼职工作要求。考虑到工作时长和收入之间的取舍，该调查表明了对家庭时间的极度渴望。在美国，整整有95%的女性和90%的男性都希望有更多的时间陪伴家人。③

---

① Jody Heymann, *The Widening Gap: Why America's Working Families Are in Jeopardy and What Can Be Done about It*, 115, Figure 6.1 (2000).

② AFL-CIO, *Work and Family*; Heymann, *supra* note 8 at 133; Maureen Perry-Jenkins, Heather Bourne, & Karen Meteyer, "Work-Family Challenges for Blue-Collar Families," in *The Future of Work in Massachusetts*, 185–204, 191, 193 (Tom Juravich ed., 2007).

③ Fancine Deutsch, *Halving It All: How Equally Shared Parenting Works* 172, 186–189 (1999)（妻子的工作时间通常更短）; Janet C. Gornick & Marcia K. Meyers, *Families That Work: Policies for Reconciling Parenthood and Employment* 63 (2003)（罚款是工资的21%）; Corporate Voices for Working Families (WFD Consulting), *Business Impacts of Flexibility: An Imperative for Expansion* 16 (November 2005)（对兼职工作的需求更高）; Gornick, Meyers, *supra* note 10 at 81（他们希望有更多的时间陪伴家人）。

不灵活的时间安排与所谓的"无过错"渐进式纪律制度往往结伴而行。在这些制度下，工人会因缺勤而累积点数——无论是什么原因——除非工作规则或工会合同明确涵盖了某种情况。如果累积到一定的点数，该工人首先会受到纪律处分，然后被解雇，无论其缺勤累积的原因是什么。在本文讨论的仲裁案件中，一些工人有优秀的出勤记录，而其他很多工人则在照看孩子、看护老人、交通等问题上苦苦挣扎，从而导致了令人不满意的缺勤记录。问题不在于雇主是否有权指望员工准时上班——显然他们有权。然而，这里出现了两个问题。第一个问题是，当紧急情况触发了导致解雇的最后一个点数时，那些已经尽其所能实施可靠的日常工作和备用家庭看护的员工，是否应该被解雇。第二个问题是，FMLA所涵盖的缺勤，是否可以被视为合法的、无过失系统下的点数。[1]

拼拼凑凑和"混合双打"

24小时经济意味着很多人的工作时间是欧洲人所说的"非社交时间"：公认的工作日之外的工作时间，而这种时间传统上是留给家人和朋友的。事实上，对于40%的美国从业人员来说，他们大部分的工作时间都是在标准的白天时间之外。在有孩子的双职工家庭中，51%的父母至少有一位在上非白班。近30%的人提到了开始和停止工作时间的可变性，即开始和停止工作的时间通常是由雇主随意设定。10%的美国人的工作时间安排是如此不可预测，以至于当研究人员问起时，他们表示，他们本周不知道下周的工作时间安排是什么。夜班是最常见的替代工作安排，在全职工人中，占所有非标准工作班次的40%，而在兼职工人中，占据一半以上。[2]

非标准工作时间在低端服务业和体力工作中尤其普遍，在零售业中也越来越普遍。这些行业低薪雇用了很多母亲，她们根本负担不起托儿服务的费用。不足为奇的是，在非社交时间工作的人往往会导致人际关系紧张。这种时间安排的直接后果是，工作与家庭之间的冲突更高、婚姻质量更低、与孩子相处的

---

[1] 参阅其他文献，如：Jeanne M. Vonhoff & Martin H. Malin, "What a Mess! The FMLA, Collective Bargaining and Attendance Control Plans," 21 *Ill. Pub. Employee Rel. Rep.* 1 (2004)。

[2] Deutsch, *supra* note 10 at 170 (1999); Heymann, *supra* note 8 at 48.

时间更少。还有一种后果是，一起吃饭、监督家庭作业和共享休闲时光的可能性更低。非标准班次的工人如果离婚会面临特殊的困难。一位离异母亲因班次的变动而失去了工厂的工作：她拒绝按时开始新的班次，因为她认为，如果这样做，会失去对孩子的监护权。①

如上所述，缺乏弹性的工作时间安排往往会导致工作与家庭发生冲突。雪上加霜的是，美国工人高度依赖家庭成员照顾孩子。在美国，托儿服务不仅价格昂贵而且质量参差不齐。因此，工薪阶层家庭往往依赖家庭成员照看孩子，而这种安排堪比一条疯狂的被单②，其中可能包括父母轮班工作以照看孩子，拜托祖父母和其他家庭成员来帮助照看孩子。这种脆弱的、拼拼凑凑的系统经常会崩溃。一项研究发现，为了照顾家人，30% 的受访工人（近四分之一的男性和超过三分之一的女性）不得不一周内至少减少一天的工作。在时间安排最缺乏弹性的低收入工人中，这种缩减更为常见。造成这种情况的原因可能是，他们依赖托儿中心的可能性只有专业管理人员的一半。③

在我们考察的仲裁案件中，很多有利于工人的仲裁，都与父母在常规和备用儿童看护方面精心安排的计划出了差错有关。例如，在普林斯顿市学区教育委员会一案中，一名教师要求请事假，因为她的常规日托人员突然生病了，而她的丈夫又出城了，婆婆也有工作安排。在没有证据证明她曾试图通过商业日托中心安排备用看护的情况下，学校官员拒绝了她的请假。在事发的当天，她之所以没有去找商业日托中心，主要是因为她在几年前就了解到，当地的日托中心不接受临时客户。仲裁员认为，该教师的事假应该得到批准，因为她有一个备用计划——依靠她的丈夫和婆婆——而这种计划在过去都没有出过问题。④

在印第安纳州通用电话公司一案中，一名仲裁员裁定一名服务文员胜诉。

---

① Julia R. Henly, H. Luke Schaefer, & Elaine Waxman, "Nonstandard Work Schedules: Employer- and Employee-Driven Flexibility in Retail Jobs," 80 *Social Service Rev.* at 609, 610 (December 2006)（引用相关研究）；*ITT Industries, Night Vision Roanoke Plant*, 118 LA 1504 (Cohen, 2003)（仲裁员裁定申诉人复职；雇主不允许申诉人撤销她在雇主更改轮班时间表后提交的辞职）。

② 碎布缝成的被单，意指拼拼凑凑的安排。——译者注

③ Heymann, *supra* note 8 at 24–25 (30% had to cut back); *Id.* at 36, 126（低收入工人的裁员更频繁）。

④ *Princeton City School District Board of Education*, 101 LA 789 (Paolucci, 1993)（仲裁员认为，在申诉人因其儿童日托服务人员生病而被拒绝休假后，学校应准许其休假）。

该文员刚生完孩子，在休完产假回来的当天，被要求参加一个为期两周的外地培训课程。因为接到通知的时间不到一周，该文员找不到保姆，而她的丈夫又被派到外地工作。该文员要求给她足够的时间安排好保姆后再去参加培训。主管建议她几个月后再开始上课；她同意了。但几天后，她被告知，参加培训课程是一项工作要求，如果不去，她将被解雇。又过了几天，公司给她的选择是降级为接线员或被解雇。仲裁员恢复了这名员工的全额工资、福利和资历，并指出单位"没有做出任何努力来满足她非常真实的育儿需求"，尽管另外两名员工因不可抗拒的个人原因而被免除了参加同一培训。仲裁员认为，如果在配偶和其他亲属都不在的情况下找不到合适的保姆"不是一个不可抗拒的个人原因"，那"很难想象什么样的理由才是可以被接受的"。①

还有一名仲裁员裁定威斯敏斯特远程服务中心社会保障管理局的一名员工胜诉，这是另外一起涉及备用儿童看护的案件。该员工是一名联络代表。在常规保姆的汽车出了故障、备用保姆的丈夫又因心脏病发作住院的情况下，她没能去上班。单位将她的缺勤视为擅离职守。这名员工是一位单亲妈妈，附近没有亲戚，她一直在努力联系她的主管，也为长途电话费表现得越来越焦虑。她的主管从未回过她的电话。最终，她沮丧地爆了粗口，并留在了家里。她因缺勤而受到了纪律处分。仲裁员推翻了这一决定，并指出她有权根据合同享有紧急年假，因为：

> 她遇到了通常意义上的"紧急情况"：她有一个托儿紧急情况。无可争议的是，她合理合法依赖的两个儿童看护人突然出了问题。……事实上，她的这种情况完全符合合同中描述的情况；也就是说，她的托儿安排发生了意想不到的变化。②

男性和女性之所以都受到托儿服务临时中断的影响，在很大程度上是因为"混合双打"出现问题。这儿的"混合双打"指父母两人轮流工作，以便在一

---

① CWA database: *General Telephone Company of Indiana*, case no. 5-80-934 (Walt, 1981)（仲裁员裁定申诉人复职：申诉人因未参加外地培训项目而被解雇，该培训从她休完产假回来那天开始）。
② *Social Security Administration, Westminster Teleservice Ctr.*, 93 LA 687 (Feigenbaum, 1989)（申诉人因擅离职守而受到处分，对此,仲裁员认为,该申诉人有权享受紧急年假,因为她定期照看孩子的安排出了问题）。

方工作时，另一方可以照顾孩子。在"混合双打"组合中，丈夫在妻子工作时充当孩子的主要看护人。① 密尔沃基劳工委员会前任主席约翰·戈德斯坦在描述自己的经历时这样说：

> 当我还是一名年轻的公交车司机时，我的孩子们还很小（4岁、2岁和1岁）。我上晚班，我妻子白天去上学。我们负担不起托儿费用，所以我们就总有一个人在家。隆冬的一天，我被安排在下午4点上班。保姆没有出现，也没有打电话说她不来。我不得不把孩子们穿得暖和些，带他们去上班。他们不得不和我一起坐公交车。大约两个小时后，我很幸运地看到我的妻子在一家咖啡馆学习，所以我停下车，跑进去把孩子们交给她。②

"混合双打"模式存在于双职工家庭中，但在非双职工家庭中更为常见，尤其是在年轻的低收入家庭中。这种育儿方式部分是由简单的经济学原理驱动的。由于缺乏政府补贴，在每个州，一岁儿童的平均托管费用高于该州大学的平均学费。大多数专家估计，美国有一半以上的有偿看管是"不及格"或"勉强合格"的，只有10%左右的有偿看管称得上优质服务。换句话说，家庭外的托儿服务要么贵得离谱，要么质量太差；父母双打是一种避免劣质看管的方法。但是，家庭提供看管本身就可能面临高昂的代价和风险。一旦双打父母或祖父母被禁止离开工作场所或被勒令加班，他们就会面临必输的局面。那些未经上司同意就擅离职守的人很可能会受到纪律处分甚至丢掉工作。③

当面临照顾孩子的紧急情况时，双打家庭必须做出艰难的选择：母亲或父亲可能会因请假照顾孩子而面临纪律处分或被开除。在美国钢铁公司一案中，一名工人旷工的原因是，他的常规保姆在医院，而他妻子单位的旷工政策比他公司的还要严格。在另一起案件中，一个孩子刚刚蹒跚学步的父亲，早上7点就开始到仓库工作，这样可以下午3点去学前班接女儿；他的妻子每天早

---

① Harriet B. Presser, "Toward a 24-Hour Economy," 284 *Science* 1778, 1779 (June 11, 1999).

② Firestein, *supra* note 5 at 7.

③ Heather Boushey, *Tag Team Parenting*, Washington, DC: Center for Economic and Policy Research 3 (2006)（鲍施伊的结论是："低收入家庭根本负担不起正规的托儿服务"，而且"家庭建立的时间越长，夫妻双方的时间安排越相似"）；Heymann, *supra* note 8 at 50（针对1岁儿童的托儿服务的平均价格）；Gornick & Meyers, *supra* note 10 at 53（只有10%的有偿托儿服务在促进发育方面是优质的）。

上把孩子送到学前班。这位父亲质疑雇主试图将他的工作时间改为朝九晚五，他的理由是工会合同不允许公司单方面改变上班时间。他最终赢得了申诉，而如果没有工会，他很可能会失去工作。在第三个案件中，一名父亲因不得不去接女儿而拒绝接受任务，因此遭到解雇。仲裁员将他的解雇调整为停职一个月。但在另一起仲裁案件中，一位木工丢下工作去接孩子，雇主辩称，他应该首先遵守留下的命令，然后再去讨论（也就是说，挑战雇主的命令）。对此，仲裁员并未表示认可："'首先留下，然后讨论'的规则并不适用于这位父亲。显然，（他）无法一边工作，一边接孩子。"[1]

我们考察的这些案件还揭示了一个意想不到的发现：男性的工作与家庭冲突不仅源于"混合双打"合作，还源于离婚。举个例子，一名22岁的工人解释说，他的全职妻子离开了他和他们4岁的儿子。他被告知，社会服务部门正在调查他疏忽孩子的情况。他们没有找到指控他的理由，随后试图协助他为儿子找到日托中心，但在与不可靠的保姆苦苦斗争了近3个月后，他才能够将儿子安置在一家经过批准的日托机构。与此同时，根据雇主的无过错政策，他因旷工过多而遭到解雇。湖际运送公司一案涉及一名物料搬运工。他被解雇的原因是，单位拒绝他出具凭证说明作为一名离异父亲的他需要待在家里：儿子哮喘病发作了。[2] 两位父亲后来都被仲裁复职了，但如果不是工会会员，他们可能就没有这个运气了。

即使家庭能够依靠日托中心或家庭成员，他们仍然必须应对付费服务通常不灵活的工作时间和政策。大多数日托中心在父母正常工作时间结束前就会关闭，如果接孩子迟到了，大多数日托中心会收取高额费用（通常是每分钟1美

---

[1] *U.S. Steel Corp.*, 95 LA 610 (Das, 1990)（仲裁员维持对申诉人的停职处理：申诉人是一名工厂工人，因妻子单位的旷工政策更严格、他不得不回去照顾孩子而离开工作岗位。仲裁员认为，他因照顾孩子有困难而未能加班）；*Central Beverage*, 110 LA 104 (Brunner, 1998)（仲裁员认为，单方面改变申诉人的工作时间违反了合同）；*Jefferson Partners*, 109 LA 335 (Bailey, 1997)（仲裁员将申诉人的解雇处理调整为停职一个月：申诉人是一位父亲，因为不得不去接女儿而拒绝接受任务）；*Ashland Oil, Inc.*, 91 LA 1101 (Volz, 1988)（仲裁将申诉人的停职3天期缩短为1天：申诉人是一名木工，提前下班去日托中心接孩子）。

[2] CWA database: *Suprenant Cable Corp.*, case no. 1-95-85 (Bornstein, 1995)（仲裁员裁定申诉人复职，但公司无须支付工资：申诉人在妻子离开他后，因照顾儿子过度缺勤而被解雇）；*Inter-lake Material Handling Div.*, supra note 4（仲裁员裁定申诉人复职：申诉人所在单位不允许他证明他是因为儿子生病而需要待在家里）。

元）。更重要的是，如果没有按时接走孩子，日托中心的工作人员会很不高兴，如此，迟到的父母可能会失去他们的托儿服务，而这往往意味着失去工作。在我们调查过的五起仲裁案件中，工人在失去托儿服务后也很快失去了工作。①

另一种常见的情况是，雇主通常在没有提前通知的情况下，单方面改变员工的上下班时间，而父母的托儿服务人员不能或不愿在不同的时间看管孩子。有时，工作时间安排的改变影响的不是儿童看管，而是老人看护。在辛普森诉哥伦比亚特区人权办公室一案中，一位秘书对雇主坚持要她提前一个半小时上班提出质疑，因为这样一来，她就无法在上班前照顾年迈生病的父亲。在某些工作中，雇主无法提供灵活性——显然，任何雇主都不能为了迁就一个保姆而停止生产线。但是，很多雇主可以在不损害业务需求的情况下，提供比现在更大的灵活性。②

家庭危机和雇主的否认

在上述涉及 30 多名电话公司员工因窃听电话而被解雇的仲裁案件中，家庭面临的危机清晰可见。其中一名员工报告说，她的儿子精神很不稳定，曾威胁要杀死她和家人，也曾威胁要自杀。还有 3 名有孩子的员工报告说，他们的孩子曾威胁或试图自杀。另外一名员工的继女，曾对她的亲生女儿进行身体上的威胁。一名员工则忧心忡忡，一天内给家里打了 52 次电话；当侵入监听线路时，她听到儿子承认自己吸毒。两名员工监听他们父母的电话：一名员工的母亲"精神错乱"；另一名员工的父亲生病了。在另一起仲裁案件中，一名任职 25 年的员工因通过手机查看她年幼孩子们的监控而被解雇，而其中一个孩

---

① *Naval Air Rework Facility*, 86 LA 1129 (Hewitt, 1986)（仲裁员维持对申诉人的免职决定：申诉人因照顾患上水痘的孩子而被拒绝病假）；*Piedmont Airlines Inc.*, 103 LA 751, 753；*Southern Champion Tray Co.*, 96 LA 633 (Nolan, 1991)（仲裁员维持对申诉人的免职：申诉人是一名机修工，在上司两次警告他需要做好备用托儿安排后，他均未能做到）；*Sutter Roseville Medical Center*, 116 LA 621 (Staudohar, 2001)（仲裁员维持对申诉人的免职：申诉人是一名核医学技术人员，因为住得很远且不得不照顾儿子而拒绝随时待命。新主管指控他不服从命令）；*Town of Stratford*, 97 LA 513 (Stewart, 1991)（仲裁员维持对申诉人停职 5 天的处理：申诉人是一名警察，因没有提前接到通知而找不到托儿服务，所以在接到命令要求她返回时未能回去报到）。

② *Simpson v. District of Columbia Office of Human Rights*, 597 A.2d 392 (D.C. Cir. 1991).

子患有哮喘。一名在职 14 年、因旷工而被留用察看的员工，最后因未能及时上班而被解雇了。他待在家里的原因是他怀孕的妻子暴怒之下摔坏了手机，他决定不能把孩子单独留在她身边，他妻子后来死于脑出血。①

除了托儿服务中断和家庭危机，家庭成员的疾病也是可能导致纪律处分或失业的原因之一：家庭成员缺乏可以用来照顾生病家庭成员的病假。儿童常见病是一个主要问题。有特殊需要的幼儿平均每年看病 11 次；其他幼儿平均每年看病 4 到 6 次。在 2 到 4 岁的孩子中，有特殊需要的孩子每年看病的次数降至 7 次，其他孩子则降至 4 次。在所有成年人都有工作的 70% 的家庭中，当孩子生病时，在职父母中的一方需要留在家中，但他/她可能会因此失去工作。例如，在海军航空返工设施公司一案中，申诉人和她的丈夫都在工作，一个是机械师，一个在航空航天工厂上班。因为孩子得了水痘，托儿所不接受他们的孩子，所以母亲留在家里照顾生病的孩子。她在返回工作岗位后，因没有补请到病假而被解雇。仲裁员站在雇主的立场上，认定该雇员没有提供当地卫生局出具的必要文件，证明其孩子的疾病需要隔离。②

根据 FMLA，照顾患有严重健康状况的直系亲属（配偶、子女或父母）的工人，有权每年享有最多 12 周的无薪假，只要他们的雇主拥有 50 名或更多员工，而他们也为该雇主工作了一年或以上，或者在请假前的一年中工作了 1250 小时。工人可以间歇性地申请 FMLA 假期，这对需要带家人看病或家人患有慢性病的人来说特别有用。然而，很多工人并没有被覆盖到：只有 11% 的私营企业符合该法案的最低规模要求，导致多达 40% 的工人没有被覆盖到。被覆盖到的工人有时也申请不到 FMLA 假期，原因有二：一是雇主未能认可其申请方式；二是未能获得必要的医疗文件。在其他的仲裁案件中，我们尚不清

---

① CWA database: *U.S. West Communications*, case no. 7-95-93 (Rinaldo, 1999)（仲裁员维持对 7 名工人的开除处理，因为他们没有面临"直接的、压倒性的安全威胁"；仲裁员将对 9 起申诉案件的驳回处理降级为正式警告，因为它们符合安全威胁测试）；*Ameritech*, supra note 5（该员工从手机监控里查看她患哮喘病的孩子）；ATU database: *Chicago Transit Authority*, case no. 98-080 (Goldstein, 1997)（仲裁员裁定申诉人复职，但公司无须支付工资；申诉人为公司服务 14 年，妻子怀孕。他不想在妻子暴怒之下摔坏手机后将孩子留给妻子）。

② Heymann, supra note 8 at 73（儿童常见疾病统计）；*Naval Air Rework Facility*, supra note 23。

楚工人是否曾经考虑过 FMLA。①

即使是在最好的情况下，FMLA 假期也只占家庭实际需要的一小部分。显然，家庭需要更多的假期去体验日常生活中的欢乐、应对日常生活中的苦难。孩子离开学前班后很长一段时间都需要大人的照顾。在孩子的青春期，父母的高度参与明显有助于孩子建立自尊。父母的积极参与和监督也有助于预防青少年犯罪和其他危险行为：大多数青少年暴力发生在下午 3 点到 6 点之间。这段时间大多数学校都已经停课，但父母们通常还在上班。我们分析的几起仲裁案件均涉及员工的青春期孩子（女儿自杀；儿子在团伙斗殴中受伤；父亲因家庭成员生病和"青少年失足"缺勤而被解雇；父亲因其他原因缺勤而被解雇，其中包括女儿吸毒过量）。②

当祖父母优先考虑家人的需求时，他们也会面临工作场所的纪律处分或失业。因为美国人第一次成为祖父母的平均年龄是 47 岁，四分之三的祖母和近十分之九的祖父都还在工作。如此，在照料学龄前儿童的祖母中，有三分之一以上的人通常有其他工作。许多祖母帮助她们的女儿照顾孩子，但像父母面临着工作与家庭的冲突一样，这些年长的看护人也很容易受到工作与家庭冲突的影响。退伍军人事务部医疗中心一案的祖母因找不到托儿服务而不能按规定的时间（下午 3 点半到 12 点）上班，如此，她被迫从育儿助理师的工作中停职了。

---

① Family and Medical Leave Act of 1993, Pub. L. No. 103-3, 107 Stat. 6；Susan J. Lambert & Anna Haley-Lock, "The Organizational Stratification of Opportunities for Work-Life Balance," *7 Community, Work & Family 179* (2004)； Gornick & Meyers, *supra* note 10, at 114（10% 和 60%）；ATU data-base: *Chicago Transit Authority*, case no. 00-373 (Gundermann, 2001)（雇员未能以雇主能够理解的方式申请休 FMLA 假期）；*Budget Rent-A-Car Systems, supra* note 4（一些雇员未能提供必要的医疗凭证）；Boise *Cascade Corp., Insulite Div. International, supra* note 4（不清楚工人是否考虑使用 FMLA 假期）。

② Barbara Schneider & David Stevenson, *The Ambitious Generation: America's Teenagers, Motivated but Directionless* 145 (1999)（父母的参与有助于孩子建立自尊）；Stanford A. Newman et al., *America's After-School Choice: The Prime Time for Juvenile Crime, or Youth Achievement and Enrichment*, Fight Crime: Invest in Kids, 2–3 (2000), available at http://www.fightcrime.org（父母的积极参与有助于预防青少年犯罪）；ATU database: *Transit Management of Decatur* (Perkovich, 1998)（有自杀倾向的女儿）；*Chicago Transit Authority, supra* note 27（团伙斗殴）；*Greater Cleveland Regional Transit Authority*, 106 LA 807 (Duda, 1996)（仲裁员维持对申诉人的开除处理：申诉人是一名刹车技师，尽管被告知可以申请家事假和病假，但他没有这样做；尽管一再被敦促使用员工援助项目的资源，但他没有这样做；甚至在给他额外的两周时间来提供适当的疾病证明的情况下，但他也未能提供）；ATU Database: *Regional Transit Authority* (Vernon, 1983)（女儿吸毒过量）。

另一起案件中的祖母在公交车司机工作中失去了晋升的机会，因为她为照顾受伤的成年儿子而缺勤了很长一段时间。还有一起案件中的一名钢铁厂工人因在家照顾车祸受伤的成年女儿而被解雇。在默瑟县的案件中，一位有法定监护权的祖母需要请假照顾她的孙辈。祖父母即使不是孙辈的法定监护人，他们也经常提供常规的看护服务：超过五分之一的学龄前儿童在父母工作时主要由祖父母照顾。最近的一项研究报告称，240万名祖父母担负起照顾孙辈的主要责任，其中超过四分之一的人已经照顾孙辈5年或更长时间。①

祖父母的奉献有时会缓解父母的工作与家庭冲突，但不仅是孩子需要照顾，他们最终也需要照顾：四分之一的家庭需要照顾年迈的亲属。在50至64岁需要支持来满足其健康和情感需求的人群中，有84%的人依赖非正式的护理网络。近五分之一的看护人表示，他们每周看护家里老人40多个小时，平均看护时长为4.3年。得克萨斯州的斯普林特（中心）电话公司一案中的电话客服代表，因照顾母亲带来的压力而未能完成销售指标，她母亲在仲裁期间离世。有57%的看护人表示，他们上班不得不迟到、早退，或在白天请假来看护老人。工作与家庭之间发生的冲突往往鲜为人知，而主流媒体也很少对其进行报道。工会也可能无法完全掌握其成员必须平衡工作与家庭危机的广度和深度。②

---

① Columbiana County Brd. of Mental Retardation & Disabilities, 117 LA 13 (Skulina, 2002)（仲裁员维持该县对一名资深雇员的申诉不予考虑的决定：初级员工的出勤记录更好；申诉人因照顾她受伤的儿子而多次缺勤）；Heymann, supra note 8 at 166（四分之三的祖母和十分之九的祖父都在工作）；Presser, supra note 18 at 1779（在照看孩子的祖母中，三分之一都在工作）；Harriet B. Presser & Amy G. Cox, "The Work Schedules of Low-Income American Women and Welfare Reform," Monthly Lab. Rev. 26 (April 1997)（祖母和女儿的"双打组合"）；Dept. of Veterans Affairs Medical Ctr., 100 LA 233 (Nicholas, 1992)（仲裁员将14天的停职期缩短为5天）；Federal Mogul Corporation, WL. 2003: 23531172 (Cohen, 2003)（在雇主拒绝撤销她的辞职后，仲裁员裁定一名工厂工人复职）；Mercer County Association for the Retarded, supra note 4（仲裁员维持对申诉人停职3天的处理决定：申诉人居家工作人员。因丈夫不在家，不能单独离开自己的有智力障碍的儿子而拒绝加班）；U.S. Census Bureau, Who's Minding the Kids? Table 2 (Fall 1995, issued October 2000),（21.7%的学龄前儿童由祖父母照顾）；U.S. Census Bureau, Grandparents Living with Grandchildren: 2000, at 3 (2000, issued October 2003),（240万祖父母）。
② Heymann, supra note 8 at 2（四分之一的家庭照顾年迈的亲属）；Mary Jo Gibson, American Association of Retired Persons, Beyond 50.03: A Report to the Nation on Independent Living and Disability 59 (2003),（84%依赖非正式安排）；Firestein, supra note 5 at 16（五分之一的看护人每周看护40多个小时）；Id. at 14（4.3年）；Sprint/Central Telephone Company of Texas, Inc., 117 LA 1321 (Baroni, 2002)（仲裁员维持对申诉人的解雇决定：申诉人是一名客服代表，需要照顾生命垂危母亲。仲裁员认为，她没有技能和性格来做好工作）；Firestein, supra note 5 at 14（57%的在职看护人）。

强制加班的负担

强制加班反映了工作场所缺乏灵活性,因此成为仲裁案件中反复出现的一种情况。当工作和家庭发生冲突时,强制加班制度的设计可以决定员工是否有可能逃避纪律处分或被解雇。加班问题之所以很重要,部分原因是在所有发达经济体中,美国人的工作时间最长。长时间工作的主要是男性:在 25 岁至 44 岁之间的母亲中,有 95% 全年每周工作少于 50 小时。虽然管理类和专业类男性最有可能每周工作 50 小时以上(38%),但在中等收入家庭(收入在 3.5 万美元到 10.1 万美元之间)中,近四分之一(23%)男性的情况基本差不多。工薪阶层男性平均每周工作 42 到 43 小时,远多于欧洲同行。[1]

强制加班使单亲家庭和"混合双打"家庭面临失业的危险。例如,在工会协商出解决方案之前,联合运输工会的成员因拒绝留下来接受长达 3 个小时的强制性加班而被解雇。联合运输工会的时任总法律顾问罗伯特·莫洛夫斯基说:"他们加班没有问题;问题是他们在轮班结束或临近结束时情绪反应强烈。在几乎或根本没有提前通知的情况下,即使支付加班费,他们也无法留下来,因为他们必须回家照顾孩子。"换句话说,他们是"混合双打"组合中的父亲。[2]

回想一下美国钢铁公司的案件,一个工人说,当家中的常规保姆生病时,他选择请假是因为他妻子的雇主有着更严格的旷工政策,结果是因无故旷工而被停职 15 天。强制加班所带来的照顾家庭的困难,目前普遍存在,亟需解决。[3]

---

[1] Gornick & Meyers, supra note 10 at 59 (美国人工作时间更长); Mary C. Still, Litigating the Maternal Wall: U.S. Lawsuits Charging Discrimination against Workers with Family Responsibilities, Center for Work-Life Law Report, University of California, Hastings College of the Law (2006) (95% 的母亲); Joan C. Williams & Heather Boushey, The Three Faces of Work-Family Conflict: The Poor, the Professionals and the Missing Middle, report by the Center for American Progress and the Center for Work-Life Law, University of California, Hastings College of the Law, Table 3, 7–8 (2010) (38% 和 23%); Gornick & Meyers, supra note 10 at 156–163(工薪阶层男性每周工作 42 到 43 小时;在解读格里克的统计数据时,我将工薪阶层定义为拥有高中学历但没有大学学位的男性)。

[2] Joan C. Williams, One Sick Child Away from Being Fired: When Opting Out Is Not an Option, Center for Work-Life Law Report, University of California, Hastings College of the Law (2006).

[3] U.S. Steel Corp., 95 LA 610 (Das, 1990)(仲裁员维持对申诉人的停职决定:申诉人因存在照看孩子的困难而未能进行强制加班)。

另一个例子是一个身为门卫的离异母亲。她17岁儿子的心智能力相当于18个月的孩子。她在天纳克包装伯灵顿集装箱厂工作了27年后，因有一天没去上班而被解雇。这位母亲缺勤的原因是一个周六，她儿子的保姆因为孩子生病而不能过去。所有的证据都表明这只是一起孤立、偶发的事件。在被解雇前的4个月里，除了周六可以休息，这位母亲每周工作60个小时。她在缺勤的那天，给雇主打了两次电话，并留言说她无法去工作。当她在下周一回去时，她请求将周六的缺勤算作请假，但被拒绝了。相反，她被解雇了。裁定她复职的仲裁员说：

> 该公司已经安排了很长一段时间的6天工作周。这种沉重的工作安排可能会对每个单亲员工都产生实质性的影响，尤其会对有孩子需要永久照顾和帮助的员工，产生严重的影响。该工人有合理的理由错过了她原定加班的两三个周六中的两个。

他继续说道，"每周工作6天的看护要求对看护人来说是一种压力"，尤其是考虑到"每天工作10个小时"。"在这种情况下，即使她的孩子没有生病，说服看护人定期在周末工作和长时间工作也会出现问题，这并不奇怪。"仲裁员裁定公司恢复该雇员的工作，并支付全额欠薪。大多数没有加入工会的美国工人则会在没有申诉的情况下被解雇。[①]

在纽约州罗彻斯特精神病中心一案中，另一位仲裁员代表一位单身母亲发挥了积极的作用。该案涉及的雇主是一家保健中心，申诉人是一位为该中心工作了9年的心理保健员。这位被解雇的保健员有出勤问题的历史，但所有这些问题几乎都源于她作为单亲母亲的身份。由于该中心人手不足且客户需要全天候护理，所以员工们需要定期加班。如果某位员工拒绝加班，就会被排在加班轮次表的首位，直到她接受为止，这就是为什么在该保健员拒绝加班后，她被要求5天后在正常晚班11:20结束后再加班8小时。鉴于加班通知的时间如此之短，而她的保姆因夜里有工作又不能留下来，该保健员问她的主管是否认识可以照看她孩子的人。主管虽然表示同情，但表示也不认识。该保健员随后说，

---

① Tenneco Packaging Burlington Container Plant, supra note 4 at 765–766.

如果她能把孩子们带过来，让他们在中心睡觉，她就可以继续加班，因为她不能把孩子们单独留下："如果我必须留下，我的孩子们就必须留在这里。"她又一次被解雇了；仲裁员再次推翻了对该员工的解雇决定，认为这种情况：

> 就公平感而言令人震惊。……该员工可能不是一个富有的女人，但她是一个实实在在的女人……她的工作收入并不高。如果她选择待在家里照看孩子，靠政府救济金生活，她的经济状况可能会好一些。然而，她并没有选择成为公众的负担，而是选择了为公众做出贡献。……她最近的绩效评估表明，"她在分配给她的任何一间病房中都表现得很好"。正如各方当事人所知，我并不认为她有考勤违规和不服从的行为。……事实上，她理应得到每一次可以想象到的"休息"……她的孩子们衣着整洁，举止得体。她努力想做个好家长，结果造成了工作上的问题。

鉴于保健员通常每月加班 2 到 3 天，仲裁员指示该保健员提前 30 天确定她每月可以加班的 3 天时间。该案例在一定程度上表明加班制度应该如何设计——特别是如何将这种方法最大限度地与依赖于自愿加班的制度结合起来，以确保不会给扛起家庭责任的成年人带来惩罚性影响。另外两起仲裁案件中护士的助手就没那么幸运了。两个人都被解雇了，但没有被裁定复职：她们因没有人照顾孩子而拒绝强制加班。[①]

在美国通用电话电子加州子公司一案中，申诉人是一个单亲母亲，也是一名电话安装工。她因无视公司的新政策就离开工作岗位而遭到解雇。根据这项新政策，员工必须留在公司，直到下午 3 点前所有来电的客户都应得到接待。此外，安装人员的主管还有一项政策，即每次加班只能有一个人可以拒绝；如果不止一个人要求不加班就离开，那所有提出离开要求的工人，必须就谁可以离开和谁可以留下达成协议。这名安装工在被命令留下加班时因拒绝服从而被

---

① State of New York, Rochester Psychiatric Ctr., 87 LA 725 (Babiskin, 1986)（仲裁员裁定申诉人复职，信息来源于罗切斯特精神中心网站，MHTA 既指 "Mental Hygiene Therapy Assistant"，也指 "Mental Health Therapy Aide"）; Id. at 726, 727; Rock County, Wisconsin, 1993 WL 835474 (McAlpin, 1993)（仲裁员维持对申诉人的开除决定）; Fairmont General Hospital, Inc., 2004 WL 3422192 (Miles, 2004)（仲裁员维持对申诉人的开除决定：该申诉人因托儿安排出了问题而拒绝加班，仲裁员认为，她并没有努力做出其他安排）。

解雇，因为她和一位同事都想离开而不加班。仲裁员推翻了对她的解雇决定，称该工人有权离开，而不是服从主管的命令并在事后提出异议，因为她的情况受到了相关安全规则的保护。仲裁员认为，如果父母不合理地离开，她可能会受到纪律处分，但面对一个将孩子置于危险境地的不合理制度，她不需要"现在服从，以后探讨"：

> 如果母亲没有来接她，我不知道这个孩子会怎么样。这个孩子很有可能会得到照顾。然而，很明显，这名员工并不知道孩子会发生什么，尽管她知道她会面临失去日托服务的风险。在这种情况下，这名员工做了我认为任何应该不受威胁的父母都会做的事情。她是冒着受到纪律处分的风险。①

除了单身母亲，单身父亲也会因拒绝加班而受到处罚，这是有道理的，因为加班（除护理外）在很大程度上是一种男性现象。在布莱恩特诉马里兰州大西洋贝尔公司一案中，布莱恩特是一名非裔美国建筑线路工人，也是两个孩子的单身父亲，因拒绝加班而被解雇。仲裁员认为雇主缺乏终止合同的正当理由，并强烈建议将布莱恩特安置在"不需要加班的职位"，或者作为替代方案，"安排布莱恩特加班的方式，必须既可以满足他工作场所的要求，又可以满足他照顾孩子的需要"。该仲裁是在一个法庭案件中报道的：法院注意到布莱恩特的说法，即白人员工的育儿困难得到了照顾，而他的却没有。②

在马里恩复合材料公司一案中，一名工厂工人的妻子最近离开了他，该工人在12小时的加班中工作了8小时后离开，他因不服从继续加班4小时而被停职3天。根据仲裁员的说法，他是"一名出色的员工，应公司要求坚持加班……他从不缺席。每当公司需要时，他都会接受加班。事实上，他对工作的奉献使他处于一种可能危及家庭责任的境地"。在事发当天第一次被要求加班时，他说他不能，因为他"很累，筋疲力尽"——妻子的离开让他非常沮丧，以至于他一直感觉身体不舒服。当天下午晚些时候，他说会帮助公司，但只能干8个小时，因为他必须回家照顾两个孩子。他留下来足足8个小时，但在接到妻子

---

① CWA database: GTE California, Inc., case no. 11-91-86 (Miller, 1992).
② Gornick & Meyers, supra note 10 at 247（加班人员主要是男性）; Bryant v. Bell Atlantic Maryland, 288 F.3d 124, 129 (4th Cir. 2002)（申诉人是一名单身父亲，也是一位建筑线路员，因拒绝加班而被解雇）。

的电话后变得"心烦意乱",加班了 8 小时 20 分钟后离开了。在苏普莱能电缆集团一案中,一名有 4 岁儿子的单身父亲,由于无法找到托儿服务而多次旷工。依据雇主的无过错政策,他被解雇了。仲裁员说:

> 此类政策最不适合对待如这名工人一样的长期员工,他们的工作记录总体良好,却遇到了不寻常的困难时期。我们大多数人都会在一生中至少经历一段时期的逆境。除此之外,优秀的长期员工在这些罕见的时期理应得到理解和同情。他们的资历并不能让他们免除工作场所对他们的期望,但可以要求对他们应用政策时更加灵活、更加敏感。①

一些与计划外加班冲突相关的家庭需求案件,涉及照顾生病的配偶。在联合纸业集团一案中,一名工人拒绝周六加班,因为家里的水泵坏了,而他不想让患有癌症、严重抑郁的妻子"在万一发生火灾时没有水"。他非常担心妻子的癌症和抑郁症,以至于此前为了避免加班,而牺牲了数千美元,否则妻子就会独自在家。仲裁员说:"他的妻子在他生病和遭遇不幸时一直陪伴着他,现在他想报答,这是他欠她的。"②

---

① Marion Composites, 115 LA 95 (Wren, 2001)(仲裁员将申诉人的停职降为书面警告,并裁定单位发放欠薪:申诉人在 12 小时的加班时长中工作了 8 小时后,未服从继续留下的决定,而是赶回去照顾他的孩子); Suprenant Cable Corp., supra note 22 at 14.
② Allied Paper, 80 LA 435, 44 (Mathews, 1983)(仲裁员将停职降为书面警告)。

第九章　家庭与经济

阅读 17　断层线上的家庭

莉莲·鲁宾

巴多利诺一家

自从我第一次见到巴多利诺夫妇以来,时间已经过去了 3 年多。其间,我们逐渐习惯了裁员、重组这样的词汇,包括最近出现的"再造"一词;我们学会了如何将这些词汇融入自己的语言,以至于它们现在很容易就会从我们的嘴里冒出来。但它们并非普通的词汇,至少对玛丽安和托尼·巴多利诺来说不是。

我们上次谈话时,托尼已经失业了 3 个月左右,玛丽安在电话公司工作,梦想着有一天他们能换一间新厨房。那时,他们的夫妻关系看起来很稳定:有一个房子,两个孩子在学校表现良好,玛丽安对工作毫无怨言,托尼承担了相当一部分家庭工作。托尼从他工作了 10 年的化工厂下岗了,但他仍然希望自己能被召回,并试图说服自己,他们的生活只是出现了短暂的停滞,而不是在走灾难性的下坡路。但化工厂并没有召回员工,而是在继续裁员。在我们第一次见面后不久,事情已经非常明朗:不会再被召回。现在,当我坐在玛丽安和她 17 岁女儿共用的小屋里时,她讲述了过去 3 年发生的故事。

"当我们得到消息称工厂不会召回托尼时我们真的很恐慌也不知道该怎么办。在经济衰退之类的背景下,托尼要去哪里另找一份工作?这就像真的触底了一样。在那之前,我们真的希望他有一天能被召回。这不只是疯不疯狂的问题；你知道，当让他们下岗时，工厂说，最多需要三四个月（就把他们召回）。所以我们希望可以如此。我们确实担心，在这种时候，如果你不担心，那你就是疯了。他此前被下岗几个月后又被召回，所以我们想这次也许是同一回事。此外，托尼的老板当时非常确定，这些人在几个月后就会回去；所以我们试图相信这是真的。"

她停了下来，喝了几口手中的杯子里的咖啡，然后叹了口气说："我真不知道从哪里开始。"发生了太多事情，有时你甚至都记不住。我只记得我们当时有多害怕。托尼开始找工作，却无处可找。工会也无能为力；这个行业没有工作岗位。所以他从报纸上找，也在这附近的地方到处找。他甚至一路去了旧金山和那儿机场附近的一些地方，但是什么工作岗位都没有。

"起初，我一直在想，不要惊慌；他会找到工作的。但等他的失业金用完了，我们就会付不起账单，所以我不由得慌了"。

她又停了下来，这次是直视着我，好像想要什么。但我不确定那是什么，所以我静静地坐着，等她继续说下去。最后，她问："你能不慌吗？"

我现在明白了；她想要确认的是，她的焦虑并不过分，家庭破裂不是她的责任。所以我说："听起来你好像非常内疚，因为你担心家庭该如何撑下去。"

"是的，没错，"她强忍着泪水回答道，"我一直在想，如果我不是那么糟糕，我可能就不会把托尼赶走。"但话一出口，她就想收回。"我的意思是，我不知道，也许我没那么坏。我们都非常沮丧和害怕，也许我也无能为力。但我想了很多，我没必要责怪他，也没必要一直唠叨我有多担心。这不是他的错；他在努力。"

"我们只是对它的看法大不相同。我一直认为他应该接受任何工作，但他只想要一份像他过去那样的工作。我们为此经常争吵。是什么样的工作又有什么区别呢？我知道这会有所区别。但是当你必须养家糊口时，养家糊口才应该是第一位的，不是吗？"

在听着的时候，我不禁回想起几天前我与托尼的会面，他说起自己那段时间的行为时也感到非常内疚。"我根本没想到她，"他解释道，"我对发生的事情感到非常生气；就好像整个世界都倒塌在我身上一样。我喝了不少的酒，然后就爬进一个洞里，甚至不知道玛丽安或孩子们在不在家里。她一直不断地说，就好像我不在家里一样。我想她是对的，因为我肯定不想待在家里，如果我不能养她们的话。"

"这就是你在家里唯一的用处吗？"我问他。

"说得好，"他笑着回答，"也许不是，但当你做不到的时候，很难知道你还有什么其他的好处。"

我暂时搁置了这些想法，把注意力转回到玛丽安身上。"托尼告诉我，大约一年后他确实找到了一份工作"，我说。

"是啊，他有没有告诉你那是一份什么样的工作？"

"没有告诉我具体的工作，只是告诉我没有成功。"

"当然，他没有告诉你，因为他还在为此感到羞愧。他失业了这么久，最后找了一份他别无选择的工作：在一家餐厅当洗碗工。那是一种带有开放式厨房的新型场所，他就站在那里当着大家的面洗碗。我们以前有时会去那里吃饭，现在他在那里洗碗，整个镇上的人都看到他在洗碗。他感到非常羞愧，非常落魄，他回到家后比不工作时还要糟糕。"

"从那时起，他开始酗酒。在那之前他会喝酒，但没那么糟糕。他去那里工作后，回到家经常一个人喝到昏迷不醒。那时我每天都在上班，我会尽量等到他回家。但这对他并不重要；他想做的就是去拿酒瓶。他白天也喝了很多酒，所以有时我到家时发现他昏倒在沙发上，那天他根本没去上班。那是我最抓狂的时候。我的意思是，我为他不得不做那份工作感到难过。但是我也担心他会被解雇。"

"他被解雇了吗？"

"没有，几个月后他自己辞职了。他听说洛杉矶附近有一家化工厂，他去那里可能会找到一份工作。于是他离开了。我们并没有完全分开，但也并非完全没有。他没有叫我和孩子们和他一起去；他就这样走了。这不会有任何区别。那时我已经不信任他了，我们都不知道他能不能在那里找到工作，所以我为什么要辞职然后带上孩子搬家？"

"我认为他去那里是因为他必须离开。不管怎么样，他也没能在那里找到一份像样的工作。我知道他做过一些工作，但我从来不知道他到底在做什么。他偶尔会打来电话，但那时我们彼此没有太多话可说。我一直觉得他做得不太好，因为他离开的那段时间没有寄多少钱回来。"

第四部分 社会中的家庭　　327

正如托尼所说，他在洛杉矶待了将近一年，每天都充满内疚和羞愧。"在那里，我活得像个流浪汉。我在一个不比破房子好多少的地方有一个房间，但我好像无法振作起来去找找别的地方。我赚的钱虽然不多，但足够我过得体面些。我觉得住得更好又有什么区别呢？"

他叹了口气——低沉而悲伤的声音——然后接着说："我简直不敢相信自己的所作所为，我真的背叛了家人。父母对我非常生气。当我告诉他们我要做什么时，我父亲气疯了，说我在恢复理智前不应该回他家。但我总不能待在玛丽安身边，听她一直埋怨我。"

他突然停下来，退回到内心的某个地方，一会儿，他转向我。"这不公平。她并不是唯一一个指责我的人。我也一直在自责，你知道，责备自己，就像我做错了什么一样。"

"不管怎么说，我讨厌看到这些对孩子们造成的影响。他们被夹在中间，我们在旁边打架、大喊大叫，要不然就是我喝醉了。我不想让他们看到我那样，我只是没有办法。所以我就出去了。"

对于玛丽安来说，托尼的离开既是一种解脱，也是一种痛苦。"起初我很高兴他离开了，至少家里平静了些。但后来我很害怕；我不知道自己是否可以独自和孩子们一起生活下去。那时候我把房子卖了。我们拖欠了贷款，我知道我们永远赶不上按时还款的脚步了。银行还好，说会再给我们一点时间。但没有意义了。"

"这真的很难。那是我们的家，我们那么努力才拥有它。天啊，我很讨厌放弃它。不过，我们很幸运。我们在这里找到了这个地方。它离我们以前住的地方很近，所以孩子们不用转学，或者做任何类似的事情。它很小，但至少是一个独立的房子，而不是那些破旧的公寓，"她笑着打断了自己，"'房子'一词听起来比实际情况要好得多，不是吗？"

"孩子们是怎么挺过这一切的？"

"这对他们来说真的很难。当这一切发生时，我儿子吉米刚满13岁，他真的很依恋他的父亲。他不明白托尼为什么离开我们，他真的生气了很长一段时间。起初，我以为他会没事的，他会挺过去的。但后来他结交了一帮坏朋友。我觉得他在吸毒，尽管到现在他仍然不肯承认。不管怎样，有一天晚上他和一些朋友偷了一辆车。我想他们只是想去兜风,并不是真的想永远偷走它。但他们被抓住了,他被送进了少管所。"

"我打电话给在洛杉矶的托尼,告诉他发生了什么。他很震惊,在电话里哭了起来。我以前从没看见他哭过,我们这么困难他也没哭过。他只是不停地哭。托尼一挂上电话,就搭上了他能搭的第一班飞机,从那以后他一直待在这里。"

"吉米的事真的改变了周围的一切。当托尼回来时,他不想让吉米马上离开少管所。他认为吉米应该在那儿待一段时间,就像给他一个教训。起初我很生气,因为吉米太想回家了,他很害怕。但现在我明白托尼是对的。"

"不管怎样,我们让吉米在少管所待了整整五天,然后托尼的父母借钱给我们把他保释出来,又给他请了个律师。律师达成了一个调解协议:如果吉米认罪,他将被判缓刑。这就是发生的事情。但是法官告诉吉米,如果再惹上一点麻烦,他就得进监狱。这让吉米对上帝产生了敬畏之心。"

对托尼来说,吉米触犯法律就像给他打了一针兴奋剂。"我有真正重要的事情要做——让那个孩子重回正轨。我们商量了一下,玛丽安同意吉米和我住在一起会更好。她对孩子们太温柔了;我就控制得更好。我也想补偿吉米,让他知道他可以再次依靠我。我认为所有的不幸都是因为我离开了他们,我想弥补这一切。"

"所以当吉米从少管所出来后,他和我一起去了我父母家。我们在那里住了一段时间,直到我找到这份工作。不是什么了不起的工作,只是做点普通的杂务活。但这是一份工作,从一开始我就赚到了足够的钱,所以我们能搬进这间公寓。现在一切都相当好。"

"相当好"意味着16岁的吉米已经安定下来,在学校表现得也不错,可以考虑上大学的事了。对托尼来说,情况也有了转机。几个月前,他成立了自己的公司,成为一名独立的杂务工。尽管生意还没有规律到让他可以放弃工作的程度,但他作为一个几乎什么都能修理的人名声越来越大。上个月,这家公司实际上赚到了足够的钱来支付他的开销。"即使业务进展顺利,我也会坚持干一段时间,因为我们还有很多事情要做。我不介意努力工作,我喜欢努力工作。我自己做老板,天呐,这真的很棒",他欢欣鼓舞地总结道。

"你觉得你和玛丽安还会复合吗?"

第四部分 社会中的家庭

"我当然希望如此，这就是我现在工作的目的。她说她不确定，但她从未采取过离婚的行动。这是个好迹象，不是吗？"

当我问玛丽安同样的问题时，她说："托尼很想复合，但我还是觉得有点害怕。我以前从来没想过没有他我怎么办，但当我被迫这么做的时候，我做到了。现在，我不知道如果我们再次在一起会发生什么。不会像以前那样了。我刚刚被提升为主管，所以我的工作压力很大。我与以前不同了，我不知道托尼会怎么想。他说他很想再在一起，但我想我们应该再等一段时间，看看会发生什么。如果他的情况再次变得艰难怎么办？我再也不想经历像过去几年发生的那些事情。"

"可是你从来没有想过离婚。"

她笑道："你听起来很像托尼。"然后，她更严肃地说，"如果可以的话，我不想离婚。我想，如果我们熬过了这几年，仍然还喜欢对方，也许我们还有机会。"

* * *

当经济不景气时，家庭就会随之动摇。巴多利诺夫妇不仅动摇，还破裂了。他们能否修补裂痕并让家庭重新团聚仍然是一个悬而未决的问题。但是，本书描述的家庭经历提供了不可否认的证据，证明现代生活的公共和私人领域之间存在根本联系。

没有人需要告诉巴多利诺一家或他们的孩子，经济的结构性变化影响家庭生活的多种方式。过去，像托尼·巴多利诺这样的工人不需要很高的技能或文化水平，就可以在钢铁厂或汽车厂从事报酬不错的半技术工作。基本是高中教育，甚至更低，就足够了。但是一个严重依赖服务业的经济体，需要高技能和受过教育的工人来填补收入更高的工作岗位，结果就是，像托尼这样的人只能在经济秩序的底层艰难求生。

无论是从制造业向服务业的转变、企业的重组，还是来自发展中国家工人低薪的竞争，都吸引了美国企业去国外生产产品。这已经持续了数十年，且有望在整个20世纪90年代加速。制造业在1970年雇佣了超过26%的美国工人，到1991年已经下降到将近18%。专家预测，到2000年，这个比例将进一步下降到12.5%。就业分析师、时事通讯《职场趋势》（*Workplace Trends*）出版人丹·莱西（Dan Lacey）表示："这是世界大战后繁荣时代的终结。我们永远也回不到原来的样子了。"

然而，联邦政府不仅不能给工薪阶层家庭提供所需要的帮助，而且还是世界其他地方培育资本主义计划的赞助商，这已经成为美国工厂大批迁往外国的原因之一。例如，在美国国际开发署（the U.S. Agency for International Development, AID）的支持下，总部设在田纳西州的迪凯特维尔运动装公司已经迁往萨尔瓦多。AID不仅授权萨尔瓦多的贸易组织招募迪凯特维尔，而且还筹集了建造新工厂所需的500万美元以补贴这次搬迁，购买了价值超过100万美元的保险，并提供低息搬迁所涉及的其他费用的贷款。

对于迪凯特维尔运动装公司和其他受此计划吸引到边境以南的公司来说，这是一笔很好的交易。他们以最低的成本建造新工厂，而运营费用却大幅下降。在萨尔瓦多，迪凯特维尔免交公司税和运费。最重要的是，工人每小时的工资是45美分；在美国，从事相同工作的工人的起薪是每小时4.25美元。

诚然，就像托尼·巴多利诺一样，许多因裁员、重组等而流离失所的工人最终会找到其他工作。但也像他一样，他们可能不得不放弃他们过去所拥有的那一点点安全保障。一份每周工作40小时、薪水不错、福利丰厚的稳定工作，正迅速成为过去。取而代之的是，作为美国企业新的精简、干净、刻薄形象的一部分，我们现在拥有联邦政府和职业介绍所所说的"临时性"工人——相对于劳动经济学家所说的"一次性"或"抛弃性"工人，"临时性"工人听起来更为温和。

这是一种形式多样的劳动力策略。通常，"一次性"工人被用来从事兼职或临时工作，以满足组织的需求，并在工作量减轻后立即解散。但是当工会合同要求员工在工作30天后加入工会时，一些不择手段的雇主会在第29天解雇临时工并引进新员工。不管怎样，"一次性"工人的收入低于正式工人，而且很少有任何形式的福利。更糟糕的是，他们每天早上都带着恐惧和不确定的心情出发去上班，不知道这一天会如何结束，担心夜幕降临时他们就会失业。

政府对这些工人的统计数据非常粗略，但劳工部长罗伯特·瑞奇估计，他们现在占现有劳动力的近三分之一。这意味着，每天大约有3400万男性和女性（其中大多数想要稳定的全职工作）以临时工或兼职工的身份开始工作。事实上，这种做法现在如此普遍，以至于在一些地方，临时职业介绍所正在取代为客户寻求永久就业的传统职业介绍所。

在这一点上,阶层也很重要。虽然现在的管理人员和专业人士确实也会发现自己是"一次性"的,但大多数可能随时被抛弃的工人,都处于工作秩序的下游,而且选择的可能性最少。在管理层看来,这些工人,包括非技术工人和半技术工人——焊工、叉车操作员、装配工、文员等等——是最可能被替换的。他们的技能有限;工作任务相对简单,几乎不需要培训。因此,他们在进入工作岗位后不久就能以合理的效率工作。无论一个公司因没有稳定的员工队伍而损失了多少时间或生产力,都可以通过雇佣"一次性"工人所节省的工资和福利得到补偿。这一决议为公司带来短期收益,却以工人和国家的长期利益为代价。因为当一个人不能拥有一份固定的工作时,他/她就失去了将自己与社会联系在一起的关键因素。

托马森一家

我上次见到托马森一家时,格温·托马森正在曼哈顿一家大型公司的办公室担任文员,同时也是当地一所大学的学生,她在那里学习护理。乔治·托马尔森在一家家具厂工作了3年,他在那里负责将塑料层压到木框架上。后来公司破产时,他就失业了。那时他看起来是个温和的人,对自己人生的转折感到不快,但仍然愿意相信一切都会好起来的。

现在,当乔治坐在我面前这个几乎空无一物的公寓里时,他很生气。"如果你是这个国家的黑人,你就没有机会。我找工作两年多了,却一无所获。白人总是抱怨黑人得到了休息。是的,好吧,我不知道那些人是谁,反正不是我,也不是我认识的任何其他人。人们看到一个黑人走过来,他们就会往另一边跑,这就是我所知道的。"

"你这两年根本没找到任何工作吗?"我问。

"一些临时工作,有时是几周,有时是几个月,主要是做些无聊的工作,赚点小钱。我没什么可指望的。"

"如果你可以做任何你想做的工作,你会做什么?"

他笑着说:"这很简单;我会成为一名木匠。我的手很巧,我对此了解很多。"他说着，伸出双手，掌心朝上，骄傲地看着它们。但他的情绪变化很快，笑容消失了，声音变得很刺耳。"但这是不可能的。我试图加入工会，但那里没有黑人的一席之地。在这个城市，如果没有加入工会，你就没有机会从事建筑工作。他们已经把所有的东西都封锁起来了，而且要确保把它们留给自己。"

后来我和格温谈话时，她很担心丈夫的怨恨程度。"这不像乔治；他一直都是个平和的人。但他现在喜怒无常，而且很生气，我有时不知道他会做什么。这里就是个地狱"，她指的是他们居住的计划住房。"情况越来越糟；带着枪的孩子，毒品，到处都是失业的成年男子。我敢打赌，整个地方几乎没有人找到工作，更别说一份好工作了。"

"你到底在担心什么？"

她犹豫了一下，显然不知道该不该说，也不知道是否要告诉我她有多恐惧，然后耸了耸肩说："我不知道，我猜是所有。那里有太多的犯罪、毒品之类的东西。你不禁会怀疑他是否会受到诱惑。"她停了下来，聚精会神地看着我说："别误会我的意思，我知道这么想很疯狂。他不是那种人。但当你生活在这样的时代时，你会情不自禁地担心一切。"

"我们俩都很担心上学的孩子。每次我听说又有孩子在学校被枪击，我就像个疯子一样。孩子在杀害孩子，这个世界到底怎么了？难道没有人关心这么多黑人孩子就这样死去了吗？这就像黑人孩子的生命一文不值。在没有人关心我们的孩子时，他们怎么能期望我们的孩子长大后成为好公民呢？"

"担心孩子是让乔治抓狂的事情之一。在这里，你没办法保证孩子的安全。有时我想知道我们为什么要送他们去学校。他们在那里没有得到太多的教育。米歇尔刚刚开始上学，朱莉娅在上五年级，但相信我，她学不到多少东西。"

"我们每天晚上都盯着她，确保她做作业并且做对了。但是，如果学校里的老师没有做好他们的工作，那又有什么用呢？那里的大多数老师都不在乎。他们只是为了薪水糊弄一下孩子们。每个人都知道白人学校不是这样的；白人是不会容忍这种现象的。"

"我一直在想，为了孩子们，我们必须离开这里。我很想搬到远离城市的任何一个地方，只要那里的学校不是一堆狗屎，"她沮丧地说，"但如果乔治找不到一份像样的工作，我们就永远走不出去。""我才刚刚开始我的护理生涯，

第四部分　社会中的家庭　　333

我知道我现在有一个未来。但是无论我做什么，也不管我做了多久，我还是无法靠自己挣到足够的钱。"

乔治也梦想着搬家，远离城市的街道，远离尘垢和犯罪。"看看这个地方，"他一边说，一边用他的手势勾勒出整个景观，"这是养孩子的地方吗？你知道我的女儿们每天出门都会看到什么吗？污秽、毒品、在街角等着找麻烦的人。"

"如果我能找到一份体面的工作，什么都行，我们就会离开这里，远离城市，在那里孩子们可以呼吸到新鲜空气，看到不同的生活。这里太糟糕了，放学后我经常带她们去我妈妈那里；那是一个更好的社区。然后我们就待在那里，有时在那里吃饭。我妈妈喜欢；她很孤独，这样做也能帮助我们解决问题。倒不是说她多有钱，只是我父亲留下的一点养老金。"

"格温的家人呢？他们也会帮忙吗？"

"自从她父亲去世后，她的母亲就没有任何帮助了。她父亲早已不在，他在格温十几岁的时候就被警察杀了"，他平静地说，就像在报告一天中的时间一样。

"被警察杀了"这些词汇向我扑面而来，让我的脑子嗡嗡作响。但这些词汇为什么让我如此震惊呢？鉴于近年来黑人社区对警察暴力的所有讨论，听到一个黑人"被警察杀了"，我应该不会感到惊讶。

让我震惊的是消息传递时的平静。这种平静也让我再次意识到黑人的生活和经历，与其他人甚至穷人之间的距离。在这项研究中，没有一个白人报告过家庭暴力死亡事件。拉丁裔和亚裔家庭也没有，尽管拉丁裔提到他们与盎格鲁当局（特别是警察）之间的关系非常困难且经常处于敌对状态。但是有4个黑人家庭（13%）说到有亲戚被谋杀，其中一个家庭有两个受害者：一个十几岁的儿子和一个22岁的女儿都死于街头暴力犯罪。

但令我震惊的还有，格温从未告诉过我她父亲是如何去世的。确实，我没问。但我现在想知道她为什么没有提供过这个信息。"格温没有告诉我。"我说道，好像在试图解释我的惊讶。

"她不喜欢谈这件事。如果换作你，你会吗？"他回答得有些生硬。

过了一两分钟，我才回过神来继续说话。然后我评论说："你这么冷静地谈论这一切。"

他倾身向前，直视着我，然后摇了摇头。当他终于开口说话时，他的声音绷得很紧，努力控制着自己的怒火。"你想要什么？我应该咆哮吗？……他们杀了一个好人，就因为他是个黑人。他不是罪犯；他是一个努力工作的人，只是在警察找人开枪的时候碰巧出现在了错误的地方"，他说，然后靠在椅背上，呆呆地盯着面前的墙壁。

我们都坐着，一声不吭，直到我最后打破了沉默。"那件事是怎么发生的？"

他一听到我的声音就激动起来。"他们在追捕一个抢劫酒店的家伙，当看到格温的父亲时，他们没有问任何问题，就直接开枪了。一群混蛋。后来他们说那是自卫，他们看到他手里拿着枪。那个人这辈子从来没有拿过枪，而且从来也没有人找到过枪。但是他们什么事也没有，没什么大不了的，又死了一个黑鬼罢了。"他总结道，眼里闪着怒火。

沉默了片刻，他带着一丝嘲讽的微笑说道："像你这样一个漂亮的白人中产阶层女士会知道这些吗？你拿了所有这些学位，又写书了。你打算怎么写像我们这样的人？"

"我曾经和你一样穷，非常穷"，我有点防御性地说。

他看起来很惊讶，然后反驳道："贫穷的白人，这有很大的区别。"

* * *

在南北战争爆发的30年前，阿历克西·德·托克维尔（Alexis de Tocqueville）写道："如果美国发生伟大的革命，那将是由黑人在美国土地上的出现带来的；也就是说，它们的起源不是平等，而是条件的不平等。" 160年后，黑人和白人之间的关系仍然是美国生活中尚未解决的重大问题之一，而托克维尔观察到的"条件的不平等"仍然是美国黑人的主要经历。

我在听乔治·托马森讲话时，想起了托克维尔的这些话，也想起了多年的失业如何将托马森从格温所说的"一直都是个平和的人"转变为一个愤怒、苦毒的人。我还想起了托克维尔的观察，"白人和黑人居民之间冲突的危险，永远萦绕在美国（白人）的想象中，就像一个痛苦的梦"。15代人之后，我们仍在为奴隶制存在的那些年付出代价——白人仍生活在恐惧中，黑人仍生活在愤怒中。"人们看到一个黑人走过来，他们就会往另一边跑"，乔治·托马尔森说。

然而，无论我们的种族历史给这个国家的身体留下了多么深的毒瘤，大多

第四部分 社会中的家庭 335

数美国人，包括许多黑人，都相信今天的情况比几十年前要好——这种信念既有其正确的一面，又有其错误的一面。毫无疑问，在结束种族歧视和隔离的法律基础时，美国向实现所有人平等的承诺迈出了重要一步。随着越来越多的人在工作场所平等相处，刻板印象开始消失，漫画人物转变成真实的人物。但是，近几十年来的经济问题也确实将美国人生活中的焦虑水平提升到了一个新的高度。因此，尽管今天几乎所有的白人都在口头上认可种族公正和平等的必要性，但当这一信念威胁到他们自己的地位或经济福祉时，他们也会设法抵制这种信念的实施。

无论是我们关于种族的精神分裂，还是我们口头上相信一件事、行动上做着另一件事的能力，都不是什么新鲜事。事实上，伟大的解放者托马斯·杰斐逊（Thomas Jefferson）或许是这种形象的一个缩影。正如戈登·伍德（Gordon Wood）在《纽约书评》（*New York Review of Books*）的一篇文章中所写的那样："美国历史上最具有讽刺意味的事实是，美国自由和平等的最高代言人竟然是一位终身的贵族奴隶主。"

杰斐逊一边令人信服地痛陈奴隶制的罪恶，一边买卖奴隶、圈养奴隶并鞭打奴隶。他雄辩地撰写关于平等的文章，但他坚信黑人是劣等种族，并赞同对非裔美国人的种族刻板印象——从他们在这片大陆的早期开始就一直存在。他狂热地相信个人的自由，但他无法想象自由的黑人生活在美国的场景。他坚持认为，如果国家考虑解放奴隶，它也必须为驱逐他们做好准备。

没有人再认真地谈论驱逐的问题了。也没有很多人使用这种语言来描述非裔美国人了，而这种语言在杰斐逊时代非常普遍。但他所体现的二元性——他对正义、自由和平等的信仰以及他关于黑人低人一等的信念——仍然存在。

里维拉一家

我和安娜·里维拉又一次坐在她明亮而欢快的餐桌旁。她喝着咖啡，我喝着气泡水；我们闲聊着，并重新认识了彼此。过了一会儿，我们开始谈论自从上次见面以来这几年发生的事。"我现在是祖母了，"她说，脸上洋溢着笑容，"我的女儿凯伦结婚了，生了个孩子，是个很可爱、很聪明的小男孩。他才两岁半，但你应该听听他说的话，听起来像个 5 岁的孩子。"

"我上次来这里和她聊天时，凯伦正计划上大学。发生了什么事？"我问。

她脸红了，看上去很不自在。"她怀孕了，所以她不得不结婚。一开始我很伤心。她才 19 岁，我非常希望她接受大学教育。这太可怕了；为攒钱上大学，她工作了整整一年，然后她怀孕了，不能去上大学了。"

"你说她不得不结婚。她考虑过堕胎吗？"

"我不知道；我们从未谈论过这件事。我们是天主教徒，"她解释说，"我的信仰里没有堕胎。"她犹豫了一下，似乎不确定自己还想说什么，然后补充道，"我不得不承认，在这种时候，你必须问问自己，你真正的信仰是什么。任何人都没有权利夺走一个孩子的生命。但当我想到有了那个孩子会对凯伦的生活产生什么影响时，我忍不住会想，如果……会怎么样？"她停了下来，无法让自己说完这句话。

"你对凯伦说过这些吗？"

"没有，我永远不会那样做。我甚至没有告诉丈夫我有这样的想法。但是，你要知道，"她补充道，声音降低到几乎像耳语，"如果她这样做了，我想我不会说什么。"

"其他的孩子怎么样？"

"保罗快十九岁了，他是个问题，"她叹了口气，"他头脑很好，但不会用它。我不知道现在的孩子都怎么了，就好像他们什么都想要，却不愿为任何事付出努力。他高中都无法毕业，所以你不能跟他谈上大学的事。但他要做什么？如今，如果没有接受过良好的教育，你就没有机会。不管我们说什么，他都不听，继续他自作聪明的方式，和一群没用的孩子在附近闲逛，找麻烦。"

"瑞克气疯了，他想把他赶出家门。但我们不能那样做，因为那样做了保罗会怎么样？所以我们为此吵了很多次，我不知道接下来会发生什么。"

"保罗工作过吗？"

"有时工作，但大多数情况下不工作。我不敢去想，他的钱都是从哪里弄来的。他的父亲不会给他一毛钱。他有时向我借钱，但我没有多少可以给他。不管怎样，如果瑞克知道了，他会杀了我。"

我印象中的保罗是一个害羞、身材瘦长的 16 岁男孩，没有大男子主义的姿态，也没有攻击他哥哥的粗暴行为。在我看来，他不是一个会惹上麻烦的男孩。但随后，凯伦似乎也下定决心要过一种不同于她父母的生活。这些孩子怎么办？

当我和瑞克谈起这几年的经历时，他也困惑地问道：发生了什么？"我不知道，我们竭尽全力为孩子们提供他们需要的一切。当然，我们并不富有，有很多东西是我们无法提供的。但我们一直在他们身边；我们倾听过；我们交谈过。发生了什么？首先，我女儿怀孕了，不得不结婚；现在我儿子成了一个流浪汉。"

"罗伯托——我们现在不得不这样称呼他，"里克解释说，"他说当人们觉得自己没有得到尊重时，就会发生这种情况。他说，我们会失去他们，直到他们真的相信自己有平等的机会。我必须让盎格鲁人尊重我，我必须抓住机会。为什么我的孩子们不这么看？"他疲倦地问道，每说一句话，他的肩膀似乎就下垂一些。

"我认为今天真的很不一样了，不是吗？"他叹了口气，"开始进入社会时，我还是可以抓住机会。我只上过高中，但找到了一份工作，并让自己过上了不错的日子。现在不可以了。现在需要具备某种特殊的技能才能获得薪水高于最低工资水平的工作。

"还有学校，他们不再教孩子们任何东西。我和孩子们上的是同一所公立学校，但差别很大。好像再也没有人在乎教学质量了。"

"罗伯托怎么样？"我问，想起几年前我采访过的那个充满敌意的18岁少年。

"他仍然充满戾气，总是在谈论不公正之类的事情。但他与保罗不同。罗伯托总是有一些目标。我曾经很担心他，因为他总是充满戾气。但我现在明白了，他的愤怒帮助了他。他想为他的人民而战，让每个人都过得更好。而他就像一阵风；对他来说什么都不重要。"

"现在，罗伯托在做电工的帮手，正在学习这门手艺。他已经工作了几年，他很擅长这个。但我想——我希望——他会去上大学。他听说他们想让墨西哥裔学生上大学，所以他申请了。如果他得到一些资助，我想他会去的，"瑞克说，想到他的孩子中至少有一个会实现他的梦想，他的脸上就容光焕发，"安娜和我告诉他，即使得不到资助，他也应该去上大学。我们能做的不多，因为我们还要照顾安娜的父母，而这每个月都要花费一大笔钱。但我们会资助他，而他可以用工资来补上剩下的。我知道既要工作又要上学很难，但人们一直都在这样做，他很聪明，他可以做到。"

他的目光向内，然后仿佛在自言自语地说："我从没想过我会这么说，但我认为罗伯托是对的。我们可以从这些孩子身上学到一些东西。前几天我把这件事告诉了罗伯托。他说安娜和我一生都在假装我们是他们中的一员。我告诉他'我认为你是对的'。我一直在想，如果我每件事都做对了，我就不会成为一个'夹心人'。但这么多年过去了，我在他们眼中仍然是个'夹心人'。是我儿子让我明白了这一点。现在我知道了。如果不这么做的话，我现在已经是航运部门的总管了，而不仅仅是轮班主管，也许保罗就不会在街角浪费生命了。"

* * *

我们一直说家庭很重要，有一个稳定的家庭和一对关爱有加的父母，孩子们就会长大成人。但我很少遇到一个比里维拉一家更稳定或更有爱的家庭。或说，这家的父母都很关心自己的孩子。在他们最小的孩子保罗 12 岁之前，安娜是一名全职家庭主妇。瑞克已经在同一家公司工作超过 25 年了，从文员一路晋升到航运部门的轮班主管。他们的婚姻不管有什么冲突，都显然是温暖、尊重和有爱的。然而，他们的女儿怀孕并放弃了上大学的计划，一个儿子则在街角虚度青春。

显然，还有比家庭更重要的事情。在一个充满机会的世界中成长是有意义的。当机会来临的时候能够抓住那个机会也同等重要。让孩子们接受能够开阔视野并为将来富有成效的成年生活做好准备的教育非常重要。同样，能够找到一份既体面，又能维持生活的工作也是如此。生活在一个不以肤色来评判你的世界里会有很大的不同。感受周围人的尊重也是如此。

这并不是说，美国家庭内部不存在真正值得我们认真和持续关注的问题。但是，对家庭生活失败——作为我们个人和社会苦难的根源——的持续关注，已经变成了机械简单的长篇大论，也是对经济和社会现实的一种危险的转移，而这些现实不仅使家庭生活变得如此困难，而且会摧毁今天的家庭生活。

关的家庭

　　这是西雅图难得一见的晴天，我和安迪·关在他家的后院欣赏他作为景观园丁的杰作。虽然距离我们第一次见面才过了短短几年，但在这轮采访中，我接触到的大多数人看起来都更苍老、更苍白、更忧心忡忡，安迪·关也不例外。午后灿烂的阳光是残酷的，可以在他棱角分明的脸上搜索出每一道忧愁和岁月的痕迹。我前一天采访了他的妻子，已经知道经济衰退严重影响了他的生意。所以我首先说："卡罗尔说你的生意在过去的几年里一直不景气。"

　　"是的，"他叹了口气，"起初，当经济衰退来临时，我并没有受到影响。我认为西雅图一开始并没有真正受到影响。但在1991年的夏天，我开始有了经济衰退的感觉。好像每个人在园林绿化方面都拉上了钱包的拉链。"

　　"我的很多业务一直都是在人们购买新房后，想按照自己喜欢的方式来美化外观。但是最近没有人买房子，即使买了，他们也不会把钱花在绿化上。所以，形势很紧张，真的很紧张。"

　　"你的财务状况如何？"

　　"我们熬过来了，但很艰难。我们必须减少很多过去认为理所当然的支出，比如偶尔出去吃顿饭，或者去看场电影，诸如此类。衣服，没有人再买新衣服了。我现在做很多常规的园艺工作——维护之类的工作。它有帮助，它提供了一些收入，但这还不够，因为它的薪酬并不高。竞争非常激烈，所以必须压低价格。大家都知道这是人们在遇到困难时可以砍掉的东西之一，这里的园丁试图通过降价来坚持下去。这很吓人，真的很残酷。"

　　他站起来，走到一个花坛前，站在那里看着它。安静了片刻之后，他转过身来对我说："真是太可惜了。我建立了自己的事业，就像你一砖一瓦地盖房子一样，而且进展得非常顺利。我最终沦落到了没有太多常规园艺工作可做的地步。之前我可以专注于园林绿化，生活过得也很不错。卡罗尔也在工作，我们做得很好。我甚至雇了两个人，他们大部分时间都忙忙碌碌。然后突然之间，这一切都轰然倒塌。"

　　他沮丧地说："当我不得不解雇工人时，我感到非常抱歉。他们也有家人要养。但我能做什么？现在，我好像又回到了原点，再次成为一名普通的园丁，甚至担心这种状态会持续很久。"

他走回自己的座位,坐了下来,接着更有哲理地说道:"卡罗尔说我不应该抱怨,因为尽管有这么多问题,但我们很幸运。她还有工作,我也在努力。虽然目前的状况不是很好,但原本可能会更糟。"他停顿了一下,茫然地环顾了一下四周,叹了口气说:"我想她是对的。她的姐姐在波音公司工作了七年,几个月前被解雇了。没有通知,什么都没有,只有一张解雇通知单。每个人都知道那里会裁员,但你认为这不会真的发生在你身上。"

"我尽量不让这件事打倒我。但你很难因为没有遇到比现在更大的麻烦而心存感激,"他悲伤地说。然后,他的脸上第一次露出了笑容,他补充道:"但我有一件事可以感谢,那就是孩子们;他们做得很好。不过,我有点担心接下来会发生什么。如果你是父母,我想你也帮不上什么忙。埃里克是最大的孩子,他现在15岁了,但谁知道呢。现在的孩子们总是会惹上各种各样的麻烦。但到目前为止,他还好。女儿们都是好孩子。卡罗尔担心她们到了十几岁时会发生什么,但我认为她们会没事的。我们教她们树立正面的价值观,她们每周都会去教堂。不得不说,这的确有影响。"

"你说你担心埃里克,但因为家庭树立的价值观,女儿们会没事的。难道埃里克没有被树立同样的价值观吗?"

他想了想,然后说:"我说过吗?是的,我想我说过了。我觉得男生也许比女生更容易惹麻烦。"他笑了笑,又说:"我说过吗?"然后,他又沉思了一下说:"我对他们都很担心,但如果你不告诉自己一切都会好起来,你会疯掉。今天的孩子可能会出很多问题。

"过去,中国家庭真的可以管教孩子。当我还是个孩子的时候,家庭就是法律。我父亲是在中国出生的,他小时候来到这里。我母亲就出生在这个城市。但祖父母都是移民;每个人在家都说中文;我们住的地方从来都没有出过双方家庭的几个街区。我的父母在任何方面都非常美国化,但在家里,至少在他们父母还在世的时候,我母亲会去帮她母亲打扫房子,因为这是一个中国女儿应该做的。"

"那是因为你外祖母老了还是生病了?"

"不是,"他回答说,一边摇着头回忆,"因为她妈妈希望她这么做,那

第四部分 社会中的家庭

时的中国家庭就是这样。卡罗尔和我,我们谈论过这个,也谈论过事情是如何改变的。很难想象,但这就是当时家庭的教育方式。现在一切都变了。不是我想要那样。我希望我的孩子懂得尊重家人,但他们不应该做仆人。我母亲就是这样,是她母亲的仆人。到我这一代出生的时候,情况已经不同了。我迫不及待地想要摆脱所有的家庭琐事。它在某些方面很好,周围总是有一大群嘈杂的人,你是其中的一员。那种感觉很好。但是中国家庭对孩子不会放手。现在真的不同了,我的孩子和其他任何美国孩子一样。他们从来没有住过像我长大的那个中国社区一样的地方,在那里,你唯一能看到的美国人是那些来买中餐或在餐馆吃饭的人。"

"你是说他们是普通的美国孩子。那孩子们中国人的一面呢?"

"这有点耐人寻味,"他若有所思地说,"我们把他们送去中文学校,因为我们想让他们了解历史,我们认为他们应该懂中文,至少是一点点。但他们并不真正感兴趣。他们想和其他人一样,吃花生酱和果冻三明治。最近情况有所不同,他们觉得自己因为是中国人而被针对。每个人都在担心中国孩子太聪明并在学校赢得所有奖项,孩子们对此很生气,尤其是埃里克。他说学校对中国孩子有很多不好的感觉,每个人都在欺负他们——白人孩子和黑人孩子,所有人。所以突然之间,他变成了中国人。他们不得不思考这件事,因为到处都是对亚洲孩子的怨恨。几年前,他还有很多白人朋友。现在他大部分时间都是和其他亚洲孩子在一起。我想那是因为他们在一起时会感觉更安全。"

"你对此有何感觉?"

他的脸涨得通红,声音也带着几分激动。"这太糟糕了。这不是我想要的样子。我希望我的孩子们知道他们是中国人并为此感到自豪,但现在不是这样。这更像是……"他停下来,试图找到合适的词,然后再开始说。"这就像他们必须自我保护,因为他们是中国人。明白我的意思吗?"他问道。然后不等我回答,他解释说:"现在有这么多偏见,所以你不可能忘记你是中国人。"

"这让我很生气。你在这里长大,他们告诉你每个人都是平等的,任何男孩长大后都可能成为总统。并不是说我曾想过一个中国孩子会成为总统,任何一个中国孩子都知道那是童话。但我确实相信其他的,你知道的,如果你聪明、努力工作并做得很好,人们就会尊重你,你就会成功。现在看来,中国孩子越聪明，麻烦就越多。"

"你认为现在对中国人的偏见和你小时候有什么不同吗？"

"是的，我认为有不同。当我像埃里克一样还是个孩子的时候，没有人关注中国人。他们不打扰我们，我们也不打扰他们。但现在所有这些中国孩子都成了白人孩子的障碍，因为中国孩子人数众多，而且他们的成绩越来越好，诸如此类的事情。所以每个人都会生气，因为他们认为我们的孩子从他们那里拿走了一些东西。"

他停下来，掂量了一下他最后的话，然后说："我想他们也是对的。在我成长的过程中，中国孩子很幸运可以从高中毕业，我们没有妨碍任何人。现在有这么多中国孩子上大学，他们'接管'了白人孩子曾经拥有的地方。我能理解他们不喜欢那样。但这不是我们的问题，是他们的。他们为什么不像中国孩子那样努力呢？"

"管理大学的那些人认为亚裔孩子太多了，白人孩子没有足够的空间，他们就为亚裔孩子设定了配额，这不公平。没有人担心白人孩子太多，不是吗？"

* * *

"这不公平"——我几乎从这项研究中的每个人那里，都听到了这种发自内心的呐喊。事实上，美国工薪阶层的生活存在不公平，无论他们的肤色或种族背景如何。正是这种不公平的感觉，这种没有足够资源的感觉，引发了今天如此普遍的种族和民族紧张局势。

面对如此明显的阶层差异，美国的国家话语怎么可以继续聚焦中产阶层，否认工薪阶层的存在并使其隐形呢？

无论是一个家庭还是一个国家，我们都有与现实打交道的神话——这个神话架构我们的思想、构建我们的信仰，并组织我们的否认体系。这个神话包围现实，封装现实，并控制现实。它允许我们了解一些事情，避免我们去了解其他事情，即使在内心深处的某个地方，我们确实知道一些我们不想知道的事情。每个父母都经历过这种神话与现实之间的冲突。我们看到一些信号，告诉我们孩子在撒谎，而我们的做法是自我安慰。不是我们不知道，而是我们不想知道，了解真相太困难或太痛苦，太不符合定义这种关系的神话，那个神话说："我的孩子不会对我撒谎。"

一个国家及其公民也是如此。神话是我们民族遗产的一部分，它定义民族性格，为公共和私人行为提供指导，在我们怀疑的时候安慰我们。我们的神话常常相互冲突，从而为我们了解往往相互矛盾和犹豫不决的信仰提供了一个窗口。在美国，我们自认是一个平等国家的神话，与白人至上的信仰并存。此外，虽然看起来不太可能，但同时相信这两点还是很有可能的。有时，我们通过从一点转移到另一点来处理冲突。更多的时候，我们只是简单地重新定义现实。我们坚持认为，白人和黑人之间条件的不平等并不是源于偏见和歧视，黑人的低人一等才是问题。我们说，阶层差异与特权无关，是优秀的品质造成了差异。

我们认为，重要的不是结果，这是游戏规则。既然规则说起跑线上人人平等，那么不同的结果只是个人意志和智慧的产物。工薪阶层的孩子长大后通常也会成为工薪阶层的父母，这一事实并没有动摇这种信仰体系，也没有引发人们对"为什么书面规则与现实生活如此不一致"的质疑。相反，完美的循环带来的结果，强化了说他们有缺陷的推理，让那些被贴上双重标签的人受到双重伤害——首先是他们生活中面临的实际问题，其次是内化对他们品质的指责。

20年前，当我开始研究《痛苦的世界》（*Worlds of Pain*）时，我们正生活在民权革命的余波之中，这场革命自20世纪50年代中期以来就震撼了整个国家，并取得了重大的进展。尽管这一进展遭到一些人的顽强抵制，但大多数美国白人都自我感觉良好。没有人会期望这个国家的种族问题和冲突会轻易地或迅速地化解。但也有一种感觉，我们正朝着正确的方向前进，全国上下都在承诺，至少要纠正黑人和白人之间最不平等的一些东西。

然而，在此期间，国民经济在三次衰退的重压下已然崩溃，而国家的工业基础正在经历大规模的重组。与此同时，要求给予优惠待遇的政府政策，使非裔美国人和其他少数族裔，能够以小幅但明显的方式，进入在此之前主要是白人的领域。稀缺感一直是美国人生活的一部分，而经济动荡的历史又大幅加剧了这种感觉，结果是少数族裔的收益似乎对白人工薪阶层家庭构成了严重的威胁。

当然，不仅仅是白人工薪阶层感受到了少数族裔进步的威胁。只要少数族裔进入以前全是白人的领域，紧张局势就会加剧。但是工薪阶层家庭对经济波动的感受最快速，也最强烈。对他们来说，过去的几十年就像颠簸的过山车。"每次认为自己可以取得成功时，似乎又会被再次打倒，"42 岁的白人建筑工人汤姆·艾蒙森说，"情况看起来好一点了，还有一些工作，然后突然之间，砰的一声，经济崩溃了，工作消失了。你不能指望任何东西，这真的很让你沮丧。"

这是我反复听到的故事：每一次小攀登都会伴随着一次坠落，每一次希望都会被绝望所取代。随着经济形势的恶化，绝望变成了愤怒。但部分原因是，在美国，我们很少有阶层怨恨和冲突的概念，这种愤怒更多地针对的是下层人，而不是上层人。在这个国家，当处于或接近阶梯底部的白人向下看时，他们看到的通常是黑人和其他少数民族。

诚然，在 20 世纪 80 年代和 90 年代，白人的愤怒是国家行政部门助长的，这些部门煽动种族纷争，以应对白人的不满情绪——将人们对经济状况和城市生活质量下降的愤怒，转移到外国人和其他种族身上。但同时我们的种族仇恨历史，再加上我们阶层意识缺乏，使得这一目标更容易实现。

尽管白人工薪阶层的生活艰难，但他们身为白人使得他们在物质上和心理上都比有色人种更具显著的优势。工作场所的种族歧视和隔离，最小化了对最佳工作的竞争。显然，他们确实必须就可用的资源相互竞争。但那是不同的，那是平等者之间的竞争——他们都是白人。当然，他们不会有意识地去思考这些事情。他们不需要去思考。这一点可以理解，因为它植根于我们的文化，并得到社会契约的支持，而这些契约说他们高人一等，他们值得更好的待遇。事实上，这正是为什么当法院或立法机构的行为似乎与这种信念背道而驰时，白人就会将自己视为受害者。

从国家成立之初，白人身份就一直是理想，自由和独立也一直与白人身份联系在一起。劳工历史学家大卫·罗迪格（David Roediger）写道："共和主义长期以来一直强调，人民的力量、美德和决心，保护他们免受奴役。"从当时迂回的推理中可以明显看出，拥有这些丰富品质的是白人，因为他们不是奴隶。

按照这一逻辑，对黑人的奴役可以看作源于他们的"奴性"，而不是源于奴隶制。奴隶制现在已经消失，但这种推理仍然停留在美国白人的思维中。他们仍然坚持认为，有色人种的低贱是源于他们的缺陷，无论是个人的还是文化的，而不是源于偏见、歧视和制度化的种族主义。事实上，正是这种偏见、歧视和制度化的种族主义，阻碍了有色人种充分参与社会。

这并不是说文化无关紧要，无论是在美国黑人还是我们社会的任何其他群体中，一个民族的生活方式源于他们的经历——源于定义他们生活的大大小小的日常事件；出于满足个人和团体需求的可用资源；与群体生活根植的社会、文化和政治体系无关。就美国内陆城市中的很大一部分黑人而言，几个世纪以来的种族主义和经济歧视已经产生了一种对个人和社会都具有破坏性的亚文化。但是，如果不了解发生此类行为所在的大背景，就把错误归咎于文化或个人责任的缺失，那就错过了重要的一面。承认非裔美国人中存在某些具有破坏性的亚文化形式，并不会否认或削弱一种因果关系：因为在社会、政治和经济层面存在结构性不平等，所以形成了社区层面的严重社会问题。

例如，在对英国伯明翰"工薪阶层年轻人"的研究中，保罗·威利斯（Paul Willis）观察到，他们对中产阶层规范的反抗——这些年轻人对阶层不平等表达愤怒的反抗——会进一步巩固他们的工薪阶层中的地位，而这恰恰有助于强化阶层结构。同样的道理也适用于非裔美国人社区的一些年轻人，他们对白人规范的积极排斥和"过度耀眼的"行为，往往使他们沦落到美国经济秩序的最底层。

无论是在英国还是美国，理解这一点并不会使这种行为变得令人愉悦。但它有助于解释文化形式的结构来源，并了解使其根深蒂固的社会进程。就像威利斯的白人"工薪阶层年轻人"一样，黑人社区中的嘻哈歌手和说唱歌手——从任何层面来说都"不是白人"——并不仅仅是在发表关于黑人文化的声明。他们还表达了对白人社会的愤怒，因为后者承诺平等，然后拒绝兑现。在这个过程中，他们正在寻找自己的道路，以通往某个容身之处，一个世界上他们可以称为自己的地方的空间，尽管这最终会强化他们局外人的身份。

但是，有些人可能会说，白人移民在初到美国时也遭受了偏见和歧视，但他们找到了更能被社会接受的适应方式。这是事实——今天大多数有色人种也是如此，包括移民和土著。然而，还有另外一个事实。虽然白人族裔早期的经历是极为痛苦的，但他们找到了出路。例如，罗迪格（Roediger）在描述爱尔兰人的文章中，展示了他们如何能够坚持自己的白人身份，并通过采取其他白人的种族主义态度和行为来证明这种坚持，在这个过程中，他们经常成为攻击黑人的领导者。随着时间的推移和他们政治权力的日益增长，他们赢得了他们所寻求的奖赏——被认可为白人。罗迪格写道:"把自己定义为白人的必要性,来自一种特殊的'公共和心理工资',即那些绝望的爱尔兰农村人和工业化前的爱尔兰人,在美国城市工业化的过程中,白人身份提供给他们的一种工资。"

同样,即使是最卑贱的人,白人身份也能给予其心理和物质上的祝福。因此无论白人在社会经济阶梯上下降到多低,他们也不能失去自己的白人身份。这不是一件小事,因为正如 W. E. B. 杜波依斯(W. E. B. Du Bois)几十年前观察到的那样,白人工人的报酬包含了一种心理工资,一种使他们能够相信自己天生就比非白人优越的红利。

然而,同样的事实是,白人工人如此看重的心理工资,也让他们付出了沉重的代价。因为随着移民人口的输入,黑人和白人工人的离析为美国资本家提供了一支后备劳动力大军,而每当美国资本家觉得白人工人过于"自大"时,他们就会启用这种后备劳动力。因此,尽管种族主义意识形态能够使白人工人保持一种自我优越感,但他们已经为这种信念付出了代价,因为他们在争取体面工资和工作条件的斗争中,变得比原本更加脆弱……

阅读 18　不安全时代的中产家庭

阿琳·斯科尔尼克

2009 年秋天，34 岁的航空公司飞行员布莱恩·劳勒和他的 4 个孩子以及当老师的妻子住在弗吉尼亚州。直到不久前，他还是一名年薪 6.8 万美元的机长，并期待着加薪。但突然之间，为了削减成本，他所在的航空公司将他和其他机长一起降职为副机长。他的工资减半，比他妻子挣的钱还少。

劳勒的故事出现在 2009 年 10 月 14 日的《纽约时报》的头版中，借以说明一个趋势：减薪、降职和缩短工作周的频率，比大萧条以来的任何时候都高。经济崩溃波及的不仅是那些已经失去工作的人，还打击了那些还在工作的人。文章指出，雇主通常更愿意裁员，而不是减薪，因为那样的话，"士气低落"的员工就会消失。

布赖恩·劳勒坦率地描述了他自己的"士气低落"，让我们得以一窥降级给这些员工及其家人带来的情感损失，而这种损失只是失业或其他经济下滑的"正常病理"的温和版本。

劳勒坦陈，不能穿机长制服，不能指挥飞机，也不再是家里主要的经济支柱，让他觉得自己"弱爆"了。当家人和他的父母出去吃饭时，他再也无法主动结账，这让他感到很困扰。

一个更实际的担忧是，现在的房贷压力已经超出了他和妻子的承受能力。他担心没有被告知家庭经济变化的孩子们，会因为圣诞老人给他们带来的圣诞礼物变少，而感到失望。

尽管劳勒经常生气、沮丧，但他为自己没有将这些负面情绪表现出来而感到自豪。他很后悔最近的两次爆发：一次是对 3 岁的儿子，因为儿子不愿意睡午觉；一次是对妻子，因为妻子没有体谅他为早点回家所付出的努力和承受的压力。"我的脑子里总是有 20 件不同的事情，"他告诉记者，"一直忙，忙，忙，然后有人发表了错误的评论，我就被激怒了。"（Uchitelle，2009）

当有人真的失业时，劳勒所提到的问题会更加严重，而当几个月过去，失业还在持续时，问题就会更严重。对一个家庭和孩子的未来来说，这可能是毁灭性的。一项大规模的研究表明，失业或其他经济挫折，会对失业者的身心健康、婚姻、亲子关系、儿童的幸福和他们学业的成功产生深远的影响。家庭压力具有高度传染性；一项研究发现，那些认为父母对工作焦虑的大学生会分心，学习成绩也会下降。（Kalil，2009）另一项研究发现，在一家之主失业的家庭中，孩子留级的可能性要高出15%。（Luo，2009）

尽管双职工家庭已成为常态，但丈夫的失业似乎对所有人来说都更加艰难。一个人的身份和自我价值感仍然与他的工作和谋生能力息息相关。男人们感到自己弱爆了，布赖恩·劳勒也是如此。他们觉得在家庭中失去了权威和尊重。尤其是整天待在家里，很容易对妻子，尤其是孩子，乱发脾气。如果他失业了，可能会出现临床抑郁症。随着失业率的上升，自杀的风险也在增加。

拥有稳定的婚姻、支持他们的亲戚、有房子可住和仍然不错的两个人的收入，劳勒一家显然不是近来经济衰退打击最大的受害者。当然，布莱恩仍然有一份工作。但是，这个家庭可能是经济力量的典型代表，而这种经济力量带来的后果是，即使是稳固的中产阶层生活，也会变得更加不确定和充满压力。早在2008年金融危机之前的几十年，问题就已经开始了。

无声的萧条

过去4年中一个鲜为人知的"伟大"故事是，尽管国民经济本身看似正在蓬勃发展，但美国家庭的经济基础正在不断受到侵蚀，收入水平也是上下波动。美国人担心的许多家庭问题——单身母亲、少女怀孕、20多岁的年轻人似乎无法进入成年期——主要与不友好的经济环境有关，而不是家庭价值观的缺失。

事实上，虽然学者和记者都曾经讲述过中产阶层经济衰退的故事，但公众对"不断变化的家庭"的讨论从未关涉过这一话题。规模虽小但不断增多的专著和文章记录了美国经济环境的革命。2007—2008年的金融危机标志着一种慢性疾病的恶化，而不是近几十年来压力的缓解。尽管根据标准指标，经济看似良好而且看似越来越好，但美国人经济生活中的收入水平却变得更加不稳定。

1986年，一家英国研究公司，即牛津分析公司，出版了《透视美国》（*America in Perspective*）一书。里根时代伊始之时，牛津分析公司受美国运通公司、太阳石油公司和布里斯托·迈耶斯三家大公司的委托，绘制了20世纪80年代及以后可能影响美国社会的经济、社会和政治趋势图。该书汇集了诸多具体的发现，但几乎没有引起关注。

该书对美国人在即将到来的时代将如何生活和工作，提出了非常有先见之明的概述。研究人员总结说，这个国家正在变成一个"高风险、高压力的社会"。战后繁荣结束了。家庭收入停止增长，未来的机会更少，不安全感更广泛，向下流动的风险更大，贫富差距会进一步扩大，应对社会需求的公共努力也会更少。

美国将变得比以往任何时候都更不"例外"，更像欧洲那些老牌的阶层分化国家。结果是，美国人将经历比二战以来的任何时期都更大的压力和焦虑。"广义上来说，工作和家庭之间的紧张关系，可能会成为美国社会的核心驱动力。"

最近，《大西洋月刊》（*The Atlantic Magazine*）2010年3月号的一则封面故事，描述了"新的失业时代将如何改变美国"。在该文中，作者唐·派克（Don Peck）引用了大量的研究成果：首先是对大萧条时期家庭的经典研究，随后是一系列关于困难时期对个人和家庭的影响的社会科学研究。据此，派克预测，当前的高失业率时代不会很快结束。在经济崩溃5年半之后，他的预测被证明是正确的。他认为，这段持续的失业时期"可能会改变一代年轻人的生命历程和性格。它将给许多蓝领男士留下不可磨灭的印记，也可能会削弱存在于很多社区的婚姻制度"。

派克的文章并没有引起公众和媒体的太多关注，与之形成鲜明对比的是，《大西洋月刊》早前的一则封面故事"丹·奎尔是对的"。这篇1993年的文章抨击单身母亲和离婚事件，据此创下了发行本的销售记录，并推动了20世纪90年代的"婚姻运动"。

然而，截至目前，立法者似乎仍然没有意识到，整体经济中存在的问题对儿童和家庭的福祉造成了多大的伤害。全球化、计算机革命和新技术是这一动荡背后的驱动力，但政治奠定了基调，并界定了公共政策的界限。其结果是，在这个国家中，那些自鸣得意的经济论调，和对家庭衰退的担忧言论严重脱节。

你会认为，在一个对家庭生活的"崩溃"深感焦虑的国家中，在一个任何统计数据——结婚率、离婚率或未婚母亲的生育率；女性所谓"选择退出"劳动力的比率——都会成为头条新闻的国家中，长达数十年的家庭安全感和发展机会的下降将是个大新闻。

但不知何故，这样的故事并没有触动人们的神经，因为人们更关注的是这个国家的道德基础，而不是它的家庭经济。传统观点认为，女权主义以及"60年代"的享乐主义和过度的性行为引诱女性远离家庭，并使婚姻成为一种濒临灭绝的制度。

甚至大萧条也被改编成了一个道德故事。一个伟大的"过度消费的神话"（Warren and Tyagi, 2003）已经传遍美国，借以解释为什么这么多家庭陷入财务困境；为什么他们的信用卡欠了这么多债；为什么他们拖欠贷款；为什么他们没有存下更多的钱。

这个神话说，很多家庭把钱花在了他们其实并不需要的东西上：豪宅、花岗岩台面、名牌衣服和鞋子、频繁外出就餐、豪华假期、星巴克的拿铁……然而，事实上，一个世纪以前的政府记录，就包含了有关支出模式的详细信息。

没有证据表明，今天的消费比上一代更加轻率。根据沃伦（Warren）的说法，事实证明，我们在某些方面的支出减少了，而在其他方面的支出增加了。与过去相比，我们在衣服和食物上的花费减少了，而在诸如电话服务等方面的花费增加了。问题在于，中产阶层的收入并没有跟上基本生活成本的上涨：房价飙升，医疗费用和大学费用也在飙升。

自20世纪70年代以来，美国经济发生了一些令人不安的变化。然而，直到今天，在公众对经济的讨论和对家庭变化的讨论之间仍然存在着一种奇怪的脱节。这个国家面临着三大经济挑战。第一个问题是在金融危机后持续5年多的普遍失业。第二个问题是当今极端的不平等，而这种不平等使我们有别于其他富裕民主国家：贫困率上升、中产阶层萎缩、超级富豪（1%）与其他人之间的鸿沟越来越大。第三个问题是经济不安全：一场无声的风险革命，使各种收入水平的家庭都面临财务风险、失业或灾难性的重大疾病。（Gosselin, 2008; Hacker, 2006）尽管公众对所有这些问题的讨论都太少，但对这种新的不安全感的讨论却最少。

问题不在于我们的政治领导人无视这种经济状况或中产阶层的挣扎。在2012年总统竞选期间，这些话题经常成为激烈辩论的中心。但人们并没有普遍认识到经济问题对美国家庭生活的影响究竟有多大，无论其收入水平如何。更糟糕的是，大多数权威人士和政客支持的补救措施只会让事情变得更糟：削减

第四部分 社会中的家庭

政府支出并破坏社会安全网——失业保险、社会保障、医疗保险。

对权威人士和政客来说，尤其是对保守派人士来说，谈论贫困和未婚母亲却很有用，因为这么做可以让穷人，尤其是内城区的穷人对自己的困境负责。他们的困境是源于他们缺乏正确的价值观和个人责任感。如果他们没有辍学，没有在结婚前怀孕，没有吸毒，没有被捕，或者没有做其他冒险和冲动的事情，情况就不会变成这样。但对于像劳勒一家这样的中产阶层家庭来说，他们并非因为自己的过错而突然失势，因此，将自己的困境归咎于错误的价值观和错误的选择，无疑是行不通的。

经济安全曾经是中产阶层生活的决定性特征，但现在不再是了。穷人和工薪阶层一直在以更极端的方式应对金融动荡，中产阶层现在也面临着这种金融动荡。稳定蓝领工作的时代已经结束，被机器或印度等国的工人取而代之的威胁，已经开始从白领工作蔓延至各行各业。

下面谈谈个人破产的问题。伊丽莎白·沃伦（Elizabeth Warren）曾是一名法学教授，现在是马萨诸塞州参议员。她从法学院毕业后就一直在研究破产问题。她和同事发现，1980年到2005年间，申请破产的人数增加了四倍多。（2005年，家庭通过破产获得债务减免的难度加大）她们随后发现，陷入如此严重财务困境的人都是有孩子的普通中产家庭。这些家庭"花光了每一分钱"（Warren，2003:10），以让他们的孩子过上中产阶层的生活。

考虑到孩子在全球高科技经济中的未来，这些父母希望他们的孩子能在学校得到良好的教育。这意味着，他们必须住在以拥有良好公立学校而闻名的郊区或社区。问题是，对这些地区房屋的需求引发了一场竞购战，从而推高了房地产价格。因此，普通的中产阶层家庭只有在父母双方都工作的情况下才能负担得起好学校附近的房子。第二笔收入是用来支付日常费用的，而不是在特殊需要时充当缓冲。因此，如果失去任何一份工作，家庭就会陷入困境。

不断飙升的破产率是中产阶层经济困境的象征。在某一年里，经历父母破产的孩子比经历父母离婚的孩子多。一年中的破产人数比心脏病发作的人数还要多。就像离婚一样，破产已经成为一种司空见惯的现象，而不是中产阶层生活中的罕见事件。就像离婚一样，"破产关乎一个不稳定的家庭"（Warren and Tyagi, 2003: 177）。但是，尽管离婚对孩子的影响在文化战争中一直是个备受争议的问题，但对孩子因经济损失而面临家庭生活中断的讨论却很少。

部分原因是，中产阶层家庭觉得出现严重的财务问题是可耻的：在这个问题上有一个"沉默准则"。破产家庭可能会觉得，他们不认识其他处于相同情况的任何家庭，而事实上，他们周围很可能有很多和他们一样陷入困境的家庭。

结　论

我们迫切需要一场关于"家庭价值观"的新对话，我们也迫切需要 21 世纪对这个术语的新定义。牛津大学的研究人员并没有预测从战后繁荣向高风险、高压力社会转变的长期结果。他们认为，这个国家的未来取决于它会接受哪一种截然不同的传统：是"生意归生意"的美国传统，还是更平等的、拥有广泛机会和共享繁荣的美国梦。

对于 1980 年以后出生的人来说，今天的经济似乎是一个自然栖息地。即使对那些清楚记得在战后美国生活的老一辈人来说，他们也很难相信，从 20 世纪 40 年代末到 80 年代初，美国曾经是一个大多数人都享有中产阶层生活水平的国家。

当我告诉二三十岁的人，你曾经可以免费或几乎免费获得良好的大学教育时，他们几乎不敢相信。关于这个一直被贴上"大繁荣"标签的时代，还有很多令人难以置信的地方。例如，在德怀特·艾森豪威尔的共和党政府时期，富人的最高税率为 70% 至 90%。每周工作 40 小时被视为全职；大多数中产阶层雇员享有工作保障、良好的薪酬以及医疗保险和养老金等福利。

到 20 世纪 50 年代，60% 的人口达到了中产阶层的生活水平，而在大萧条前的最后一年，这一比例仅为 31%。加入工会的工薪阶层，尤其是白人工人，经历了最大的命运变化：能够从城市贫民窟搬到遍地涌现的新郊区。

然而，战后的美国并不是一个乌托邦。富裕从未像很多人想象的那样普遍存在。仍有人生活在所谓的"贫民窟"中；迈克尔·哈灵顿（Michael Harrington）1960 年出版的《另一个美国》（*The Other America*）被认为是"发现"贫困的功臣。种族主义和歧视十分猖獗，而不仅仅是在南方。女性则受到"女性神秘感"的束缚。

美国经济的惊人增长、劳工运动的力量以及大规模的政府支出（其中大部分是所谓合理的国防支出），合力推动了这种"大繁荣"，并在其持续的过程中，培养了一种稀缺性已然终结的感觉。它鼓励人们随时准备解决贫困和种族不平等等长期存在的问题。政府对教育、科学研究、新技术和基础设施的投资，也产生了社会影响：男性和女性的教育水平提高了，寿命更长，生活更健康——所有这些都是大繁荣的一部分。

我们需要彻底改变家庭价值观的定义，重新思考政府和企业在维持父母和儿童福祉方面的作用。我们不能摒弃计算机和互联网，恢复50年代的工业经济。但我们需要新的家庭政策，以适应快速变化的全球经济和不可逆转的性别关系转变的现实。

所有发达国家都经历过技术变革和全球化，但没有一个国家经历过我们所面临的不平等、不稳定、家庭压力和贫困程度。他们也没有失去我们曾经拥有的——在最需要的时候——针对失业、残疾、疾病和老年的基本保护。简而言之，新的美国经济破坏了让儿童和家庭繁荣发展的条件。

但这是不可持续的。在后工业信息社会中，家庭的作用比以往任何时候都更加重要；只有家庭才能创造、培养和维护当今发达经济体保持竞争力所需的人力资本。这个国家迟早需要关注高风险、高压力的经济赢家对家庭和儿童以及青少年发展造成的深远影响。

参考文献

Gosselin, P. 2008. High Wire: The Precarious Financial Lives of American Families. New York: Basic Books.

Hacker, J. 2006. The Great Risk Shift: The Assault on American Jobs, Families, Health Care and Retirement—And How You Can Fight Back. New York: Oxford.

Kalil, A. 2009. "Joblessness, Family Relations and Children's Development." In Family Matters: Australian Institute of Family Studies Journal. No. 83.

Luo, M. 2009. "Job Woes Exacting a Toll on Family Life." New York Times, Nov. 11.

Uchitelle, L. 2009. "Still on the Job at Half the Pay." New York Times, Oct. 14.

Warren, E. and Tyagi, A. E. 2003. The Two Income Trap: Why Middle Class Parents are Going Broke. New York: Basic Books.

第十章　家庭与挑战

阅读 19　21 世纪的家庭和老年护理

安·布克曼、迪莉娅·克林布尔

在美国历史的大部分时间，照顾老人主要是由家庭妇女操持的家庭事务。然而，随着 21 世纪的到来，美国的老年护理日益复杂，许多个人护理工作被"外包"给了收取费用的非家庭护理人。今天，老年护理是一项涉及 6 个主要利益攸关方的多部门事业——医疗保健提供者、非政府社区服务机构、雇主、政府、家庭和老年人本身。然而，这 6 个群体往往各自为政，甚至目标相左。据此，我们必须对其进行更好的资源整合，以确保老年人能够有尊严地老去，家庭能够得到适当的支持，社会能够管理与老年人保健和经济保障相关的费用。

本文考察老年人和家庭人口结构的变化；护理年迈的父母或亲属意味着什么；老年护理如何因种族、性别和社会经济地位而异；雇主和政府如何应对护理挑战。本文最后探讨跨部门联动的必要性，以在美国创建一个"老年人友好型"社会，一个重视整个生命历程并寻求多代解决方案的社会。

不断变化的人口结构

随着老年人口的迅速增加，美国老年护理的格局正在发生变化。在过去的一个世纪里，美国 65 岁及以上的人口增加了 11 倍。（Hobbs, 2001）根据 2010 年的人口普查，年龄在 65 岁或以上的人口达 4030 万人，占总人口的

13%；（U. S. Census Bureau, 2001b）85岁及以上的老年人（有时被称为"最年长老人"），占总人口的1.1%。到2030年，美国65岁及以上人口预计将达到8000万，占总人口的20%；85岁及以上人口将占总人口的2.3%。（Day, 1993）

在未来的几十年里，老年人口不仅会不断增加，而且会发生多种形式的变化——更多的人会活得更长、更健康；老年男性的数量会增加；该群体的种族多样性和民族多样性也会增加。（U.S. Census Bureau, 2001a）但并非所有的趋势都是积极的。（He and others, 2005）尽管老年人的贫困率从1970年的25%下降到1992年的13%，但随着男女实际收入中位数的增加，到2009年，在65岁及以上的人口中，约有12.9%收入仍位于贫困水平。（U.S. Census Bureau, 2009a；2009b）2007年开始的大衰退，侵蚀了中等收入和中产阶层老年人的经济地位。他们中很多人的养老金和401K计划退休金在减少，房价在下降，其他金融投资也在贬值。（Sermons and Henry, 2010）

显然，美国老年人口的这些变化，将给有老年人需要护理的家庭成员带来挑战。而其他人口结构的变化——年轻人推迟结婚和生育，家庭规模缩小，家庭组成和结构的变化——使这一挑战更加复杂。老年人寿命的延长，不仅延长了成年子女的护理年限，而且可能需要孙辈也成为护理人。已婚夫妻可能有多达4个年迈的父母在世；事实上，他们可能有更多的父母或亲属需要照顾，而不是只有他们自己或与孩子居住在一起。过去，针对老年护理的研究侧重于既要照顾孩子又要照顾年迈父母的在职成年人面临的挑战——也就是所谓的"三明治一代"（sandwich generation）。该术语由社会学家多萝西·米勒（Dorothy Miller）首创，指的是在资源与扶持交换中出现的代际不平等现象。（Milller, 1981）米勒的研究凸显了中间一代的打工族所承受的压力：需要照顾两组受抚养人，却得不到多少支持。然而，三明治的比喻在几个方面业已过时：它并没有反映不只一代人可能需要提供老年护理，也没有反映任何一代都可能既是护理人又是受护理人。静态层面的图像并不能公正地反映几代人之间的动态互动，例如转移经济援助、共享居住空间，或交换个人和情感关怀。

今天，越来越多的研究人员发现，成年人照顾父母的时间可能比照顾孩子的时间还要多。（Stebbins, 2001）由于当今的家庭规模往往较小，对需要照顾老人的中年人来说，可以帮助他们分担责任的弟弟妹妹可能会更少。简言之，美国的老年护理是一项艰巨的任务，护理人——尤其是近60%仍在工作的家庭护理人——发现独自承担这项任务越来越困难。（National Alliance for Caregiving and AARP, 2009:53）

护理工作和老年护理的维度

20世纪60年代，一项针对家庭"护理工作"的大规模研究挑战了"被遗弃老人的神话"之说，表明家庭仍在照顾老年人，但家庭、工作场所、社区等外部条件的变化使老年护理更具挑战性。（Shanas and Streib, 1965）

近期护理工作研究的贡献之一是提请人们关注护理的"工作"层面。这种框架与"家庭为什么要照顾老人"的个人和文化观念相左，并提出了两个互为关联的论点：第一，由于家庭护理工作主要是由女性完成的，且没有报酬，因此往往被轻视；第二，尽管被轻视，但无偿护理工作为美国社会提供了巨大的价值，为美国人口中最脆弱的群体提供了急需的护理和"服务"。一些学者尝试计算无偿护理工作的货币价值，以支持关于其价值的争论。根据1997年（Amo, Levine, and Memmott, 1999）的估算，这种无偿护理工作每年价值1960亿美元；根据联合医院基金在2004年的后续研究，每年价值2570亿美元。（Levine, 2004: 5）无论是哪种情况，这类数字都远远超过了美国在家庭保健和养老院护理方面的支出，从而凸显了家庭护理的重要性。

为了区分家庭提供的工作与专业人员和准专业人员提供的工作，很多护理研究使用"非正式护理"一词来指称家庭提供的护理，使用"正式护理"一词来指称训练有素的保健和社会服务人员提供的护理。这种区分在非正式和正式护理之间划出了一条鲜明的界线：非正式护理是无偿的，发生在私人家庭领域；而正式护理是有偿的，发生在机构和社区设施中。然而，一些老年护理学者对这一区分提出了挑战。他们发现，家庭护理人同样在医院、康复机构、门诊和社区机构提供老年护理。家庭护理人是老年保健系统中的"影子劳动力"。（Bookman and Harrington, 2007）一些州正在试行"现金和咨询"项目，向家庭支付他们照顾老人的费用。如此，有偿和无偿的区别在公共政策中受到了挑战。

老年护理需要各种各样的支持，也需要扛起各种各样的责任，其强度和复杂性会随着时间的推移而发生变化。老年人及其家庭所特有的文化差异塑造了他们对老龄化、健康和生命终结的看法，从而影响对"谁来提供护理和提供什么护理"的期望。（Levine and Murray, 2004）正如以下 8 个维度所示，老年护理方面的变化是多种多样的。

时间维度

老年护理有 3 种形式：短期性、间歇性和长期性。例如，年迈的父母可能要接受手术，这种手术导致他们暂时无法活动，但会使他们恢复高水平的日常生活功能。在这种情况下，护理的强度可能会很高，但持续时间很短。如此，尽管会干扰护理人的工作、家庭和个人生活，但只是暂时的。相比之下，70% 的慢性病患者可能需要间歇性护理（National Alliance for Caregiving and AARP, 1997），包括定期去看一位或多位专家、进行药物管理、调整家庭和个人的日常习惯。在这种情况下，护理人往往需要花费较长一段时间，因此可能很难将护理需求与自己的有偿工作结合起来。在其他情况下，老年护理可能是长期的，需要持续数月或数年。这种护理可能已成为一种常规，并可能严重挑战护理人的能力：既要维持自己的工作，又要看护其他家庭成员，还要保持个人和社区的参与度。

自 1987 年以来，美国退休人员协会（the American Association of Retired Persons, AARP）和国家护理联盟（the National Alliance for Caregiving, NAC）进行了几次全国性的调查，跟踪美国人在老年护理方面投入的时间。（Wagner, 1997）2009 年的最新调查发现，间歇性老年护理是最常见的类型。在该调查报告中，受访的护理人平均花费 4.6 年；31% 的受访者表示，他们提供老年护理的时间超过 5 年（National Alliance for Caregiving, 2009），一半的护理人每周花费 8 小时或更少的时间，而 12% 的护理人每周花费 40 小时以上的时间。随着老年人的生理、心理功能或两者兼而有之的恶化，短期或间歇性护理可能演变为长期护理。

地理维度

老年人居住地与护理人居住地之间的距离，对护理的类型和频率具有重大影响。原因是部分美国家庭是流动的——每年约有 16% 的家庭会搬家（U.S.

Census Bureau, 2000）——成年子女有时与年迈的父母住在不同的城市、州甚至国家和地区。根据 AARP-NAC 的最新调查数据，23% 的护理人和他们所照顾的老年人居住在一起（合住的情况在低收入护理人中尤为常见）；51% 的护理人住在 20 分钟车程以外的地方。（National Alliance for Caregiving, 2009）

然而，在过去的 15 年中，远程护理一直呈上升趋势。（Bledsoe, Moore, and Collins, 2010; Koerin and Harrigan, 2003）大都会人寿（MetLife）的一项研究发现，至少有 500 万护理人距离他们照顾的老年人有一小时或更长时间的路程。（MetLife, 2004）在这个群体中，大约 75% 为老年人的日常活动提供帮助，如购物、交通和管理家庭财务。大多数远程护理人与兄弟姐妹或有偿护理人分担责任。一些研究表明，住在老年人身边的成年子女相对最有可能提供大部分的老年护理（Matthews and Rosner, 1998; Stoller, Forster, and Duniho, 1992），从而凸显了地理位置的重要性。

居住维度

搬？还是不搬？很多老年人在这个问题上很纠结，常常向家庭护理人寻求答案。大多数老年人希望住在自己的家里或社区中；对一些人来说，安全和无障碍设施需要对房屋进行翻新。家庭护理人可以规划、组织和资助老年人进行生活空间的改造。并非所有的老年人和护理人都是房主（有些是租客），这对各方都构成了特殊的挑战。（Fuller-Thompson and Minkler, 2003）当老年人无法适应他们的住所时，就必须搬家。在这种情况下，护理人经常研究、规划和组织搬家。一些老年人搬到持续性退休人员护理社区，因为这种社区会为不同能力的居民提供不同类型的生活单元。① 虽然此类社区越来越受欢迎，并可以减轻家庭的一些责任，但社区生活单元的购买成本很高，每个月的维护费用也很高，因此大多数老年人负担不起这种选择。

一小部分老年人住在康复机构，通常是短期的。5% 至 6% 的老年人长期住在护理机构或养老院，家庭护理人定期或间歇性地前往探访并监测相关机构提供的护理。大多数老年人都住在自己的家中（National Alliance for Caregiving,

---

① 持续护理退休社区包括"独立生活"单元，针对的是那些仍然可以照顾自己的人；包括"生活辅助"单元，针对的是那些需要一些日常个人护理帮助的人；还有为那些不再能够照顾自己的人提供的"长期护理"床位。

2009），家庭护理人必须经常对其安全性和社区服务的可用性进行评估，如交通、社会服务和娱乐机会。非政府组织每天为 1000 多万老年人提供长期护理支持和服务，使他们能够继续在自己家中独立生活。（National Council on Aging, n.d.）为了帮助护理人评估独立生活所需要的东西，研究人员开发了一些有助于他们选择合适住房和扶持性服务的工具。（Keefe and others, 2008）

财务维度

护理家庭可用的经济资源差别很大。中上层和富裕家庭通常有足够的资金支付老年护理服务，而贫困家庭通常能够获得各种补贴服务，如家庭保健。受影响最大的家庭是有工作的穷人和收入"适中"的家庭，他们太"富有"，因而没有资格享受补贴服务，但自己却无力支付护理费用。许多照顾年迈亲属的家庭都遭遇了这种"中产阶层挤压"。

关注老年护理财务维度的研究人员发现，代际转移现象相当普遍。在 2005 年的一项研究中，29% 的婴儿潮一代在 2004 年向父母方提供了经济援助，而大约五分之一的人得到了父母方的经济支持。（Pew Research Center, 2005）最近一项针对 65 岁及以上老年人的全国代表性调查，勾勒了一幅略有不同的图景：其中一半的老年人给成年子女钱；大约三分之一的老年人帮助成年子女照顾孩子、跑腿、做家务和维修房屋。当被问及成年子女给了他们什么时，超过 40% 的老年人说，他们在跑腿和乘车赴约方面得到了帮助；约三分之一的老年人说，在家务和房屋维修方面得到了帮助；约五分之一的老年人说，在账单支付和直接的经济支持方面得到了帮助。（Pew Research Center, 2009）令人震惊的是，关怀、时间和金钱在两代人之间是相互的，是双向的。

健康维度

一些护理人在短期急症医疗保健危机中提供帮助，另外一些护理人为患有一种或多种慢性疾病的老年人提供护理，还有一些护理人为长期患有不治之症或渐进性疾病的老年人提供护理。家庭在国家医疗保健系统中是一个至关重要的资源，因为他们需要照顾患有阿尔茨海默病等疾病的亲属，而这些疾病的有偿护理费用往往非常昂贵。然而，提供无偿护理对这些家庭来说是一个主要的负担：他们经常发现，并没有针对护理人的培训——如何管理老年人的行为和症状，以及如何应对他们的感受。（Papastavrou and others, 2007）

老年人的健康状况决定了护理人在个人护理方面的参与度。这里的个人护理通常被称为日常生活活动，如吃饭、洗澡、如厕和穿衣，或作为日常生活的工具性活动，如做饭、购物和支付账单。老年人的健康状况也决定了护理人在医疗任务方面的参与度，如服药；手术后敷料包扎伤口；检查体重、血压和血糖水平；监控医疗设备。一项针对护理人的全国性调查发现，超过40%的护理人帮助完成一项或多项医疗任务，尽管只有三分之一的人说，他们接受过相关培训。（Donelan and others, 2002）这一发现凸显了家庭在老年护理方面的"医疗化"。

一个正在增长的老年人群体被称作"体弱老人"，指的是那些65岁及以上的老人，他们没有住在养老院，但至少在一个方面有独立生活的困难，或者严重残疾，或者两者兼有。这一群体在2002年约有1070万人。（Johnson and Wiener, 2006）对一组全国性数据的分析表明，三分之二的"体弱老人"每月平均从无偿家庭护理人那里获得177小时的帮助。其中一半以上的帮助来自他们的女儿，而他们的女儿大多数都在工作。（Johnson and Wiener, 2006）

法律与伦理维度

当身心健康显著下降，危及老年人管理自己事务的能力时，通常由家庭护理人行使一定程度的控制权、决策权以及最终的法定权，如授权委托书。针对老年人法律问题的研究，往往聚焦护理人，将他们视为家庭冲突甚至虐待老年人的根源，在涉及经济资源时，情况更是如此。然而，最近一项针对经济上虐待老年人的研究发现，作恶者中只有16.9%是家庭成员。（MetLife, 2009）

法律问题还可能要求护理人承担与健康相关的复杂角色，例如充当医疗保健代理人、制定预先指示、做出DNR（do not resuscitate，不施行心脏复苏术）指令。这些步骤可能涉及复杂的伦理问题和决策，例如，何时停止为身患绝症的父母提供生命支持。对临终老人的研究表明，一旦选择姑息治疗，家庭护理人将发挥关键作用，包括协助老年人进行日常生活、处理药物和做出医疗决定。（Hauser and Kramer, 2004）一项基于人种学数据的研究，跟踪了一位年迈的母亲和她的女儿，记录了这个家庭如何驾驭医疗保健系统，并将她们自己的文化意义纳入临终关怀。（Margulies, 2004）其他研究凸显了有绝症老人的家庭所承受的高度压力，揭示了一些医疗保健系统的迟钝反应，也表明了社区服务

缓解了此类家庭的压力。（Brazil, Bainbridge and Rodriguez, 2010）

情感、道德和精神维度

很多针对老年护理的研究探讨个人护理、医疗保健和住房方面的日常实践。家庭提供的情感关怀虽然对老年人福祉至关重要，但研究较少，也难以界定。医学人类学家阿瑟·克莱曼（Arthur Kleinman）是他患有阿尔茨海默病的妻子的护理人。在他看来，照顾妻子的情感本质上是一种道德行为——"生而为人的存在性品德"。（Kleinman, 2010）

对一些老年人来说，宗教理念、实践和信仰非常重要。如此，满足他们的精神需求对维持他们的身心健康和长寿至关重要。（Moberg, 2001）对于这些老年人，护理人的任务包括：评估精神和安康状况；采取"回忆和生活回顾"法；查明并促进与宗教服务、组织和神职人员的接触；讨论生命终结问题。（Crowther and others, 2003）根据个别老年人的特殊信仰传统去履行这些任务，虽然费时但很有意义。

老年护理外包和护理协调维度

当家庭成员无法提供护理时，特别是当他们是全职员工或远程护理人，或两种情况兼而有之时，他们的任务是找到一个靠近老年人居住地、提供有偿服务的机构。他们需要花费时间和精力去找到一个合适的多重服务机构或老年服务机构，给该机构提供详细的个人和健康信息以确保良好的"客户—机构对接"，监测这些机构提供的服务以确保老年人的需求得到满足并感到舒适。为了找到一种服务而执行所有这些任务已经够困难的了，如果老年人需要多种服务，家庭的工作就会非常重要。

许多研究记录了老年医疗保健和社会服务体系的碎片化，另一些研究则呼吁加强护理协调，以提供对护理人的支持。（Semla, 2008）医院与家庭之间、康复机构与家庭之间的对接，往往是不安全且令人不满意的，改善沟通的必要性已经被广泛记录。（Alspach, 2009）考虑到跨机构协调的复杂性，一些家庭护理人会聘用一位老年护理经理——通常是一名训练有素的社会工作者——来确定、监测和协调服务。聘用护理经理需要家庭护理人进行深入的研究、持续的监控和广泛的沟通。护理协调工作是许多家庭自身提供的护理工作中一个重要但常常被忽视的方面，要么是因为他们负担不起聘用老年护理经理的费用，

要么是因为他们更喜欢自己处理事情。（Bookman and Harrington, 2007）

老年护理和多样性

大多数关于老龄化和老年护理的研究，都把老年人及其护理人视为一个整体。但随着国家变得更加多样化，老年人口也变得更加多样化。老年护理工作因性别、种族和社会经济地位而异，非裔美国人、拉丁裔、亚裔、美洲原住民和其他群体的家庭，将他们自己的优势和需求带到护理经历中。虽然性别、种族和社会经济地位在下文是分开讨论的，但必须指出，在护理人的生活中，这些变量往往以强大且重要的方式相互交叉。"交叠性"方法显示了生命历程中机会的不平等如何塑造老年人及其护理人所在家庭的优、劣势轨迹。未来的研究必须对多样性的多个方面进行探讨，据此制定新的政策，以应对社会经济不平等与基于性别、种族和文化的差异之间的相互作用。

性别和老年护理

老年女性比老年男性寿命更长，尽管她们一生中都在照顾他人，但相较于男性，她们在年迈时更有可能独自生活、生活贫困和缺乏照顾。（Olsen, 2003; Hooyman, 1999）针对性别与护理的研究有两个重要主题。第一，大多数（67%）的家庭护理人是女性（National Alliance for Caregiving and AARP, 2009）：妻子照顾配偶，成年女儿照顾年迈的父母。第二，鉴于劳动力中持续存在的性别不平等，包括工资方面的性别差距，女性比男性更有可能因照顾他人的职责而减少工作时间或辞职，从而导致收入、储蓄和养老金方面的减少。

虽然在总人口中，女性比男性承担更多的老年护理工作，但最近的研究表明，在提供护理方面，职业女性和职业男性的人数大致相等。（Aumann and others, 2010）但性别差异依然存在：相较于职业男性，职业女性定期提供家庭护理的可能性更高，提供护理的时间更多，提供直接护理的时间也更多，如做饭、家务、身体护理和交通。（Aumann and others, 2010）与该发现相一致的是，其他老年护理的性别趋势研究也提供证据表明，女性倾向于从事消耗体力和可能中断日常活动的家务和个人护理工作，而男性倾向于提供周期性的帮助。（Martire and Stephens, 2003）在提供护理方面，男性无论是否有工作，得到的援助都比女性更多；他们还倾向于将自己的任务委托给他人，并寻求有偿援助，以减轻他们自身的一些护理责任。（Olsen, 2003: 98）

尽管需要平衡工作和老年护理责任的男性越来越多，但女性特别容易受到与工作有关的负面后果的影响。（Neal and Wagner, 2002）照顾老人的女性通常会减少工作时间，离开劳动力市场，或做出其他对经济或职业发展有负面影响的调整。有些人拒绝加班，放弃晋升、培训、收入更高的工作、需要出差的工作以及其他具有挑战性但耗时的就业机会。（Eaton, 2005）许多低收入女性和有色人种女性在工作中没有足够的灵活性或自主权，因此无法带年迈的父母去看病或满足父母的其他需求。（Bullock, Crawford and Tennstedt, 2003）

尽管从护理中获得一种满足感，但护理人有时会感到负担沉重、与社会脱节、紧张和绝望。大都会人寿对有工作的护理人进行的一项研究发现，与有工作的男性护理人相比，有工作的女性护理人更有可能反映护理责任对个人福祉的负面影响。（MetLife, 2010）总体而言，护理人反映的身心健康问题比非护理人更多（Vitaliano, Zhang and Scanlan, 2003），女性护理人（58%）反映的负面健康影响比男性护理人多（42%）。（Pinquart and Sörensen, 2006）在一项评估护理人健康与性别差异的研究中，马丁·平夸特和西尔维娅·塞伦森发现，在主观幸福感和客观的身体健康方面，女性的得分低于男性，而在负担和抑郁方面，女性的得分高于男性。上述统计结果一致表明，这种关系对女性护理人的影响呈显著正相关。（Pinquart and Sörensen, 2006）

种族、民族和老年护理

美国日益增长的多样性，派生了对种族和民族如何影响老龄化和护理体验进行研究的必要性和重要性。需要指出的是，种族和民族都是社会建构的。美国的种族压迫和结构性不平等传统，造成了教育、卫生、住房、收入、财富等方面的社会经济不平等。很多低收入有色人种在进入老年之前，一生都处于不断累积的不利地位，在此期间他们获得经济机会的可能性有限，从而妨碍了他们为退休生活积累储蓄的努力，也阻碍了他们获得保健的机会，并导致他们的健康状况较差。

很少有来自种族和少数民族的家庭使用付费或外包护理服务，而实际使用这些服务的家庭有时在获得这些服务时会面临结构性障碍。虽然大多数美国人并没有把他们年迈的亲属安置在养老院，但拉丁裔、非洲裔和亚裔美国人最不可能这样做。（Torres, 1999）即使是有更大护理需求的有色人种的老年人，如阿尔茨海默病或慢性病患者，也比白人更有可能得到孩子们的照顾，也更有可能与孩子们一起生活在社区中。（Yarry, Stevens and McCallum, 2007）

很多研究表明，有色人种家庭在经济、物质、家务和其他支持上依赖于扩展的亲属和朋友网络。（Jackson, 1995; Tennstedt, Chang and Delgado, 1998）非裔美国人尤其依靠邻居、朋友和教友的关系网络。语言和文化障碍往往会导致美籍华人和波多黎各裔护理人向社区中的种族组织寻求支持。（Levkoff, Levy and Weitzmann, 1999）

这种广泛的社会支持可以在一定程度上解释为什么少数种族和民族群体通常对老年护理更认可、更满意。（Pinquart and Sörensen, 2003）研究表明，很多有色人种群体重视相互交流、互惠互利、孝顺义务和相互依存，而西欧和白人群体重视自力更生。一些基于完善的正面评价量表和应对问卷的研究发现了一种显著的"种族"效应，非裔和拉丁裔美国人等有色人种的护理人，在护理的积极程度上评价最高，在幸福指数上得分也更高。（Haley and others, 2004; Coon and others, 2004）

一些拉丁裔群体期望大家庭去照顾年长的亲属（Tennstedt, Chang, and Delgado, 1998），美洲原住民非常看重回报那些供养他们的人，从而强化了他们文化中的互惠价值观。（Hennessey and John, 1996）相较于有色人种，白人护理人感觉更抑郁、压力更大。（Pinquart and Sörensen, 2005; Janevic and Connell, 2001）针对护理人之间种族和民族差异的研究，通常没有重点关注还在工作的护理人。但有一项研究重点关注了此类护理人。该研究发现，白人的工作要求和压力明显高于拉丁裔和黑人。（Fredriksen-Goldsen and Farwell, 2004）

虽然相关研究一致表明，不同种族的护理结果存在显著差异，但由于招募策略、选定和排除标准、结构测量、研究工具和统计技术的差异，调查结果可能有所不同。这些研究在样本量和采样策略上也各不相同，而且很少使用随机分配或全国概率抽样来假设变量之间的任何因果关系。为了加强统计结果的普遍性、准确性和研究之间的可比性，研究人员有必要使用更加多样化和随机的抽样策略，并采用实验性以及定性和定量相结合的方法。（Dilworth-Anderson, Williams and Gibson, 2002）

社会经济地位和老年护理

虽然研究人员并不经常探讨社会经济地位——由教育、职业地位、家庭收入、净资产和金融资产界定——对老年护理的影响，但它对老年人的生活质量及其家庭所能提供的护理类型仍具有重要影响。

首先，很多低收入老年人没有足够的资源。超过一半（54%）的老年家庭，即使把财产净值、社会保障金、养老金收入加在一起，也无法负担其生活开支。（Meschede, Shapiro and Wheary, 2009）在 2008 年老年人收入报告中，20.3% 的人收入不足 1 万美元。（Administration on Aging, 2009a; 2009b）这种经济挑战往往会增加家庭的经济负担、困难和压力。很多研究表明，社会经济地位较高的家庭往往不提供身体护理，而是倾向于购买老年护理服务，提供经济援助，购买替代性住所，并改造住房以供老年人居住。（Merrill, 1997）

资源的匮乏带来的结果是，有工作的穷人和工薪阶层的护理人更有可能自己提供直接护理，而不是聘请专业的护理经理。即使低收入家庭确实购买了正规服务，他们只是在短时间内使用这些服务。中产阶层和更高收入的护理人会购买更长时间的老年护理服务，或者直到资源用完，他们才会停止购买老年护理服务。（Merrill, 1997）

雇主和政府的应对

研究人员还调查了雇主和政府如何应对家庭在提供老年护理方面面临的挑战。例如，雇主是否为还在工作的护理人提供"家庭友好型"福利和政策？联邦、州和地方政府是否制定了满足老年人和护理人需求的公共政策？在下文中，我们探讨雇主和政府对老年人和家庭护理人需求的应对是否充分，以深入了解未来可能需要哪些政策变化。

雇主的应对

鉴于人口老龄化和女性在劳动力市场的高参与率，在过去 30 年里，照顾老人的上班族的比例一直在增长，且有望会继续增长，并逐渐接近照顾孩子的上班族比例。最早的全国性估算之一是根据1982年全国长期护理调查（National Long-Term Care Survey）及其配套的全国非正式护理人员调查（National Informal Caregivers Survey）。15.8%的护理人仍在工作（Boaz, 1996），9%的人因照顾老人的责任而辞去工作，20%的人在工作和照顾老人的责任之间存在冲突。（Stone, 1987）在20世纪80年代末和90年代进行的调查发现，身兼工作和护理双重责任的人员比例显著上升，在1997年达到64%。（Wagner, 1997）2010年的一项研究发现，60%的家庭护理人是有工作的（MetLife, 2010）；另外一项研究发现，作为一个整体，50%的护理人有全职工作，11%的护理人有兼职工作。在未来几年里，雇主需要对员工的老年护理需求做出回应，以免影响公司的业绩，并留住一些最有价值的员工。

关于工作—家庭冲突的研究非常广泛，很多研究聚焦员工在工作和照顾老人方面的冲突。（Neal and others, 1993）除了一般的角色冲突感，一项研究发现，有工作的护理人使用自己的病假或休假时间来满足老年护理需求（48%）、减少工作时间或辞掉工作（37%）、从事额外工作或增加工作时间以获得老年护理的资金（17%）、休无薪假（15%）、跳槽（14%）。（Evercare, 2007）很多研究发现，老年护理对员工的健康产生负面影响，包括增加压力、抑郁症、糖尿病、高血压，甚至过早死亡的风险。（Schudtz and Beach, 1999）如果护理人减少工作时间，休无薪假，或离职，其负面影响可能会超出护理人个人，波及整个家庭。例如，大都会人寿的一项研究记录了短期收入损失、退休储蓄的长期损失和职业发展机会的丧失对家庭经济的负面影响。（National Alliance for Caregiving and the National Center for Women and Aging at Brandeis University, 1999）研究人员还在研究雇主为满足员工的老年护理需求而制定的政策和项目；粗略估计，有25%到50%的雇主提供了这些项目。（SHRM, 2007）与小公司相比，大公司更有可能提供老年护理项目。2003年的一项研究估计，50%的大公司提供此类项目。（Hewitt Associates, 2003）对于中小型企业，2006年的估计为26%提供此类项目，2007年为22%。（SHRM, 2007）针对最近的经济衰退如何影响老年护理项目的研究刚刚开始；其中一项研究表明，大多数雇主都在保持工作场所的灵活性，尽管减少工作时间可能会导致薪酬减少，因此增加灵活性意味着成本和收益。（Galinsky and Bond, 2009）

20世纪80年代末，一些公司推出了"老年护理援助项目"，其范围不断扩大。早期的项目——类似于那些为支持有幼儿的员工而开发的项目——包括资源和转介服务，以便在老年人社区找到老年护理服务；也包括灵活的支出账户，用于在税前基础上留出资金，以支付照顾老人的费用。（Dembe and others, 2008）20世纪90年代，一些公司推出了"员工援助项目"或新的"工作—生活项目"，以扩大老年护理员工的福利，包括灵活的工作安排（58%）、事假或病假（16%）以及在有偿护理人员意外缺席时获得短期紧急备用护理（4%）。（SHRM, 2007）

20世纪90年代中期，一些研究人员开始探讨员工是否使用老年护理福利的问题。早期研究发现，使用率很低，尽管范围相当广泛——从2%到34%——私营企业员工的使用率低于公共部门员工的使用率。（Wagner and Hunt, 1994）大多数学者和人力资源经理的假设是，使用率之所以很低，主要是因为雇主没有公布可用的项目。2007年一项针对财富500强公司人力资源经理的调查发现，灵活的工作安排和休假计划的利用率最高，且性价比最高。（Dembe and others, 2008）短期紧急家庭护理的利用率最低，成本最高，因此性价比最低。在开放式问题中，受访者关注的是就老年护理项目进行更好沟通的必要性；主管积极鼓励使用这些项目的重要性；消除对这些项目负面看法的难度。（Dembe and others, 2008）虽然老年护理福利看似促进了员工的招聘和留任，但这种联系尚未得到最终的证明。（Bond and others, 2006）

迄今为止，员工的老年护理需求远远超出雇主的应对措施，而且往往只有最大的雇主才会提供老年护理援助。一些关于"家庭响应型"工作场所的研究，甚至没有提到老年护理是家庭所需要的一项福利（Class and Finley, 2002），而那些关注老年护理的研究也没有令人鼓舞的发现。2009年的"年龄和世代"（Age and Generations）研究发现，与照顾孩子或无抚养责任的员工相比，照顾老人的员工获得灵活工作安排的机会更少；与没有老年护理责任的员工相比，三明治一代的员工更不可能被纳入基于团队合作的新项目中（Pitt-Catsouphes, Matz-Costa and Besen, 2009:17）；与其他群体相比，家有老年人需要护理的员工的工作稳定性更低。（Pitt-Catsouphes, Matz-Costa and Besen, 2009:17）老年护理福利项目的提供频率仍然低于儿童看管项目，2006年的一项研究发现，尽管近四分之三的雇主提供了一些育儿援助，但只有三分之一的雇主提供了老年护理援助。（Bond and others, 2006）

是什么导致雇主迟迟不提供老年护理援助？工作场所如何使老年护理成为工作—家庭或工作—生活议程的重要组成部分？照顾老年人之所以比照顾孩子受到的关注更少，可能是因为年龄歧视和否认衰老在美国文化中根深蒂固。正如姑息治疗医师穆里尔·吉利克（Muriel Gillick）所说："当代美国人渴望预防、消除或至少隐瞒衰老……与我们坚信能够掌控自己的命运相一致。"（Gillick, 2006）这种否认可能导致了雇主忽视或最小化其员工的老年护理需求，并使用高成本和低利用率的说辞来证明老年护理项目很少是合理的。

一些研究工作—家庭的学者认为，发展家庭友好型工作场所是一个长期过程，可分为三个不同的阶段。第一阶段的目标是推动工作场所将特定的工作—家庭问题视为可见的、合法的需求。第二阶段的目标是实施并完善具体的项目，包括有效的沟通和主管培训。第三阶段涉及将新的工作—家庭项目制度化，并融入工作场所文化，以提高项目的覆盖范围和有效性。（Galinsky, Friedman and Hernandez, 1991）在这种演进范式中，不同的公司在应对老年护理方面处于不同的阶段。很多私营企业和大多数中小型企业仍处于第一阶段，即难以认识到老年护理项目是劳动力的合法需求。三分之一左右的公司处于第二阶段，即启动、发展并保留老年护理项目。只有少数公司——主要是大公司——处于第三阶段。对很多雇主来说，让"家庭友好型工作场所"成为"老年护理友好型工作场所"仍然是一个未实现的项目。

政府的应对

在19世纪和20世纪，美国逐渐将照顾老年人的责任从家庭转移到政府，从私人领域转移到公共领域。（Haraven, 1980）但是，尽管20世纪有了具有里程碑意义的立法，我们仍然可以说，美国缺乏解决人口老龄化问题所需的全方位公共政策，而家庭仍然在承担照顾老年人的主要责任。

表19-1简要总结了六项对老年人及其家庭护理人福祉至关重要的公共政策。有些政策提高了老年人的收入保障；其他政策加强了对工作和非工作家庭护理人的支持。我们简要介绍其中一些政策的优缺点，以提出政策扩展的可能领域。

表 19-1　政府机构对老龄化和老年护理的应对

政策	起始年份	基本目标	覆盖范围	资金来源
社会保障法	1935	为从事有薪工作的退休人员提供收入	从事有社会保障的工作10年或10年以上，62岁到70岁领取（寡妇60岁开始，残疾人50岁开始）	工资税和自雇供款，由雇员和雇主存入社会保障信托基金
医疗保险	1965	覆盖医疗保健费用，包括：A部分（住院）；B部分（门诊）；D部分（处方药）	65岁及以上，有医疗保险覆盖的工作，与收入无关的人	A部分（雇主和雇员纳税）；B部分（来自SSI支票的资金）；D部分（医疗保险和私人保险支付）
医疗补助	1965	覆盖低收入儿童和家庭的医疗保健费用，老年人或残疾人的长期护理费用	低收入孕妇、儿童、青少年、老人、盲人和残疾人	经济状况调查，由州和联邦基金提供资助，由州进行管理
美国老年法案（OAA）	1965	通过老龄化管理局和国家机构推动向老龄化人口提供社会服务	全国老年人定位器：适用于所有家庭，部分膳食项目，住房和低收入老年人服务	税收和其他政府基金，大部分用于社会服务项目，其余用于就业项目、研究和培训
家庭和医疗法案	1993	12周无薪休假：有工作保障，继续享有健康福利，用于自身严重健康状况，或重症监护的父母、子女或配偶，以及育儿	在75英里半径范围内拥有50名或更多员工的公司，工作时间累计1 250小时，连续工作12个月	加州和新泽西的工资税，由各州和美国劳工部资助其他情况下未支付的行政费用
全国家庭护理人支持项目	2000（OAA重新授权）	为家庭护理人提供转介服务、临时护理、信息、咨询、培训和支持性团体	为60岁及以上的人提供无偿护理的任何年龄段的人	美国老年人法案的资金

社会保障对为老年人提供基本的经济支持和保障至关重要。然而，有几个问题削弱了它的有效性。最初，这一制度加强了代际联系，因为那些退休的人——1930年，65岁及以上的人只占总人口的5.2%——从年轻工人的生产力获益。但在未来几十年，需要退休收入的人将越来越多，可用于补充社会保障基金的年轻工人却越来越少，从而给年轻一代带来压力，并造成代际关系的紧张。（Folbre, 2001）此外，由于社会保障是基于有偿劳动力的工资水平，因此延迟工作、中断工作或因家庭看护责任而从未进入劳动力市场的女性，在老年时获得的福利少于男性（尽管在其配偶去世后，女性有资格领取"生存者"社会保障福利）。

医疗保险是老年人经济保障的基本组成部分，可确保覆盖很多医疗保健费用。然而，这也有问题。医疗保险最初是为了支付急症护理和住院费用而制定的，但并没有为大多数老年人常见的慢性疾病提供足够的保险。医疗保险并不会全额报销医院的护理费用，因此许多医院缩短了患者的住院时间，当老人过早出院去康复中心或回家时，给家庭护理人带来了困难。只有在需要日常护理或康复服务的情况下，医疗保险才会涵盖专业护理机构的住宿；只有在需要专业护理的情况下，医疗保险才会涵盖每周10小时的家庭护理。最后，医疗保险不承担长期护理的费用。

医疗补助是政府的重要政策，也是养老院护理的最大支付来源。随着国家人口的老龄化，医疗补助将变得越来越重要。2008年，美国近41%的护理机构的服务由医疗补助支付，平均每位受益人近3万美元。（Centers for Medicare and Medicaid Services）在大多数州，医疗补助还为家庭和社区的一些长期护理服务买单。尽管获得医疗补助的资格因州而异，但对有资格获得的老年人来说，他们的资产和收入必须低于贫困线。他们还必须将全部或大部分可用收入用于支付护理费用。许多老年人在刚进入养老院时需要自己支付护理费用，等到资源耗尽时，才会被医疗补助覆盖。根据布伦达·斯皮尔曼和彼得·肯珀的一项研究，16%的医疗补助用户最初自行支付在长期护理机构中的费用，一旦资源耗尽，将转换为医疗补助；27%的人在刚刚入住养老院时就开始享受医疗补助。（Spillman and Kemper, 1995）

医疗补助通常提供补充服务以填补医疗保险留下的空白。医疗保险和医疗补助服务中心（The Centers for Medicare and Medicaid Services）估计，医疗补助在 2009 年为 850 万医疗保险受益人提供了一些额外的医疗保险。（Centers for Medicare and Medicaid Services）此外，医疗保险和医疗补助联合资助了一个名为"老年人全方位护理项目"（Program of All-inclusive Care for the Elderly, PACE）的示范项目。其中，一个由专业和辅助专业人员组成的跨学科团队，负责评估参与者的需求，制订护理计划，并提供所有服务（包括急症护理服务和必要时的护理机构服务），这些服务被整合在一起以无缝提供全面护理。该项目适用于 55 岁及以上、经州认证为符合入住养老院的资格且在收入和资产方面满足医疗补助要求的个人。（Levine, 2004:137）

尽管医疗补助和医疗保险为老年人提供了很多支持，但在覆盖范围上仍有很大差距。2010 年新的"患者保护和平价医疗法案"（Patient Protection and Affordable Care Act）提出应该减轻一些负担，方法是扩大医疗保险 D 部分——处方药项目——覆盖的药物范围，改善预防福利，如免费的年度健康访问，并改变医疗保险优势项目的成本。控制或减少医疗保险支出的机制，可能会也可能不会使老年人受益，新的医疗保险和医疗补助创新中心（Medicare and Medicaid Innovations Center）有望测试新的支付和服务交付模式，从而使老年人及其家人受益。

还有一项对老年护理有影响的重要政策是美国老年法案（the Older Americans Act, OAA），该法案是林登·约翰逊"伟大社会"改革的一部分，也是第一个承认基于社区的非政府组织在老年护理系统中重要性的公共政策。尽管 OAA 在系统化和扩大老年人服务的可行性方面做出了重大努力，但评估其有效性的研究却有不同的发现。例如，对家庭护理项目的研究发现，尽管提供者在管理老年人的日常实际需求方面取得了一些成功，但在处理紧急情况、重大健康问题、损伤程度等方面却不太成功。（Kaye, 1984）研究表明，家庭护理比住院护理更有效，并且可以缩短住院时间，但关于 OAA 项目如何影响老年人或护理人的生活质量，目前几乎没有任何指标数据。（Burns and others, 2001）一本名为《OAA 长期护理监察专员项目》（*OAA's Long-Term Care Ombudsman Program*）的专著，梳理了其他 OAA 项目研究中引用的一些问题，包括：资源和目标的错位，影响了项目的有效性；OAA 项目和资源之间缺乏协调性，降低了项目的有效性；老年人或护理人缺乏授权，以控制老年人的医疗保健，或使积极的项目更具可持续性和成本效益。（Harris-Wehling and others, 1995）

家庭和医疗休假法（The Family and Medical Leave Act, FMLA）是唯一专门应对工作和老年护理挑战的法律。一个两党委员会进行了两次具有全国代表性的随机抽样调查，以研究FMLA对雇主和员工的影响。1996年，该委员会向国会报告说，FMLA并不像某些人预期的那样成为企业的负担。（Commission on Leave, 1996）就易于管理以及对生产力、盈利能力和绩效的影响而言，该法律要么"没有显著影响"，要么在某些情况下节约了成本。在员工方面，调查发现，FMLA对扮演护理角色的家庭来说是一个福音。调查还发现，大多数假期都很短，而且对员工会滥用法律并将其用于娱乐的担心是没有根据的。事实上，一些"假期需要者"并没有利用这项法律，因为他们负担不起无薪休假。2000年再次进行了这些调查，雇主和员工的结果基本是相似的。（Cantor and others, 2001）雇主群体的主要抱怨是难以管理"间歇性休假"，而员工群体发现这种休假对处理慢性健康问题很有用。在1995年至2000年的调查中，FMLA在老年护理中的使用显著增加。（Waldfogel, 2001）

从政策的角度来看，FMLA就像是一个最低劳工标准。它为员工提供了颇具价值的保护，但也存在限制，阻碍了其有效性。例如，由于企业和员工的资格要求，只有大约55%的劳动力才能使用FMLA。"家庭"的定义仅仅局限于父母、子女和配偶，从而剥夺了其他许多人的覆盖范围，其中包括年长的亲属，如祖父母或叔叔阿姨等。由于提供的假期是无薪的，低收入员工很难使用。最近，加利福尼亚州和新泽西州通过了建立带薪休假项目的法律，对加州法律的一项新研究提供了这些模型如何适用于其他州的有用信息。（Milkman and Applebaum, 2001）这些新的州政策是社会学家西达·斯考切波（Theda Skocpol）历史研究的当代例子。斯考切波表明，联邦政策通常是由地方公民协会的要求和州立法机构的行动驱动的。（Skocpol, 1992:46-47）

最后，全国家庭护理人支持项目（the National Family Caregiver Support Program, NFCSP）是第一个全面承认护理人需求的联邦法律，无论其就业状况如何。初步研究表明，该项目正在扩大护理人获取老年护理信息的渠道，并提供需求评估、支持小组和减压项目。（Whittier, Scharlach and Santo, 2005）尽管 NFCSP 提供了很多优质服务，如临时护理、咨询和培训，但可用于提供这些服务的资金是有限的，特别是在临时护理领域。[①] 与很多 OAA 项目一样，该法律的目标与非政府机构执行这些项目所需的资源不相匹配。尽管 NFCSP 使得照顾老人的家庭获得了更多的关注和支持，特别是为促进护理人健康、防止护理人过度疲劳提供了资源，但资源不足会削弱其有效性。各州立法机构提出了基于税收的支持护理人项目或给家庭护理人付费的项目，但尚未在国会获得支持。

当政府和雇主无法为老年护理提供足够的支持时，家庭护理人通常会依赖非政府组织，例如医疗保健提供者和社区养老服务机构。尽管非政府组织通常是由政府创建和资助的，但它们不是直接的决策机构，它们的作用超出了本文的探讨范围。然而，毋庸置疑，护理人从相关团体获得了重要的支持、信息和服务，包括信仰组织、有色人种社区的邻里中心。鉴于雇佣了为数众多的老年护理人，为老年人及其护理人提供服务的非政府组织必须考虑到员工的需求。

创建一个老龄化友好型社会

今天，老年人及其家庭护理人面临着巨大的挑战，并且随着人口的老龄化，这种挑战在 21 世纪继续增加。仅靠家庭无法解决老年护理问题，仅靠雇主无法提供员工兼护理人所需的所有支持，仅靠政府无法提供或资助老年护理所需的所有政策。因此，我们需要一项大规模的、跨部门的倡议来协调国家、州和地方各级的努力，并支持不同文化和收入水平的所有老年人。

公共政策必须朝着普遍的方向发展，例如提供社会保障和医疗保险，以帮助改造美国社区，使所有老年人都能享受住房、交通和开放空间。我们迫切需要将非政府组织更好地纳入医疗保健和社会服务部门，并确保它们考虑到文化上的多样性。我们必须鼓励雇主为从事专业和计时工作的员工提供灵活的工作

---

① 2006 年，国会通过了"寿命暂托护理法案"（Lifespan Respite Care Act）(Public Law 109-442)，但没有拨款实施。

安排，包括兼职工作、带薪休假政策、带薪病假和其他"老年人友好型"工作场所福利。总体而言，这些群体必须共同努力创造一种文化。在这种文化中，衰老被视为生命历程的自然组成部分，而家庭护理被视为对孩子、成年人、老年人和社会具有重要价值的多代事业。

老年人自身和他们的家庭护理人，以及公共和私营部门，必须为下一代的社会投资提供支持。今天的孩子将成为员工、公民和家庭护理人，他们将照顾未来不断增长的美国老年人口。关注孩子的健康发展和教育，将培养他们为下一批老年人提供支持性护理的能力。

参考文献

Administration on Aging. 2009a. A Profile of Older Americans: 2009.

Administration on Aging. 2009b. Table 12, "Older Population as a Percentage of the Total Population, 1900-2050".

Alspach, Grif. 2009. "Handing Off Critically Ill Patients to Family Caregivers: What Are Your Best Practices?" Critical Care Nurse, 29, no. 3.

Amo, Peter S. Carol Levine and M. N. Memmott. 1999. "The Economic Value of Informal Caregiving", Health Affairs, 18, no. 2.

Aumann, Kerstin and others. 2010. Working Family Caregivers of the Elderly: Everyday Realities and Wishes for Change, New York: Families and Work Institute.

Bledsoe, Linda K. Sharon E. Moore and Lott Collins. 2010. "Long Distance Caregiving: An Evaluative Review of the Literature," Ageing International, New York: Springer Science.

Boaz, Rachel F. 1996. "Full-Time Employment and Informal Caregiving in the 1980s", Medical Care, 34, no. 6.

Bond Terry and others. 2006. The National Study of Employers: Highlights of Findings, New York: Families and Work Institute.

Bookman, Ann and Mona Harrington. 2007. "Family Caregivers: A Shadow Workforce in the Geriatric Health Care System?" Journal of Health Policy, Politics and Law, 32, no. 6.

Brazil, Kevin Daryl Bainbridge and Christine Rodriguez. 2010. "The Stress Process in Palliative Cancer Care: A Qualitative Study on Informal Caregiving and Its Implication for the Delivery of Care", American Journal of Hospice and Palliative Medicine, 27, no. 2.

Bronfenbrenner, Urie and others. 1996. The State of Americans: This Generation and the Next, New York: Free Press.

Bullock, Karen Sybil L. Crawford and Sharon L. Tennstedt. 2003. "Employment and Caregiving: Exploration of African American Caregivers", Social Work, 48, no. 2.

Burns, T. and others. 2001. "Home Treatment for Mental Health Problems: A Systemic Review", Health Technology Assessment 5, no. 15.

Centers for Medicare and Medicaid Services. n. d. "National Health Accounts".

Centers for Medicare and Medicaid Services. 2010. Brief Summaries of Medicare and Medicaid.

Class, J. L. and A. Finley. 2002. "Coverage and Effectiveness of Family Responsive Workplace Policies", Human Resources Management Review, 12, no. 3.

Commission on Leave. 1996. A Workable Balance: A Report to Congress on Family and Medical Leave Policies, Washington: U.S. Department of Labor.

Coon, D. W. and others. 2004. "Well-Being, Appraisal, and Coping in Latina and Caucasian Female Dementia Caregivers: Findings from the REACH Study", Aging & Mental Health, 8, no. 4.

Crowther, M. and others. 2003. "Spiritual and Emotional Well-Being Tasks Associated with Elder Care," Geriatric Care Management Journal, 13, no. 1.

David Cantor and others. 2001. Balancing the Needs of Families and Employers: Family and Medical Leave Surveys, Bethesda, Md.: Westat.

Day, Jennifer Cheeseman. 1993. Population Projections of the United States by Age, Sex, Race, and Hispanic Origin: 1993–2050, Current Population Reports, U.S. Census Bureau.

Dembe, Allarde and others. 2008. "Employer Perceptions of Elder Care Assistance Programs", Journal of Workplace Behavioral Health, 23, no. 4.

Dilworth-Anderson, Peggye, Ishan Canty Williams and Brent E. Gibson. 2002. "Issues of Race, Ethnicity, and Culture in Caregiving Research: A 20-Year Review (1980–2000)", Gerontologist, 42, no. 2.

Donelan, Karen and others. 2002. "Challenged to Care: Informal Caregivers in a Changing Health Care System", Health Affairs, 21, no. 4.

Eaton, Susan C. 2005. "Eldercare in the United States: Inadequate, Inequitable, but Not a Lost Cause", Feminist Economics, 11, no. 2.

Evercare. 2007. Family Caregivers—What They Spend, What They Sacrifice, Minnetonka, Minn.

Folbre, Nancy. 2001. The Invisible Heart, New York: The New Press.

Fredriksen-Goldsen, Karen I. and Nancy Farwell. 2004. "Dual Responsibilities among Black, Hispanic, Asian, and White Employed Caregivers", Journal of Gerontological Social Work, 43, no. 4.

Fuller-Thompson, E. and M. Minkler. 2003. "Housing Issues and Realities Faced by

Grandparent Caregivers Who Are Renters," Gerontologist 43, no. 1.

Galinsky, Ellen and James T. Bond. 2009. The Impact of the Recession on Employers (New York: Families and Work Institute.

Galinsky, Ellen, Dana Friedman and C. Hernandez. 1991. The Corporate Reference Guide to Work-Family Programs, New York: Families and Work Institute.

Gibeau, J. L., J. W. Anastas and P. J. Larson. 1987. "Breadwinners, Caregivers, and Employers: New Alliances in an Aging America", Employee Benefits Journal, 12, no. 3.

Gillick, Muriel. 2006. The Denial of Aging: Perpetual Youth, Eternal Life, and Other Dangerous Fantasies, Harvard University Press.

Haley, W. E. and others. 2004. "Weil-Being, Appraisal, and Coping in African-American and Caucasian Dementia Caregivers: Findings from the REACH Study", Aging & Mental Health, 8, no. 4.

Haraven, Tamara. 1980. "The Changing Patterns of Family Life as They Affect the Aged," Families and Older Persons: Policy Research and Practice, edited by G. K. Maddox, I. C. Siegler, and D. G. Blazer, Durham, N.C.: Duke University Center for the Study of Aging and Human Development.

Harris-Wehling, Jo and others. 1995. Real Problems, Real People: An Evaluation of the Long-Term Care Ombudsman Programs of the Older Americans Act, Washington: Division of Health Care Services, Institute of Medicine.

Hauser, Joshua and Betty Kramer. 2004. "Family Caregivers in Palliative Care", Clinics in Geriatric Medicine, 20, no. 4.

He and others. 2005. "Sixty-Five Plus in the United States", Current Population Reports, Special Studies, Series.

Hennessey, Catherine Hagan and Robert John. 1996. "American Indian Family Caregivers' Perceptions of Burden and Needed Support Services", Journal of Applied Gerontology, 15, no. 3.

Hewitt Associates. 2003. Work/Life Benefits Provided by Major U.S. Employers in 2003-2004, Lincoln- shire, Ill.

Hobbs, Frank B. 2001. "Population Profile of the United States: The Elderly Population", U.S. Census Bureau.

Hooyman, Nancy R. 1999. "Research on Older Women: Where Is Feminism?" Gerontologist, 39, no.1.

Jackson, James. 1995. "African American Aged", in the Encyclopedia of Aging, 2nd ed., edited by George L. Maddox, New York: Springer.

Janevic, M. R. and M. C. Connell. 2001. "Racial, Ethnic, and Cultural Differences in the Dementia Caregiving Experience: Recent Finding", Gerontohgist, 41, no. 3.

Johnson, R. and J. Wiener. 2006. A Profile of Frail Older Americans and Their Caregivers, The Retirement Project, Occasional Paper 8, Washington: Urban Institute.

Kaye, L. W. 1984. "The Adequacy of the Older Americans Act Home Care Mandate: A Front Line View from Three Programs", Home Health Care Service Quarterly, 5, no. 1.

Keefe, J. and others. 2008. "Caregivers' Aspirations, Realities, and Expectations: The CARE Tool", Journal of Applied Gerontology, 27, no. 3.

Kleinman, Arthur. 2010. "On Caregiving: A Scholar Experiences the Moral Acts That Come Before and Go Beyond Modern Medicine", Harvard Magazine.

Koerin, Beverly and Marcia Harrigan. 2003. "P.S. I Love You: Long Distance Caregiving", Journal of Geronto-logical Social Work, 40, no. 1/2.

Levine, Carol and Thomas H. Murray. 2004. The Cultures of Caregiving: Conflict and Common Ground among Families, Health Professionals and Policy Makers, Johns Hopkins University Press.

Levine, Carol. 2004. Always on Call: When Illness Turns Families into Caregivers, Vanderbilt University Press.

Levine, Carol. 2004. Always on Call: When Illness Turns Families into Caregivers, New York: United Hospital Fund.

Levkoff, Sue, Becca Levy and Patricia Flynn Weitzmann. 1999. "The Role of Religion and Ethnicity in the Help Seeking of Family Caregivers of Elders with Alzheimer's Disease and Related Disorders", Journal of Cross-Cultural Gerontology, 14, no. 4.

Margulies. 2004. Luisa My Mother's Hip: Lessons from the World of Elder Care, Philadelphia: Temple University Press.

Martire, Lynn M. and Mary Ann Parris Stephens. 2003. "Juggling Parent Care and Employment Responsibilities: The Dilemmas of Adult Daughter Caregivers in the Workforce", Sex Roles, 48, no. 3/4.

Matthews, S. H. and T. T. Rosner. 1998. "Shared Filial Responsibility: The Family as the Primary Caregiver," Journal of Marriage and the Family 50, no. 1.

Merrill, Deborah M. 1997. Caring for Elderly Parents: Juggling Work, Family, and Caregiving in Middle and Working Class Families, Westport: Auburn House.

Meschede, Tatjana, Thomas M. Shapiro and Jennifer Wheary. 2009. Living Longer on Less: The New Economic Insecurity of Seniors, Institute on Assets and Social Policy and Demos.

MetLife Mature Market Institute. 1997. Employer Costs for Working Caregivers, Washington: MetLife Mature Market Institute and National Alliance for Caregivers.

MetLife. 2004. Miles Away: The MetLife Study of Long-Distance Caregiving, Westport, Conn.: MetLife Mature Market Institute.

MetLife. 2009. Broken Trust: Elders, Family, and Finances, Westport, Conn.: MetLife Mature Market Institute.

MetLife. 2010. MetLife Study of Working Caregivers and Employer Health Costs, Westport, Conn.: National Alliance for Caregiving and MetLife Mature Market Institute.

Milkman, Ruth and Eileen Applebaum. 2011. "Leaves That Pay: Employer and Worker Experiences with Paid Family Leave in California", Center for Research on Economic Policy.

Milller. 1981. "The 'Sandwich' Generation: Adult Children of the Aging", Social Work, 26, no. 5.

Moberg, David O. 2001. Aging and Spirituality: Spiritual Dimensions of Aging Theory, Research, Practice, and Policy, Binghamton, N.Y.: Haworth Press.

National Alliance for Caregiving and AARP. 1997. Family Caregiving in the U.S.: Findings from a National Survey, Washington: National Alliance for Caregiving and the American Association of Retired Persons.

National Alliance for Caregiving and AARP. 2009. Caregiving in the U.S.: A Focused Look at Those Caring for Someone Age 50 or Older, Washington.

National Alliance for Caregiving and the National Center for Women and Aging at Brandeis University. 1999. The MetLife Juggling Act Study: Balancing Caregiving with Work and the Costs Involved, New York: The MetLife Mature Market Institute.

National Alliance for Caregiving. 2009. Caregiving in the U.S., National Alliance for Caregiving in Collaboration with the AARP.

National Council on Aging. n.d. "Long-Term Services and Supports".

Neal, Margaret B. and Donna L. Wagner. 2002. "Working Caregivers: Issues, Challenges, and Opportunities for the Aging Network", National Family Caregiver Support Program Issue Brief.

Neal, Margaret B. and others. 1993. Balancing Work and Caregiving for Children, Adults, and Elders, Newbury Park, Calif.: Sage.

Olsen, Laura Katz. 2003. The Not-So-Golden Years: Caregiving, the Frail Elderly, and the Long-Term Care Establishment, Lanham, Md.: Rowman & Litdefield Publishers, Inc.

Papastavrou, E. and others. 2007. "Caring for a Relative with Dementia: Family Caregiver Burden", JAN Original Research, Blackwell Publishing, Ltd.

Pew Research Center. 2005. "From the Age of Aquarius to the Age of Responsibility: Baby Boomers Approach Age 60, A Social Trends Report".

Pew Research Center. 2009. Growing Old in America: Expectations vs. Reality, A Social and Demographic Trends Report.

Pinquart, Martin and Silvia Sörensen. 2003. "Associations of Stressors and Uplifts of

Caregiving with Caregiver Burden and Depressive Mood: A Meta-Analysis", Journals of Gerontology Series B: Psychological Sciences & Social Sciences, 58B, no. 2.

Pinquart, Martin and Silvia Sörensen. 2005. "Ethnic Differences in Stressors, Resources, and Psychological Outcomes of Family Caregiving: A Meta-Analysis", Gerontologist, 45, no. 1.

Pinquart, Martin and Silvia Sörensen. 2006. "Gender Differences, Caregiver Stressors, Social Resources, and Health: An Updated Meta-Analysis", Journals of Gerontology Series B: Psychological Sciences & Social Sciences, 61, no. 1.

Pitt-Catsouphes, Marcie Christina Matz-Costa and Elyssa Besen. 2009. Age and Generations: Understanding Experiences at the Workplace, Chestnut Hill, Mass.: Boston College.

Scharlach, Andrew E. 1994. "Caregiving and Employment: Competing or Complementary Roles?" Gerontologist, 34, no. 3.

Schudtz, R. and S. Beach. 1999. "Caregiving as a Risk Factor for Mortality: The Caregiver Health Effects Study", Journal of the American Medical Association, 282, no. 23.

Schutlz, R., P. Visintainer and G. M. Williamson. 1990. "Psychiatric and Physical Morbidity Effect of Caregiving," Journal of Gerontology, 45, no. 5.

Semla, T. 2008. "How to Improve Coordination of Care", Annals of Internal Medicine, 148, no. 8.

Sermons, M. William and Meghan Henry. 2010. "Demographics of Homelessness Series: The Rising Elderly Population", National Alliance to End Homelessness.

Shanas, E. and G. F. Streib. 1965. Social Structure and the Family: Generational Relations. Englewood Cliffs, N.J.: Prentice-Hall.

SHRM. 2007. Employee Benefits Survey, Alexandria, Va.

Skocpol, Theda. 1992. Protecting Soldiers and Mothers: The Political Origins of Social Policy in the United States, Harvard University Press.

Spillman, Brenda and Peter Kemper. 1995. "Lifetime Patterns of Payment for Nursing Home Care", Medical Care, 33, no. 3.

Stebbins, Leslie Foster. 2001. Work and Family in America: A Reference Handbook (Santa Barbara, Calif.: ABC-CLIO).

Stoller, E. P. L. E. Forster and T. S. Duniho. 1992. "Systems of Parent Care within Sibling Networks", Research on Aging, 14, no. 1.

Stone, Robyn, Gail Lee Cafferata and Judith Sangl. 1987. "Caregivers of the Frail Elderly: A National Profile", Gerontologist, 27, no. 5.

Tennstedt, Sharon L. Bei-Hung Chang, and Melvin Delgado. 1998. "Patterns of Long-Term Care: A Comparison of Puerto Rican, African-American, and Non-Latino White Elders", Journal of Gerontological Social Work, 30, no. 1/2.

Torres, Sara. 1999. "Barriers to Mental-Health Care Access Faced by Hispanic Elderly", in Servicing Minority Elders in the Twenty-First Century, edited by Mary L. Wykle and Amasa B. Ford, New York: Springer.

U.S. Census Bureau. 2000. "What Moves Americans to Move?" Census 2000.

U.S. Census Bureau. 2001a. "Age: 2000", Census 2000 Brief.

U.S. Census Bureau. 2001b. Census 2000 Brief, C2KBR/01-12.

U.S. Census Bureau. 2009a. Current Population Survey, Annual Social and Economic Supplements.

U.S. Census Bureau. 2009b. Historical Poverty Tables, table C, "Poverty Rates for Elderly and Non-Elderly Adults, 1966–2009".

Vitaliano, Peter P. Jianping Zhang and James M. Scanlan. 2003. "Is Caregiving Hazardous to One's Physical Health? A Meta-Analysis", Psychological Bulletin, 129, no. 6.

Wagner, Donna and Gail Hunt. 1994. "The Use of Workplace Eldercare Programs by Employed Care-givers", Research on Aging, 16, no. 1.

Wagner, Donna. 1997. Comparative Analysis of Caregiver Data for Caregivers to the Elderly, 1987 and 1997, Bethesda, Md.: National Alliance for Caregiving.

Waldfogel, Jane. 2001. "Family and Medical Leave: Evidence from the 2000 Surveys", Monthly Labor Review, 124, no. 9.

Whittier, Stephanie, Andrew Scharlach and Teresa S. Dal Santo. 2005. "Availability of Caregiver Support Services: Implications for Implementation of the National Family Caregiver Support Program", Journal of Aging and Social Policy, 17, no. 1.

Yarry, Sarah J. Elizabeth K. Stevens and T. J. McCallum. 2007. "Cultural Influences on Spousal Care- giving", American Society on Aging 31, no. 3.

阅读 20　女性受暴还是家庭暴力？当前辩论和未来走向

黛米·库尔兹

近年来，在受虐女性运动和其他改革者的努力下，公众越来越关注男性伴侣对女性的身体虐待。（Dobash and Dobash，1992）"虐待女性"或"虐待妻子"的问题现在被认为是普遍存在的，并会产生严重的后果。来自很多职业和组织的倡导者一直在促使法律、医疗和社会服务机构关注受虐女性。（Dobash and Dobash，1992）

尽管越来越多的人认识到男性对女性的施暴问题，但大部分关于亲密关系中的暴力研究聚焦的不是虐待女性，而是"虐待配偶"或"虐待伴侣"。很多研究人员认为，我们应该把注意力集中在"家庭暴力"上，成年家庭成员彼此之间同样存在暴力行为。（Straus，1983）如此，那些关注"虐待妻子"问题的研究人员，转而寻找"虐待配偶"的数据，而这些数据声称男性与女性一样都是暴力的受害者。（Kurz，1993）

人们普遍认为女性是男性伴侣的施暴目标，而一些研究人员则认为，暴力侵害女性的行为实际上是"家庭暴力"问题。这两种观点之间为什么会存在这种令人困惑的差异？语言上的差异反映了研究人员对亲密关系中的暴力性质，尤其是针对女性是否对男性使用暴力的问题，存在两种截然不同的观点。在本文中，我将探讨这两种看待暴力侵害女性问题的不同视角。

一类社会科学家持"女性受暴"观。（Dobash and Dobash，1992）在他们看来，女性是两性关系中暴力的受害者。（Dobash and Dobash，1992；Kurz，1987；Saunders，1988；Stanko，1985；Yllö and Bograd，1988）在这些研究人员中，认同女权主义传统的人坚称，从历史上看，法律促进了女性的从属地位，并纵容丈夫在婚姻中使用武力。另一类社会科学家是"家庭暴力"的研究人员。（Brinkerhoff and Lupri，1988；Gelles，1983；Gelles，1985；Straus，1983；Straus and Gelles，1986）在他们看来，真正的问题是"虐待配偶"和"家庭暴力"。这些研究人员认为，女性和男性一样，都是有暴力倾向的。有些人声称，女性"像男性一样经常对伴侣发起和实施身体攻击"（Straus，1983：67）。

这场关于男性和女性使用暴力的辩论，给针对受虐女性的普遍看法和学术观点以及社会政策带来了重大影响。问题如何架构往往会决定后续的关注度以及为该问题提出的解决方案。研究结果会影响媒体和公众能否认真对待受虐女性，或者是否将她们视为"家庭暴力"中同样应该受到谴责的一方。持"女性受暴"观的研究人员担心，将问题定性为"虐待配偶"会导致庇护所资金的减少，使资源转向"受虐男性"，以及在强制逮捕政策下，因"家庭纠纷"而被捕的女性增加。更普遍地说，持"女性受暴"观的研究人员担心，"虐待配偶"的话语掩盖了对女性实施暴力背后的原因——性别不平等和男性的主导地位。

在我看来，"女性受暴"的观点最能解释亲密关系中男女之间暴力的性质和程度。持这种观点的研究人员认为，亲密关系中的暴力行为发生在婚姻中男女不平等的大背景下，而家庭暴力观的支持者则提倡对亲密关系中的权力采取无性别的视角。我将比较两种观点的支持者提出的证据和理论，并据此论证家庭暴力观是基于对婚姻本质和男女平等的错误假设。

"女性受暴"观

持"女性受暴"观的研究人员认为，绝大多数暴力行为的受害者是女性，而不是男性。他们用官方犯罪统计数据、刑事司法系统和医院的数据、对受虐者和施虐者的采访以及历史证据来支持自己的观点。正如窦巴希夫妇（Dobash and Dobash，1992）所指出的那样，来自北美和加拿大的受害者调查、法庭统计和警察档案的数据表明，在90%到95%的家庭攻击案件中，女性是男性暴力的受害者。很多研究人员考查了全国犯罪调查（National Crime Survey）数据，他们据此发现，在绝大多数案件中，妻子是丈夫施暴的受害者。在对全国犯罪调查数据的分析中，施瓦茨发现，只有在4%的案件中，男性声称自己是妻子暴力的受害者。而在其余的96%的案件中，妻子声称自己是丈夫施暴的受害者。其他分析过全国犯罪调查数据的研究人员也报告了类似的发现。在对苏格兰警方记录的研究中，窦巴希夫妇（1979）发现，在性别已知的情况下，女性是94%的案件受害者，是3%的案件施暴者。其他基于刑事司法系统数据的研究也报告了类似的结果。

这些侵害模式的数据证实，男性和女性在亲密关系的冲突中受伤的是女性，而不是男性。布拉什（Brush，1990）在对全国家庭调查（National Survey of Families and Households, NSFH）数据的分析中发现，在涉及暴力策略的纠纷中，女性比男性更容易受伤。贝尔克及其同事（Berk et al., 1983）研究了警方的记录，并据此指出，在95%的案件中，受伤的是女性；即使双方都受伤，女性的受伤程度也几乎是男性的3倍。来自医院的数据（Kurz, 1987; McLeer et al., 1989; Stark and Flitcraft, 1985）显示，女性在绝大多数情况下是受害方。在这些数据面前，持"女性受暴"观的研究人员拒绝接受"虐待配偶"之说，即女性与男性一样具有暴力倾向的观点。

离异夫妻的数据也提供证据表明，女性比男性更容易成为施暴的目标。艾丽斯和斯达克莱斯（Ellis and Stuckless）在对362位分居夫妻的研究中表明，超过40%的分居妻子和17%的分居丈夫表示，他们在亲密关系中的某个时间点曾经受到伴侣的伤害。在费城县有孩子的离婚女性随机样本中，库尔兹（Kurz, 1995）发现，70%的女性在婚姻期间至少遭受过一次暴力，54%的女性遭受过两到三次，37%的女性遭受过两到三次以上。库尔兹的发现与其他研究中的发现并无二致。

研究人员还发现，分手后的虐待率也很高。事实上，大多数关于分手后虐待的调查报告显示，分手后的暴力行为比亲密关系期间的暴力行为更多。此外，在分手期间，女性不仅面临着更大的受伤风险，而且还面临着更大的死亡风险。在加拿大、澳大利亚新南威尔士州和芝加哥收集的数据表明，女性在分手后被丈夫杀害的可能性要比同居时大得多。这些妻子在分手的头两个月内面临很高的风险。数据表明，分手和离异女性被强奸的风险也在增加。（Bowker, 1986）

持"女性受暴"观的研究人员坚称，主要社会机构长期以来一直在纵容男性使用暴力来控制与女性的亲密关系。美国第一部承认丈夫有权动用武力控制妻子的法律是1824年密西西比州最高法院的一项裁决，该裁决赋予丈夫"在非常紧急的情况下行使适度惩罚的权利"。（Browne, 1987）这一裁决以及马里兰州和马萨诸塞州的类似裁决是基于英国普通法，该法赋予丈夫"纠正"妻子的权利，尽管也指出丈夫在行使该权利时应该适度。

1871年，阿拉巴马州将殴打妻子定为非法行为。法院申明：用棍子打她，揪她的头发，掐她的脖子，朝她脸上吐口水，在地板上踢她，或者对她施加侮辱的行为，这些特权尽管古老，但现在已不被我们的法律所认可。丈夫可以为自己援引法律的保护，而妻子享有与丈夫同等的法律保护。（Browne，1987）。

1874年，北卡罗来纳州的一个法院做出了类似的决定，但限制了法院应该介入的案件类型：

如果丈夫没有造成永久性伤害，也没有表现出恶意、残忍或危险的暴力，最好是拉上帷幕，避开公众视线，让双方去忘却和原谅。（Browne，1987）

在最近的法律改革颁布之前，"帷幕规则"一直被法律系统广泛使用，以证明其不介入虐待妻子案件的合理性。

自20世纪初以来，婚姻的法律和性质发生了巨大的变化。然而，持"女性受暴"观的研究人员坚称，这些机构仍然在纵容侵害女性的暴力行为。虽然新的法律将殴打定为犯罪，但我们不清楚这些法律是否会得到执行。（Kurz，1987）一项研究表明，即使是接受过培训——如何把殴打案件视为犯罪——的警察，也可能会继续将被殴打的女性视为诸如贫困等个人和社会问题的不幸受害者，并且在缺乏警察部门强有力支持的情况下，将逮捕视为低优先事项，且不是他们"真正"工作的一部分。（Ferraro，1989）如果新的法律没有被认真对待，法律系统将继续将殴打视为个人问题，而不是犯罪行为。

持"女性受暴"观的研究人员尤其是女权主义者认为，婚姻仍然在通过夫妻角色的结构将丈夫对妻子的控制制度化。只要女性负责家务，照顾孩子，并提供情感和心理支持，而男性的主要身份是供养者，并以工作为中心，那么丈夫就具有更重要的地位，并控制着家庭中的大多数决策。用窦巴希夫妇的话来说，正是通过这样一种制度，再加上把身体暴力接受为一种控制手段，妻子才成为身心虐待的"适宜受害者"。女权主义者进一步认为，在婚姻中使用暴力控制对方，不仅是因为婚姻中存在男性权利的规范，而且还因为女性在经济上对丈夫的持续依赖。其结果是，女性很难离开一段暴力关系。这种经济依赖加剧的部分原因是，育儿和职业培训的缺乏使女性难以找到可以养活自己的工作。

男性和女性的访谈数据表明，当丈夫试图让妻子遵从他们的意愿时，殴打事件就会发生，持"女性受暴"观的研究人员认为，男性仍然将暴力用作控制女性伴侣的一种方式。根据对109名受虐女性的访谈数据，窦巴希夫妇展示了施暴者如何在婚姻过程中越来越通过恐吓和孤立来控制妻子。其他访谈研究也证实了这一发现。（Pagelow，1981；Walker，1984）因此，暴力只是男性试图对女性伴侣实施控制的多种手段之一；其他是愤怒和心理虐待。（Dobash and Dobash，1992；Mederos，1987）对施暴者的采访表明，男性认为他们使用暴力是正当的，尤其是在妻子不符合"好妻子"理想的情况下。（Adams，1988；Dobash and Dobash，1979；Ptacek，1988）

最后，研究表明，除了法律和家庭，各种机构也纵容男性的支配地位，并强化对女性日常、持续的殴打行为。一些研究人员展示了与受虐女性接触最多的一线工作人员是如何对她们进行标记和处理的，借此说明这种纵容是如何发生的。斯达尔克和福利克拉夫特（Stark and Flitcraft，1985）认为，由于男权主义的医学意识形态和实践，医疗保健从业人员未能认定殴打行为，而是将受虐女性标记为有心理或身心问题。这些研究人员声称，医疗保健工作者的行为助长了虐待关系的永久化。这些研究人员同时认为，医疗系统复制并强化了家庭的男权结构。库尔兹（Kurz，1987）记录了急诊室的个别工作人员如何将受虐女性定义为社会案例，而不是"真正的医疗案例"，并认为她们给医生带来了额外的工作和麻烦。那些看起来不像"典型受害者"的受虐女性往往不会被认定为受虐女性，而是被送回家。如此，对她们的殴打并没有得到任何认识或关注。

其他研究探讨了军事（Russell，1989）、体育（Messner，1989）等机构如何教育并强化对女性的暴力行为。桑黛伊（Sanday，1981）和其他研究人员（Martin and Hummer，1989）考察了兄弟会的做法和仪式，并据此指出，这些做法和仪式实际上是促进了对兄弟会的忠诚、轮奸的合法性和其他类型针对女性的暴力行为。卡宁（Kanin，1984）表明，相较于没有犯约会强奸罪的男性，他所研究的大学的约会强奸犯来自更高度"性化"的亚文化群体。

家庭暴力观及相关批评

与持"女性受暴"观的研究人员形成鲜明对比的是，持家庭暴力观的研究人员关注的是他们所认为的"虐待配偶"问题，即女性和男性都使用暴力。他们声称，女性和男性都是身体暴力的实施方。有些人声称，女性在家庭中的暴力行为与男性一样。（Straus，1983；Straus and Gelles，1986）我在本节中指出，当研究人员声称女性与男性一样使用暴力时，他们是基于错误的数据以及错误的性别和家庭的假设。

家庭暴力的研究人员通常使用冲突策略量表（Conflict Tactics Scales，CTS）（Straus，1979）收集数据，并据此提出女性使用暴力的主张，CTS 要求受访者确定他们在上一年使用的冲突策略：从非暴力策略（冷静的讨论）到最为暴力的策略（使用刀或枪）。家庭暴力的研究人员（Straus，1983；Straus and Gelles，1986；Straus et al.，1980）基于该量表发现，丈夫和妻子使用暴力策略的比例相似。根据这些数据，一些持家庭暴力观的研究人员得出结论，"虐待丈夫"是一个严重的问题，甚至存在"受虐丈夫综合征"。（Steinmetz，1977/1978）很多研究人员复制了基于 CTS 的发现，包括约会关系的研究。

1985 年的全国家庭暴力调查（National Family Violence Survey，NFVS）根据女性对冲突策略量表的反应得出的结果表明，在 48.6% 的案件中，妻子和丈夫都有暴力行为；在 25.9% 的案件中，只是丈夫有暴力行为；在 25.5% 的案件中，只是妻子有暴力行为。（Straus，1983）根据这些数据，斯特劳斯（Straus，1983）总结说，"无论该分析是基于所有攻击行为，还是侧重于危险的攻击行为，在一年参照期内，就攻击没有打过自己的配偶而言，女性和男性的数量都差不多"。他引用其他显示相同结果的研究总结道，这些数字"有违于针对女性的家庭暴力高发的'自卫'解释"。（Straus，1983）

持"女性受暴"观的研究人员认为，那些显示女性与男性一样暴力的数据，尤其是基于冲突策略量表的数据，具有误导性和缺陷。（Berk et al.，1983；Saunders，1988；Stark and Flitcraft，1985）这些研究人员认为，量表的有效性存疑，因为其中暴力连续体太过广泛，导致其无法区分不同类型的暴力。（Dobash and Dobash，1979，1992；Stark and Flitcraft，1985）例如，CTS 中包含的一个条目是"咬、踢或用拳头打"。因此，咬人的女人等同于用脚踢或用拳头打的男人。另一个被视为严重暴力的条目是"打或试图用物体打"，同样含糊不清。此外，批评人士认为，该量表并没有考虑到自卫的问题。

为支持他们的立场，持"女性受暴"观的研究人员还指出，在一些研究中，女性被问及她们使用暴力的情况。例如，桑德斯（Saunders, 1988）发现，在绝大多数情况下，女性将她们使用暴力的策略归因于自卫和反击。埃默里等人在一项基于约会暴力受害者小样本的访谈研究中发现，大多数女性都谈到自卫的问题；一些女性还谈到，她们使用暴力是出于被伴侣支配的沮丧和愤怒，或者是出于对伴侣暴力行为的反击。

此外，持"女性受暴"观的研究人员指出，CTS只狭隘地统计暴力行为的次数。这种侧重不仅没有关注关系中相关的控制和虐待模式，包括心理虐待和性虐待，而且没有关注非暴力恐吓和支配的其他方式，包括言语辱骂，使用自杀威胁或暴力侵害他人的财产、宠物、孩子或其他亲属。同样，将暴力视为"冲突策略"的概念也未能反映使用暴力与行使权力之间的联系。伊洛认为，更好的方法是将暴力概念转化为"一种维持丈夫权力的强制控制策略"。

除了认为女性与男性犯有同样多的暴力行为外，家庭暴力的研究人员还声称，女性发起暴力行为的频率和男性一样高。他们得出这一结论的主要依据是NFVS中对"谁在关系中引发冲突"这一问题的回答。基于CTS的NFVS发现，在妻子卷入"暴力关系"的案件中，53%的女性说是自己先动的手，而在42%的案件中是她们的伴侣发起了暴力行为。（Straus, 1983）这些发现导致家庭暴力的研究人员重新聚焦女性使用暴力的情况。（Straus, 1983）即使丈夫使用更严重的暴力，但家庭暴力的研究人员仍然声称，女性对丈夫的暴力必须被视为一个严重的问题。

让我们简要梳理一下家庭暴力观的逻辑，即女性与男性一样经常使用家庭暴力。斯特劳斯（Straus, 1983）提请我们关注女人扇男人耳光的场合。他提到了一个典型案例：一个女人使用暴力，因为一个表现得像"无赖"的男人做了冒犯她的事情。"我们可以假设，女性的大多数攻击行为都是'打无赖'类型；这种攻击行为不是蓄意的，而且很少会造成身体伤害。"然后，他将注意力集中在女人的"攻击"上，并继续争辩说，一个"扇无赖耳光"的女人实际上是

在激怒她的伴侣,因为她给了他一个打人的理由:

> 这种道德上正确的扇耳光行为,强化了对婚姻中攻击的传统容忍度。这种攻击的道德正义性隐含着,当一个女人因为离谱的事情而扇伴侣耳光或向伴侣扔东西时,强化了当伴侣认为她离谱、顽固、讨厌或"不听道理"时而扇她耳光的道德正义性。

在声称妻子的攻击行为是丈夫攻击行为的原因之一后,斯特劳斯在结论中严厉警告所有女性必须放弃暴力:

> 就预防攻击妻子的行为而言,一级预防所需的众多步骤之一是,女性要放弃对男性伴侣和孩子实施身体攻击,即使这种攻击是"无害"的。女性必须坚持其姐妹的非暴力,正如她们正当地坚持男性应该非暴力一样。

在短短的几句话中,斯特劳斯从女性的防御行为出发,然后把重点放在挑起暴力的女性身上。这个逻辑出了什么问题?虽然消除暴力应该是所有男性、女性和孩子的高度优先目标,但这种对问题的重新界定将暴力的责任归咎于女性。这种以女性行为为目标的话语,转移了人们对男性可能对女性做什么的关注。他表现得像个"无赖"是什么意思?是否指不受欢迎的性行为、贬低女性、言语恐吓、发酒疯?谁对这些负责?关注女性的行为为施暴者提供了典型的借口和理由,例如"她挑衅我这样做的"。(Ptacek,1988)

询问"谁发起暴力"的另一个问题是,它没有关注女性对男性伴侣施暴的含义和背景。例如,没有人询问女性首先袭击的动机。我们知道,男性在对女性实施性暴力之前,往往先辱骂和实施其他类型的心理虐待(Browne,1987),而女性可能会将这些行为视为暴力的早期预警信号,从而采取先发制人的手段,希望借此阻止伴侣对她们使用暴力。(Saunders,1988)汉默和桑德斯(Hanmer and Saunders)指出,很多女性首先动手是因为她们"有充分的理由害怕"被丈夫或男性亲密伴侣殴打或强奸。因此,即使女性的确发起了暴力,也很可能是一种自卫行为。

在我看来,如果我们大家都能践行非暴力理念,那一定会更好,原因有很多——诚然,暴力很可能会引发更多的暴力。然而,我们必须了解在特定类型的关系中使用暴力背后的权力动态；我们必须考察"谁认为自己有权使用暴力"以及为什么。暴力侵害女性观解决了这些与暴力背景相关的关键问题。

对家庭暴力研究人员的理论视角进行的简要梳理显示，指导他们对数据进行解释的假设是错误的。正如人们从他们的发现中看到的那样，也正如人们从他们对"家庭暴力"和"虐待配偶"这两个术语的使用中看到的那样，持家庭暴力观的研究人员采用了家庭系统方法来分析丈夫和妻子使用暴力的情况。他们认为，暴力问题的根源在于家庭的性质，而不在于夫妻关系（Gelles and Straus，1988；Straus，1983）；暴力也会影响所有的家庭关系。根据斯特劳斯、盖勒斯和斯坦梅茨（Straus，Gelles and Steinmetz，1980）的说法：

> 解决殴打妻子问题的根本解决方案必须超越如何控制殴打丈夫的问题。似乎暴力已成为社会结构和家庭系统自身结构的组成部分。殴打妻子只是一般家庭暴力模式的一个方面，其他家庭暴力包括亲子暴力、孩子对孩子的暴力和妻子对丈夫的暴力。

持家庭暴力观的研究人员认为，当代美国家庭中的暴力是由各种社会结构因素造成的，包括艰苦的工作条件、失业、经济不安全和健康问题造成的压力。（Gelles and Straus，1988）他们还认为，丈夫和妻子受到更广泛的社会规范——宽恕暴力是解决冲突的一种手段——的影响，他们不仅从电视节目、民间传说和童话故事中（Straus，1980），而且从显示公众普遍接受暴力的调查中，看到了接受暴力的文化证据。斯特劳斯和他的同事们也将性别歧视视为家庭暴力的一个因素；尽管他们认为男性和女性同样具有暴力倾向，但在他们看来，女性之所以更容易成为家庭暴力的受害者，是因为"女性遭受的身体、经济和情感伤害更大"。（Straus，1983）

持家庭暴力观的支持者对美国社会普遍存在的暴力提出了一些重要观点；然而，从"女性受暴"观来看，家庭暴力观存在严重的缺陷。虽然暴力的文化规范和紧张的生活条件可能会影响个人对暴力的使用，但这些更广泛的文化规范和社会条件是受特定机构的规范调节的。就婚姻而言，促进男性在异性关系中占据支配地位和男性有权使用武力的种种规范，直接影响了人们在婚姻中的行为。

持家庭暴力观的研究人员承认男性占支配地位。在他们看来，性别歧视是家庭暴力的一个重要因素，女性则是在暴力关系中受伤最严重的人。然而，在持"女性受暴"观的研究人员看来，性别歧视不只是家庭暴力的一个因素。性别是社会的基本组织原则之一。它是一种社会关系，进入并在一定程度上构成了所有其他的社会关系和活动，并渗透到个人生活的整个社会环境中。因此，持"女性受暴"观的研究人员批评持家庭暴力观的研究人员将"虐待配偶"与虐待老人和虐待儿童等同起来，因为女性只是众多受害者中的一个。持"女性受暴"观的研究人员认为，应将虐待妻子与暴力侵害女性的其他类型进行比较，如强奸、婚内强奸、性骚扰和乱伦（Wardell et al，1983），这些都是男性统治的产物。

在持"女性受暴"观的研究人员看来，家庭暴力的研究人员不仅忽视了性别对婚姻和异性关系的影响，而且将家庭中的权力视为一种无关性别的现象。持家庭暴力观的研究人员声称，"最有权势的家庭成员，将暴力用作合法化其统治地位的一种手段"。（Straus et al.，1980：193）他们还认为，跟丈夫一样，妻子也很容易掌控权力。根据持"女性受暴"观的研究人员的说法，这种将权力行使视为无关性别的观点，歪曲了婚姻作为平等伴侣关系的本质。如上所述，婚姻一直以丈夫比妻子拥有更多权力的方式架构，而且现在依然如此。男性是主要的工资收入者，而女性负责育儿和家务，通常没有与丈夫相同的协商能力。因此，权力并非与性别无关，而是以女性处于弱势地位的方式渗透进婚姻制度。

家庭暴力观和"女性受暴"观的基本假设是不可调和的。此外，双方都表达了彼此之间的强烈分歧。持家庭暴力观的研究人员认为，处理家庭暴力问题的合法社会学方法，应该是一种"多因"法。他们也认为，"女性受暴"观，尤其是那些被认定为女权主义的观点，因片面关注性别问题而存在偏见性。此外，持家庭暴力观的研究人员批评女权主义工作是"政治性的"（Gelles，1983），并指控称后者干扰了他们对女性施暴的研究。（Gelles and Straus，1988：106）他们认为，关于女性施暴的调查结果被"压制"了，因为它们"在政治上不正确"。（Straus，1983）这种说法假设，女权主义者的"阴谋"是阻止人们了解"真相"，而不是让人们了解不同的理论和方法会导致不同的结论。

持"女性受暴"观的研究人员担心，家庭暴力观的研究方法会强化现有的流行观念，即女性因挑衅男性伴侣而导致自己成为受害者。他们担心这种观点会导致对女性不利的政策结果。持家庭暴力观的研究人员承认，他们的研究已在法庭案件中被用来提供针对受虐女性的证词，并最小化了对庇护所的需求（Straus and Gelles, 1986: 471; Gelles and Straus, 1988: 90）；然而，他们认为，这比"否认和压制"女性施暴的"代价"要低（Straus and Gelles, 1986: 471）。问题是，对谁来说代价要高？

此外，这些研究人员担心，如果资助人开始相信家庭暴力是"配偶"之间的"相互"行为，或者存在"受虐丈夫综合征"，那么对受虐女性庇护所的支持就会减少。持"女性受暴"观的研究人员也担心，资源会被转移到"受虐男性"的庇护所。斯特劳斯的研究提供了女性攻击男性的证据。男性权利组织在从男性权利的角度游说监护权和子女抚养问题时，引用了"受虐丈夫综合征"一说。

持"女性受暴"观的研究人员还担心，家庭暴力观会强化咨询领域的个人主义偏见——咨询师将专注于客户的个人和私人问题，而不会去判断殴打背后的男女不平等问题。（Adams, 1988）持"女性受暴"观的研究人员不同意持家庭暴力观研究人员的观点——暴力主要是由沮丧、社交技能差或无法控制自己的愤怒所引起的。最后，持"女性受暴"观的研究人员担心，"虐待配偶"或"受虐丈夫综合征"的信念，会鼓励警察根据强制性逮捕法规，在"家庭纠纷"中逮捕女性。

结 论

我在本文中提出，"家庭暴力"观的无关性别之说歪曲了暴力侵害女性行为的本质。在亲密关系中，女性通常是暴力行为的受害者，而不是施暴者。"女性受暴"观更为准确地解释了亲密关系中暴力的本质。正是这种男性主导规范和实践，促使男性对女性亲密伴侣使用暴力。家庭暴力观的支持者在女性对男性使用暴力的讨论中，忽视了性别及其在架构婚姻和其他异性关系中的决定性作用。使用冲突策略和暴力行为的现有数据，必须在男女关系中权力差异的背景下加以解释。如果抽离此背景，那这种"谁发起和使用暴力"的数据无疑会导致错误的结论。幸运的是，一些人已经着手开发衡量和控制暴力使用的新方法，而这些新方法将"性别如何影响异性关系中权力的行使"纳入了考虑的范围。

未来研究的一个重要方向是，证明男性的支配地位如何在持续、日常的基础上导致男性暴力侵害女性的行为。（Hood，1989）要做到这一点，一种方法是进一步关注男性从中学习暴力的主要机构，如军队（Russell，1989）、体育（Messner，1989）和兄弟会（Martin and Hummer，1989）。另一种方法是调查主要机构如何通过其意识形态和实践，界定男性对女性亲密伴侣的虐待，并回应遭受虐待的女性。研究人员应关注机构范围内的政策和实践，并关注与受虐女性接触最多的一线工作人员对她们的认定和处理。在探讨机构如何回应暴力时，研究人员需要比较对暴力侵害女性的不同反应，包括强奸（婚内强奸）、性骚扰和乱伦。（Stanko，1985；Wardell et al.，1983）

一个认定并处理殴打女性行为的核心制度是法律制度。传统上，法律制度将殴打女性定义为私人的家庭事务，并在强制贯彻其私有化方面发挥了重要作用。尽管新法律将殴打女性定为犯罪，但关键问题是这些法律是否会得到执行。如果不认真对待这些法律，法律制度会继续将殴打女性的问题作为个人问题来处理，并将受虐女性送回到私人领域。

另外一个认定虐待行为的核心制度是医疗保健制度。我们必须分析，当前的医学意识形态（Stark and Flitcraft，1985）和实践，是如何忽视殴打问题的，或者是如何将其重新定义为由女性自身引起的问题，因此超出了医疗保健制度的范围。我们还必须分析，医学语言和话语是如何使殴打问题隐形的。沃肖（Warshaw）在对遭受身体虐待女性的医疗记录进行的一项研究中发现，医生们使用的那些空洞语言，强调了隐形力量造成的伤害，从而掩盖了女性遭受虐待的事实。兰姆（Lamb）发现，在记者甚至学者的文章中，与身体虐待相关的语言往往含糊不清，没有明确指出谁应该对虐待行为负责。

我们需要重新深度审视那些推动和纵容暴力的男女亲密关系和家庭关系的规范。一种方法是将针对殴打女性的研究置于男女关系中其他权力和控制策略的背景下。梅德罗斯（Mederos，1987）表明，丈夫用来控制妻子的策略是连续的，从愤怒到情感虐待再到身体暴力。

我们也需要了解女性对暴力的反应及其在亲密关系中的控制策略，这无疑对我们有益。有明显的迹象表明，男性和女性对暴力行为的看法不同。（Adams，

1988）一些人认为，女性往往会最小化并合理化对她们施加的暴力。（Greenblat, 1983）几项研究（Dobash and Dobash, 1979; Ferraro and Johnson, 1983; Mills, 1985）记录了女性观点的发展，从最初将暴力视为异常的偶然事件，到将暴力视为一个严重问题。根据米尔斯（Mills, 1985）的描述，她采访的女性往往会最小化其丈夫的暴力行为，方法有两种：一是忽略丈夫的暴力行为，并强调他们关系中积极的一面；二是为丈夫的暴力行为开脱，并辩解说丈夫的行为只是一种失控。然而，随着这些关系中暴力行为的增加，女性会变得越来越焦虑。但是，她们也指出，出了问题的感觉必须得到局外人的证实，才能将她们描述的情况定义为她们是身体虐待的受害者。

就男性而言，有些人认为，施暴者要么有一套说辞来否认他们的虐待行为，要么有一套理由来合法化他们的暴力行为。（Okun, 1986; Ptacek, 1988）了解这些控制策略，将有助于我们更深入地了解婚姻中的权力、暴力的起源，并有助于我们更深入地了解减少男性对女性亲密伴侣施加暴力的可能性。

对家庭权力的关注也给我们提供了一个机会，以研究暴力变化与家庭权力变化之间的相关性。例如，人们普遍认为，当妻子工作时，她们在家庭中的权力会有所增加。（Collins, 1988; Scanzoni, 1982）随着这种权力的转移，男性对女性的暴力行为是增加还是减少？妻子主要与女性一起工作还是与男性一起工作有区别吗？

最后，拥有暴力发生概率和机构回应暴力差异方面的跨文化数据，将会非常有用。在对强奸的跨文化研究中，桑黛伊（Sanday）发现，经济和文化因素共同导致了强奸率的变化。在一个将女性纳入宗教和文化机构并认可女性经济和生育贡献的社会中，暴力侵害女性和强奸女性的行为较少。跨文化数据将为我们了解各种因素——男性统治的规范和实践、暴力规范、文化生产以及经济和家庭制度——如何影响暴力侵害女性的所有形式，提供有用的信息。

参考文献

Adams, David. 1988. "Treatment Models of Men Who Batter." In Feminist Perspectives on Wife Abuse, edited by Kersti Yllö and Michelle Bograd. Newbury Park, CA: Sage.

Anonymity. 1984. Attorney Generals Task Force on Family Violence. Washington, DC:

Department Justice.

Berk, Richard, Sarah F. Berk, Donileen Loseke and David Rauma. 1983. "Mutual Other Family Violence Myths." In The Dark Side of Families: Current Violence Research, edited by D. Finkelhor et al. Beverly Hills, CA: Sage.

Berk, Sarah F. and Donileen Loseke. 1981. " 'Handling' Family Violence: Situational nants of Police Arrest in Domestic Disturbances." Law and Society Review, 15.

Bowker, Lee H. 1986. Ending the Violence. Holmes Beach, FL: Learning Publications.

Bowker, L. H., M. Arbitell and J. McFerron. 1988. "On the Relationship Between and Child Abuse." In Feminist Perspectives on Wife Abuse, edited and Michelle Bograd. Newbury Park, CA: Sage.

Breines, Wini and Linda Gordon. 1983. "The New Scholarship on Family Violence." Journal of Women in Culture and Society, 8.

Browne, Angela. 1987. Battered Women Who Kill. New York: Free Press.

Collins, Randall. 1988. Sociology of Marriage and the Family. Chicago: Nelson.

Davis, Liane V. 1987. "Battered Women: The Transformation of a Social Problem." Social Work (July-August).

Dobash, R. Emerson and Russell Dobash. 1979. Violence Against Wives. New York: Free Press.

Ferraro, Kathleen J. 1983. "Negotiating Trouble in a Battered Women's Shelter." Urban Life, 3.

Ferraro, Kathleen J. 1989. "Policing Woman Battering." Social Problems, 36.

Ferraro, Kathleen J. and J. M. Johnson. 1983. "How Women Experience Battering: The Process of Victimization." Social Problems, 3.

Gayford, Jasper. 1975. "Wife Battering: A Preliminary Survey of 100 Cases." British Medical Journal, 1.

Gelb, Joyce. 1983. "The Politics of Wife Abuse." In Families, Politics, and Public Policy, edited by Irene Diamond. New York: Longman.

Gelles, Richard. 1974. The Violent Home: A Study of Physical Aggression Between Husbands and Wives. Beverly Hills, CA: Sage.

Gelles, Richard. 1979. Family Violence. Beverly Hills, CA: Sage.

Gelles, Richard. 1983. "An Exchange/Social Control Theory." In The Dark Side of Families: Current Family Violence Research, edited by D. Finkelhor et al. Beverly Hills, CA: Sage.

Gelles, Richard. 1985. Intimate Violence in Families. Beverly Hills, CA: Sage.

Gelles, Richard and Murray Straus. 1988. Intimate Violence. New York: Simon & Schuster.

Greenblat, Cathy S. 1983. "A Hit Is a Hit Is a Hit ... Or Is It? Approval and Tolerance of the Use of Physical Force by Spouses." In The Dark Side of Families: Current Family Violence Research, edited by D. Finkelhor et al. Beverly Hills, CA: Sage.

Gubman, Gail and Phyllis Newton. 1983. "When Two Are Too Many: The Configuration of a Battering Incident." Paper presented at the American Sociological Association Meetings, Detroit, MI.

Hood, Jane. 1989. "Why Our Society Is Rape-Prone." New York Times, May 16.

Johnson, Norman. 1985. "Police, Social Work and Medical Responses to Battered Women." In Marital Violence, edited by Norman Johnson. London: Routledge & Kegan Paul.

Kanin, Eugene. 1984. "Date Rape: Unofficial Criminals and Victims." Victimology 9: 95-108.

Kurz, Demie. 1987. "Responses to Battered Women: Resistance to Medicalization." Social Problems,34.

Kurz, Demie and Evan Stark. 1988. "Not-So-Benign Neglect: The Medical Response to Battering." In Feminist Perspectives on Wife Abuse, edited by Kersti Yllö and Michelle Bograd. Newbury Park, CA: Sage.

Martin, Patricia Yancey and Robert Hummer. 1989. "Fraternities and Rape on Campus." Gender & Society, 3.

McLeer, Susan and Rebecca Anwar. 1989. "A Study of Battered Women Presenting in an Emergency Department." American Journal of Public Health 79.

McLeer, S., R. Anwar, S. Herman and K. Maquiling. 1989. "Education Is Not Enough: A Systems Failure in Protecting Battered Women." Annals of Emergency Medicine, 18.

Mederos, Fernando. 1987. "Theorizing Continuities and Discontinuities Between 'Normal' Men and Abusive Men: Work In Progress." Paper presented at the Third National Family Violence Research Conference, University of New Hampshire, Durham.

Messner, Michael.1989. "When Bodies Are Weapons: Masculinity and Violence in Sport." International Review of the Sociology of Sport, Forthcoming.

Mills, Trudy. 1985. "The Assault on the Self: Stages in Coping with Battering Husbands." Qualitative Sociology, 8.

Okun, Lewis. 1986. Woman Abuse. Albany: State University of New York.

Pagelow, Mildred D. 1981. Woman-Battering: Victims and Their Experiences. Beverly Hills, CA: Sage.

Pagelow, Mildred D. 1984. Family Violence. New York: Praeger.

Pagelow, Mildred D. 1985. "The 'Battered Husband Syndrome': Social Problem or Much Ado About Little." In Marital Violence, edited by Norman Johnson. London: Routledge & Kegan Paul.

Pagelow, Mildred D. 1987. "Application of Research to Policy in Partner Abuse." Paper presented at the Family Violence Research Conference for Practitioners and Policymakers, University of New Hampshire, Durham.

Pleck, E., J. H. Pleck, M. Grossman and P. B. Bart. 1977-1978. "The Battered Data Syndrome:

A Comment on Steinmetz' Article." Victimology: An International Journal, 2.

Ptacek, James. 1988. "Why Do Men Batter Their Wives." In Feminist Perspectives on Wife Abuse, edited by Kersti Yll6 and Michelle Bograd. Newbury Park, CA: Sage.

Roy, Maria. 1977. "A Current Study of 150 Cases." In Battered Women: A Psychosociological Study of Domestic Violence, edited by Maria Roy. New York: Van Nostrand Reinhold.

Russell, Diana E. H. 1982. Rape in Marriage. New York: Macmillan.

Russell, Diana E. H. 1988. "Foreword." In Feminist Perspectives on Wife Abuse, edited by Kersti Yll6 and Michelle Bograd. Newbury Park, CA: Sage.

Russell, Diana E. H. 1989. "Sexism, Violence, and the Nuclear Mentality." In Exposing Nuclear Phallocies. New York: Pergamon.

Sanday, Peggy Reeves. 1981. "The Socio-Cultural Context of Rape: A Cross-Cultural Study." Journal of Social Issues, 37.

Saunders, Daniel G. 1988. "Wife Abuse, Husband Abuse, or Mutual Combat." In Feminist Perspectives on Wife Abuse, edited by Kersti Y116 and Michelle Bograd. Newbury Park, CA: Sage.

Scanzoni, John. 1982. Sexual Bargaining. Chicago: University of Chicago Press.

Schecter, Susan. 1982. Women and Male Violence. Boston: South End Press.

Stanko, Elizabeth. 1985. Intimate Intrusions. London: Routledge & Kegan Paul.

Stark, Evan, Anne Flitcraft and William Frazier. 1979. "Medicine and Patriarchal Violence: Social Construction of a 'Private' Event." International Journal of Health, 98.

Stark, Evan and Anne Flitcraft. 1985. "Woman Battering, Child Abuse and Social Heredity: What Is the Relationship." In Marital Violence, edited by Norman Johnson London: Routledge & Kegan Paul.

Steinmetz, Suzanne. 1977. The Cycle of Violence: Assertive, Aggressive, and Abusive Family Interaction. New York: Praeger.

Steinmetz, Suzanne. 1977/1978. "The Battered Husband Syndrome." Victimology: An International Journal, 2.

Straus, Murray. 1973. "A General Systems Theory Approach to a Theory of Violence Between Family Members." Social Science Information, 12.

Straus, Murray. 1976. "Sexual Inequality, Cultural Norms, and Wife-Beating." Victimology, 1.

Straus, Murray 1979. Measuring Intrafamily Conflict and Violence: The Conflict Tactics (CT) Scales. Journal of Marriage and the Family, 41.

Straus, Murray. 1980a. "The Marriage License as a Hitting License: Evidence from Popular Culture, Law, and Social Science." In The Social Causes of Husband-Wife Violence, edited by Murray Straus and Gerald Hotaling. Minneapolis: University of Minnesota Press.

Straus, Murray. 1980b. "A Sociological Perspective on the Prevention of Wife Beating." In The

Social Causes of Husband-Wife Violence, edited by Murray Straus and Gerald Hotaling. Minneapolis: University of Minnesota Press.

Straus, Murray. 1980c. "Victims and Aggressors in Marital Violence." American Behavioral Scientist, 23.

Straus, Murray. 1983. "Ordinary Violence, Child Abuse, and Wife Beating: What Do They Have in Common." In The Dark Side of Families: Current Family Violence Research, edited by D. Finkelhor et al. Beverly Hills, CA: Sage.

Straus, Murray and Richard Gelles. 1986. "Societal Change and Change in Family Violence from 1975 to 1985 as Revealed by Two National Surveys." Journal of Marriage and the Family, 48.

Straus, Murray, Richard Gelles and Suzanne Steinmetz. 1980. Behind Closed Doors: Violence in the American Family. Garden City, NY: Doubleday.

Tierney, Kathleen. 1982. "The Battered Women Movement and the Creation of the Wife Beating Problem." Social Problems, 29.

Tong, R. 1984. Women, Sex and the Law. Totowa, NJ: Rowman & Allenheld.

Walker, Lenore E. 1984. The Battered Woman Syndrome. New York: Springer.

Wardell, L., D. C. Gillespie and A. Leffler. 1983. "Science and Violence Against Women." In The Dark Side of Families: Current Family Violence Research, edited by D. Finkelhor et al. Beverly Hills, CA: Sage.

Yllö, Kersti and M. Bogard. 1988. "Political and Methodological Debates in Wife Abuse Research." In Feminist Perspectives on Wife Abuse, edited by Kersti Yllo and Michelle Bograd. Newbury Park, CA: Sage.

原版出处

William J. Goode, "The Theoretical Importance of the Family". From *The Family*, second edition. Copyright © 1982. Reproduced by permission of Pearson Education, Upper Saddle River, New Jersey.

Anthony Giddens, "The Global Revolution in Family and Personal Life". From *Runaway World: How Globalization is Reshaping Our Lives.* Copyright © 1999. Reprinted by permission of the author.

Sharon Hays, "The Mommy Wars: Ambivalence, Ideological Work, and the Cultural Contradictions of Motherhood". From *The Cultural Contradictions of Motherhood*, pp. 131–151. Copyright © 1996. Published by Yale University Press. Reprinted by permission of the publisher.

Janet Z. Giele, "Decline of the Family: Conservative, Liberal, and Feminist Views". From *Promises to Keep: Decline and Renewal of Marriage in America*, edited by David Popenoe, Jean Bethke Elshtain and David Blankenhorn, pp. 89–115. Copyright © 1996. Reprinted by permission of Rowman & Littlefield Publishers.

Robert M. Jackson, "Destined for Equality". From *Destined for Equality: The Inevitable Rise of Women's Status*, pp. 1–23, 157–171. Cambridge, Mass: Harvard University Press. Copyright © 1998 by Robert Max Jackson.

Kathleen Gerson, "Falling Back on Plan B: The Children of the Gender Revolution Face Uncharted Territory". From *Families as They Really Are*, edited by Barbara J. Risman. Copyright © 2010 by W.W. Norton & Company, Inc. Used by permission of W.W. Norton & Company, Inc.

Elizabeth A. Armstrong, Laura Hamilton, and Paula England, "Is Hooking Up Bad for Women?". From *Contexts*, Vol. 9, No. 3, pp. 22–27. Copyright © 2010. Reprinted by permission of SAGE Publications.

Mark Regnerus and Jeremy Uecker, "Sex and Marriage in the Minds of Emerging Adults". In *Premarital Sex in America: How Young Americans Meet, Mate, and Think about Marrying*, pp. 169–182. Copyright © 2010. Reprinted by permission of Oxford University Press.

Andrew J. Cherlin, "American Marriage in the Early Twenty-First Century". From *The Future of Children*, a publication of the Woodrow Wilson School of Public and International Affairs at Princeton University and the Brookings Institute. Copyright © 2005. Reprinted with permission.

Arlene Skolnick, "Grounds for Marriage: How Relationships Succeed or Fail". From *Inside the American Couple: New Thinking/New Challenges*, edited by Margaret Yalom and Laura L. Carstensen. Copyright © 2002. The regents of the University of California Press. Used with permission of the University of California Press.

Lawrence M. Friedman, "Divorce: The 'Silent Revolution.'". Reprinted by permission of the publisher from "Marriage and Divorce in the Modern World". In *Private Lives: Families, Individuals, and the Law*, pp. 66–77, Cambridge, Mass: Harvard University Press. Copyright © 2004 by Lawrence M. Friedman.

Virginia E. Rutter, "Divorce in Research vs. Divorce in Media". *Sociology Compass*, Vol. 3, Issue 4 (2009), pp. 707–720. Copyright © 2009. Reprinted by permission of John Wiley & Sons, Ltd.

Mary Ann Mason, "The Modern American Stepfamily: Problems and Pos- sibilities". In *All Our Families*, edited by Mary Ann Mason, Arlene Skolnick, and StephenD. Sugarman, pp. 96–116. Copyright © 2003. Reprinted by permission of Oxford University Press.

Philip Cowan and Carolyn Pape Cowan, "New Families: Modern Couples as New Pioneers". In *All Our Families*, edited by Mary Ann Mason, Arlene Skolnick, and Stephen D. Sugarman, pp. 196–219. Copyright © 2003. Reprinted by permission of Oxford University Press.

Kathryn Edin, Timothy Nelson and Joanna Miranda Reed, "Daddy, Baby; Momma, Maybe: Low-Income Urban Fathers and the 'Package Deal' of Family Life". From *Social Class and Changing Families in an Unequal America*, edited by Marcia J. Carlson and Paula England. Copyright © 2011 by the Board of Trustees of the Leland Stanford Jr. University. All rights reserved. Used with permission of Stanford University Press, www.sup.org.

Judith Stacey, "Gay Parenthood and the End of Paternity as We Knew It". From *Unhitched: Love, Marriage, and Family Values from West Hollywood to Western China*, pp. 49–65. Copyright © 2011.

New York University Press. Reprinted with permission of the publisher.

Steven Mintz, "Beyond Sentimentality: American Childhood as a Social and Cultural Construct". Copyright © 2003. Reprinted by permission of the author.

Frank Furstenberg, "Diverging Development: The Not-So-Invisible Hand of Social Class in the United States". Paper presented at the biennial meetings of the Society for Research on Adolescence, San Francisco, March 2006. Reprinted by permission of the author.

Richard A. Settersten, Jr. and Barbara Ray, "The Long and Twisting Path to Adulthood". From The Future of Children, a collaboration of the Woodrow Wilson School of Public and International Affairs at Princeton University and the Brookings Institution.

Arlie Hochschild, with Anne Machung, "The Second Shift: Working Parents and the Revolution at Home". From "Joey's Problem: Nancy and Evan Holt". In *The Second Shift*. Copyright © 1989, 2003 by Arlie Hochschild. Used by permission of Viking Penguin, a division of Penguin Group (USA), Inc.

Pamela Stone, "The Rhetoric and Reality of 'Opting Out'". From *Contexts*, Vol. 6, No. 4, pp. 14–19. University of California Press. Reprinted by permission of the publisher.

Joan C. Williams, "One Sick Child Away from Being Fired". In *Reshaping the Work-Family Debate: Why Men and Class Matter* by Joan C. Williams, pp. 42–57, Cambridge, Mass: Harvard University Press. Copyright © 2010 by Joan C. Williams. Reprinted by permission of the publisher.

Lillian B. Rubin, "Families on the Fault Line". From *Families on the Fault Line*, pp. 217–243. Copyright © 1994. Lillian B. Rubin. Published by HarperCollins. Reprinted by permission of the author.

Arlene Skolnick, "Middle-Class Families in the Age of Insecurity". 2014. New Jersey: Pearson Education.

Louis Uchitelle, 2009. "Still on the Job, but at Half the Pay.". New York: New York Times.

Don Peck, 2009. "How a New Jobless Era will Transform America.". Washington, DC: The Atlantic Monthly.

Ronald L. Taylor, "Diversity within African American Families". In *Handbook of Family Diversity*, edited by David H. Demo, Katherine R. Allen, and Mark A. Fine, pp. 232–251. Copyright © 1999. Reprinted by permission of Oxford University Press.

Maxine Baca Zinn and Barbara Wells, "Diversity within Latino Families: New Lessons for Family

Social Science". In *Handbook of Family Diversity*, edited by David H. Demo, Katherine R. Allen, and Mark A. Fine, pp. 252–273. Copyright © 1999. Reprinted by permission of Oxford University Press.

Min Zhou, "Conflict, Coping, and Reconciliation: Intergenerational Relations in Chinese Immigrant Families". In *Across Generations: Immigrant Families in America*, edited by Nancy Foner. Copyright © 2009. New York University Press, pp. 21–45. Reprinted by permission of the publisher.

Ann Bookman and Delia Kimbrel, "Families and Elder Care in the Twenty- First Century". From The Future of Children, a collaboration of the Woodrow Wilson School of Public and International Affairs at Princeton University and the Brookings Institution.

Jeremy Travis, "Prisoners' Families and Children". From *But They All Come Back: Facing the Challenges or Prisoner Reentry.* Copyright © 2005. Published by Urban Press Institute. Reprinted by permission of the Urban Press Institute.

Kathryn Edin and Maria Kefalas, "Unmarried with Children". From *Contexts*, Vol. 4, No. 2, pp. 16–22. University of California Press. Reprinted by permission of the publisher.

Demie Kurz, "Violence Against Women or Family Violence? Current Debates and Future Directions". From *Gender Violence: Interdisciplinary Perspectives*, edited by Laura L. O'Toole and Jessica R. Schiffman, pp. 443–453. Copyright © 2007. New York University Press. Reprinted by permission of the publisher.

译后记

　　《转型中的家庭》自 1971 年第 1 版问世以来，在国际学界一直反响不错。其后的各版不断吸取家庭研究的最新进展。与第 1 版相比，第 17 版即本版的变化十分明显，所汇集的文本以纪实的叙事笔调，全方位书写了社会转型期美国家庭面临的种种困境：从女性在家庭—工作方面的冲突到男性对家庭角色的困惑；从学术讨论、媒体表征中的家庭问题到民俗心理中的家庭矛盾；从孩子的成长担忧到老人护理的挑战；从核心家庭的离合到重组家庭的悲欢；从家庭暴力到婚姻的成败，而贯穿始终的是诸位学者悲天悯人的人文气息，以及劳有所得、住有所居、学有所教、幼有所育、弱有所扶、老有所养、病有所医的理想和愿望。值得一提的是，本版兼具心理学、社会学、管理学、教育学、伦理学、人类学等多维度视角，既把对家庭困境的探讨置于社会变迁的时间脉络之上，又将其置于国家乃至国际的空间经纬之中，这对我国家政学的学科发展无疑具有一定的借鉴意义。

　　从章节删减，到数遍精读，再到动笔翻译，最后到多重校对，译者始终坚持对读者友好的原则，将原文解读至成竹在胸，将译文打磨至通俗易懂。在尽量贴近原文的基础上，译者对句际、段际关系进行了适度调整。在牵涉到生疏背景的地方，则添加了脚注聊作说明，力求方便读者一窥美国家庭现状，聆听美国民众心声，参悟人类命运共同体的本质。

诚望这本译著能成为学生爱上家庭学、读者走出家庭困境的契机。借此机会，对南京师范大学出版社的责任编辑刘双双及丛书项目团队其他成员的帮助表示衷心的谢意；对南京师范大学的赵媛教授、熊筱燕教授和薛传会书记的支持表示由衷的感谢！译著的出品，一定是多人协作的成果，对此，译者不会忘记。